新版 誤りやすい
申告税務
詳解

Q&A

監修
税理士
吉川 保弘

著
税理士
野田 扇三郎
山形 富夫
藤森 幸男
坂本 和彦
山内 利文
安藤 孝夫

税理士必携

清文社

推　薦

　このたび平成25年初に出版された『誤りやすい申告税務 詳解Q&A』が約5年の時が経過し、その間の改正や新たな申告実務上の論点を加え、当初と同じ6人のメンバーにより新版として改訂出版されることとなりました。

　今回も、各税目で新設された質疑は納税者からの案件や実際に税務当局から指摘を受けたもの等が取り入れられております。

　この5年の間には、税制でもグローバル化のなか、G20等の首脳会議を受けた「タックスヘイブン対策税制」「非居住者源泉所得税」等の改正、また消費税ではリバースチャージ方式の導入など、大きな変化がありました。

　また、今後も税務手続や納税者からの質疑応答は、AIの活用なども進み、まだまだ変貌していくものと思われます。本書においても常に最新の情報を織り込みつつ、解説をコンパクトにまとめるよう工夫致しました。

　企業実態に着目した本書の質疑応答が、税理士・会計士・企業の実務担当者等のお役に立つものと確信しております。

平成29年12月吉日

税理士
吉川　保弘

新版発刊にあたって

　今般、清文社のご協力を得て表題の『誤りやすい申告税務 詳解 Q&A』をおよそ5年ぶりに改訂することになりました。本書は国税当局に在籍した経験を有する6名の税理士が今回も分担し、各税の実務において直面する〈誤りやすい事例〉について、申告上の税務判断のポイントを執筆したものです。

　この5年間に各税目においては、制度の取扱内容が改正されたもの、また新設されたものがあり、それらについて〈少しでも分かりやすく〉をモットーに解説しました。税理士、会計士など職業会計人及び企業の経理担当者の方々のご参考になれば幸いです。

　なお、執筆分担については、以下のとおり初版と同様です。

第Ⅰ章	所得課税編	山形　富夫
第Ⅱ章	源泉課税編	藤森　幸男
第Ⅲ章	資産課税編	坂本　和彦
第Ⅳ章	法人課税編	野田扇三郎
第Ⅴ章	消費税編	山内　利文
第Ⅵ章	その他諸税編	安藤　孝夫

　また今回の本書の刊行にあたり、多大なご助力をいただいた株式会社清文社 取締役編集第三部長 東海林良氏に厚くお礼を申し上げます。

平成29年12月

執筆者を代表して
税理士　野田　扇三郎

推　薦
（初版時）

　このたび、税理士 野田扇三郎氏が中心となって6名の精鋭税理士の手になる『誤りやすい申告税務詳解［Q&A］』が上梓されることとなりました。

　本書は、所得税、法人税など主たる税目について、個々の事案における申告税務上の取扱いや判断について、具体的な処理や、特に課否判断の際に留意すべき解釈上のポイントについて、厳選した解説がなされています。すなわち、申告納税にあたる個々の納税者あるいは納税者を適正かつ妥当な申告へと導く税理士・会計士等の専門家が、頭を悩ませる案件や判断に躊躇するような事案について、微妙な勘所をおさえた解説書となっており、申告実務上の羅針盤といえるでしょう。

　そういう意味で、税務専門家や企業の税務担当者の皆様方にとっては、申告税務上の必携書といえ、ぜひ常日頃の実務に役立てて頂きたく、ここに監修者として、僭越ながら推薦させて頂くものです。

　また、本書執筆にあたった野田氏をはじめ著者6名は、長年にわたって、いずれも国税の課税部または調査部の管理・審理・調査を通じて、実務上、数多くの事案に接し、課否判断・解釈に携わってきた、いわばその道の精通者でもあり、その解説の端々にはそうした体験から得られた妙味をうかがうこともできます。

　　　　　　　　　　　＊　　　　　＊

　いまやわが国の企業活動も、あるいは個々人の生活もグローバル化し、その経済取引も複雑多岐にわたるものへと変貌しつつあります。本書においては、全259件にわたる質疑応答が取り上げられていますが、必ずやそ

れぞれの質疑応答が、税理士・会計士、企業の実務担当者等の実務のお役に立つものと確信しております。

平成 24 年 12 月吉日

税理士　吉川　保弘

はしがき
（初版時）

　今般、清文社のご協力を得て表題の『誤りやすい申告税務詳解［Q&A］』を出版することとなりました。本書は、過去に国税の課税部や調査部に在籍した経験を有する6名の税理士が分担し、各税の実務において直面する誤りやすい事例について執筆したものです。

　本書は各税目を第Ⅰ章～第Ⅵ章に区分し、税理士や会計士の職業会計人の方々や大企業の経理担当者で、日ごろからプロとしてご活躍されている皆様が判断に迷う事例を数多く取り入れ、解説したつもりです。

　その分、基礎的な解説は割愛し、特に国際取引を含め、より深い解説となるように心がけました。例えば、企業のグローバル化に伴う源泉所得税については、国内法による取扱いと、租税条約・非居住者の判定関係に区分し、現実に当局から指摘されている昨今注目の問題も取り上げています。また法人税においては、誤りを防ぐための業務上の対策などについても盛り込みました。

　執筆分担は以下のとおりです。

第Ⅰ章	所得課税編	山形　富夫
第Ⅱ章	源泉課税編	藤森　幸男
第Ⅲ章	資産課税編	坂本　和彦
第Ⅳ章	法人課税編	野田扇三郎
第Ⅴ章	消費税編	山内　利文
第Ⅵ章	その他諸税編	安藤　孝夫

実務上の国内外取引は複雑多岐にわたるものが多く、本書の事例とはぴったり一致、というわけにはいかないと思いますが、判断の一つの指針として活用いただければ幸いです。

　最後に本書の刊行にあたり、多大なご助力をいただいた株式会社清文社の編集第三部長東海林良氏、並びに6名のおじさん軍団をよくぞ統率してくれた岩越恵子さんに厚く御礼を申し上げます。

平成24年12月

執筆者を代表して
野田　扇三郎

第Ⅰ章 所得課税編

1 納税義務者 — 3
- Q1. 非永住者の判定 3

2 納税地 — 5
- Q2. 事業場所在地への納税地の変更 5

3 所得の帰属 — 9
- Q3. 父名義の土地で、駐車場経営を行っている場合の所得の帰属 9

4 非課税所得 — 12
- Q4. 交通事故による損害賠償金等 12
- Q5-1. 訓練・生活支援給付金等 14
- Q5-2. 職業訓練受講給付金 16

5 所得区分 — 19
- Q6. 借家人が立退料を受領したとき 19

6 各種所得の金額 — 23

6-1 配当所得 23
- Q7-1. 配当所得に関する課税の特例 23
- Q7-2. 株式を取得するために要した負債の利子 36

6-2 不動産所得 38
- Q8. 建物の貸付けが事業的規模かどうかの判定 38

6-3 事業所得 42
- Q9. 歯列矯正料の収入すべき時期 42
- Q10. 診療報酬債権の収入すべき時期 44
- Q11. 医師の社会保険診療報酬の特例と青色申告特別控除 46

6-4 事業所得、不動産所得共通事項 48

- Q12. 消費税等の経理処理　48
- Q13. 店舗併用住宅に係る支払家賃　51
- Q14. 相続により取得した不動産の登録免許税　53
- Q15. 長期の損害保険料　55
- Q16. 平成19年3月31日以前に取得した減価償却資産の均等償却の適用時期　58
- Q17. 相続により取得した建物の減価償却費の計算方法　62
- Q18. 一括償却資産の必要経費算入制度　64
- Q19. 資本的支出と修繕費の区分　66
- Q20. 年の中途で事業に従事した親族に係る青色事業専従者給与　72
- Q21. 信用保証協会に対して支払う保証料　77
- Q22. 業務開始前の借入金利子　80
- Q23. マンション建築のために取り壊した居住用建物の損失　82
- Q24. 青色申告の承認の申請　84
- Q25. 法人成りに際し、新設法人に引き継ぐ退職給与引当金　87

6-5 給与所得　89
- Q26. ストック・オプションの権利行使益　89

6-6 退職所得　93
- Q27. 退職所得の収入金額の収入すべき時期　93

6-7 山林所得　96
- Q28. 山林の林地の譲渡による所得　96

6-8 一時所得　98
- Q29. 生命保険契約に係る満期保険金等を受け取ったとき　98
- Q30. 国庫補助金等　101

6-9 雑所得　106
- Q31. 勤務先以外から付与された新株予約権の行使に係る経済的利益　106

7 損益通算等 ——————————————————— 110

7-1 損益通算 110
- Q32. 不動産所得に係る損益通算の特例制度の内容　110
- Q33. 土地と建物を一括して借入金で取得した場合　112
- Q34. 居住用財産の買換え等に伴う譲渡損失の損益通算及び繰越控除　115

7-2 純損失の繰越控除 125
- Q35. 青色申告者の純損失の繰越控除　125

7-3 純損失の繰戻し 127
- Q36. 青色申告者の純損失の繰戻しによる還付　127

8 所得控除 ——————————————————— 130

8-1 雑損控除 130
- Q37. 詐欺による損失　130
- Q38. 雑損控除の対象となる資産（通勤用自動車・別荘・業務用資産・パソコン・使用貸借資産）の損失　132

8-2 医療費控除 138
- Q39. 医療器具等（自動体外式除細動器（AED）・注射器・血圧測定機・防ダニ布団・空気清浄器）の購入費用　138
- Q40. 動機付け支援として行われる特定保健指導の指導料及び特定保健指導に基づく運動施設の利用料　142
- Q41. 医療費を補てんする保険金等に当たるもの及び当たらないものの例　144

8-3 社会保険料控除 148
- Q42. 前納及び過去の社会保険料を一括して支払った場合　148

8-4 生命保険料控除 152
- Q43. 平成24年分以降の生命保険料控除　152

8-5 地震保険料控除 159
- Q44. 地震保険料控除の対象となる地震保険料（妻所有の家屋、消費生活協同組合連合会が行う自然災害共済の掛金、地方公共団体が行う交通災害共済の掛金）　159

8-6 寄附金控除　166
　　Q45. 特定寄附金の範囲　166
8-7 障害者控除　176
　　Q46. 障害者の範囲　176
8-8 寡婦（寡夫）控除　184
　　Q47. 寡婦（寡夫）控除と判定の時期　184
8-9 配偶者控除、配偶者特別控除、扶養控除　188
　　Q48. 配偶者控除や扶養控除の範囲　188
　　Q49. 親の事業専従者となっている配偶者を
　　　　控除対象配偶者とすることの可否　199

9 税額計算の特例 ──────────── 202
　　Q50. 平均課税の適用要件　202

10 税額控除 ──────────── 206
10-1 配当控除　206
　　Q51. 配当控除額の計算　206
10-2 外国税額控除　210
　　Q52. 外国税額控除と更正の請求　210
10-3 住宅借入金等特別控除　213
　　Q53. 住宅借入金等特別控除の適用を受けていた者が
　　　　国内勤務又は海外転勤となった場合　213
　　Q54. 父の所有する住宅について息子が増改築する場合　218
　　Q55. 相続により家屋及び債務を引き継いだ場合　220
　　Q56. 土地の先行取得に係る住宅借入金等特別控除　221
10-4 特定増改築等住宅借入金等特別控除　224
　　Q57. バリアフリー改修工事を行った年の翌年以降に適用対
　　　　象者の要件を満たさなくなった場合及びその年の
　　　　年末までに同居する高齢者等が死亡した場合　224
10-5 住宅耐震改修特別控除　227
　　Q58. 既存住宅の耐震改修をした場合の所得税額の
　　　　特別控除（住宅耐震改修特別控除額）　227

11 確定申告等 ——————————————— 235
- Q59. 勤務先が源泉所得税を未納付の場合の確定申告 *235*
- Q60. 還付申告書を提出できる期間 *237*

第Ⅱ章 源泉課税編

1 配当所得 ——————————————— 241
- Q1. 役員の退任に伴い貸付金との相殺で自己株式を取得した場合のみなし配当 *241*
- Q2. 従業員持株会から自己株式を取得する場合の源泉徴収 *244*

2 給与所得 ——————————————— 247
- Q3. 海外支店勤務のため出国した使用人の居住者と非居住者の判定 *247*
- Q4. 給与と外注費の区分 *250*
- Q5. 居住者に対する給与等が国外で支払われる場合の源泉徴収義務 *254*
- Q6. 非居住者に対する給与等が国外で支払われる場合の源泉徴収義務 *256*
- Q7. 出向社員及び派遣社員に支払う賞与に対する源泉徴収 *259*
- Q8. 従業員団体が支給する福利厚生費等に係る源泉徴収義務 *263*
- Q9. 人格のない社団等に該当する従業員共済会を経由して支払う入院補助金 *266*
- Q10. 産業医に支払う報酬等に係る源泉徴収 *267*
- Q11. 過去に遡及して支払う超過勤務手当に係る源泉徴収 *270*
- Q12. 外国人派遣社員に支払う給与及び生活費等に係る経済的利益の課税 *273*
- Q13. 米国親会社から付与されたストック・オプションの権利行使に係る源泉徴収 *278*
- Q14. 給与等の支払者が役員報酬の支払債務の免除を受けた場合の源泉徴収 *281*

  Q15. 親会社の役員が子会社の取締役を兼務した場合の
    報酬等に係る源泉徴収　*284*

3 退職所得 ——————————————— *288*

  Q16. 退職金を分割支給する場合の所得区分　*288*

  Q17. 取締役の退任を条件として権利行使する
    ストック・オプションの課税関係　*292*

  Q18. 執行役員に支払われる退職金に係る源泉徴収　*298*

4 報酬・料金等 ——————————————— *304*

  Q19. 個人事業者が支払う報酬・料金等に係る源泉徴収　*304*

  Q20. 測量士が有限責任組合契約により事業を
    行う場合の源泉徴収　*305*

  Q21. チャットレディに支払う出演料の源泉徴収　*307*

  Q22. ネイルアーチストに支払う報酬の源泉徴収　*310*

  Q23. 外国法事務弁護士に支払う報酬の源泉徴収　*312*

  Q24. 顧問税理士に付与したストック・オプションの
    源泉徴収　*315*

  Q25. 測量士の報酬を分割して支払う場合の源泉徴収
    （同一人に対し1回に支払われる金額の意義）　*318*

  Q26. 報酬・料金等の支払者が交通費や宿泊費を
    負担する場合の源泉徴収　*320*

  Q27. ホストに支払う報酬の源泉徴収
    （ホステス報酬の計算基準）　*323*

5 非居住者等所得 ——————————————— *327*

  Q28. 組合契約事業の費用や利益分配等に係る源泉徴収　*327*

  Q29. 土地等の譲渡対価が1億円を超えるかどうかの判定
    （事業用部分がある場合）　*333*

  Q30. 土地等の譲渡対価が1億円を超えるかどうかの判定
    （共有である場合）　*335*

  Q31. 土地等の譲渡の間に居住性が変わった場合の
    源泉徴収　*338*

  Q32. 非居住者が国内に所有するマンションを社宅として
    賃借した場合の源泉徴収　*340*

Q33. 外国法人が国内にある不動産の賃借料を
     国外で支払う場合の源泉徴収　*343*

Q34. カナダ法人に対し支払う親子間中間配当に係る
     源泉徴収　*345*

Q35. 海外進出に際し現地の法律事務所に支出する
     相談費用に係る源泉徴収　*348*

Q36. 海外のソフト開発会社に支払う開発費用に係る
     源泉徴収　*351*

Q37. 韓国人技術者の派遣を受けた場合に支払われる
     対価の源泉徴収　*354*

Q38. インド人技術者の派遣を受けた場合に支払われる
     対価の源泉徴収　*359*

Q39. イタリア法人に支払うモデルの役務提供事業の
     対価に係る源泉徴収　*366*

Q40. ドイツ支店が米国法人から借り入れた
     事業資金の支払利子に係る源泉徴収　*369*

Q41. 海外の駐在員事務所が賃借する事務機器等の
     賃借料に係る源泉徴収　*373*

Q42. 海外の建築工事現場で使用する工事用作業車の
     賃借料に係る源泉徴収　*376*

Q43. 海外の美術館に支払う絵画等の使用料に係る
     源泉徴収　*379*

Q44. 海外のスポーツ選手に支払う肖像の対価に係る
     源泉徴収　*383*

Q45. 外国法人が所有する特許権の侵害により支払う
     損害賠償金に係る源泉徴収　*385*

Q46. 外国法人との技術援助契約の解除に伴う
     損害賠償金に係る源泉徴収　*386*

Q47. 特許権のクロスライセンス契約を締結した場合の
     源泉徴収　*388*

Q48. 海外出向社員に対し出国後に支払う
     給与等の源泉徴収　*392*

- Q49. 賞与の支給対象期間中に海外勤務の期間がある者に対し、同人が海外出向により出国し非居住者となった後に支給する当該支給対象期間に係る賞与の源泉徴収　394
- Q50. 海外出向社員に対し帰国後に支払う給与等の源泉徴収　397
- Q51. 海外出向社員が一時帰国した場合に支払う給与等の源泉徴収　398
- Q52. 海外で工場長として勤務する常務取締役の報酬に係る源泉徴収　402
- Q53. 香港支店で勤務する代表取締役の報酬に係る源泉徴収　405
- Q54. 韓国に派遣した役員に支給する報酬に係る源泉徴収　408
- Q55. ワンマンカンパニーが支払う使用人給与に係る短期滞在者免税と所得税控除　410
- Q56. 台湾の居住者に支払われる給与の課税と短期滞在者免税の適用　417
- Q57. フィリピンの永住権を取得して出国した退職公務員の退職年金に係る源泉徴収　423
- Q58. 海外勤務期間中に定年退職する者に支払われる退職金に係る源泉徴収　425
- Q59. オランダ法人に対する匿名組合契約の利益の分配に係る源泉徴収　429

6 復興特別所得税　432

- Q60. 非居住者及び外国法人に係る復興特別所得税の源泉徴収　432

第Ⅲ章　資産課税編

1 相続税　441

1-1 申告・納税義務　441

- Q1. 相続税の納税義務者　441

- Q2. 父が死亡した後、間もなく母も死亡した場合の相続税の申告　*444*
- Q3. 死亡した相続人が提出すべきであった相続税の申告書の提出先　*445*
- Q4. 共同相続人のうちに行方不明者がいる場合の相続税の申告　*447*
- Q5. 退職手当金等の支給が相続税の申告期限後に確定した場合　*448*
- Q6. 遺留分の減殺請求があった場合の相続税の申告　*450*
- Q7. 外国に居住する者の特例適用のための印鑑証明　*451*

1-2 課税財産　*453*

- Q8. 代償分割の場合の相続税の課税価格　*453*
- Q9. 遺言書の内容と異なる遺産の分割をした場合の課税関係　*455*
- Q10. 未支給の国民年金を相続人が受け取った場合　*456*
- Q11. 屋に神の社敷内等（庭内神し）がある場合の課税財産　*457*
- Q12. 株式の信用取引を行っていた者が決済前に死亡した場合の相続財産　*458*
- Q13. 未収家賃等の課税財産の範囲　*460*
- Q14. 死亡後支給された給与、賞与及び死亡退職手当金　*461*
- Q15. 生命保険契約に関する権利　*463*
- Q16. 建物更生共済契約の権利を承継した場合の課税財産　*464*
- Q17. 交通事故に伴う損害保険金等　*465*
- Q18. 生命保険金の受取人　*467*
- Q19. 相続を放棄した者が受け取った生命保険金、退職手当金等　*469*
- Q20. 社団法人日本歯科医師会等から支払われた死亡共済金　*470*
- Q21. 死亡退職手当金の受取人　*472*
- Q22. 生命保険付ローンで不動産を取得していた場合の課税財産　*474*
- Q23. 業務上の死亡に伴う弔慰金等　*475*

  Q24. 国外に所有している財産の評価　*477*

  Q25. 居住用建物の建替え中に相続が開始した場合の
    小規模宅地等　*480*

  Q26. 老人ホーム入所により空き家となった建物の
    小規模宅地等　*482*

  Q27. 外国に所在する土地に対する小規模宅地等の
    特例の適用　*484*

  Q28. 土地又は建物を「特定同族会社」に使用貸借により
    貸し付けている場合の小規模宅地等　*486*

  Q29. 厚生年金保険法に基づく遺族年金等の課税関係　*488*

  Q30. 国等に対し相続財産を贈与した場合　*490*

  Q31. 公益法人が寄附を受けた相続等財産を換価した場合　*491*

1-3 **債務控除**　*493*

  Q32. 過年分の所得税の修正申告等に係る
    未納公租公課の債務控除　*493*

  Q33. 相続人が保証債務を履行した場合の債務控除　*495*

  Q34. 葬式費用の範囲　*496*

2 贈与税 ─────────── *498*

2-1 **申告・納税義務**　*498*

  Q35. 外国に居住している者が現金の送金を
    受けたときの贈与税　*498*

  Q36. 遺産分割のやり直しと贈与税　*499*

2-2 **課税財産**　*501*

  Q37. 有利な金額による第三者割当増資　*501*

2-3 **配偶者控除**　*502*

  Q38. 離婚を前提とした財産分与　*502*

  Q39. 資産の低額譲受けと配偶者控除　*503*

3 譲渡所得 ─────────── *505*

3-1 **収入金額**　*505*

  Q40. 得意先の譲渡による所得区分　*505*

Q41. 閉鎖中の預託金会員制ゴルフ会員権の譲渡　*506*

　　Q42. 更正手続等が行われたゴルフ会員権を譲渡した
　　　　　場合の譲渡所得に係る取得費の計算　*508*

　　Q43. 外貨建て資産の譲渡と為替差損益　*512*

　　Q44. 外貨建て株式の譲渡と為替差損益　*513*

　　Q45. 土地・建物の現物出資と債務の引き受けが
　　　　　あった場合　*515*

　　Q46. 代物弁済により土地を譲渡した場合の課税関係　*516*

　　Q47. 使用貸借に係る土地の譲渡収入金額の帰属　*518*

　　Q48. 債務引受けを伴う財産分与　*519*

　　Q49. 固定資産の譲渡の時期　*521*

　　Q50. 未経過固定資産税の取扱い　*522*

　　Q51. 離婚を前提とした財産分与　*523*

　　Q52. 換価分割の場合の譲渡所得の帰属　*524*

　3-2 **取得費**　*527*

　　Q53. 取得費に算入される借入金の利子　*527*

　　Q54. ゴルフ会員権に係る借入金の利子　*529*

　　Q55. 底地を取得した後に土地を譲渡した場合の
　　　　　概算取得費　*531*

第Ⅳ章　法人課税編

1 法人の収益 ——————————————— *535*

　　Q1. 売上計上基準の注意点　*535*

　　Q2. 請負収入の売上計上時期　*536*

　　Q3. 請負収入の代価未確定時の売上計上時期　*539*

　　Q4. プリペイドカードの収益計上時期　*540*

　　Q5. 受取配当の益金不算入　*542*

　　Q6. 社内親睦団体の余剰金の処理　*548*

2 法人の費用 ——————————————— *550*

　　Q7. 役員報酬の変更　*550*

Q8. 役員報酬の限度額　552
　　Q9. 非常勤役員報酬の限度額　554
　　Q10. 使用人兼務役員の賞与額・支給時期　556
　　Q11. クレーム代の費用計上時期　558
　　Q12. 短期前払費用の取扱い　559
　　Q13. 労働保険料の費用計上　561
　　Q14. 寄附金の損金不算入について　562
　　Q15. 海外子会社支援　564
　　Q16. 業務上で従業員に科された反則金等の費用計上　566
　　Q17. 社会保険料の債務確定時期　567
　　Q18. 確定給付企業年金等の掛金の処理　569
　　Q19. 資本的支出の耐用年数　570
　　Q20. 事業年度が1年未満の税務処理　572

3 法人の棚卸資産 ──────────── 575
　　Q21. 期末の預け在庫等　575
　　Q22. 販促用パンフレット等の原稿代、デザイン代　576
　　Q23. 自己の製造に係る棚卸評価額　578
　　Q24. 期末棚卸資産の評価額　580

4 法人の固定資産等 ──────────── 583
　　Q25. 土地建物の取得価額に算入すべきもの　583
　　Q26. 使用許諾付きのノウハウ開示に伴う支出　584
　　Q27. 自家製機械等への原価差額の調整　586
　　Q28. 機械装置の予備品について　587
　　Q29. 商標登録したときの処理　589
　　Q30. レジャークラブの入会金等　590
　　Q31. 生産ライン上のパソコンに係る耐用年数　591
　　Q32. 賃借建物の可動間仕切りや空調工事代の処理　593
　　Q33. 火災保険金と滅失損及び支出経費　594
　　Q34. 借地権の設定とその処理　595

Q35. 繰延資産　597

5 法人の交際費 —— 600

Q36. ジョイントベンチャー（JV）工事における交際費　600
Q37. ゴルフ会員権の名義書換料　601
Q38. 接待供応前後の送迎タクシー代等　602
Q39. ○○会社設立○周年記念パーティー費用　604
Q40. 接待飲食費　605
Q41. 棚卸資産、固定資産等の取得価額に含まれる交際費の処理　607
Q42. 観光と業務視察旅行を同時にしたとき　608
Q43. 海外支店の交際費　610

6 法人の評価損 —— 612

Q44. ゴルフ会員権の評価損　612
Q45. 企業支配株式の評価損　613

7 法人の国際取引 —— 615

Q46. 外国子会社等からの受取配当金　615
Q47. 外貨建取引　617
Q48. 国外関連者に対する貸付金　618
Q49. 特定外国子会社に係る課税留保金額　620

8 法人のグループ税制等 —— 623

Q50. 完全支配関係のある法人への支援　623
Q51. 適格合併法人における貸倒引当金限度額　625

9 法人の外国税額控除 —— 627

Q52. 外国税額控除における国外所得　627
Q53. 租税条約と外国源泉税　629
Q54. 源泉課税されたものでも外国税額控除できないもの　631
Q55. 租税条約　632
Q56. タックス・スペアリング・クレジット　634

第Ⅴ章 消費税編

1 納税義務 ———————————————————— 639

- Q1. 基準期間において免税事業者であった者の課税売上高 *639*
- Q2. 個人事業者が法人成りした場合の納税義務 *641*
- Q3. 外国法人が日本で事業を開始した場合 *644*
- Q4. 匿名組合契約事業の納税義務者 *646*
- Q5. 5億円基準と課税期間における課税売上高 *647*
- Q6. 課税期間の特例を選択している場合の基準期間 *650*
- Q7. 資本金1,000万円で設立した法人の3期目の納税義務 *651*
- Q8. 免税事業者が合併により課税事業者となった事業年度の申告 *652*

2 課税範囲 ———————————————————— 654

- Q9. 建物賃貸借に係る保証金から差し引く原状回復工事費用 *654*
- Q10. 事業者の事業用固定資産の売却 *655*
- Q11. 住宅用借家の用途変更 *656*
- Q12. 貸しビルの敷地賃貸料の課否 *657*
- Q13. WEB広告料 *658*
- Q14. 商品券を発行した場合の課税関係 *662*
- Q15. ゴルフ会員権を譲渡した場合の課税関係 *664*
- Q16. 駐車場の貸付けの対価の課否 *665*
- Q17. 居住用として貸し付け、不動産所得を生じていた建物を譲渡した場合の課税関係 *667*
- Q18. クレジット手数料 *669*
- Q19. 未経過固定資産税等 *670*

3 仕入税額控除 ———————————————————— 673

- Q20. 賃借人における所有権移転外ファイナンス・リース取引のリース料 *673*

- Q21. 所有権移転外ファイナンス・リース取引について賃借人が賃貸借処理した場合　*675*
- Q22. 国外で行う土地の譲渡のために国内で要した費用　*676*
- Q23. 車の購入に際し下取りがある場合の仕入控除　*679*
- Q24. 火災保険金で新築した建物の課税仕入れ　*681*
- Q25. 免税事業者からの仕入れ　*682*

4 輸入取引他 ───────────────── *685*

- Q26. 輸入取引の課税標準　*685*
- Q27. 無償で貨物を輸入する場合の課否　*686*
- Q28. 簡易課税適用者の基準期間における課税売上高が5,000万円超となった後再び5,000万円以下となった場合　*688*
- Q29. 法人税の申告期限延長特例を受けている場合の消費税の確定申告期限　*689*
- Q30. 消費税課税事業者選択届出書等の提出すべき期間の末日が土日等休日に当たる場合　*691*
- Q31. 外国法人に対する貸付金の利子　*693*
- 資料　別表第一（第六条関係）　*696*

第VI章　その他諸税編

1 印紙税 ───────────────── *703*

- Q1. メール添付文書　*703*
- Q2. 課税文書における消費税　*704*
- Q3. 表題と課税文書の関係　*705*
- Q4. 領収書等　*707*
- Q5. 7号文書　*708*
- Q6. 請負契約と建設業法2条1項に規定する建設工事請負契約について　*710*
- Q7. 不動産に関する契約書　*712*
- Q8. 飛越リベートの契約について　*714*

2 酒税 ——————————————— 716

Q9. 酒類の販売　716
Q10. 酒類の小売免許の取得　717
Q11. 輸出酒類販売　719

索　引　722

【凡例】

参考法令として掲げた法令、通達の名称については、次のような略語を用いました。

法法	法人税法
法令	法人税法施行令
法規	法人税法施行規則
法基通	法人税基本通達
所法	所得税法
所令	所得税法施行令
所規	所得税法施行規則
所基通	所得税基本通達
措法	租税特別措置法
措令	租税特別措置法施行令
措規	租税特別措置法施行規則
措通	租税特別措置法関係通達
消法	消費税法
消令	消費税法施行令
消規	消費税法施行規則
消基通	消費税法基本通達
相法	相続税法
相令	相続税法施行令
相規	相続税法施行規則
相基通	相続税法基本通達
評基通	財産評価基本通達
通則法	国税通則法
会法	会社法

復興財源確保法…東日本大震災からの復興のための施策を実施するために必要な財源の確保に関する特別措置法

実特法…租税条約等の実施に伴う所得税法、法人税法及び地方税法の特例等に関する法律

実特法省令…租税条約等の実施に伴う所得税法、法人税法及び地方税法の特例等に関する法律施行令

所得相互免除法…外国居住者等の所得に対する相互主義による所得税等の非課税等に関する法律

外為法…外国為替及び外国貿易法

なお、条文の略し方については、次の例示を参考にしてください。
〈例〉所法9①十七…………所得税法第9条第1項第十七号
※ 本書の内容は、平成29年12月1日現在の法令によっています。

第Ⅰ章

所得課税
編

1. 納税義務者
2. 納税地
3. 所得の帰属
4. 非課税所得
5. 所得区分
6. 各種所得の金額
7. 損益通算等
8. 所得控除
9. 税額計算の特例
10. 税額控除
11. 確定申告等

1 納税義務者

Question.1
非永住者の判定

米国人甲は、平成22年4月1日から平成26年3月31日まで4年間在日外交官として勤務していましたが、外交官を退職後、米国の民間企業に就職し、日本に2年間勤務する予定で、再び平成29年4月1日に入国しました。

この場合、非永住者の判定に当たり、過去に外交官として国内に居住していた期間も含めて判定することになりますか。

Answer. 非永住者の判定に当たっては、外交官として国内に居住していた期間も含めて判定することになります。

■解 説

1 所得税法等の規定

所得税法2条1項3号は、「居住者」を「国内に住所を有し、又は現在まで引き続いて1年以上居所を有する個人をいう」と定め、同項4号は、「非永住者」を「居住者のうち、日本の国籍を有しておらず、かつ、過去10年以内において国内に住所又は居所を有していた期間の合計が5年以下である個人をいう」と定めています。また、この非永住者の判定に当たって、過去10年以内において国内に住所又は居所を有していた期間の合計が5年を超える場合は、5年以内の日までの間は非永住者、その翌日以降は非永住者以外の居住者として取り扱われます（所基通2-3(3)）。

このように、日本国籍を有しない居住者が所得税法2条1項4号にいう非永住者に該当するか否かは、過去10年以内において国内に住所又は居所を有していた期間の合計が5年以下であるか否かにより決することとな

ります。

　そして、租税法規が一般私法において使用されているのと同一の用語を使用している場合には、特段の理由がない限り私法上使用されているのと同一の意義を有する概念として使用されているものと解するのが相当であるから、ここで「住所」とは、各人の生活の本拠をいい（民法22）、生活の本拠であるかどうかは、客観的事実によって判定することとなります。

2　本件へのあてはめ

　外交官については、いわゆる人的非課税の取扱いをしています（所基通9-11）が、この取扱いは、国内に居住していることを前提としており、日本に住所又は居所を有しない者と解しているものではありません。

　したがって、非永住者の判定に当たっては、外交官として国内に居住していた期間も含めて判定することとなり、平成29年4月1日から平成30年3月31日までの間は非永住者、平成30年4月1日以降は非永住者以外の居住者と判定されます。

関係法令通達

所得税法2条1項3号・4号
所得税基本通達2-3（3）、9-11
民法22条

参考文献等

裁決事例▶平21.10.6裁決：日本国籍を有しない居住者が所得税法2条1項4号にいう非永住者に該当するか否かは、過去10年以内において国内に住所又は居所を有していた期間の合計が5年以下であるか否かにより決するものであるところ、非永住者の判定に当たって、「国内に住所又は居所を有していた期間」に、過去に外交官として日本に派遣されていた期間も含めて判定するとした事例（裁決事例集No.78-87頁）
国税庁ホームページ（所得税質疑応答事例）

2 納税地

Question.2
事業場所在地への納税地の変更

美容院を開業しました。事業所と住所地は異なっており、事業所を納税地として所得税の確定申告をしたいのですが、どのような手続が必要ですか。

Answer.
事業所を納税地とするためには、住所地の所轄税務署長に対して、その旨を記載した届出書を提出する必要があります。

■解 説
1 所得税法の規定
(1) 原 則

所得税の納税地は、国内に住所等を有するかどうかにより、それぞれ次のように定められています（所法15一・二、16①～④）。

- イ 国内に住所を有する場合…その住所地
    ただし、国内に住所のほか、居所も有する場合には、住所地に代えてその居所地を納税地とすることができます。
- ロ 国内に住所を有せず、居所を有している場合…その居所地
- ハ 国内に住所又は居所を有し、かつ、それ以外の場所に事業場等を有する場合…住所地、居所地、事業場等の所在地のいずれか一つを納税地とすることができます。

    ただし、住所地以外の場所を納税地とする場合には、住所地の所轄税務署長に対し、所定の事項を記載した届出書を提出する必要があります（所法16②④、所規17②）。なお、この取扱いは、平成29年4月1日以後の納税地の変更について適用し、同日以前は、異動前と異

動後の両方の所轄税務署長に提出することとされていました（平29法4改正法附則3）。

　なお、この「事業場等」とは、個人が営む事業に係る事業場等をいいますので、いわゆる勤務先はこれに含まれません。

(2) 例外

　イ　納税義務者が死亡した場合には、その死亡した者に係る所得税の納税地は、その相続人である納税地によらず、死亡した者の死亡当時における所得税の納税地とされています（所法16⑥）。

　ロ　納税管理人が納税者に代わって申告する場合の納税地は、納税管理人の住所や居所がどこであるかにかかわりなく、納税者本人が国内に住所及び居所を有しなくなったときに納税地とされる場所になります。

　なお、国内に住所及び居所を有しなくなった者の納税地は、原則として、次のとおりとなります（所法15四～六、所令53、54）。

① 国内に住所及び居所を有しないこととなった時に事業所等を有せず、かつ、その納税地とされていた場所にその者の親族等が引き続き居住している場合…その納税地とされていた場所

② ①に該当しない場合で、国内にある不動産、不動産上の権利の貸付け等の対価を受ける場合…その不動産の所在地

③ ①及び②に該当しない場合…その有しないこととなった時の直前において納税地であった場所

④ ①から③までのどれにも該当しない場合…所得税に関する申告、請求などの行為をする場合に、その納税者が納税地として選択した場所

⑤ ①から④までのどれにも該当しない場合…麹町税務署の管轄区域内の場所

2　本件へのあてはめ

　ご質問の場合、上記1の(1)のハに該当しますので、住所地の所轄税務

署長に対して、その旨を記載した届出書を提出する必要があります。

関係法令通達

所得税法15条、16条
所得税法施行令53条、54条
平成29年法律4号改正法附則3条

参考文献等 | 国税庁ホームページ（タックスアンサー）
『平成22年2月改訂 回答事例による所得税質疑応答集』（財団法人大蔵財務協会）14頁

		1 0 5 0

所得税・消費税の納税地の変更に関する届出書

【納税地を住所地から事業所等の所在地（又は事業所等の所在地から住所地）に変更する場合等】

税務署受付印

_____ 税務署長

_____年_____月_____日提出

納 税 地	○住所地・○居所地・○事業所等（該当するものを選択してください。） （〒　－　） （TEL　－　－　）
上記以外の 住 所 地 ・ 事 業 所 等	納税地以外に住所地・事業所等がある場合は記載します。 （〒　－　） （TEL　－　－　）
フリガナ 氏　　名	㊞
生年月日	○大正　○昭和　○平成　年　月　日生
個人番号	
職　　業	フリガナ 屋号

納税地を次のとおり変更したので届けます。

1　納税地

(1)　変更前の納税地_____　住所・居所　事業所等の区分 _____

(2)　変更後の納税地_____　住所・居所　事業所等の区分 _____

2　居所又は事業所等の所在地を納税地とする　○ことを便宜とする　事情
　　　　　　　　　　　　　　　　　　　　　　○必要がなくなった

3　事業所等の所在地及び事業内容

　屋号等_____　所在地_____　事業内容_____

　屋号等_____　所在地_____　事業内容_____

4　その他参考事項

※　振替納税をご利用の方は、裏面の留意事項をお読みください。

関与税理士 （TEL　－　－　）	税務署整理欄	整理番号	関係部門連絡	A	B	C	番号確認	身元確認 □済 □未済
		0					確認書類 個人番号カード／通知カード・運転免許証 その他（　　）	
		通信日付印の年月日　確認印 　　年　　月　　日						

第Ⅰ章　所得課税編

3 所得の帰属

Question.3
父名義の土地で、駐車場経営を行っている場合の所得の帰属

父は老人ホームに入所（生計は一にしていない）していることから、父親名義の土地について、無償で借り、月極めの青空駐車場として、私名義で契約し、そこから生ずる所得も私が消費しています。この所得を私の所得として申告してもよいでしょうか。

Answer. 駐車場から生ずる不動産所得は、あなたのお父さんに帰属します。

▌解 説
1 実質所得者課税の具体的な判定基準

資産から生ずる所得若しくは事業の所得がだれの所得であるか、真実の権利者がだれであるか分からない場合には、次の判定をもって帰属者を特定することになります。

(1) 資産から生ずる所得の場合（利子所得、配当所得、不動産所得）

資産から生ずる収益を享受する者がだれであるかは、その収益の基因となる資産の真実の権利者がだれであるかにより判定すべきですが、それが明らかでない場合には、その資産の名義者が真実の権利者であるものと推定することになります（所基通12-1）。

したがって、例えば、自らがその収益を処分する代わりに、他人に自由に消費させているような場合であっても、それは処分の一形態として、その他人は、第二次的にその分配にあずかっているに過ぎないとみるべきであって、第一次的には、その真実の権利者すなわち真実の所有者が収益を享受していると考えられます。

(2) 事業から生ずる所得の場合

　事業の用に供する資産の所有権者、賃借権者若しくは免許名義者又はその他の事業の取引名義者などの外形に必ずしもとらわれることなく、実質的にその事業を経営していると認められる者がだれであるかによって判定することになります（所基通12-2）。

　なお、生計を一にしている親族のうちのだれの事業所得であるかについては、その事業の経営方針の決定につき、支配的影響力を有すると認められる者がだれであるかにより判定します。ただし、その者がだれであるか不明であるときは、原則として、「生計を主宰している」と認められる者としています（所基通12-3〜5）。

2　駐車場から生ずる所得

　駐車場から生ずる所得については、「いわゆる有料駐車場、有料自転車置場等の所得については、自己の責任において他人の物を保管する場合の所得は事業所得又は雑所得に該当し、そうでない場合の所得は不動産所得に該当する」ことになります（所基通27-2）。

3　本件へのあてはめ

　ご質問のように、青空駐車場のような単に土地のみの貸付けの場合には、上記2のとおり、駐車場から生ずる所得については、形式的・表面的には、あなた自身が原始的に駐車場使用者から使用料を得ているように見えますが、それはその土地の真実の所有権者であるあなたのお父さんがあなたに対してそのような行為を承認したことの結果として、単にあなたがその分配にあずかっているに過ぎないものであって、その意味で駐車場から生ずる所得は、あなたのお父さんに帰属するものと考えられます。この場合、あなたの消費している金額のうち、あなたの管理業務の対価及びあなたが設置した構築物の使用の対価を超える部分については、あなたのお父さんがあなたに贈与したものとみなされます。

したがって、駐車場から生ずる不動産所得は、あなたのお父さんに帰属すると認められますので、あなたではなく、あなたのお父さんが申告することになります。

関係法令通達
所得税基本通達 12-1 ～ 5、27-2

参考文献等　『所得税質疑応答集』（新日本法規出版株式会社）146 頁

4 非課税所得

Question.4
交通事故による損害賠償金等

私は飲食店を営んでいますが、先日交通事故により加害者から、治療費、慰謝料及び損害賠償金などを受け取りました。これらの損害賠償金等はすべて非課税として、事業所得の金額の計算上除いて申告してよいでしょうか。

Answer.
交通事故による損害賠償金等は、すべて非課税ではなく、その被害者の各種所得の金額の計算上必要経費に算入される金額を補てんするための金額が含まれている場合には、その補てんされた金額に相当する部分については、各種所得の収入金額とされます。

▌解 説

1 治療費、慰謝料、損害賠償金等の取扱い

交通事故などのために、被害者が損害賠償金等を受け取ったときは、次のように取り扱います。

(1) 心身に加えられた損害について支払を受ける慰謝料など

具体的には、事故による負傷について受ける治療費や慰謝料、負傷して働けないことによる収益の補償をする損害賠償金などは非課税となります（所法9①十七、所令30）。

ただし、治療費として受け取った金額は、医療費を補てんする金額であるため、医療費控除を受ける場合は、支払った医療費の金額から差し引くことになるところ、その医療費を補てんし、なお余りがあっても他の医療費から差し引く必要はありません（所法73①）。

(2) 不法行為その他突発的な事故により資産に加えられた損害について受ける損害賠償金など

　具体的には、事故による車両の破損について受ける損害賠償金ですが、損害を受けた資産が事業用の資産の場合は、次のように取り扱います（所令94）。

　　イ　商品の配送中の事故で使いものにならなくなった商品について損害賠償金などを受け取ったケース

　　　　棚卸資産の損害に対する損害賠償金などは、収入金額に代わる性質を持つものであり、非課税とならず、事業所得の収入金額となります。

　　ロ　車両が店舗に飛び込んで損害を受けた場合で、その店舗の補修期間中に仮店舗を賃借するときの賃借料の補償として損害賠償金などを受け取ったケース

　　　　この損害賠償金などは、必要経費に算入される金額を補てんするためのものであり、非課税とはならず、事業所得の収入金額となります。

　　ハ　事故により事業用の車両を廃車とする場合で、その車両の損害について損害賠償金などを受け取ったケース

　　　　車両の損害に対する損害賠償金などは非課税となります。ただし、車両について資産損失の金額を計上する場合は、損失額から損害賠償金などによって補てんされる部分の金額を差し引いて計算します（所法51①）。

　　　　なお、この場合、損害賠償金などの金額がその損失額を超えたとしても、全額が非課税となります。

(3) 心身又は資産に加えられた損害につき支払を受ける相当の見舞金

　非課税となる見舞金は、社会通念上それにふさわしい金額のものに限られます。また、収入金額に代わる性質を持つものや役務の対価となる性質を持つものは、非課税所得から除かれます（所法9①十七、所令30一・三、所基通9-19、9-23）。

2　本件へのあてはめ

　ご質問の場合、加害者から受け取った損害賠償金について、上記1のケースにあてはめて、非課税となるもの又は事業所得の収入金額になるものなどに区分けして、事業所得の金額を計算することになります。

関係法令通達

所得税法9条、51条、73条
所得税法施行令30条、94条
所得税基本通達9-19、9-23

参考文献等　国税庁ホームページ（タックスアンサー）

Question.5-1
訓練・生活支援給付金等

　私は、厚生労働省から緊急人材育成・就職支援基金により新たに実施する基金訓練又は公共職業訓練を受講する者に支給される訓練・生活支援給付金（以下「給付金」といいます）を受け取っています。
　この給付金は、非課税である雇用保険法に規定する失業等給付の求職者給付等が受給できない者に対し訓練期間中における生活保障や円滑な訓練受講に資するために給付されるので、非課税としてよいでしょうか。

Answer.　当該給付金は、雇用保険法に規定する失業等給付の求職者給付と異なるものであることから、雇用保険法12条の公課の禁止規定は適用されず、雑所得となります。

■解 説
1 給付金の概要
　給付金は、次の要件に該当する者を対象に、訓練期間中、被扶養者を有しない者については月額10万円、被扶養者を有する者については月額12万円が支給（最長24か月）されます（国税庁ホームページ（平成22年2月5日文書回答事例））。

① 公共職業安定所長のあっせんを受けて基金訓練又は公共職業訓練を受講する者
② 雇用保険法に規定する求職者給付の受給ができない者、雇用対策法及び同法施行規則に規定する職業転換給付金の就職促進手当及び訓練手当が受給できない者
③ 世帯の主たる生計者
④ 年収が200万円以下であり、かつ、世帯全体の年収が300万円以下である者
⑤ 世帯を構成する者全員の保有する金融資産の合計が800万円以下である者
⑥ 現在住んでいる土地・建物以外に土地・建物を所有していない者

2 給付金の所得区分
(1) 給付金は、雇用保険法に規定する失業等給付の求職者給付又は雇用対策法及び同法施行規則に規定する職業転換給付金の就職促進手当及び訓練手当が受給できない者に対し、訓練期間中における生活保障や円滑な訓練受講に資するために支給するものであり、これらの給付とは異なるものであることから、雇用保険法12条及び雇用対策法22条の公課の禁止規定は適用されないことになります。

　また、所得税法9条1項各号に掲げる非課税所得にも該当しないことから、課税の対象となります。

(2) 給付金の所得区分については、給付金は、利子所得、配当所得、不動

産所得、事業所得、給与所得、退職所得、山林所得及び譲渡所得のいずれにも該当せず、また、訓練期間中継続的に支給されるものであり、一時所得にも該当しないことから、雑所得として取り扱われることになります（所法35①）。

3　本件へのあてはめ

ご質問の場合、当該給付金については、上記２の(1)のとおり、雇用保険法12条及び雇用対策法22条の公課の禁止規定は適用されず、非課税所得にも該当しないことから、上記２の(2)のとおり、雑所得となります。

関係法令通達

　　所得税法９条、35条
　　雇用保険法12条
　　雇用対策法22条

参考文献等　　国税庁ホームページ（平成22年２月５日文書回答事例）

Question.5－2
職業訓練受講給付金

私は、ハローワークから求職者支援制度に基づく職業訓練受講給付金を受け取っています。

この職業訓練受講給付金は、雇用保険を受給できない求職者が、ハローワークの支援指示により公的職業訓練を受講し、訓練期間中に訓練を受けやすくするために支給されるものであるから、非課税としてよいでしょうか。

Answer. 職業訓練受講給付金は、職業訓練の実施等による特定求職者の就職の支援に関する法律10条の規定により非課税となります。

▌解 説
1 職業訓練受講給付金の概要
(1) 制度の趣旨

職業訓練受講給付金は、雇用保険を受給できない求職者（受給を終了した者を含みます）が、ハローワークの支援指示により職業訓練を受講する場合、職業訓練期間中の生活を支援するための給付を受けることができる制度です。

(2) 支給の対象者となる者（以下「特定求職者」といいます）

次のすべての要件を満たす特定求職者です。
① ハローワークに求職の申込みをしていること
② 雇用保険被保険者及び雇用保険受給資格者でないこと
③ 労働の意思と能力があること
④ 職業訓練などの支援を行う必要があるとハローワークが認めたこと

(3) 支給額

① 職業訓練受講手当：月額10万円
② 通所手当（＊）：職業訓練実施機関までの通所経路に応じた所定の額（上限額あり）
　＊通所手当は最も経済的かつ合理的と認められる通常の通所経路・方法による運賃又は料金の額となります。
③ 寄宿手当（＊）：月額10,700円
　＊寄宿手当は、訓練を受けるため同居の配偶者などと別居して寄宿する場合でハローワークが必要性を認めた者が対象となります。

なお、職業訓練受講給付金は、支給単位期間（原則1か月）ごとに支給します。

(3) 支給要件

次の要件をすべて満たすことが必要です。
① 本人の収入が月8万円以下であること
② 世帯全体の収入が月25万円以下であること
③ 世帯全体の金融資産が300万円以下であること
④ 現在住んでいるところ以外に土地・建物を所有していないこと
⑤ すべての訓練実施日に出席していること（やむを得ない理由がある場合でも、支給単位期間ごとの8割以上の出席率があること）
⑥ 世帯の中に同時にこの職業訓練受講給付金を受給して訓練を受けている者がいないこと
⑦ 過去3年以内に、偽りその他不正の行為により、特定の職業訓練受講給付金の支給を受けたことがないこと

2　職業訓練受講給付金の所得区分

　職業訓練受講給付金は、職業訓練の実施等による特定求職者の就職の支援に関する法律10条において、「租税その他の公課は、職業訓練受講給付金として支給を受けた金銭を標準として課することができない。」と規定しています。

3　本件へのあてはめ

　ご質問の場合、職業訓練受講給付金については、上記2のとおり、その他の法律の規定により非課税とされるものに当たり、所得税法上非課税所得となります。

> **関係法令通達**
> 職業訓練の実施等による特定求職者の就職の支援に関する法律10条

参考文献等　厚生労働省ホームページ（職業訓練受講給付金（求職者支援制度））

5 所得区分

■ **Question.6**
借家人が立退料を受領したとき

　税理士甲は、このたび事務所の移転に伴い、立退料として、旧事務所の明渡しに係る引越費用等の明渡移転費用（以下「明渡移転料」といいます）及び旧事務所と同程度の物件を新たに賃借する場合に生じる賃料等差額の補てん費用（以下「賃料等差額補てん金」といいます）を受領しました。
　この明渡移転料及び賃料等差額補てん金（以下、これらを「本件立退料」といいます）について、一時所得の収入金額として申告してよいでしょうか。

Answer.　店舗や事務所などを借りている者が、その事務所などを明け渡して立退料を受け取った場合には、その中身から、次の３つの性格に区分され、それぞれの所得区分となるところ、本件立退料のうち、事業所得に係る収入金額又は必要経費を補てんするために支払われたものは、下記①に該当し、収益補償的な性格のものとして、事業所得の収入金額となると考えられ、また、それ以外のものは、下記②に該当し、一時所得の収入金額となると考えられます。

　①　資産の消滅の対価補償としての性格のもの
　　家屋の明渡しによって消滅する権利の対価の額に相当する金額は、譲渡所得の収入金額となります（所基通33-6）。
　②　移転費用の補償金としての性格のもの
　　立ち退きに当たって必要となる移転費用の補償としての金額は、一時所得の収入金額となります（所基通34-1（7））。

③ 収益補償的な性格のもの

　立ち退きに伴って、その家屋で行っていた事業が休業又は廃業による営業上の収益の補償のための金額は、事業所得の収入金額となります。

■解説

1　法令解釈

(1)　所得税法27条2項及び36条1項によれば、その年分の事業所得の金額の計算上、総収入金額に算入すべき金額は、別段の定めがあるものを除き、その年において収入すべき金額となります。ここでいう事業所得の総収入金額に算入すべき金額に、本来の事業活動によって得た収入金額が含まれることは当然ですが、これに加えて、同法施行令94条は、事業所得を生ずべき業務を行うものが受ける当該業務の収益の補償として取得する補償金等で、その業務の遂行により生ずべき事業所得に係る収入金額に代わる性質を有するものも、上記事業所得の総収入金額に含まれることを明らかにしています。また、「事業所得を生ずべき事業」とは、継続的に行われる利益を目的とした多様な経済活動の総体であり、そのような事業の遂行に伴って本来企図した収入以外の収入が付随して生じることが少なくないことに鑑みると、本来の事業活動によって得た収入そのものではないが、当該事業の遂行に付随して生じた収入についても、所得税法上別の所得に区分されるものを除き、上記事業所得の総収入金額に含まれると解されています。

(2)　所得税法は、所得の性質や発生の態様によって担税力が異なることから、担税力に応じた公平な課税をするために、所得を10種類に区分し、その各種所得の金額の計算上必要経費に算入されるべき金額については、それに対する補てんの有無にかかわらず、各種所得の金額の計算上、必要経費として控除できることとしています。このことに照らすと、事業所得に係る必要経費の補てん金の支払を受けた場合には、その金額を

事業所得の収入金額に算入しなければ、担税力に応じた公平な課税を目的とする所得税法の立法趣旨を損なうことになります。このように、事業所得に係る必要経費の補てん金に相当する金額についても、事業所得の収入金額に含まれると解されています。

2 明渡移転料の事業所得該当性

(1) 明渡移転料のうち、引越業者に支払った引越費用及び旧事務所の電話工事費用など、旧事務所を明け渡すための費用を補てんする趣旨で支払われたものについては、事業所得に係る必要経費を補てんするために支払われたものとなります。

(2) なお、明渡移転料のうち、名目は明渡移転料であっても、旧事務所の明渡移転のための費用以外の費用(新事務所での営業を開始するための費用)については、事業所得に係る収入金額又は必要経費を補てんするために支払われたものとは認められず、事業所得の総収入金額に算入すべき金額ではなく、また、営利を目的とする継続的行為から生じた所得以外の一時の所得で労務その他の役務又は資産の譲渡の対価としての性質を有しないものであるから、所得税法34条の規定により一時所得に係る総収入金額に算入すべき金額となります。

3 賃料等差額補てん金の事業所得該当性

賃料等差額補てん金については、賃料等差額そのものを直接的に補てんする趣旨で支払われたものではなく、新事務所の賃貸借契約の継続を条件に支払う新事務所の賃料等の一部、すなわち、事業所得に係る必要経費を補てんする趣旨で支払われたものであり、事業所得に係る必要経費を補てんするために支払われたものとなります。

4 本件へのあてはめ

ご質問の場合、明渡移転料及び賃料等差額補てん金については、上記2

及び3を踏まえて、その内容を検討し、判断することとなります。

関係法令通達

所得税法27条、34条、36条
所得税法施行令94条
所得税基本通達33-6、34-1

参考文献等

国税庁ホームページ（タックスアンサー）
裁決事例▶平23.7.21裁決：事務所の移転に伴い受領した金員については、事業所得に係る必要経費を補てんすると認められるものは事業所得の総収入金額に算入すべき金額となるが、事業所得に係る必要経費を補てんするとは認められず、また、継続性及び対価性を有しないものは、一時所得に区分するのが相当であるとした事例（裁決事例集 No.84）

6 各種所得の金額

6-1 配当所得

Question. 7-1
配当所得に関する課税の特例

配当所得等の申告に当たって、次の取扱いについて教えてください。

(1) 上場株式等の配当等について、すべての株主が確定申告不要制度を適用することができますか。

(2) 確定申告を要しない利子所得又は配当所得を申告した場合、修正申告又は更正の請求により申告した分を除外することができますか。

(3) 確定申告において申告分離課税を選択した上場株式等の配当等を修正申告又は更正の請求で総合課税にすることができますか。

(4) 複数の源泉徴収選択口座（特定口座）で上場株式等の利子等又は配当等を受領している場合、それらを申告するときは、そのすべてについて、申告する必要がありますか。

(5) 源泉徴収選択口座（特定口座）内で上場株式の配当等と譲渡損失とが損益通算されている場合に、その譲渡損失を申告するときは、併せてその配当等の申告も必要となりますが、このときに、その配当等の申告については総合課税を選択することができますか。

(6) 外国の証券会社に預けている外国上場株式の配当は、申告分離課税の選択又は上場株式等に係る譲渡損失との損益通算ができますか。

Answer. 上記質問に対する回答は、次のようになります。

(1) 個人の大口株主等（注）が支払を受けるべき上場株式等の配当等のうち、確定申告不要制度の対象となるのは、1回に支払を受けるべき配当等の金額は、次の算式で計算される金額以下の

ものに限られます。

〔算式〕

10万円×配当計算期間の月数（最高12か月）÷12

(注) 解説1(2)イの(注)参照。

(2) 確定申告を要しない利子所得又は配当所得を申告した場合には、その後の修正申告又は更正の請求において除外することはできません（措通8の5-1）。

また、確定申告を要しない利子所得又は配当所得の申告漏れについては、修正申告はできず、更正の請求事由にも該当しません。

(3) 申告分離課税を選択して確定申告をした場合には、その後において納税者が修正申告をし、又は更正の請求をするときにおいても、申告分離課税を選択することになります（措通8の4-1）。

なお、上場株式等の配当等を申告する場合には、その全額について、総合課税と申告分離課税のいずれかを選択することになります（措法8の4②）。

(4) 複数の源泉徴収選択口座（特定口座）で上場株式等の利子等又は配当等を有する場合には、それぞれの源泉徴収選択口座（口座内の利子等と配当等の合計）ごとに確定申告不要制度の適用を選択することができます（措法37の11の6⑨）。

(5) 源泉徴収選択口座（特定口座）内で上場株式の配当等と譲渡損失とが損益通算されている場合に、その譲渡損失を申告するときは、同時にその配当等の申告も必要となります（措法37の11の6⑩）。

この場合において、上場株式等の配当等については、総合課税又は申告分離課税のいずれの方法も選択することができます。

　　　　なお、上場株式等の利子等については、総合課税を選択することができません。
　(6)　外国金融商品市場において売買されている株式等も「上場株式等」に含まれることから、外国の証券会社に預けている外国上場株式の配当は、申告分離課税の選択及び上場株式等に係る譲渡損失との損益通算ができます（措法8の4①一、37の11②一、37の12の2①、措令25の9②)。

■解　説

1　確定申告を要しない配当所得等

　配当所得は、原則として確定申告の対象とされていますが、確定申告不要制度を選択することができるものもあります。

　また、平成21年1月1日以後に支払を受けるべき上場株式等の配当所得については、総合課税によらず、申告分離課税を選択することができます。なお、申告分離課税の選択は、確定申告する上場株式等の配当所得の全額についてしなければなりません。

(1) 総合課税

　総合課税とは、各種所得の金額を合計して所得税額を計算するというものです。

　総合課税の対象とした配当所得については、一定のものを除き配当控除の適用を受けることができます。

(2) 確定申告不要制度

　配当所得のうち、一定のものについては、納税者の判断により確定申告をしなくてもよいこととされています。これを「確定申告不要制度」といいます（措法8の5、9の2⑤、措令4の3）。

　確定申告不要制度の対象となる配当等は、主に次のとおりとなっていますが、この制度を適用するかどうかは、1回に支払を受けるべき配当等の額ごと（源泉徴収選択口座内の配当等については、口座ごと）に選択するこ

とができます（措法8の5④）。
　　イ　上場株式等の配当等及び投資法人からの金銭の分配の場合（大口株主等(注)が受ける場合を除きます）
　　　　支払を受けるべき金額にかかわらず、確定申告を要しません。
　（注）　大口株主等とは、その配当等の支払の基準日において、内国法人の発行済株式（投資法人にあっては発行済みの投資口）又は出資の総数又は総額の3％以上に相当する数又は金額の株式又は出資を有する個人が支払を受けるべき上場株式の配当等をいいます（措法8の4①一）。
　　ロ　上場株式等及び投資法人以外の配当等の場合
　　　　1回に支払を受けるべき配当等の金額が、次の算式により計算した金額以下である場合には、確定申告を要しません。
　　　〔算式〕
　　　　　　10万円×配当計算期間の月数(注)÷12
　（注）　配当計算期間が1年を超える場合には、12月として計算します。また、配当計算期間に1月に満たない端数がある場合には、1月として計算します。

　なお、確定申告を要しない利子所得の金額又は配当所得の金額を総所得金額に算入して確定申告書を提出した場合には、その後、更正の請求をし、又は修正申告書を提出する場合において、その配当所得等の金額を総所得金額の計算上除外することはできません（措通8の5-1）。
　また、確定申告不要制度を選択した配当所得に係る源泉徴収税額は、その年分の所得税額から差し引くことはできません。

2　上場株式等に係る配当所得の申告分離課税
(1) 概　要
　居住者又は恒久的施設を有する非居住者（以下「居住者等」といいます）が、平成21年1月1日以後に支払を受けるべき上場株式等の配当等を有する場合において、その上場株式等の配当等に係る配当所得について、この特例の適用を受けようとする旨の記載のある確定申告書を提出したときは、

他の所得と区分して、その年中のその上場株式等の配当等に係る配当所得の金額に対し、上場株式等に係る課税配当所得の金額の15％相当額の所得税（住民税５％）が課されることになります（措法８の４①、地法71の28）。

なお、上場株式等の配当等とは、配当等(＊)のうち次に掲げるものをいいます（措法８の４①）。

＊源泉分離課税とされている租税特別措置法８条の２第１項に規定する私募公社債等運用投資信託等の収益の分配に係る配当等及び同法８条の３第１項に規定する国外私募公社債等運用投資信託等の配当等を除きます。

① 上場株式等の配当等で国内法人から支払われるその配当等の支払の基準日においてその内国法人の発行済株式（投資法人にあっては投資口）又は出資の総数又は総額の３％以上に相当する数又は金額の株式（投資口を含みます）又は出資をする者（いわゆる大口株主等）がその内国法人から受けるもの以外のもの（措法８の４①一、37の11②一、措令25の９②）

② 投資信託で、その設定に係る受益権の募集が一定の公募により行われたもの(注１)の収益の分配に係る配当等（措法８の４①二）(注２)

③ 特定投資法人の投資口の配当等（措法８の４①三）

④ 特定受益証券発行信託で、その信託契約の締結時において委託者が取得する受益権の募集が一定の公募により行われたもの(注１)の収益の分配（措法８の４①四）

⑤ 特定目的信託（その信託契約の締結時において原委託者が有する社債的受益権の募集が一定の公募により行われたもの(注１)に限ります）の社債的受益権の剰余金の配当（措法８の４①五）

(注１)「一定の公募により行われたもの」とは、その募集に係る取得勧誘が金融商品取引法２条３項１号に該当する場合（多数の者を相手方として行う場合など一定の場合）をいい、その投資信託約款等にその旨の記載がなされているものをいいます（措法８の４①二）。

(注2) 平成27年12月31日以前は、公社債投資信託以外の証券投資信託がその運用対象でしたが、平成28年1月1日以後は、証券投資信託以外の投資信託、すなわち、特定公社債、公募公社債投資信託の利子等が上場株式等の配当等に追加されました（措法8の4①、平25法5改正措法附則26①）。

(2) 配当控除の不適用

申告分離課税の適用を受けた上場株式等の配当等に係る配当所得については、配当控除（所法92①）は適用されません（措法8の4①）。

(3) 総合課税との選択適用

居住者等がその年中に支払を受けるべき、上場株式等の配当等に係る配当所得について、確定申告をする場合には、その申告をする上場株式等の配当等に係る配当所得のすべてについて、総合課税と申告分離課税のいずれかを選択しなければなりません（措法8の4②）。

ただし、上場株式等の配当等に係る配当所得の申告不要の特例（措法8の5①）を適用し、上場株式等の配当等に係る配当所得を申告しないことを選択することも可能です。

(4) 総合課税と申告分離課税の選択適用の効果

例えば、確定申告において申告分離課税を選択して確定申告をした場合に、その後において、その者が更正の請求をし、又は修正申告書を提出するときにおいても、確定申告において選択した申告分離課税を選択することになります（措通8の4-1）。

(5) 上場株式等に係る譲渡損失がある場合

平成21年以後の年分において、上場株式等に係る譲渡損失がある場合又はその年の前年以前3年内の各年に生じた上場株式等に係る譲渡損失の金額のうち、前年以前で控除されていないものがある場合には、一定の要件の下、申告分離課税を選択した上場株式等の配当所得の金額から控除することができます（その上場株式等の配当所得の金額を限度とします）（措法8の4①、37の12の2）。

(6) 上場株式等に係る譲渡損失の繰越控除

　上場株式等に係る譲渡損失の金額については、一定の要件を満たす場合に限りその譲渡損失が生じた年の翌年以後3年間にわたって上場株式等に係る譲渡所得等の金額及び上場株式等に係る配当所得等の金額から繰越控除することができます（一般株式等に係る譲渡所得等の金額から繰越控除することはできません）（措法37の12の2）。

　この控除をするには、上場株式等に係る譲渡損失の金額が生じた年分について一定の書類を添付した確定申告書を提出するとともに、その後の年において、連続して一定の書類を添付した確定申告書を提出する必要があります（措法37の12の2⑦、措規18の14の2②～④）。

(7) 上場株式等の配当等に係る配当所得を申告する場合に添付すべき書類

　居住者等が上場株式等の配当等に係る配当所得を申告する場合には、次の書類の添付が必要となります（措令4の2⑨⑪）。

　イ　オープン型証券投資信託の収益の分配の支払通知書又は配当等とみなされる金額の支払通知書（上場株式等の配当等に係るものに限ります）（所法225②③ただし書）

　ロ　上場株式配当等の支払通知書（措法8の4④⑤⑥ただし書）

　ハ　特定口座年間取引報告書（措法37の11の3⑦⑨ただし書）

(8) 上場株式等の配当等に関する課税関係

	確定申告をする		確定申告をしない（確定申告不要制度適用）
	総合課税を選択	申告分離課税を選択	
借入金利子の控除	あり	あり	なし
税率	累進税率	平21.1.1～平24.12.31 所得税7%　地方税3% 平25.1.1～平25.12.31 所得税7.147%　地方税3% 平26.1.1～ 所得税15.315%　地方税5%	
配当控除	あり	なし	なし
上場株式等の譲渡損失との損益通算	なし	あり	なし
扶養控除等の判定	合計所得金額に含まれる	合計所得金額に含まれる（*）	合計所得金額に含まれない

＊上場株式等に係る譲渡損失と申告分離課税を選択した上場株式等に係る配当所得との損益通算の特例の適用を受けている場合にはその適用後の金額、上場株式等に係る譲渡損失の繰越控除の適用を受けている場合にはその適用前の金額となります。

3　配当所得課税制度の概要

		平21.1.1～平24.12.31	平25.1.1～平25.12.31	平26.1.1～
・一般株式等の配当等 ・上場株式等の配当等（個人の大口株主等（注1））	源泉徴収税率（復興税を含む）	20%	20.42%	
	確定申告不要制度（注2）	1回10万円に配当計算期間の月数を乗じてこれを12で除して計算した金額以下		

・上場株式等の配当等(個人の大口株主等(注1)を除く)	源泉徴収税率(復興税を含む)	7％(他個人住民税3％)	7.147％(他個人住民税3％)	15.315％(他個人住民税5％)
	確定申告不要制度(注2)	上 限 な し		

(注1) 「個人の大口株主等」とは、発行済株式又は出資の総数又は総額の3％（平成23年10月1日以後に支払を受けるべき配当等に適用します）以上を有する者をいいます（従前は5％）。

(注2) 確定申告不要制度を選択した配当等については、配当控除の対象とならず、その源泉徴収税額を納付すべき税額の計算上控除することもできません。

4 特定口座制度

(1) 概 要

居住者等が、金融商品取引業者等に特定口座を開設した場合(注)に、その特定口座内における上場株式等の譲渡による譲渡所得金額については、特定口座外で譲渡した他の株式等の譲渡による所得と区分して計算します（措法37の11の3）。

この計算は、金融商品取引業者等が行いますので、金融商品取引業者等から送付される特定口座年間取引報告書により、簡便に申告（簡易申告口座の場合）を行うことができます。

また、特定口座内で生じる所得に対して源泉徴収をすることを選択した場合には、その特定口座（以下「源泉徴収口座」といいます）における上場株式等の譲渡による所得は原則として、確定申告は不要です（措法37の11の5）。

ただし、他の口座での譲渡損益と相殺する場合や上場株式等に係る譲渡損失を繰越控除する特例の適用を受ける場合には、確定申告をする必要があります。

（注） 1 金融商品取引業者等について、1口座（ただし、課税未成年者口座として設けられた特定口座を除きます）に限られます。

(2) 特定口座内における源泉徴収の選択

　特定口座を開設している居住者等が、特定口座内に保管等されている上場株式等の譲渡による譲渡所得等について、源泉徴収を選択する場合は、その年の最初の譲渡の時までに、金融商品取引業者等に対して、「特定口座源泉徴収選択届出書」を提出する必要があります（措通37の11の4-1）。

　また、その選択は年単位であることから、年の途中で源泉徴収を行わないように変更することはできません。

　この源泉徴収を選択した場合には、源泉徴収口座内の上場株式等を譲渡等した都度、一定の計算により、譲渡益に相当する金額に15.315％（他に地方税5％）の税率を乗じて計算した金額の所得税及び復興特別所得税が、その譲渡の対価又は差金決済に係る差益に相当する金額が支払われた際に源泉徴収されます（措法37の11の4、復興財源確保法28）。

(3) 源泉徴収口座内で受け入れた配当等と譲渡損失との損益通算

　源泉徴収口座を開設している金融商品取引業者等の営業所を通じて源泉徴収口座に保管委託等されている上場株式等に係る利子等又は配当等(注1)を受ける場合は、その上場株式等に係る利子等及び配当等をその金融商品取引業者等の営業所に開設している源泉徴収口座に受け入れることを選択することができます。

　この選択をする場合には、源泉徴収口座が開設されている金融商品取引業者等に対して「源泉徴収選択口座内配当等受入開始届出書」を提出する必要があります。

　この選択がされた場合において、源泉徴収口座に受け入れた上場株式等に係る利子等及び配当等に係る源泉徴収税額を計算する際に、その源泉徴収口座内における上場株式等の譲渡損失の金額があるときは、その上場株式等に係る利子等の金額及び配当等の金額からその譲渡損失の金額を控除した金額に対して、上記(2)の源泉徴収税率を適用して徴収すべき所得税

等の額を計算することになります（措法37の11の6）。

　また、その源泉徴収口座内で生じた上場株式等の譲渡損失の金額について、確定申告を行うことにより、他の上場株式等に係る譲渡所得等の金額及び他の上場株式等に係る利子等の金額及び配当等（注2）の金額から控除するときは、その源泉徴収口座に係る上場株式等に係る利子等の金額及び配当等の金額は確定申告不要制度を適用できないことから確定申告する必要があります（措法37の11の6⑩）。

（注1）　配当等については、一定の大口株主等が受けるものを除きます。
（注2）　上場株式等に係る配当等については、申告分離課税を選択したものに限ります。

(4) 源泉徴収口座内での確定申告不要制度の適用

　源泉徴収選択口座内配当等についての確定申告不要制度（措法8の5①）の規定の適用は、その者が2以上の源泉徴収選択口座において源泉徴収選択口座内配当等を有する場合には、それぞれの源泉徴収選択口座において源泉徴収選択口座内配当等に係る利子所得の金額及び配当所得の金額の合計額ごとに行うこととされています（措法37の11の6⑨）。

5　本件へのあてはめ

　ご質問の場合、次のとおりとなります。

(1) について

　上記1(2)ロのとおり、個人の大口株主等が支払を受けるべき上場株式等の配当等のうち、確定申告不要制度の対象となるのは、1回に支払を受けるべき配当等の金額は、次の算式で計算される金額以下のものに限られていることから、上場株式等の配当等について、すべての株主が確定申告不要制度を適用することはできないということになります。

〔算式〕

　　10万円×配当計算期間の月数（最高12か月）÷12

(2) について

　上記1(2)なお書のとおり、確定申告を要しない利子所得の金額又は配当所得の金額を総所得金額に算入して確定申告書を提出した場合には、その後、更正の請求をし、又は修正申告書を提出する場合において、その配当所得の金額を総所得金額の計算上除外することができない（措通8の5-1）ことから、確定申告を要しない利子所得又は配当所得を申告した場合、修正申告又は更正の請求により申告した分を除外することができません。また、確定申告を要しない利子所得又は配当所得の申告漏れについては、修正申告はできず、更正の請求事由にも該当しないこととされています。

(3) について

　上記2(4)のとおり、申告分離課税を選択して確定申告をした場合には、その後において納税者が修正申告をし、又は更正の請求をするときにおいても、申告分離課税を選択することになります（措通8の4-1）。

　また、上場株式等の配当等を申告する場合には、その全額について、総合課税と申告分離課税のいずれかを選択することになります（措法8の4②）。

　したがって、確定申告において申告分離課税を選択した上場株式等の配当等を修正申告又は更正の請求で総合課税にすることはできないことになります。

(4) について

　上記4の(4)のとおり、複数の源泉徴収選択口座（特定口座）で上場株式等の利子等又は配当等を有する場合には、それぞれの源泉徴収選択口座（口座内の利子等と配当等の合計）ごとに確定申告不要制度の適用を選択することができます（措法37の11の6⑨）。

(5) について

　上記4の(3)のとおり、源泉徴収選択口座（特定口座）内で上場株式の配当等と譲渡損失とが損益通算されている場合に、その譲渡損失を申告するときは、同時にその配当等の申告も必要となります（措法37の11の6⑩）。

この場合において、上場株式等の配当等については、総合課税又は申告分離課税のいずれの方法も選択することができます。

なお、上場株式等の利子等については、総合課税を選択することができません。

(6) について

上記2(1)①には、租税特別措置法8条の4第1項1号において、同法37条の11第2項1号の上場株式等をいうところ、この上場株式等には、金融商品取引所に上場されているものその他これに類するものとして、同法施行令25条の9第2項2号で、金融商品取引法2条8項3号ロに規定する外国金融商品市場において売買されている株式等が含まれることとなっています。

したがって、外国金融商品市場において売買されている株式等も「上場株式等」に含まれることから、外国の証券会社に預けている外国上場株式の配当は、申告分離課税の選択及び上場株式等に係る譲渡損失との損益通算ができることになります。

関係法令通達

所得税法92条、225条
租税特別措置法8条の4、8条の5、9条の2、37条の11、37条の11の3、37条の11の4、37条の11の5、37条の11の6、37条の12の2
租税特別措置法施行令4条の2、4条の3、25条の9
租税特別措置法施行規則18の14の2
租税特別措置法所得税関係通達8の4－1、8の5－1、37の11の4－1
平成25年法律5号改正措法附則26条1項
復興財源確保法28条
地方税法71条の28

参考文献等

国税庁ホームページ（タックスアンサー）
『平成29年版 図解 所得税』（一般財団法人大蔵財務協会）188頁～199頁

Question.7−2
株式を取得するために要した負債の利子

借入金で株式を取得し、その配当金を受け取っています。この借入金の利子が配当所得の必要経費になると聞いています。しかしながら、売買も行っているため、株式の保有期間に対応する負債の利子と譲渡した株式に対応する負債の利子の区分ができません。その方法を教えてください。

Answer. 株式の譲渡等に対応する負債利子と配当所得の金額の計算上控除する負債利子とに区分することが困難な場合は、それぞれの所得に係る収入金額の比で負債利子の総額をあん分計算することができます。

■解 説

1 配当所得の金額

配当所得の金額は、その年中の配当等の収入金額からその元本を取得するために要した負債の利子の額のうち、その年においてその元本を有していた期間に対応する部分の金額を控除した金額とされています。ただし、事業所得又は雑所得の基因となった株式を取得するために要した負債の利子は、この負債の利子控除の対象から除かれています（所法24②）。

2　株式等の譲渡による所得がある場合の負債の利子

　配当所得の金額の計算上控除する負債の利子は、その株式の保有期間に対応するものに限られますが、その年中にその株式が譲渡等された場合は、配当所得の収入金額から控除することなく、その株式の譲渡等に係る所得から控除します（所法24②、措法37の10⑥、37の11⑥）。

　しかしながら、その区分が困難な場合には、次の算式により計算した金額を配当所得の金額の計算上控除すべき負債の利子とすることができることとされています（所基通24-6）。

〔配当所得の金額の計算上控除すべき負債の利子の計算式〕

株式等を取得するために要した負債の利子の総額	×	配当所得の収入金額
		配当所得の収入金額 ＋ その利子の額を差し引く前の株式等に係る譲渡所得等の金額及び総合課税の株式等に係る事業所得等の金額

　なお、上記の計算により算出した負債利子の額が配当所得の収入金額から控除し切れない場合、すなわち配当所得が赤字になった場合は、その赤字部分は損益通算できないことになります。また、この計算は、負債利子の区分ができない場合の便宜的な取扱いであることから、この引き切れなかった負債利子の金額のうちその超える部分の金額は、株式の譲渡所得等の金額又は総合課税の株式等に係る事業所得等の金額の計算上控除してもよいこととされています（所基通24-6の2）。

3　本件へのあてはめ

　ご質問の場合、原則どおりの計算が困難ということですから、上記2の〔配当所得の金額の計算上控除すべき負債の利子の計算式〕により計算した金額を配当所得の収入金額から控除する負債の利子の金額とすることができます。

> **関係法令通達**
> 所得税法 24 条
> 所得税基本通達 24-6、24-6 の 2
> 租税特別措置法 37 条の 10、37 条の 11

参考文献等
『所得税質疑応答集』（前出）188 頁
『平成 22 年 2 月改訂 回答事例による所得税質疑応答集』（前出）92 頁

6-2 不動産所得

Question.8
建物の貸付けが事業的規模かどうかの判定

私は、土地（224㎡）及び建物（鉄筋コンクリート造陸屋根 3 階建延べ床面積 364㎡）(以下、土地と建物を併せて「本件建物等」といいます）と土地（223㎡）（以下「本件駐車場」といいます）を所有し、本件建物等は私が主宰する同族会社 2 社（いずれも法法 2 十に規定する同族会社）に貸し付け、本件駐車場は長男に貸し付けています（以下「本件貸付け」といいます）。なお、本件駐車場は 6 台駐車可能ですが、他人に貸し付けることは考えておらず、賃借人の募集もしていません。また、不動産賃貸料収入はおよそ年間 900 万円であり、青色申告特別控除前の所得はおよそ年間 300 万円であり、当該不動産収入以外の収入が約 5 割を占めています。この場合、事業的規模の貸付けとして 65 万円の青色申告特別控除の適用がありますか。

Answer. 本件貸付けは、不動産所得を生ずべき事業に該当しませんので、65万円の青色申告特別控除の適用を受けることはできません。

▌解 説
1 所得税法等の事業概念
(1) 所得税法及び租税特別措置法

　所得税法及び租税特別措置法では、不動産所得について、これを①不動産所得を生ずべき事業と②事業以外の業務に区分し、前者については、事業所得と同様の資産損失（所法51①）、貸倒損失（同条②）及び専従者給与（同法57①③）の必要経費算入並びに65万円（不動産所得の金額を限度）の青色申告特別控除（措法25の2③）等を認める旨規定していますが、事業の意義自体について、一般的な定義規定を置いていません。

　「事業」とは、自己の計算と危険において営利を目的として対価を得て継続的に行う経済的活動のことである（最判昭和56年4月24日民集35巻3号672頁）と一般に解されていますが、事業であるか否かの基準は必ずしも明確ではなく、その事業概念は、最終的には社会通念に従ってこれを判断するほかはないと考えます。

(2) 通 達

　所得税基本通達26-9《建物の貸付けが事業として行われているかどうかの判定》は、建物の貸付けが事業として行われているかどうかは、社会通念上事業と称するに至る程度の規模で建物の貸付けを行っているかどうかにより判定すべきであるとした上で、いわゆる5棟10室という形式基準を満たすとき等は、その貸付けが事業として行われているものとする旨定めていますが、これは、この基準を満たせば、事業として行われているものとする十分条件を定めたに過ぎず、当該基準を満たしていなかったとしても、これをもって直ちに社会通念上事業に当たらないということはできないと解するのが相当と考えられています。

(3) 不動産貸付けが不動産所得を生ずべき事業に該当するか否かについて

不動産貸付けが不動産所得を生ずべき事業に該当するか否かは、①営利性・有償性の有無、②継続性・反復性の有無、③自己の計算と危険における事業遂行性の有無、④取引に費やした精神的・肉体的労力の程度、⑤人的・物的設備の有無、⑥取引の目的、⑦事業を営む者の職歴・社会的地位・生活状況などの諸点を総合して、社会通念上事業といい得るか否かによって判断するのが相当と考えられています。

2 本件へのあてはめ

(1) 本件不動産貸付けの事業該当性の判断

本件について、上記1の(3)の①から⑦までの諸要素から判断しますと、次のようになります。

イ 営利性・有償性については、不動産収入及び所得とも有していること

ロ 継続性・反復性については、本件建物等はその全部が同族会社2社に貸し付けられ、本件駐車場は長男に貸し付けられていること

ハ 自己の計算と危険における事業遂行性については、本件貸付けは、あなたが主宰する本件同族会社2社及び親族に対する限定的かつ専属的なものであることから、本件建物等は、本件同族会社2社が賃借を継続する限り、空き部屋が生ずる余地がなく、賃借人の募集をする必要もないこと及び本件駐車場は、他人に貸し付けることは考えていないこと

ニ 精神的・肉体的労力の程度については、本件貸付けは、あなたが主宰する本件同族会社2社及び親族に対する限定的かつ専属的なものであることからすると、賃貸料の改定交渉等の業務の煩雑さもないこと

ホ 人的・物的設備については、本件建物等（土地（224㎡）と3階建ビル1棟（364㎡））と本件駐車場（223㎡）であること

ヘ 不動産貸付けの目的については、本件建物等は本件同族会社2社に

共用されていること及び本件駐車場は長男に貸し付けられていること
ト　職歴・社会的地位・生活状況については、あなたは、本件同族会社2社の代表取締役であり、不動産収入以外の収入が約5割を占めていること

　事業性の判断は、以上のイからトの諸点を総合的に勘案して行われるべきですが、本件貸付けについては、営利性、継続性、人的・物的設備など部分部分としてみた場合は直ちに事業ではないということはできない要素も認められます。

　しかしながら、本件貸付けは、あなたが主宰する本件同族会社2社及び親族に対する限定的かつ専属的なものであり、また、本件同族会社2社の賃貸料は、それぞれの法人の収入等が根拠となっていることからすると、事業遂行上その企画性は乏しく、危険負担も少ないと認められ、さらに、本件建物は他に賃貸が可能である等の汎用性が少ないなど、これらの点におけるあなたの自己の計算と危険による事業遂行性は希薄であると認められます。

　また、本件貸付物件は、あなたの主宰する同族会社2社及び親族に貸し付けられていることから、あなたにとって賃借人の募集等をする必要はなく、賃貸料の改定交渉等の業務の煩雑さもなく、ビル管理業務等の負担も軽微であることから本件貸付けに費やす精神的・肉体的労力の程度は、実質的に相当低いと認められます。

　したがって、これらの諸点を総合勘案しますと、本件貸付けは、社会通念上事業と称するに至る程度のものとは認められないこととなります。

(2) 青色申告特別控除の適用

　本件不動産の貸付けは、上記(1)のとおり、事業として行われていないことから、最高10万円の青色申告特別控除が適用されることになり（措法25の2①③）、65万円の青色申告特別控除は適用できないことになります。

関係法令通達

所得税法26条、51条、57条
所得税基本通達26-9
法人税法2条
租税特別措置法25条の2

参考文献等　裁決事例▶平19.12.4裁決：「事業」とは、自己の計算と危険において営利を目的として対価を得て継続的に行う経済的活動であるところ、本件建物貸付けは、同族会社2社及び親族に対するもので限定的かつ専属的なものであり、貸付けに係る維持管理等の程度は実質的に相当低いことから、当該建物の貸付けが不動産所得を生ずべき事業に該当しないとした事例（裁決事例集No.74-37頁）

6-3 事業所得

Question.9 歯列矯正料の収入すべき時期

　歯科の治療の1つである歯列矯正には、通常数年の治療期間を必要とし、また、歯科医師が歯列矯正を行う場合には、矯正装置の代金及び装着料も、その矯正治療の全期間を通ずる基本料金としての性質を有する報酬を治療開始時に一括受領することとしています。

　この場合の収入計上時期について、どのように取り扱いますか。

Answer. 　矯正装置の装着など、一定の役務の提供を了した日の収入金額とします。

■解説

1 事業所得の総収入金額の収入すべき時期

　歯列矯正などの人的役務の提供による収入金額の収入すべき時期は、その人的役務の提供を完了した日をもって収入金額として計上することとさ

れています。

　ただし、人的役務の提供による報酬を期間の経過又は役務の提供の程度等に応じて収入する特約又は慣習がある場合に、その期間の経過又は役務の提供の程度等に対応する報酬については、その特約又は慣習によりその収入すべき事由が生じた日をもって収入金額として計上することとされています（所基通36-8（5））。

2　歯列矯正料の収入すべき時期

　医師・歯科医師の診療による報酬は、一般に診療に長期を要する患者についても、その期間内の診療の都度、患者に請求し受領しているのが通常と思われます。

　したがって、基本料等の収入計上時期については、歯科医師と患者との契約の実態に応じ、次のとおりとなります。

① 　矯正装置の装着など一定の役務の提供を行った時に基本料等の全額について請求し受領することとしている場合には、基本料等の全額についてその一定の役務の提供を了した日の収入金額となります。

② 　期間の経過又は役務の提供の程度等に応じて、所定の基本料等を請求し受領することとしている場合には、その期間が経過した日又はその役務の提供を了した日の収入金額とします。

③ 　①及び②以外の場合は、それぞれ次によります。

　　イ　支払日が定められている場合は、その支払日とします。

　　ロ　支払日が定められていない場合には、その支払を受けた日（請求があった時に支払うべきものとされている場合には、その請求の日）とします。

　　ハ　ただし、イ又はロのうち、支払日が矯正治療を完了した日後とされているものについては、矯正治療を完了した日とします。

3　本件へのあてはめ

　歯列矯正などの人的役務の提供による収入金額の収入すべき時期は、原

則として、その人的役務の提供を完了した日をもって収入金額として計上することとされています。

　ご質問のように、矯正治療の全期間分の報酬を治療開始時に一括受領している場合には、矯正装置の装着など一定の役務の提供を了した日の収入金額とします。

関係法令通達
　　所得税法 36 条
　　所得税基本通達 36-8

参考文献等

国税庁ホームページ（所得税質疑応答事例）
裁決事例▶昭 60.12.19 裁決：歯列矯正施術料の収入金額の計上について、矯正施術料は、歯科医と患者との間において締結された治療契約により、歯列矯正装置を装着した時に患者に請求し、受領しているから、過去の診療実績に基づき計上するのではなく、矯正装置を装着した時に収入すべき権利が確定したものとして、収入金額に計上すべきであるとした事例（裁決事例集 No.30-17 頁）

Question.10
診療報酬債権の収入すべき時期

　医師の診療報酬債権は、医業サービスの提供が完了し、その対価を請求し得る状況になったときに確定しますが、労働災害の認定申請患者の診療報酬債権については、当該治療が労働災害の認定を前提とした治療であり、労働災害が認定されるまでは診療の対価を請求し得る状況になったとはいえず、診療行為時に確定しているとはいえないため、診療行為が属する年分の収入金額に計上しなくてもよいでしょうか。

Answer. 医師の診療報酬債権は、診療行為が属する年分の収入金額に計上することになります。

解説
1 診療報酬債権の収入すべき時期

所得税法36条1項は、その年分の各種所得の金額の計算上収入金額とすべき金額は、別段の定めがあるものを除き、その年において収入すべきことが確定し、相手方にその支払を請求し得ることとなった金額をいうものであり、上記規定は、現実の収入がなくても、その収入の原因となる権利が確定した場合には、その時点で所得の表現があったものとして、当該権利確定の時期の属する年分の課税所得を計算するという、いわゆる権利確定主義を採用しています。

そして、収入の原因となる権利が確定する時期は、それぞれの権利の特質を考慮して決定されるべきであり、役務の提供を内容とする契約に基づく債権にあっては、原則として、その役務の提供が完了した時点で当該権利が確定すると解されています。

医師の診療契約に基づく診療報酬債権も、患者に対して診療を行う都度役務の提供が完了するものであるから、医師が患者に対して診療を行った時期にその権利が確定すると解されています。

2 本件へのあてはめ

本件診療報酬債権は、労働災害が認定され療養補償の支払が再開されて初めて、診療の対価を請求し得るから、このような場合の診療報酬債権は診療行為時には確定しているとはいえないというご質問です。

しかしながら、本件診療報酬債権は、上記1のとおり、医師が診療を行うことにより、直ちに当該診療行為に相当する金額が定まる性質の権利、すなわち、役務の提供が完了した時点で当該役務に係る対価の額が確定し

て、それを請求することが可能となる権利であるから、診療行為時点で、医師が直ちに患者に対して診療報酬を請求するか否かによって、診療報酬債権の確定する時期が影響されるものではないということになります。

したがって、医師の事業所得の金額の計算上、診療報酬債権は、医師が診療を行った時期の属する年分の収入金額として計上することになります。

関係法令通達
　所得税法 36 条

参考文献等

裁決事例 ▶ 平 16.6.24 裁決：医師の診療契約に基づく診療報酬債権は、患者に対する診療の都度、役務の提供が完了し、役務の提供の完了時点で当該役務に係る対価の額が確定して請求可能となる権利であるところ、診療行為時点で、医師が直ちに患者に対して診療報酬を請求するか否かによって、診療報酬債権の確定時期が影響されるものではないから、医師の事業所得の金額の計算上、診療報酬債権は、医師が診療を行った時期の属する年分の収入金額として計上すべきであるとした事例（裁決事例集 No.67-280 頁）

Question.11
医師の社会保険診療報酬の特例と青色申告特別控除

私は、青色申告者で開業医であり、収入のすべてが社会保険診療報酬ですので、租税特別措置法 26 条の規定により所得計算の特例の適用を受けています。その適用後の所得は次のとおりです。

　不動産所得（事業的規模）............................. 45 万円
　事業所得（すべて社会保険診療報酬分）......... 600 万円

この場合、青色申告特別控除後の所得はどのように計算しますか。

なお、私は、不動産所得と事業所得に係る取引を正規の簿記の原則に従

い記録し、これに基づき青色申告決算書（損益計算書、貸借対照表）を作成することとしています。

Answer. 青色申告特別控除後の所得金額は、不動産所得0円、事業所得600万円となります。

■解 説
1 医師の社会保険診療報酬の特例と青色申告特別控除

　医業又は歯科医業を営む者が支払を受ける社会保険診療報酬による事業所得の金額の計算に当たっては、その選択により、その収入金額に応じて定められている必要経費率を適用して計算する方法が認められています（措法26）。ただし、この特例は社会保険診療報酬の金額が5,000万円以下であり、かつ、その医業又は歯科医業から生ずる事業所得に係る総収入金額が7,000万円以下であるときに適用されます。

　しかし、租税特別措置法26条の規定の適用を受けた社会保険診療報酬に係る所得については、青色申告特別控除の限度額を計算するに当たって、これを事業所得の金額から除外し、いわゆる自由診療報酬に係る所得の部分だけを計算の基礎とすることとされています（措法25の2①二・③二）。

　また、最高65万円を控除する場合の青色申告特別控除は、不動産所得の金額、事業所得の金額の順に控除することとなっています（措法25の2④）。

2 本件へのあてはめ

　ご質問の場合、あなたの不動産所得45万円から青色申告特別控除をまず控除しますから、不動産所得は0円となります。

　また、この場合、青色申告特別控除は不動産所得から引き切れない部分がありますが、あなたの事業所得は、社会保険診療報酬のみであり、租税特別措置法26条による所得計算の特例の適用を受けて計算していますの

で、上記1のとおり、控除することができません。

したがって、青色申告特別控除後の所得金額は、不動産所得0円、事業所得600万円となります。

関係法令通達

租税特別措置法25条の2、26条

参考文献等

『所得税質疑応答集』(前出) 771頁
『平成22年2月改訂 回答事例による所得税質疑応答集』(前出) 739頁

6-4 事業所得、不動産所得共通事項

Question.12 消費税等の経理処理

私は、美容業を営んでいる青色申告者です。消費税及び地方消費税(以下「消費税等」といいます)の経理は、税込経理方式により記帳していますが、消費税等の納付税額はどのように処理すればよいですか。

Answer. 税込経理方式の場合の消費税等の納付額は、消費税等申告書を提出した年の必要経費(租税公課)に算入するのが原則であるところ、未払金に計上したときはその計上した年の必要経費に算入してもよいことになっています。

▍解 説
1 消費税等の記帳
　消費税の課税事業者は、不動産所得、事業所得、山林所得及び雑所得を生ずべき業務に係る取引について記帳する際には、消費税等に関する事項についても併せて記帳することが必要となります。

　消費税等に関する記帳の方法には、税込経理方式と税抜経理方式とがあり、それぞれの経理方式と具体的な取扱いは、次の**2**のとおりです。

　なお、消費税と地方消費税は同一の経理方式によるものとされています。

2 消費税等の経理処理
(1) 税込経理方式
　イ　売上げや仕入れの金額には消費税等に相当する金額を含めて経理します。
　ロ　消費税等の納付額は、必要経費（租税公課）に算入し、還付額は総収入金額（雑収入）に算入します。
　ハ　消費税等の納付額（還付額）の計上時期は、原則として消費税等の申告書が提出された日の属する年としますが、未払金（未収金）に計上したときは、その計上した年の必要経費（総収入金額）に計上してよいこととされています（平元.3.29 直所 3-8 他）。

(2) 税抜経理方式
　イ　売上げや仕入れの金額には消費税等に相当する金額を含めないで経理します。
　ロ　消費税等に相当する金額は、仮受消費税等（負債勘定）及び仮払消費税等（資産勘定）として経理します。
　ハ　仮受消費税等と仮払消費税等との差額（以下「清算差額」といいます）が消費税等の納付額又は還付額となります。これらは、現金、当座預金等の払出し又は受入れとして処理します。
　ニ　簡易課税制度（消法 37 ①）の適用を受ける場合は、清算差額と消費

税等の納付額又は還付額とが合致しないことになります。この合致しない部分の差額は、その課税期間を含む年の必要経費（雑損失）又は総収入金額（雑収入）に算入します。

3 本件へのあてはめ

　ご質問の場合、税込経理方式により記帳されているとのことですので、消費税等の納付額は、消費税等申告書を提出した年の必要経費（租税公課）に算入するのが原則ですが、未払金に計上したときはその計上した年の必要経費に算入してもよいことになります。

　なお、当然のことですが、消費税等の還付額は、消費税等申告書を提出した年の総収入金額（雑収入）に算入するのが原則ですが、未収金に計上したときはその計上した年の総収入金額に算入してもよいことになります。

関係法令通達

消費税法37条
平成元年3月29日付直所3-8ほか「消費税法等の施行に伴う所得税の取扱いについて」

参考文献等

『所得税質疑応答集』（前出）453頁
『平成22年2月改訂 回答事例による所得税質疑応答集』（前出）485頁

Question.13
店舗併用住宅に係る支払家賃

私は、1戸建の建物を借りて食堂を営んでいる青色申告者です。借りている建物は、店舗併用住宅で1階・2階とも床面積40㎡で、1階は店舗として、2階は住居として使用しています。この場合に毎月支払っている家賃のうちどれだけを必要経費としたらよいですか。また、一般に家事上と事業上とに共通する費用などはどのようにしたらよいでしょうか。

Answer. その店舗部分と住宅部分の家賃を区分する取決めが合理的な根拠に基づいているものであれば、支払家賃の半額が事業所得の必要経費となります。
また、家事関連費のうち業務の遂行上必要であることが明らかにされる部分の金額に相当する経費は、必要経費となります。

■解説
1 家事関連費の取扱い

店舗併用住宅のように支払う家賃のうちに事業の必要経費となる部分と家事費になる部分とが混在する費用については、所得税法では、次の基準によって両者を区分することとしています（所令96）。

① 家事関連費の主たる部分がその所得を生ずべき業務の遂行上必要であり、かつ、その必要であるべき部分を明らかに区分することができる場合には、その部分に限り必要経費に算入し、その部分が明らかに区分されない場合には、その家事関連費の全額を必要経費に算入しない。

② 青色申告者については、上記①のほか、家事関連費のうち、取引の記録等に基づいてその事業の遂行上直接必要であったことが明らかにされる部分の金額は必要経費に算入する。

2　業務の遂行上必要な部分

　所得税法施行令96条1号に規定する「主たる部分が不動産所得、事業所得、山林所得又は雑所得を生ずべき業務の遂行上必要」であるかどうかは、その支出する金額のうち当該業務の遂行上必要な部分が50％を超えるかどうかにより判定することとなります（所基通45-2）。

　したがって、一般的にその支出する経費のうち50％を超える部分が不動産所得、事業所得、山林所得又は雑所得を生ずべき業務の遂行上必要なもので、かつ、その必要である部分を明らかに区分することができる場合における必要である部分に相当する金額は事業所得等の必要経費となります。

　ただし、業務の遂行上必要な部分が50％以下でも、その必要な部分を明らかに区分することができる場合には、上記にかかわらず必要である部分に相当する金額を、必要経費に算入してもよいことになっています（所基通45-2）。

3　主たる部分等の判定等

　「50％を超えるかどうか」又は「業務の遂行上直接必要であったことが明らかにされる部分」は、業務の内容、経費の内容、家族及び使用人の構成、店舗併用の家屋その他の資産の利用状況等を総合勘案して判定することになります（所基通45-1）。

4　本件へのあてはめ

　店舗併用住宅の家賃は、その店舗部分と住宅部分の家賃を区分して取り決めていても、その取決めが合理的な根拠に基づいているものでなければ店舗に係る部分として区分された金額の全額を必要経費に算入することはできません。したがって、ご質問の場合、店舗と住居とを利用することが床面積等により合理的な根拠に基づいて区分されているのであれば、支払家賃の半額を必要経費とすることができます。

また、取引の帳簿等に基づいて、家事関連費のうち業務の遂行上必要であることが明らかにされる部分の金額に相当する経費は、必要経費となります。

```
┌─ 関係法令通達 ─────────────────────────┐
│   所得税法45条                         │
│   所得税法施行令96条                   │
│   所得税基本通達45-1、45-2             │
└────────────────────────────────────────┘
```

参考文献等　『所得税質疑応答集』（前出）479頁
『平成22年2月改訂　回答事例による所得税質疑応答集』（前出）470頁

Question.14 相続により取得した不動産の登録免許税

　私は、死亡した父の財産である父名義の不動産を相続により取得することになり、当該不動産の相続登記をする際に登録免許税、登記費用等を支払いました。当該不動産を貸付けの用に供した場合、登録免許税、登記費用等を不動産所得の金額の計算上必要経費に算入できますか。

Answer.　相続により取得した不動産の登録免許税、登記費用等は、不動産所得の金額の計算上必要経費に算入できます。

■解　説

1　贈与等の際に支出した費用の取扱い

　従来は、贈与、相続又は遺贈（以下「贈与等」といいます）により譲渡所

得の基因となる資産を取得した場合には、受贈者等が引き続き所有していたものとみなされることから、受贈者等が受贈等により取得する際に支出した費用については、譲渡所得の金額の計算上、取得費を構成しないものと扱ってきました。

しかしながら、ゴルフ会員権を贈与により取得した際に受贈者が支出した名義書換手数料の取得費を争点とする訴訟において、平成17年2月1日の最高裁判決は、「受贈者が贈与者から資産を取得するための付随費用の額は、受贈者の資産の保有期間に係る増加益の計算において、『資産の取得に要した金額』（所法38①）として収入金額から控除されるべき性質のものである。そうすると上記付随費用の額は、所法60条1項に基づいてされる譲渡所得の金額の計算において『資産の取得に要した金額』に当たると解すべきである。」とし、名義書換手数料を取得費として認める判断がなされました。

この最高裁判決によりゴルフ会員権の名義書換手数料以外の、例えば、不動産登記費用・不動産取得税、株券の名義書換手数料など、贈与等の際に通常支出される費用についても、その資産の取得費に算入できるものとして取り扱われることとなりました。

その結果、贈与等により、譲渡所得の基因となる資産を取得した場合において、その贈与等に係る受贈者等がその資産を取得するために通常必要と認められる費用を支出しているときには、その費用のうちその資産に対応する金額については、下記2により各種所得の金額の計算上必要経費に算入された登録免許税、不動産取得税等を除き、その資産の取得費に算入できることとされました。

2 業務用資産に係る登録免許税等

業務の用に供される資産に係る登録免許税（登録に要する費用を含み、その資産の取得価額に算入されるものを除きます）、固定資産税、不動産取得税、事業所税、自動車取得税等は、当該業務に係る各種所得の金額の計算上必

要経費に算入されることとされています（所基通37-5）。

そして、この業務の用に供される資産には、上記の最高裁判決を受けて贈与、相続又は遺贈により取得した資産を含むものとされました。

3　本件へのあてはめ

ご質問の場合、相続により取得した不動産を貸付けの用に供した場合の登録免許税、登記費用等については、不動産所得の金額の計算上必要経費に算入できることとなります。

関係法令通達

所得税法 38 条、60 条
所得税基本通達 37-5

参考文献等

『所得税質疑応答集』（前出）463 頁
最高裁判決平成 17 年 2 月 1 日判例時報 1893 号 17 頁

Question.15
長期の損害保険料

事業用の店舗を共済の対象物とし、共済期間は 30 年で満期の場合 500 万円が支払われる建物更生共済契約を締結し、掛金を支払っています。

この場合、この共済掛金については、どのように取り扱われますか。

Answer.　事業用建物に係る長期損害保険料を支払った場合には、その保険料のうち積立金に対応する部分については資産とし、それ以外

の掛け捨て部分については、事業所得の金額の計算上必要経費に算入します。

■解 説
1 事業用資産に係る長期損害保険料

　事業用の資産を保険、共済などの目的物とする保険契約等で、その保険期間が3年以上で、かつ、満期になった場合に返戻金の定めのある長期の保険契約等については、その保険料等の内訳は、積立金に相当する部分といわゆる掛け捨て部分があります。なお、この支払った保険料の金額のうち、積立金に相当する部分の金額とその他の部分の金額との区分は、保険料払込案内書、保険証券添付書類等により区分されているところによります（所基通36・37共-18の2）。

　したがって、通常の掛け捨ての火災保険料は、支払うべき時に、業務用部分について必要経費に算入することになりますが、保険期間が長期（10年、20年、30年など）の損害保険料については、払込保険料の一部又は全部が満期返戻金として契約者に支払われるものがあるため、その支払った保険料全額を支払った時の必要経費に算入することはできないことになります。

2 積立金部分と掛け捨て部分の取扱い

　上記1の取扱いは、払込保険料の内容が、満期返戻金の支払に充てられる積立保険料の部分と掛け捨ての火災保険料の構成要素である危険保険料、付加保険料の部分とに分けられ、前者の積立金に相当する部分の金額については、保険期間の終了時までは資産として取り扱い、また、後者の掛け捨て部分に対応する掛金等については、支払ったときの必要経費に算入（未経過部分は調整の上）するという考え方に基づくものです。

　なお、資産に計上した部分の金額は、将来、損害保険契約等に基づく年金又は満期返戻金の支払があった際の一時所得の金額の計算上「収入を得

るために支出した金額」として控除することになります（所法34②、所令184）。

3 店舗併用住宅に係る長期損害保険料の取扱い

　建物の一部を居住用に使用しているいわゆる店舗併用住宅に長期損害保険契約を締結した場合には、まず、支払保険料の金額を建物の総床面積に占める業務用の部分の床面積の割合等によって、業務用に係る部分の金額と居住用に係る部分とに区分します。

　次に、業務用に係る部分の保険料の金額について積立保険料部分とその他の部分とに区分して上記1の取扱いをすることになります。

　なお、居住用に係る部分の保険料（平成18年12月31日までに締結した一定の長期損害保険契約等に係る損害保険料に限ります）については、地震保険料控除の対象となります。

4 本件へのあてはめ

　ご質問の場合、保険料のすべてを必要経費に算入することはできず、積立金に相当する部分を資産計上し、掛け捨て保険料に相当する部分を必要経費に算入することになります。

【参考】

その年中に支払った保険料の金額	業務用に係る部分の保険料の金額	積立金に相当する部分の金額	資産に計上
		その他の部分の金額	必要経費に算入
	住宅用に係る部分の保険料の金額		地震保険料控除の対象

---関係法令通達---
所得税法 34 条
所得税法施行令 184 条
所得税基本通達 36・37 共 -18 の 2

参考文献等

『所得税質疑応答集』（前出）665 頁
『平成 22 年 2 月改訂 回答事例による所得税質疑応答集』（前出）437 頁

Question.16
平成 19 年 3 月 31 日以前に取得した減価償却資産の均等償却の適用時期

　私は、飲食業を営んでおり、平成 19 年 1 月に店舗に設置するためテレビを購入しました。このテレビの減価償却費の累計額は、平成 24 年分で取得価額の 95％相当額に達することになりますが、残りの 5％部分の 5 年均等償却は、その 95％に達した平成 24 年分から適用することができますか。

・取得価額：50 万円　　・法定耐用年数：5 年

Answer.　5 年均等償却は、減価償却費の累計額が取得価額の 95％相当額に達した年分の翌年分（平成 25 年分）から適用されます。

▌解 説
1　平成 19 年度税制改正における減価償却制度の改正について

　平成 19 年度税制改正において減価償却制度の抜本的な見直しが行われ、残存価額及び償却可能限度額の廃止、新たな償却方法及び資本的支出が

あった場合の減価償却資産の取得価額の特例などの改正が行われました。

2　残存価額の廃止
　平成19年4月1日以後に取得する減価償却資産については、残存価額が廃止されました。

3　償却可能限度額の廃止
(1) 平成19年3月31日以前に取得した減価償却資産
　平成19年3月31日以前に取得した減価償却資産について、その年の前年以前の各年分において不動産所得の金額、事業所得の金額、山林所得の金額又は雑所得の金額（以下「不動産所得等の金額」といいます）の計算上、必要経費に算入された金額の累計額が償却可能限度額（取得価額の95％相当額）まで達している場合には、その達した年分の翌年分以後5年間で1円まで均等償却することとされました。
　なお、この改正は、平成20年分以後の所得税について適用されます。
(2) 平成19年4月1日以後に取得する減価償却資産
　平成19年4月1日以後に取得する減価償却資産については、償却可能限度額（取得価額の95％相当額）及び残存価額（10％）が廃止され、耐用年数経過時点において1円まで償却することとされました。

4　償却率の改定
　平成19年4月1日以後に取得する減価償却資産の償却費の額の計算において適用される「定額法の償却率」及び「定率法の償却率」等が定められました。

5　新たな減価償却の方法
　平成19年4月1日以後に取得する減価償却資産の償却の方法について、定額法及び定率法は次のとおりとされました。

また、平成19年3月31日以前に取得した減価償却資産の償却の方法については、従来の計算の仕組みが維持されつつ、その名称が、定額法は「旧定額法」に、定率法は「旧定率法」等に改められました。

(1) 定額法（新）

　新たな定額法は、減価償却資産の取得価額に、その償却費が毎年同一となるように当該資産の耐用年数に応じた「定額法の償却率」を乗じて計算した金額を、各年分の償却費として償却する方法です。

　なお、耐用年数経過時点において1円まで償却します。

(2) 定率法（新）

　イ　新たな定率法は、減価償却資産の取得価額（2年目以降の償却の場合にあっては、取得価額から既に償却費として各年分の不動産所得等の金額の計算上必要経費に算入された金額の累計額を控除した金額（以下「未償却残高」といいます））に、その償却率が毎年一定の割合で逓減するようにその資産の耐用年数に応じた「定率法の償却率」を乗じて計算した金額（以下「調整前償却額」といいます）を、各年分の償却費として償却する方法です。

　ロ　また、各年分の調整前償却費が「償却保証額」（注1）に満たない場合には、その「改訂取得価額」（注2）に、その償却費がその後毎年同一となるようにその資産の耐用年数に応じた「改訂償却率」を乗じて計算した金額を、その後の各年分の償却費として償却することとされました。

　なお、耐用年数経過時点において1円まで償却します。

　　（注1）「償却保証額」とは、減価償却資産の取得価額にその資産の耐用年数に応じた「保証率」（平成19年4月1日から平成24年3月31日までに取得をされた減価償却資産は耐用年数省令別表9に、また、平成24年4月1日以後に取得をされた減価償却資産は別表10にそれぞれ規定）を乗じて計算した金額をいいます。

　　（注2）「改訂取得価額」とは、調整前償却額が償却保証額に満たない場合に、最初にその満たないこととなる年の期首未償却残高をいいます。

6　本件へのあてはめ

　平成19年3月31日以前に取得した減価償却資産については、上記3の(1)のとおり、各年分の不動産所得等の金額の計算上、必要経費に算入された金額の累計額が取得価額の95％相当額に達している場合には、その達した年分の翌年分以後の5年間で、1円まで均等償却することとされています（所令134②）。

　したがって、平成24年分の必要経費に算入される償却費の額は、取得価額の95％相当額に達するまでの金額となります。また、残りの5％相当額については、平成25年以後の5年間で1円を控除した金額を均等償却することとなり、具体的な減価償却費の計算は、次のとおりとなります。

年　　分	24年分	25年分	26年分	27年分	28年分	29年分
取　得　価　額	500,000					
期首未償却残高	50,000	25,000	20,000	15,000	10,000	5,000
償　却　費　の　額	25,000	5,000	5,000	5,000	5,000	4,999
期末未償却残高	25,000	20,000	15,000	10,000	5,000	1

＊未償却残高が1円になるまで償却しますので、平成29年分の償却費の額は4,999円となります。

関係法令通達

　所得税法施行令120条の2、127条、134条
　減価償却資産の耐用年数等に関する省令別表9、10

参考文献等

『所得税質疑応答集』（前出）560-37頁
『平成22年2月改訂　回答事例による所得税質疑応答集』（前出）560頁

Question.17
相続により取得した建物の減価償却費の計算方法

私は、父から平成18年4月1日に相続したアパートの賃貸による収入を得ていますが、不動産所得の金額の計算上、当該アパートの減価償却費を計算するに当たり、生前父は旧定率法により償却していましたので、引き続き旧定率法により減価償却費を計算することとしたいのですがよいでしょうか。

なお、父は、平成8年分から旧定率法を適用していました。

Answer. 相続により取得した資産の減価償却方法について、被相続人が選定していた減価償却の方法を相続人が引き継ぐことはできませんので、旧定額法によることとなります。

▌解 説

1 不動産の取得原因に相続が含まれるか否か

不動産の取得とは、その所有権の取得にほかならず、民法上、その取得原因（取得方法）として、売買や贈与などの契約及び相続などの承継取得、また、時効取得などの原始取得についても規定していることから、相続についても売買等の契約と同様に取得原因となり得るものと解されます。

また、所得税法施行令126条2項において、贈与、相続又は遺贈により取得した減価償却資産の取得価額について規定し、相続が取得原因となることを明らかにしています。

なお、所得税法施行令120条1項に規定する「取得」には、相続による取得を含む旨定めています（所基通49-1）。

2 贈与等により取得した資産の取得費等

所得税法60条1項の規定は、単純承認に係る相続による資産の移転について、被相続人がその資産を保有していた期間中に発生していた値上が

り益をその相続人の所得として課税しようとする趣旨のもので、その相続人の譲渡所得の金額の計算上控除すべき取得費について、被相続人がその資産を取得した時からその相続人がその資産を所有していたものと擬制して取得費の計算を行うために設けられたものです。

そして、減価償却資産の取得価額について規定した所得税法施行令126条2項において、相続により取得した減価償却資産の取得価額について、相続人が被相続人の取得価額を引き継ぐ旨規定していますが、この規定は、減価償却資産について、被相続人が選定していた償却の方法を相続人が引き継ぐことまで規定したものではなく、償却の方法については、所得税法施行令120条に規定するとおりです。

3 本件へのあてはめ

ご質問の場合、平成18年4月1日の相続により取得した建物の減価償却の方法については、所得税法施行令120条1項1号ロの平成10年4月1日以後取得した建物に該当しますので、本件建物の減価償却の方法は旧定額法ということになります。

関係法令通達

所得税法60条
所得税法施行令120条、126条
所得税基本通達49-1

参考文献等 | 裁決事例▶平16.3.8裁決：相続により取得した減価償却資産の取得価額は所得税法施行令126条2項において相続人が被相続人の取得価額を引き継ぐ旨規定しているが、当該規定は、減価償却資産について、被相続人が選定していた償却の方法を相続人が引き継ぐことまで規定したものではないから、償却の方法は同法施行令120条に規定するとおり、平成14年1月4日の相続により取得した建物については、所得税法施行令120条1項1号ロの平成10年4月1日以後に取得した建物に該当することから、その減価償却費の計算及びその方法は定額法によるとした事例（裁決事例集No.67-

Question.18
一括償却資産の必要経費算入制度

　私は歯科医ですが、次の資産について、一括償却資産として償却費を計上しようと思いますが、計算方法はどのようになりますか。

　　液晶テレビ　18万円　2台　　5月取得
　　パソコン　　12万円　3台　　7月取得

　このうち、パソコンについて、事業の用に供した翌年9月に故障したため、除却した場合には、未償却残高全部を必要経費として計上できますか。

Answer.　計算方法は、次のようになります。
　　・液晶テレビ　180,000円×2×(12÷36)＝120,000円
　　・パソコン　　120,000円×3×(12÷36)＝120,000円
　なお、翌年以降において、一括償却資産の一部について除却をしても償却費として計上される金額は変わりありません。

解　説
1　一括償却資産の範囲

　業務の用に供した減価償却資産で取得価額が20万円未満であるもの（少額減価償却資産（所令138）、国外リース資産（所令120①六）、リース資産（所令120の2①六）に該当するものは除かれます）については、選択により、一括減価償却資産として取得価額の合計額の3分の1の額を業務の用に供した年以後3年間の必要経費に算入することができます（所令139）。

2　一括償却資産の計算方法

(1) 暦年の中途において取得した場合でも、その取得した資産ごとに月数あん分を行うことなく、対象資産を一括して計算の対象に含めて計算します。

　したがって、資産を取得して業務の用に供した年分以後3年間において、取得価額の合計額の3分の1を必要経費に算入します。

　また、一括償却資産を業務の用に供した年分以後3年間の各年において、その全部又は一部について滅失、除却等の事実が生じても、その各年においてその一括償却資産について必要経費に算入する金額は前記計算方法によることとなります（所基通49-40の2）。

(2) 一括償却資産について相続があった場合には、一括償却資産のうち必要経費に算入されていない部分については、原則として死亡した日の属する年分の事業所得等の必要経費に算入することとし、例外的に死亡した日の属する年の翌年以後の各年分に対応する部分については、相続により業務を承継した者の必要経費に算入することとしても差し支えないものとされています（所基通49-40の3）。

(3) 個人事業者が法人成りした場合には、事業が廃止され、その事業を承継する者もいませんので、一括償却資産の取得価額のうち必要経費に算入されていない部分は、すべて廃業した日の属する年分の事業所得の必要経費に算入するのが相当と考えます。

3　本件へのあてはめ

ご質問の場合、資産のすべてを一括償却資産とした場合、事業の用に供した年分以降の必要経費算入額は、資産ごとに取得価額を一括して計算し、その金額の3分の1ずつを必要経費として計上します。

この場合には、取得した月による月数あん分を行いません。

また、事業の用に供した翌年である2年目に一部の資産を除却しても、2年目、3年目の必要経費算入額に変更はありません。

関係法令通達
所得税法施行令 120 条、120 条の 2、138 条、139 条
所得税基本通達 49-40 の 2、49-40 の 3

参考文献等
国税庁ホームページ（所得税質疑応答事例）
『所得税質疑応答集』（前出）510 頁ノ 4 ノ 2
『平成 22 年 2 月改訂 回答事例による所得税質疑応答集』（前出）541 頁

Question.19
資本的支出と修繕費の区分

　固定資産について支出した費用は、修繕費となる場合と資本的支出となる場合があるそうですが、資本的支出とはどのようなものですか。また、資本的支出と修繕費の判定が明らかでない場合はどのようにするのでしょうか。

Answer.　資本的支出と修繕費の区分は、通常、その固定資産の使用可能期間が延長されたか否か、又は価値が増加したか否かによって区分します。
　また、一の計画による支出が 60 万円未満の場合、帳簿価額の 10％以下の支出をした場合などは修繕費と認められます。

■解　説
1　資本的支出と修繕費
　事業所得などを生ずる業務を行う居住者が、修理・改良その他その名目を問わず、その業務の用に供する固定資産について支出した金額について

は、当該支出が、次の①、②のいずれかに該当する場合には（そのいずれにも該当するときは、多い方の金額）、これを資本的支出としてその年分の必要経費に算入せず、一方、次の③、④のいずれかに該当する場合には、これを修繕費としてその年分の必要経費に算入することとしています（所令181、所基通37-11）。

①	資産の使用可能期間の延長	資本的支出	その支出の効果が両方に及ぶときは、いずれか多い金額
②	その資産の価値の増加をもたらす		
③	資産の通常の維持管理	修繕費	支出年分の必要経費に算入
④	資産の原状回復		

なお、資本的支出となる金額の計算は、使用可能期間を延長させる場合と価値を増加させる場合とに応じて、それぞれ次のように計算します。また、支出の効果が両方に及ぶときは、いずれか多い金額を資本的支出の金額とします（所令181）。

① 使用可能期間を延長させる部分に対応する金額

$$支出金額 \times \frac{（A）- 支出前の残存使用可能年数}{支出後の使用可能年数（A）} = 資本的支出の金額$$

② 価値を増加させる部分に対応する金額

$$支出後の時価 - 通常の管理又は修理をしていた場合の時価 = 資本的支出の金額$$

また、資本的支出部分の償却費は、年の中途に業務の用に供した場合に準じて計算します。

2 資本的支出に係る改正

資本的支出の対象となった固定資産が減価償却資産に該当する場合において、当該支出が平成19年4月1日以後に行われた場合（以下「当該資本的支出」といいます）は、次により減価償却費を計算します（所令127①②）。

(1) 原 則

当該資本的支出に係る金額を一の減価償却資産の取得価額として、当該資本的支出を行った減価償却資産と種類及び耐用年数を同じくする減価償却資産を新たに取得したものとして新たな定額法又は新たな定率法等により償却費の計算をします（所令127①）。

(2) 特 例

イ 平成19年3月31日以前に取得した減価償却資産について当該資本的支出が行われた場合

　当該資本的支出を行った減価償却資産に係る取得価額に当該資本的支出に係る金額を加算することができます（所令127②）。

　なお、この加算を行った場合は、当該資本的支出を行った減価償却資産の種類、耐用年数及び償却方法に基づいて、加算を行った資本的支出部分も含めた減価償却資産全体の償却を旧定額法又は旧定率法により行うことになります。

ロ 新たな定率法を採用している減価償却資産について資本的支出を行った場合

　その支出した年の翌年1月1日において、当該資本的支出を行った減価償却資産（平成24年3月31日以前に取得された資産を除きます）の期首未償却残高と当該資本的支出により取得したものとされた減価償却資産の期首未償却残高との合計額をその取得価額とする一の減価償却資産を新たに取得したものとすることができることとされました（所令127④）。

　この場合、翌年1月1日を取得の日として、当該資本的支出を行った減価償却資産の種類及び耐用年数に基づいて償却を行います。

ハ 同一年中に複数回行った資本的支出について新たな定率法を採用し

ている場合（上記ロの適用を受けたものを除きます）

　その支出した年の翌年1月1日において、当該資本的支出により取得したものとされた減価償却資産のうち種類及び耐用年数を同じくするものの同日における期首未償却残高の合計額を取得価額とする一の減価償却資産を新たに取得したものとすることができることとされました（所令127⑤）。

　この場合、翌年1月1日を取得の日として、当該資本的支出を行った減価償却資産と同じくする種類及び耐用年数に基づいて償却を行います。

なお、平成19年3月31日以前に取得した減価償却資産について、同日以前に資本的支出があった場合におけるその年の償却費の計算は、旧定額法又は旧定率法の方法により本体部分と資本的支出部分を別個に計算します。翌年分以降の償却費の計算は、本体に資本的支出部分を加えて一体として旧定額法又は旧定率法の方法により償却費の計算を行います。

3　資本的支出の例示

　資本的支出と修繕費の区分は、上記1のとおり、その実質によって判定すべきですが、次のような金額は、明らかに資本的支出に該当するものとして取り扱われます（所基通37-10）。

①　建物の避難階段等の取付等物理的に付加した部分に係る金額
②　用途変更のための模様替え等改造又は改装に直接要した金額
③　機械の部分品を特に品質又は性能の高いものに取り替えた場合のその取替えに要した金額のうち、通常の取替えの場合にその取替えに要すると認められる金額を超える部分の金額
　（注）　建物の増築、構築物の拡張、延長等は建物等の取得に当たります。
④　業務の用に供しているソフトウェアにつきプログラムの修正等を行った場合において、当該修正等が、プログラムの機能上の障害の除去、現状の効用の維持等に該当するときはその修正等に要した費用は

修繕費に該当し、新たな機能の追加、機能の向上等に該当するときはその修正等に要した費用（所基通37-10の2）
(注) 既に業務の用に供しているソフトウェア、購入したパッケージソフトウェア等の仕様を大幅に変更して、新たなソフトウェアを製作するための費用は、原則として取得価額となります。

4　少額又は周期の短い費用の取扱い

一の計画に基づき同一の固定資産について行う修理、改良等（以下「一の修理、改良等」といいます）が次のいずれかに該当する場合において、その修理、改良等のために要した金額を修繕費の額としてその業務に係る所得の金額を計算し、それに基づいて確定申告を行っているときは、必要経費に算入することができます（所基通37-12）。

① その一の修理、改良等のために要した金額（その一の修理、改良等が2以上の年にわたって行われるときは、各年に要した金額。以下同じ）が20万円に満たない場合
② その修理、改良等がおおむね3年以内の期間を周期として行われることが既往の実績その他の事情からみて明らかである場合

5　災害の復旧費用の取扱い

災害により被害を受けた固定資産（以下「被災資産」といいます）の被災前の効用を維持するために行う補強工事、排水又は土砂崩れの防止等のために支出した費用の額（その費用に係る損失について資産損失や雑損控除の規定の適用を受けている場合は、これらの規定する損失額に算入された金額を除きます）を修繕費の額としてその業務に係る所得の金額を計算し、それに基づいて確定申告をしている場合は、必要経費に算入することができます（所基通37-12の2）。

6　形式基準による修繕費の判定

一の修理、改良等のために要した金額のうちに資本的支出であるか修繕

費であるかが明らかでない金額があり、その金額が次のいずれかに該当する場合において、その修理、改良等のために要した金額を修繕費の額としてその業務に係る所得の金額を計算し、それに基づいて確定申告を行っているときは、必要経費に算入することが認められます（所基通37-13）。

① その金額が60万円に満たない場合
② その金額がその修理、改良等に係る固定資産の前年12月31日における取得価額のおおむね10％相当額以下である場合

7 資本的支出と修繕費の区分の特例

一の修理、改良等のために要した金額のうちに資本的支出であるか修繕費であるかが明らかでない金額がある場合において、継続してその金額の30％相当額とその修理、改良等をした固定資産の前年12月31日における取得価額の10％相当額とのいずれか少ない金額を修繕費の額とし、残余の額を資本的支出の額としてその業務に係る所得の金額を計算し、それに基づいて確定申告を行っているときは、必要経費に算入することが認められます（所基通37-14）。

8 本件へのあてはめ

ご質問の場合、支出した金額のうち、固定資産の使用可能期間を延長させる部分又は固定資産の価額を増加させる部分に対応する金額は資本的支出となります。

一の計画による支出が60万円未満の場合、帳簿価額の10％以下の支出をした場合などは修繕費と認められます。

また、資本的支出があった場合には、その資本的支出の額をその資産の取得価額に加算し（所令127）、一般の例により減価償却を行うことになります。

> **関係法令通達**
> 所得税法施行令 127 条、181 条
> 所得税基本通達 37-10、37-10 の 2、37-11、37-12、37-12 の 2、37-13、37-14
> 減価償却資産の耐用年数等に関する省令別表 8

参考文献等

『所得税質疑応答集』（前出）503 頁
『平成 22 年 2 月改訂 回答事例による所得税質疑応答集』（前出）646 頁

Question.20
年の中途で事業に従事した親族に係る青色事業専従者給与

私は、勤めていた会社を 9 月に退職し、父の経営するレストラン（青色申告）に専従者として従事しました。その年における私の従事期間は 6 か月未満ですが、この間に支払った私に対する青色事業専従者給与は、父の事業所得の金額の計算上必要経費に算入できますか。

Answer. あなたに支払われた青色事業専従者給与は、お父さんの事業所得の金額の計算上必要経費に算入して差し支えありません。

■解 説

1 専従者給与と専従者控除の概要

生計を一にしている配偶者その他の親族が納税者の経営する事業に従事している場合、納税者がこれらの者に給与を支払うことがあります。これらの給与は原則として必要経費にはなりません（所法 56）が、次のような特別な取扱いが認められています（所法 57）。

なお、青色申告者の事業専従者として給与の支払を受ける者又は白色申告者の事業専従者である者は、配偶者控除又は扶養控除の対象にはなれません（所法2①三十三・三十四）。

(1) 青色申告の場合

　一定の要件の下に実際に支払った給与の額を必要経費とする青色事業専従者給与の特例

(2) 白色申告の場合

　事業に専ら従事する家族従業員の数、配偶者かその他の親族かの別、所得金額に応じて計算される金額を必要経費とみなす事業専従者給与の特例

2　青色申告者の専従者給与（所法57、所令164、165、所規36の4）

　青色事業専従者給与として認められる要件は、次のとおりです。

(1) 青色事業専従者に支払われた給与であること

　「青色事業専従者」とは、次の要件のいずれにも該当する者をいいます。

　　イ　青色申告者と生計を一にする配偶者その他の親族であること

　　ロ　その年の12月31日現在で年齢が15歳以上であること

　　ハ　その年を通じて6か月を超える期間（一定の場合には事業に従事することができる期間の2分の1を超える期間）、その青色申告者の営む事業に専ら従事していること

(2) 「青色事業専従者給与に関する届出書」を納税地の所轄税務署長に提出していること

　提出期限は、青色事業専従者給与額を算入しようとする年の3月15日（その年の1月16日以降、新たに事業を開始した場合や新たに専従者がいることとなった場合には、その開始した日や専従者がいることとなった日から2か月以内）までです。

　この届出書には、青色事業専従者の氏名、職務の内容、給与の金額、支給期などを記載することとなっています。

(3) 届出書に記載されている方法により支払われ、しかもその記載されている金額の範囲内で支払われたものであること

なお、青色申告者の事業に専従するほかの使用人のいる場合、その給与及び同種同規模の事業に専従する者の給与の状況についても記載します。

(4) 青色事業専従者給与の額は、労務の対価として相当であると認められる金額であること

なお、過大とされる部分は必要経費となりません。

3　白色申告者の事業専従者控除（所法57、所令165）

(1) 事業専従者控除額は、次のイ又はロの金額のいずれか低い金額

　イ　事業専従者が事業主の配偶者であれば86万円、配偶者でなければ専従者一人につき50万円

　ロ　この控除をする前の事業所得等の金額を専従者の数に1を足した数で割った金額

(2) 白色事業専従者控除を受けるための要件

　イ　白色申告者の営む事業に事業専従者がいること

　「事業専従者」とは、次の要件のすべてに該当する者をいいます。

　　① 白色申告者と生計を一にする配偶者その他の親族であること
　　② その年の12月31日現在で年齢が15歳以上であること
　　③ その年を通じて6か月を超える期間、その白色申告者の営む事業に専ら従事していること

　ロ　確定申告書にこの控除を受ける旨やその金額など必要な事項を記載すること

4　本件へのあてはめ

青色事業専従者の判定に当たって、事業に従事する者が相当の理由により事業主と生計を一にする親族としてその事業に従事することができなかった期間がある場合には、従事可能期間の2分の1を超える期間専ら従

事していれば足りるものとされています（所令165①）。この「相当の理由」には就職や退職も含むと解されています。

　したがって、ご質問については、退職したときから年末までを「従事可能期間」とし、その2分の1を超える期間専ら事業に従事している場合には、その間に支払った給与は青色事業専従者給与として必要経費に算入されることとなります。

　なお、お父さんは、あなたを青色事業専従者とした日から2か月以内に「青色事業専従者に関する届出（変更届出）書」を提出しなければなりません（所法57②、所規36の4③）。

関係法令通達

所得税法2条、56条、57条
所得税法施行令164条、165条
所得税法施行規則36条の4

参考文献等

国税庁ホームページ（タックスアンサー）
国税庁ホームページ（所得税質疑応答事例）

青色事業専従者給与に関する 〇届　　出　書 / 〇変更届出

|1|1|2|0|

税務署受付印

＿＿＿＿＿＿＿税務署長

＿＿年＿＿月＿＿日提出

納税地	〇住所地・〇居所地・〇事業所等（該当するものを選択してください。） （〒　　－　　） (TEL　　－　　－　　)
上記以外の住所地・事業所等	納税地以外に住所地・事業所等がある場合は記載します。 （〒　　－　　） (TEL　　－　　－　　)
フリガナ 氏　名	㊞　生年月日　〇大正／〇昭和／〇平成　年　月　日生
職　業	フリガナ 屋　号

平成＿＿年＿＿月以後の青色事業専従者給与の支給に関しては次のとおり 〇定めた／〇変更することとした ので届けます。

1 青色事業専従者給与（裏面の書き方をお読みください。）

専従者の氏名	続柄	年齢 経験年数	仕事の内容・従事の程度	資格等	給　料		賞　与		昇給の基準
					支給期	金額（月額）	支給期	支給の基準（金額）	
1		歳 年				円			
2									
3									

2 その他参考事項（他の職業の併有等）　　3 変更理由（変更届出書を提出する場合、その理由を具体的に記載します。）

4 使用人の給与（この欄は、この届出（変更）書の提出日の現況で記載します。）

使用人の氏名	性別	年齢 経験年数	仕事の内容・従事の程度	資格等	給　料		賞　与		昇給の基準
					支給期	金額（月額）	支給期	支給の基準（金額）	
1		歳 年				円			
2									
3									
4									

※ 別に給与規程を定めているときは、その写しを添付してください。

関与税理士 (TEL　　－　　－　　)	税務署整理欄	整理番号	関係部門連絡	A	B	C
		0				
		通信日付印の年月日　　年　月　日	確認印			

Question.21
信用保証協会に対して支払う保証料

私は、金融機関から事業用の運転資金を借りるに当たり、信用保証協会の保証を受けることとなり、保証料として300万円を支払いました。この保証料を、支払った年の必要経費に算入することができますか。なお、借入金の返済期間は25年です。

Answer. 信用保証協会に対し支払った保証料は、繰延資産又は前払費用として計上し、その保証期間に応じて償却費等の計算を行い、必要経費に算入することとなるため、支払った年に全額を必要経費に算入することはできません。

■解 説
1 繰延資産

収益を得るために支出した費用の中で、その支出した費用の効果が次年以降に及ぶような場合には、所得税法では、これらの費用を「繰延資産」と規定しています（所法2①二十、所令7）。

繰延資産については、その支出の効果が次年以降に及ぶ点に着目し、その支出額及びその効果の及ぶ期間を基礎として、無形減価償却資産の償却の方法（残存価額を0とし、定額法によります）に準じて計算した償却費を、各年分の必要経費に算入することとしています（所法50、所令137）。

(1) 繰延資産の範囲とその償却期間等

「繰延資産」とは、業務に関し、支出する費用（資産取得費用や前払費用を除きます）のうち、その支出の効果が1年以上に及ぶ次に掲げるものをいい、それぞれ次頁の表に掲げる期間で償却します（所法2①二十、所令7、137）。

区　分	内　容	償却期間	償却方法
① 開業費 （所令7①一）	事業を開始するまでの間に開業準備のために特別に支出する費用	5年の均等償却 又は 任意償却 （所令137①一・②・③）	
② 開発費 （所令7①二）	新たな技術、新たな経営組織の採用、資源開発、市場開拓又は新事業開始のために特別に支出する費用		
③ その他の繰延資産 （所令7①三）	上記以外の費用で、その支出の効果が1年以上に及ぶもの（所基通2-24～2-29の5）	その支出の効果の及ぶ期間 （所基通50-1、50-3）	均等償却 （所令137①二・②）

(2) 繰延資産の償却費の計算
　① 均等償却（所令137①②）

$$\text{繰延資産の額} \times \frac{\text{その年中の業務を行っていた期間の月数（1月未満切上げ）}}{\text{支出の効果の及ぶ期間の月数}}$$

　なお、年の中途において繰延資産となる費用を支出した場合には、「支出の日から業務を行っていた期間の末日」までの月数を基に計算します。

　② 任意償却（所令137③）

　　繰延資産の額の範囲内で、その年の確定申告書に記載された金額

2　本件へのあてはめ
(1) 信用保証協会に対して支払う保証料の効果

　運転資金の借入れに際して、信用保証協会の保証を受けるために支払う保証料については、支出の効果がその支出の日以後、保証期間にわたって及ぶものと考えられます。
　なお、信用保証協会によっては、繰上完済すれば保証料の一部が返済さ

れることになっている場合が多いと思います。
(2) 保証料の経理の方法
　そこで、このような場合には、継続適用を要件として次のいずれかによる経理が認められると考えられます。
　イ　繰延資産として経理する方法
　　　保証料として支払った金額について、その保証期間（融資を受けている期間）に応じて償却を行いその償却費を各年の必要経費に算入します。
　ロ　前払費用として経理する方法
　　　前年に繰上完済とした場合に返済を受ける保証料の額と本年に繰上完済した場合に返済を受ける保証料との差額について、本年の必要経費に算入します。
　なお、繰上完済しても保証料の一部が返済されない場合には、ロの適用はなく、イによることとなります。

関係法令通達
　所得税法2条、50条
　所得税法施行令7条、137条
　所得税基本通達2-24～2-29の5、50-1、50-3

参考文献等　『所得税質疑応答集』（前出）585頁

Question.22
業務開始前の借入金利子

私は、食堂を営む事業所得を有する者ですが、このたび借入金によってアパートを建築しました。このアパートの建築期間中に対応する借入金の利子を不動産所得の金額の計算上、必要経費に算入できますか。なお、このアパート以外に賃貸している不動産はありません。

Answer. 従来の業務と所得区分の異なる業務を開始した場合には、当該業務の用に供する資産の取得に係る借入金利子のうち業務を開始するまでの期間に対応する借入金利子は当該資産の取得価額に算入することになり、当該アパートの賃貸による不動産所得の必要経費に算入することはできません。

■解 説
1 借入金利子、割引料

借入金利子は、一般的には原価性を持たないものですから、既にアパートの貸付業務を営んでいる者が支払うその業務に関連する借入金の利子はその支払うこととなる年分の必要経費（使用開始前の借入金利子は取得価額との選択）とされていますが、業務を営んでいない者が借り入れた借入金の利子は、家事上の経費となります（所基通37-27（注））。ただし、その業務開始までの期間に対応する借入金の利子は、そのアパートの取得価額に算入することができます（所基通38-8）。

なお、取扱いの概要は、次頁の表のようになります。

借入金利子	業務用資産の取得のためのもの	業務開始後	使用後		必要経費に算入
			使用前	選択（所基通37-27）	
		業務開始前（所基通37-27（注））			当該資産の取得価額に算入
	業務用以外の固定資産の所得のためのもの	使用前（所基通38-8）			

2　本件へのあてはめ

　従来の業務（食堂経営による事業所得）と所得区分の異なる業務、すなわち、新たにアパートの賃貸業務を開始しようとする者が、アパートの建築資金を借り入れたことに伴い支払うこととなる借入金の利子は、その業務の開始（アパートが完成し、その賃貸に関し、募集広告や不動産仲介業者等に仲介を依頼する等のアパートを賃貸する意思表示が客観的に行われた時と考えられます）までの期間に対応するものは、家事費といわざるを得ず、アパート建築中の期間に対応する借入金の利子は必要経費に算入することはできません。

　ただし、その業務開始までの期間に対応する借入金の利子は、そのアパートの取得価額に算入することができます。

関係法令通達
所得税基本通達 37-27、38-8

参考文献等　『平成22年2月改訂 回答事例による所得税質疑応答集』（前出）498頁

Question.23
マンション建築のために取り壊した居住用建物の損失

　私は、今まで居住していた家屋を取り壊し、その跡地に賃貸マンションを建築しました。この場合、その家屋の取壊しによる損失及び取壊し費用は、新築した賃貸マンションの取得価額に算入して減価償却の対象とすることができますか。又は賃貸マンションに係る不動産所得の必要経費に算入することができますか。

Answer.　居住用建物の取壊し損失等は、賃貸マンションに係る不動産所得の必要経費にはなりません。また、賃貸マンションの取得価額にも算入されません。

■解 説
1　資産損失の必要経費算入

　事業用の建物又は業務用の建物については、譲渡以外の目的で取り壊した場合、その不動産所得又は事業所得の計算上必要経費に算入されますが、そのうち業務用の建物については不動産所得の金額を限度として必要経費に算入されます（所法51④）。

2　損失が生じた資産の取得費等

　事業用又は業務用の建物について、取り壊した場合の損失（譲渡所得の金額の計算上控除されるものは除かれます）が必要経費に算入されるのは、その減価償却費が必要経費に算入されることと表裏の関係にあり、取壊しがあったときに一時に償却があったものとみなすことになります（所基通51-9）。

3　資産の譲渡に関連する資産損失

　建物を取り壊した場合の損失については、それが土地等を譲渡するために行われたものであるときは、その土地等の価値増加のためのものであると考えられることから、取壊し費用、取壊し損失が、土地の譲渡経費として譲渡所得の計算上控除されることになっており、それが、事業用の建物であるか居住用の建物であるかは問題とされていません（所基通33-8）。

4　本件へのあてはめ

　あなたの住んでいた建物については、単なる自己の財産の任意の処分と考えられ、必要経費に算入することはできません（所法45①一）。

　また、そのような居住用の建物の取壊し損失等は、新築の事業用（業務用）の賃貸マンションの取得価額にも算入することはできません。

関係法令通達
　　所得税法 45 条、51 条
　　所得税基本通達 33-8、51-9

参考文献等　『平成 22 年 2 月改訂 回答事例による所得税質疑応答集』（前出）678 頁

Question.24
青色申告の承認の申請

　私は、従前から不動産貸付けを行っている白色申告者ですが、当該不動産の貸付けは、マンション一室について、居住できない特別の事情が生じたため、やむを得ず他人に貸し付けているものであり、当初から利益の発生は期待できない状況にあります。したがって、当該不動産の貸付けは、所得税法 143 条に規定する不動産所得を生ずべき業務に当たらないので、本年 8 月に事業所得を生ずべき業務を開始した事実は、同法 144 条に規定する「新たに業務を開始した場合」に該当することから、その開始した日から 2 か月以内に青色申告承認申請書を提出した場合、本年から青色申告が認められますか。

Answer.　「新たに業務を開始した場合」とは、青色申告の承認を受けることができる業務のいずれも営んでいない者が、いずれかの業務を開始した場合をいうのであって、あなたは、既に青色申告承認申請を行うことができる不動産所得を生ずべき業務を行っていますので、青色申告は認められないことになります。

■解説
1 所得税法143条に規定する「不動産所得を生ずべき業務」
(1) 所得税法143条は、納税地の所轄税務署長の承認を受け、確定申告書を青色の申告書により提出することができる居住者は、不動産所得、事業所得又は山林所得を生ずべき業務を行う居住者と規定しているものの、一方で、同法は「業務」の意義自体について、一般的な規定はしていません。

(2) また、所得税法26条及び37条1項の規定からすると、同法26条2項は、不動産の貸付けによる所得の金額はその年中の不動産の貸付けに係る総収入金額から不動産の貸付けに係る総収入金額を得るために直接要した費用の額及びその年中における不動産の貸付けによる所得を生ずべき業務について生じた費用の額を控除した金額と解されています。そうすると、所得税法における「不動産所得を生ずべき業務」とは、不動産の貸付けによる所得を生ずべき業務、すなわち、不動産の貸付けをいうものと解するのが相当であって、このほかに、同法には「不動産所得を生ずべき業務」に該当しない不動産の貸付けが存することをうかがわせる規定はなく、同法26条1項は、不動産所得は不動産の貸付けによる所得のみと規定し、同法には不動産の貸付けに至った事情又はその利益の有無によって、所得の種類等が左右されるとする規定はありません。

2 青色申告の承認申請書の提出期限
(1) 所得税法144条は、各年分の所得税につき青色申告の承認を受けようとする場合の青色申告承認申請書の法定の提出期限は、その年の3月15日としており、例外的にその年の1月16日以後新たに不動産所得、事業所得又は山林所得を生ずべき業務を開始した者がその年分の青色申告の承認を受けようとする場合の青色申告承認申請書の提出期限は、その業務を開始した日から2か月以内と規定しています。

(2) 所得税法144条に規定する法定の提出期限は、青色申告の承認の申請

の適法要件ですので、同法146条及び147条（承認の通知及び承認があったものとみなす場合）において青色申告承認申請書の提出があった場合とは、文理上、青色申告承認申請書が法定の提出期限内に提出された場合と解され、青色申告承認申請書の提出が法定の提出期限に遅れた場合には同法146条及び147条の適用の余地はないことになります。

3 本件へのあてはめ

(1) あなたが行っている不動産の貸付けは、上記1のとおり、当該貸付けが当初から利益の発生が期待できない貸付行為であったとしても、所得税法143条に規定する「不動産所得を生ずべき業務」に該当しますので、あなたが個人事業を開始した事実は同法144条に規定する「新たに業務を開始した場合」に該当しないことになります。

(2) なお、青色申告承認申請書が法定の提出期限に遅れた場合には、上記2のとおり、所得税法146条及び147条の適用の余地はないというべきところ、あなたが提出した青色申告の承認申請書は、その法定の提出期限である本年3月15日までに提出されていませんので、同法147条の規定により青色申告の承認があったものとはみなされないことになります。

> **関係法令通達**
> 所得税法 26 条、37 条、143 条、144 条、146 条、147 条

参考文献等

裁決事例▶平 20.9.16 裁決：所得税法 26 条 1 項は、不動産所得は不動産の貸付けによる所得とのみ規定し、同法には不動産の貸付けに至った事情又はその利益の有無によって、所得の種類等が左右されるとする規定もないところ、本件不動産の貸付けが利益の発生が期待できない貸付行為であったとしても、同法 143 条に規定する「不動産所得を生ずべき業務」に該当することから、同法 144 条に規定する「新たに業務を開始した場合」に該当しないとした事例（裁決事例集 No.76-258 頁）

Question.25
法人成りに際し、新設法人に引き継ぐ退職給与引当金

　私は、美容院を経営している青色申告者ですが、このたび、いわゆる法人成りしました。店には従業員が 7 人おり、従業員のために退職給与引当金を積み立ててきましたが、全額法人に引き継ぎ、その引当金に相当する金額を支払いました。しかし、退職金は、従業員が実際に退職するときに法人からの退職金として支給するつもりです。
　この退職給与引当金は、法人成りした年分においては取り崩して事業所得の収入金額に算入しなければなりませんが、そのまま法人に引き継ぐわけですから、同額をその年分の必要経費に算入できますか。

Answer. 　いわゆる法人成りに際し、新設法人に支払う退職給与引当金の全部に相当する金額は、その年分の必要経費に算入できます。

■解 説
1 　退職給与引当金

事業を営む青色申告者で退職給与規程を定めている者が、従業員（その青色申告者と生計を一にする配偶者その他の親族を除きます）の退職の際に支払う退職給与に充てるため、一定の金額を退職給与引当金勘定に繰り入れたときは、その繰入額を、その年分の事業所得の金額の計算上、必要経費に算入することができます（所法54①）。

なお、法人税法上、退職給与引当金は、平成14年7月に廃止されています（平14法79改正法附則8）。

2 個人の事業上の資産及び負債の新設法人への譲渡

個人事業を廃止し法人組織とするいわゆる法人成りに際し、個人の事業上の資産及び負債を新設法人に譲渡することはよくあるところ、事業用の固定資産の譲渡においては譲渡所得が生じることとなり、棚卸資産であれば事業所得の収入金額が生じることとなります。また、退職給与引当金などの負債を譲渡するときには、現金や預金の払出し又はその他の資産と相殺することが必要となります。

3 法人成りに当たっての退職給与引当金の取扱い

法人成り、すなわち、そのことは個人事業の廃止ということになるわけですが、法人成りといっても従業員はそのまま引き続き勤務することですし、退職という実感もないことから、法人成りに際しては、退職金を支給せず、実際に従業員が退職する際、退職金を支給するところが多いところ、法人税基本通達9-2-39や所得税基本通達63-1においても、これを予定した取扱いが定められています。

一方、個人事業主が引き当ててきた退職給与引当金を新設法人へ引き継ぐことは、個人事業主にとっては、この退職給与引当金に相当する金銭等の支出を余儀なくされるため、費用が発生することは間違いありません。

したがって、退職給与引当金の引継ぎを受けた法人にとって、金銭等の資産の受入れはあっても、それは将来の支出に備えるものです。

4 本件へのあてはめ

上記2ないし3を勘案しますと、個人事業主が法人成りに際し、退職給与引当金に相当する額の金銭等の資産を新設法人へ支出することにより生ずる費用は、その業務の遂行上生じたものといえますから、法人成りした年分の事業所得の金額の計算上必要経費に算入できることになります。

関係法令通達

所得税法54条
所得税基本通達63-1
法人税基本通達9-2-39

参考文献等　『平成22年2月改訂 回答事例による所得税質疑応答集』(前出)727頁

6-5 給与所得

Question.26
ストック・オプションの権利行使益

私は、勤務しているA社の親会社であるB国法人のC社から付与されたストック・オプションの権利行使に係る経済的利益(以下「本件利益」といいます)を受け取りましたが、これは、C社と雇用関係にないこと等から、一時所得として申告できますか。

なお、本件ストック・オプションは、C社のストック・オプションプランに基づき、ストック・オプション付与契約書により付与され、本件プラン及び付与契約書によれば、次のとおり規定されています。

① 本件プランの目的として、人材の確保と当該人材に対する追加的イ

ンセンティブの供与が掲げられていること
② 本件ストック・オプションは、本件従業員等（C社及びC社の子会社の役員及び従業員をいいます）であることを前提に、対価として付与されたものであること
③ その行使は、本件従業員等として一定期間の勤務をもって可能となること
④ その譲渡等は、原則として禁止されていること

Answer. 本件利益は、原則として給与所得となります。

解 説

1 所得区分について

　本件利益が、所得税法28条に規定する「給与所得」、同法34条に規定する「一時所得」のいずれに該当するかについては、次のとおりです。

（1）所得分類の意義

　所得税法は、所得をその源泉ないし性質によって10種類に分類していますが、これは、所得はその性質や発生の態様によって担税力が異なるという前提に立って、公平負担の観点から、各種の所得について、それぞれの担税力に応じた計算方法を定め、また、それぞれの態様に応じた課税方法を定めたものと解されています。したがって、所得分類に関する規定については、この立法趣旨に照らし、その所得の経済的実質に即して解釈適用をするのが合理的解釈とされています。

（2）給与所得について

① 所得税法28条1項は、「給与所得とは、俸給、給料、賃金、歳費及び賞与並びにこれらの性質を有する給与に係る所得をいう。」と規定しています。そして、ここに規定する「これらの性質を有する給与に係る所得」の解釈に当たっては、上記(1)で述べたように、所得税法における所得分類の立法趣旨に照らし、その経済的実質に着目してこ

れを行う必要があります。
② 「給与所得」とは、一般に、雇用契約又はこれに類する原因に基づき使用者の指揮命令に服して提供した労務の対価として使用者から受ける給付とされていますが、その性質は、個人の非独立的ないし従属的な人的役務の提供の対価であると認められることから、使用人の地位又は職務に関連して受ける給付である限り、その給付の支払者は、必ずしも、労務の提供を受ける直接の使用者に限られないと解されています。

(3) 一時所得について

① 所得税法34条1項は「一時所得とは、利子所得、配当所得、不動産所得、事業所得、給与所得、退職所得、山林所得及び譲渡所得以外の所得のうち、営利を目的とする継続的行為から生じた所得以外の一時の所得で労務その他の役務又は資産の譲渡の対価としての性質を有しないものをいう。」と規定しています。

一時所得については、所得税法22条≪課税標準≫2項2号の規定により、その2分の1が課税の対象とされていますが、これは、一時所得が一時的・偶発的な所得であることから、超過累進税率の適用を緩和しているものです。

そして、所得税法34条1項が「役務の対価としての性質を有する所得」を一時所得から除くこととしているのは、その所得が一時的なものであっても、役務の対価としての性質を有する限り、偶発的に発生した所得ではないと解されることによります。

② 一時所得に該当するためには、「その所得が役務の対価でないこと」が不可欠の要件となりますが、この場合における「役務の対価」とは、(a)経済的利益の供与が具体的な役務行為に対応する場合だけでなく、一般的に人の地位又は職務に関連してなされる場合も、対価性の要件を満たすと解され、また、(b)その対価は、給付が具体的・特定的な役務行為に対応・等価の関係にある場合に限られるものではなく、給付

が抽象的・一般的な役務行為に密接に関連してなされる場合も広く含むと解されています。

2 本件へのあてはめ
(1) 本件利益の給与該当性について
① 本件プラン及び付与契約書の規定（ご質問の①～④）によれば、本件利益は、あなたが本件従業員等たる地位に基づき、C社の株式を購入することができる権利を同社から付与され、本件従業員等として一定期間勤務することにより、これを行使して得たものであるということができます。

換言すれば、本件利益は、あなたが、専ら、A社に勤務することに基づいて得られた経済的利益、すなわち、あなたの非独立的ないし従属的な人的役務の提供の対価としての性質をもった所得ということができることから、給与所得に該当すると解されます。

② あなたとC社との雇用関係の有無については、上記1の(2)の②のとおり、給与所得は、給与支給者との間の雇用関係に基づく役務の提供に対する対価に限定されるものではないことから、給与所得の該当性に影響を与えないと解されます。

(2) 本件利益の一時所得の該当性について
① 「一時所得」とは、上記1の(3)の①のとおり、利子所得から譲渡所得までの8種類の所得以外の所得と解されているところ、本件利益は、上記(1)のとおり、給与所得に該当するから、一時所得には該当しないことになります。

② 本件利益が、上記(1)のとおり、あなたの非独立的ないし従属的な人的役務の提供の対価であることは明らかであり、また、あなたがC社に対し、直接、その労務又は役務を提供して得たものとは認められないものの、その稼得が、あなたの本件従業員等としての地位や職務を離れてはあり得ないことも明らかです。したがって、本件利益は、

一時所得に該当しないと解されます。

> **関係法令通達**
> 所得税法 22 条、28 条、34 条

参考文献等
裁決事例 ▶ 平 13.12.25 裁決：自己が勤務する法人の親会社から付与されたストック・オプションに係る経済的利益は、請求人が子会社の従業員等たる地位に基づき、親会社の株式購入権を同社から付与され、本件従業員等として一定期間勤務することにより、これを行使して得たものであるということができるところ、本件利益は、請求人の非独立的ないし従属的な人的役務の提供の対価としての性質を持った所得ということができるから、給与所得に該当するとした事例（裁決事例集 No.62-92 頁）

6-6 退職所得

Question.27
退職所得の収入金額の収入すべき時期

私は、A社を退職し、退職金は、退職した翌年に支給されたので、支給を受けた年分の退職所得としましたが、よいでしょうか。

Answer. 退職所得の収入時期は、原則としてその支給の基因となった退職日によります。ただし、会社役員等の場合で、その支給について株主総会等の決議を要するものについては、その決議のあった日とされています。

■解 説

1 退職所得の収入金額の収入すべき時期（所基通 36-10、36-11）

退職手当等がいつの年分の所得となるかは、その退職手当等の収入すべ

きことが確定した日がいつであるかにより判定し、一般的には、退職手当等の支給の基因となった日です。

次に掲げる退職手当等については、それぞれ次の日とされています。

(1) 役員に支給される退職手当等

退職手当等の支給について、株主総会その他正当な権限がある機関の決議を要するものは、その役員の退職後その決議があった日になります。ただし、株主総会等で支給金額が具体的に定められていない場合には、支給金額が具体的に定められた日によります。

(2) 退職給与規程の改訂による差額に相当する退職手当等

その支給日が定められているものは、その支給日になります。支給日が定められていないものは、改訂の効力が生じた日となります。

(3) 退職手当等とみなされる一時金

一時金の支給の基礎となる法令、契約、規程又は規約により定められた給付事由が生じた日になります。

(4) 引き続き勤務する者に支払われるもので退職手当等とされるもの

　イ　役員であった勤続期間に対応するものについては、上記(1)の決議があった日又は支給額が具体的に定められた日になります。

　ロ　使用人であった勤続期間に対応するものについては、それぞれ次に掲げる日になります。

　①　退職給与規程等の制定又は改正等に伴う退職手当等…その支給を受けた日

　②　役員昇格に伴う退職手当等…使用人から役員になった日

　③　執行役員就任に伴う退職手当等…使用人から執行役員になった日

　④　退職給与規程等の改訂又は改正によりその制定又は改正の時に既に役員に就任している者全員に支払う退職手当等…退職給与規程の制定又は改正の日

　⑤　定年再雇用に伴う退職手当等…定年に達した日

　⑥　定年の延長により旧定年に達した者に支給する退職手当等…旧定

年に達した日

⑦ 法人の解散後も引き続き清算事務に従事する者に支給する退職手当等…法人の解散の日

(5) 年金に代えて支払われる一時金で退職手当等とされる場合

　退職手当等とされるものの給付事由が生じた日となります。ただし、退職の日以後その退職に基因する退職手当の支払を既に受けている者に一時金が支払われる場合には、その退職手当等のうち最初に支払われたものの支給期の属する年分の退職所得となります（所基通30-4）。

　なお、確定拠出年金法の規定に基づき支給される一時金の場合は、最初に支払われた退職手当があったとしても、確定拠出年金法の規定により定められた給付事由が生じた日が収入すべき日となり、最初に支払われたものの支給期の属する年分にはなりません（所基通31-1）。

(6) 一の勤務先の退職により2以上の退職手当等の支払を受ける場合

　勤務先を退職することにより、その勤務先から退職手当等の支払を受けるほか、企業年金基金等からも退職一時金を受けることとなる場合や退職により退職手当等を受けた者が、その後退職給与規程の改訂等により退職手当等の差額の支払を受ける場合のように、一の勤務先を退職することによって2以上の退職手当等が年を異にして支払われる場合には、2以上の退職手当等のうち、最初に支払を受けるべき日が収入すべき日となります（所令77、所基通36-11）。

2　本件へのあてはめ

　退職所得の収入金額の収入すべき時期については、上記1のとおり、その支給の基因となった退職日となりますので、翌年ではなく、退職した日ということになります。

> **関係法令通達**
> 所得税法施行令77条
> 所得税基本通達30-4、31-1、36-10、36-11

参考文献等　国税庁ホームページ（タックスアンサー）

6-7 山林所得

Question.28
山林の林地の譲渡による所得

私は、山林を所有しており、このたび、林地を譲渡しました。この山林の林地の譲渡による所得は、山林所得として申告してよいでしょうか。

Answer. 林地の譲渡は土地の譲渡であり、譲渡所得（分離課税）とされます。

▍解 説

1　山林所得

「山林所得」とは、山林で伐採して譲渡したり、立木のままで譲渡することによって生ずる所得をいいます（所法32①、所基通32-1）。ただし、山林を取得してから5年以内に伐採又は譲渡した場合は、山林所得ではなく事業所得又は雑所得になります（所法32②）。

また、山林を山ごと譲渡する場合の土地の部分は譲渡所得になります（所基通32-2）。

2 山林所得の計算方法

山林所得の金額は、次のように計算します（所法32③④）。

> 総収入金額－必要経費－特別控除額（最高50万円）＝山林所得の金額

(1) 総収入金額

譲渡の対価が収入金額となります。

なお、山林を伐採して自己の家屋を建築するために使用するなど、家事のために消費した場合は、その消費した時の時価が総収入金額となります（所法39）。

(2) 必要経費

必要経費は、植林費などの取得費のほか、下刈費などの育成費、維持管理のために必要な管理費及び伐採費、搬出費、仲介手数料などの譲渡費用です（所法37②）。

(3) 必要経費の特例

必要経費には、概算経費控除といわれる特例もあります。伐採又は譲渡した年の15年前の12月31日以前から引き続き所有していた山林を伐採又は譲渡した場合は、収入金額から伐採費などの譲渡費用を差し引いた金額の50％に相当する金額に伐採費などの譲渡費用を加えた金額を必要経費とすることができます（措法30①④、措規12）。

3 税額の計算方法

山林所得は、他の所得と合計せず、他の所得と異なった計算方法により税額を計算し確定申告することになります。

これは、5分5乗方式といわれるもので、次のように計算します（所法89）。

> （課税山林所得金額×1／5×税率）×5

4 本件へのあてはめ

ご質問の場合、林地の譲渡は土地の譲渡ですので、譲渡所得（分離課税）

となります。

　なお、果樹園に栽培されている果樹は、山林とはいえないので、果樹園に栽培されている果樹の譲渡は、譲渡所得（総合課税）となります。

関係法令通達

所得税法32条、37条、39条、89条
所得税基本通達32-1、32-2
租税特別措置法30条
租税特別措置法施行規則12条

参考文献等

国税庁ホームページ（タックスアンサー）
『平成22年2月改訂 回答事例による所得税質疑応答集』（前出）204頁

6-8 一時所得

Question.29
生命保険契約に係る満期保険金等を受け取ったとき

　私は、このたび、生命保険会社から、生命保険契約が満期になり、満期保険金を一時金で受け取りました。なお、保険料は父が負担していました。この場合、当該一時金は一時所得として申告してよいでしょうか。

Answer.　満期保険金は、保険料負担者から贈与により取得したものとみなされ、贈与税の課税対象となります。したがって、一時所得として申告することはできないことになります。

■解 説
1 満期保険金の課税

生命保険契約が満期になり満期保険金を受け取った場合には、保険料の負担者、満期保険金の受取人がだれであるかにより、所得税、贈与税のいずれかの課税対象となります。

なお、満期保険金等の課税関係は、次の表のようになります。

保険契約等関係者			保険事故等区分		
保険料負担者	被保険者	保険金等受取人	障　害	死　亡	満　期
A	A	A	非課税	―	一時所得
A	A	B	非課税（親族）一時所得	相続税	贈与税
A	B	A	同上	一時所得	一時所得
A	B	C	同上	贈与税	贈与税
A 1/2 C 1/2	A	B	同上	相続税 贈与税	贈与税

2 所得税が課税される場合

所得税が課税されるのは、上記1の表のように、保険料の負担者と満期保険金の受取人とが同一人の場合です。この場合の満期保険金は、受取りの方法により、一時所得又は雑所得として課税されます。

(1) 満期保険金を一時金で受領した場合

満期保険金を一時金で受領した場合には、一時所得となります。

一時所得の金額は、その満期保険金以外の他の一時所得がないとすれば、受け取った保険金の総額から既に払い込んだ保険料又は掛金の額を差し引き、さらに一時所得の特別控除額50万円を差し引いた金額となります（所法34③）。課税対象となるのは、この金額をさらに2分の1にした金額となります（所法22②二）。

(2) 満期保険金を年金で受領した場合

満期保険金を年金で受領した場合には、公的年金等以外の雑所得となります。

雑所得の金額は、その年中に受け取った年金の額から、その金額に対応する払込保険料又は掛金の額を差し引いた金額となります（所法35②二）。

なお、年金を受け取る際には、原則として所得税が源泉徴収されます（所法207、208）。

3　贈与税が課税される場合

贈与税が課税されるのは、上記1の表のように、保険料の負担者と満期保険金の受取人とが異なる場合です（相法5）。

また、満期保険金を年金で受領する場合には、毎年支払を受ける年金（公的年金等以外の年金）に係る所得税については、年金支給初年は全額非課税、2年目以降は課税部分が階段状に増加していく方法により計算します（注1）（所令185、186）。

なお、年金を受け取る際には、原則として所得税が源泉徴収されます（注2）（所法207、208）。

(注1)　実際に贈与税の納税額が生じなかった場合もこの方法で計算します。

(注2)　平成25年1月1日以後に支払われる生命保険契約等に基づく年金のうち、その年金の支払を受ける者と保険契約者とが異なる契約等で一定のものに基づく年金については、源泉徴収されません（所法209）。

4　本件へのあてはめ

ご質問の場合、保険料の負担者と満期保険金の受取人とが異なりますので、贈与税が課税されることになります。

関係法令通達

所得税法 22 条、34 条、35 条、207 条、208 条、209 条
所得税法施行令 185 条、186 条
相続税法 5 条

参考文献等

国税庁ホームページ（タックスアンサー）
裁決事例▶平 10.9.2 裁決：相続税法 3 条 1 項は、保険料負担者と保険契約者が異なる場合があることを予定して受取保険金等の課税関係を規定しており、ここでいう保険料負担者とは、実質上の負担者をいうものと解されているところ、事業専従者である被相続人が当該保険料を負担しているとは認められないことから、本件保険金について、請求人が当該保険料の負担者であるとして、一時所得に該当するとした事例（裁決事例集 No.56-144 頁）

Question.30
国庫補助金等

　私は、国から 90 万円の補助金を受け、150 万円の機械を購入しました。この 90 万円の補助金は課税上どのように取り扱われますか。また、機械の減価償却費の基礎となる金額はいくらとして計算しますか。なお、この補助金は返還する必要はありません。

Answer.　補助金が返還する必要のないものであれば課税されません。また、機械の減価償却費の基礎となる金額は、購入価額から補助金を差し引いたものとなります。

■解 説
1　国庫補助金等の取扱い

　国又は地方公共団体の補助金又は給付金等（以下「国庫補助金等」といいます）の交付を受けた場合の収入金額の取扱いは、次のようになります。

(1) 返還の要否が確定している場合
　イ　個人が、国庫補助金等の交付を受け、その年にその国庫補助金等によりその交付の目的に適合した固定資産を取得又は改良した場合で、その国庫補助金等の返還を要しないことがその年の12月31日までに確定した場合には、その国庫補助金等のうち、その固定資産の取得又は改良に充てた部分の金額に相当する金額は、総収入金額に算入しないこととされています（所法42①）。

　ロ　国庫補助金等の交付に代えて固定資産の交付を受けた場合には、その固定資産の価額に相当する金額は、各種所得の金額を計算するうえにおいて総収入金額に算入しないこととされています（所法42②）。

　　　この制度は、国庫補助金等を非課税扱いとするためのものではなく、取得価額を、いわゆる圧縮記帳の方法によって減価償却費を少なくして、課税の繰延べを図るものですから、国庫補助金等で取得したり、改良したりした固定資産の取得価額は、国庫補助金等に相当する額については、取得価額はないものとされます（所令90）。

(2) 返還の要否が確定していない場合
　国庫補助金等の返還を要しないことがその交付を受けた年の12月31日までに確定していない場合には、国庫補助金等相当額は総収入金額に算入されないこととされています（所法43①）。

　ただし、その国庫補助金等の全部又は一部の返還を要しないことが確定した場合には、次の算式で計算した金額を、その確定した日の属する年分の事業所得等の金額の総収入金額に算入することになります（所法43②、所令91①）。

【算 式】

| 返還を要しないことが確定した金額（A） | －（A）× | 返還を要しないことが確定した日における国庫補助金等によって取得した固定資産の帳簿価額 / 国庫補助金等によって取得した固定資産の取得価額 | ＝ | 収入金額算入額 |

なお、この取扱いを受ける場合において、国庫補助金等により固定資産を取得し又は改良してその固定資産を業務の用に供している場合のその固定資産（減価償却資産）に係る減価償却費の計算は、その国庫補助金等相当額を控除した取得価額を基礎として行うことになります（所法43⑥、所令91②）。

(3) 国庫補助金等の範囲

国庫補助金等とは、固定資産の取得又は改良に充てるため交付される次のような助成金、給付金又は補助金をいいます（所法42①、所令89、平28政145改正令附則6）。

　イ　国の補助金又は給付金
　ロ　地方公共団体の補助金又は給付金
　ハ　障害者の雇用の促進等に関する法律に基づく独立行政法人高齢・障害・求職者雇用支援機構の助成金で一定の業務に係るもの
　ニ　福祉用具の研究開発及び普及の促進に関する法律に基づく国立研究開発法人新エネルギー・産業技術総合開発機構の助成金で一定の業務に係るもの
　ホ　国立研究開発法人新エネルギー・産業技術総合開発機構法に基づく国立研究開発法人新エネルギー・産業技術総合開発機構の助成金で一定の業務に係るもの
　ヘ　公共用飛行場周辺における航空機騒音による障害の防止等に関する法律に基づく独立行政法人空港周辺整備機構、成田国際空港株式会社又は新関西国際空港株式会社の補助金（平成28年3月31日以前に交付

を受けたものに限り適用されます）
  ト　独立行政法人農畜産業振興機構法に基づく独立行政法人農畜産業振興機構の補助金
  チ　日本たばこ産業株式会社法に基づく葉たばこ生産基盤強化のための助成金で一定の事業に係るもの

(4) 資産の移転などの費用に充てるために交付を受ける補助金等
　国若しくは地方公共団体から資産の移転などの費用に充てるために交付を受けた補助金等は、各種所得の計算上、総収入金額に算入されません（所法44）。

2　本件へのあてはめ
　ご質問の場合、返還する必要のない補助金ですので、その補助金の90万円は、所得の計算上総収入金額に算入する必要はありません。
　また、この場合、機械の取得価額は、150万円から国庫補助金等90万円を差し引いた60万円となります。

関係法令通達
所得税法36条、42条、43条
所得税法施行令89条、90条、91条
平成28年政令145号改正令附則6条

参考文献等

『所得税質疑応答集』（前出）398頁
『平成22年2月改訂 回答事例による所得税質疑応答集』（前出）376頁
『平成29年版 図解 所得税』（前出）52頁～55頁

国庫補助金等の総収入金額不算入に関する明細書

（平成　年分）　　　　　　　　　　　　　氏　名＿＿＿＿＿＿＿＿＿＿＿＿

国 庫 補 助 金 等 の 名 称	
国 庫 補 助 金 等 を 交 付 し た 者	国　／　地方公共団体　／　その他 （　　　　　　　　　　　　　　　）
交　　付　　の　　目　　的	
交 付 を 受 け た 年 月 日	平成　　年　　月　　日
交 付 を 受 け た 国 庫 補 助 金 等 の 額 又は国庫補助金等の交付に代わるべきも のとして交付を受けた資産の価額	円
国庫補助金等の交付に代わるべきもの として資産の交付を受けた事由	
交 付 を 受 け た 国 庫 補 助 金 等 を も っ て 取 得 ま た は 改 良 を し た 固 定 資 産 に 関 す る 明 細	種類 細目
国　庫　補　助　金　等　の 返還を要しないことが確定した日	平成　　年　　月　　日

交付を受けた年の12月31日までに国庫補助金等の返還を要しないことが確定しない場合

国 庫 補 助 金 等 の 交 付 の 条 件		
国 庫 補 助 金 等 を も っ て 取 得 又は改良等をする固定資産について、 取 得 ま た は 改 良 予 定 年 月 日	平成　　年　　月　　日	
取 得 に 要 す る 金 額 の 見 込 額	円	
内訳		円
		円
		円
		円
		円
そ　の　他　　参　考　事　項		

6-9 雑所得

Question.31
勤務先以外から付与された新株予約権の行使に係る経済的利益

私は、勤務先（B社）以外の株式会社（A社）から付与ないし割当てされた新株予約権の行使に係る経済的利益（以下「本件権利行使益」といいます）について、その所得区分は、本件新株予約権の行使時における地位や職務によってではなく、本件新株予約権の付与ないし割当て時の地位や職務によって判断すべきと考え、①この新株予約権の付与ないし割当て時には、B社に勤務していたこと及び②A社株式の上場時にはB社の社員であり、上場に貢献していないことから、本件権利行使益は、労務その他の役務の対価としての性質を有するものではなく、臨時的、偶発的な所得であるので、一時所得として申告してよいでしょうか。

なお、本件新株予約権は、A社グループの社外協力者等に対して付与ないし割当てされており、また、A社グループの業績向上及び社会的信頼性の向上を目的として付与ないし割当てされています。

Answer. 本件権利行使益は、役務の対価としての性格を有するものと解され、一時所得には該当せず、また、利子所得、配当所得、不動産所得、事業所得、給与所得、退職所得、山林所得及び譲渡所得のいずれにも該当しないから、雑所得に該当することになります。

■解説

1 法令解釈

(1) 一時所得及び雑所得

一時所得については、所得税法34条1項のとおり「利子所得、配当所得、不動産所得、事業所得、給与所得、退職所得、山林所得及び譲渡所得以外の所得のうち、営利を目的とする継続的行為から生じた所得以外の一時の

所得で労務その他の役務又は資産の譲渡の対価としての性質を有しないもの」と規定されており、また、雑所得については、所得税法35条1項のとおり「利子所得、配当所得、不動産所得、事業所得、給与所得、退職所得、山林所得、譲渡所得及び一時所得のいずれにも該当しない所得」と規定されていることから、利子所得、配当所得、不動産所得、事業所得、給与所得、退職所得、山林所得及び譲渡所得のいずれにも該当しない経済的利益が、労務その他の役務の対価としての性質を有する場合は、雑所得に該当することになります。

(2) 法の趣旨

　一時所得は、一時的、偶発的な所得であり、類型的に担税力が低いと考えられることから、一時所得の金額の計算に当たっては、一時所得の特別控除額が控除され（所法34②）、総所得金額の計算に当たっては、所得金額の2分の1に相当する金額のみが総所得金額に算入される（所法22②二）という担税力に見合った特別な取扱いがされています。

　一時所得から労務その他の役務の対価としての性質を有する所得が除かれたのは、自らの意思に基づき労務その他の役務を提供したことにより、その見返りとして供与される経済的利益は、偶発的に生じるものではなく、類型的に担税力が低いとはいえないから、前記のような特別な取扱いをする必要がないためと解されます。

　そして、所得税法34条1項が一時所得から除外される所得について、労務の対価に限定せずに、その他の役務の対価と規定していることからしますと、労務その他の役務の対価として性質を有する所得を、具体的な労務の提供の見返りとして生じた所得に限定する必要はなく、一般的な職務又は作為、不作為を問わず何らかの義務を伴う地位に就いていることの見返りとして生じた場合もこれに含まれると解されます。

2　本件へのあてはめ

　本件権利行使益は、次のとおり、役務の対価としての性格を有すること

等から、雑所得に該当します。
① 本件新株予約権は、A社グループの社外協力者等に付与ないし割当てされており、あなたは、まさにA社グループの社外協力者としての地位に関連して付与ないし割当てされています。

そして、本件新株予約権は、A社グループの業績向上及び社会的信頼性の向上を目的として付与ないし割当てされたものであり、付与ないし割当てされた者が、企業の業績向上のために努力することにより株価が上昇すれば、本件新株予約権の制度は、社外協力者等の業績向上へのインセンティブ（誘因）として機能することが期待されています。

以上のとおり、本件新株予約権の行使に係る利益は、役員、使用人及び社外協力者の地位及び職務等に関連する一連の成功報酬としての性格を有するものであり、労務その他の役務の対価としての性質を有するものと解されます。

したがって、本件権利行使益は、役務の対価としての性格を有するものと解され、一時所得には該当せず、また、利子所得、配当所得、不動産所得、事業所得、給与所得、退職所得、山林所得及び譲渡所得のいずれにも該当しないから、雑所得に該当することになります。
② A社の株価の値上がりが臨時的又は偶発的なものであったとしても、本件権利行使益は、同社が付与ないし割当契約において権利行使時点における株価と権利行使価格との差額相当の経済的利益をあなたに移転する旨を合意した結果であり、本件権利行使益は、上記①のとおり、あなたの社外協力者としての地位を離れてはあり得ない役務の対価としての性格を有しますので、一時所得には該当しないことになります。

関係法令通達
　所得税法22条、34条、35条

参考文献等　裁決事例▶平20.5.13裁決：請求人と雇用関係にないA社から付与された新株予約権の行使に係る経済的利益は、請求人がA社の社外協力者として必要に応じ協力し、仮に将来転職する場合、同社への優先入社の義務を負うなど、そのような地位に就いていることの見返りとして付与されたものであるところ、本件権利行使益は、労務その他の役務の提供の対価としての性質を有するから、一時所得ではなく雑所得に該当するとした事例（裁決事例集 No.75-229頁）

7 損益通算等

7-1 損益通算

Question.32
不動産所得に係る損益通算の特例制度の内容

私は、サラリーマンですが、マンションを所有し、賃貸料収入を得ています。その取得資金は、大部分が銀行からの借入金なので、毎年不動産所得の赤字が生じています。この不動産所得の赤字について、所得税法上の取扱いはどのようになりますか。

Answer. 不動産所得の赤字のうち、土地等を取得するために要した借入金の利子に相当する部分の金額は、他の所得と損益通算することはできません。

■解 説

1 不動産所得の赤字と損益通算

不動産所得の金額の計算上生じた損失の金額があるときは、これを他の所得から控除することができます（所法69①）。

ただし、次に掲げる赤字の金額は損益通算の対象とすることができません。

① 不動産所得の金額の計算上生じた赤字の金額のうち、通常自己又は自己と生計を一にする親族が居住の用に供しない家屋で主として趣味、娯楽又は保養の用に供する目的で所有するものその他主として趣味、娯楽、保養又は鑑賞の目的で所有する不動産（例えば、別荘、リゾートマンション等）の貸付けによる所得の計算上生じた赤字（所法69②）

② 不動産所得の金額の計算上生じた赤字の金額がある場合、不動産所得を生ずべき業務の用に供する土地又は土地の上に存する権利（以下

「土地等」といいます）の取得に要した負債の利子の額に相当する部分の金額（措法41の4）

2　土地等の取得に要した負債の利子の金額

　土地等を取得するために要した負債の利子の額に相当する部分の金額、すなわち、損益通算の対象とならない金額は、次に掲げる区分に応じ、それぞれ次に掲げる金額とすることとされています（措令26の6①）。

　①　その年分の不動産所得の金額の計算上必要経費に算入した土地等を取得するために要した負債の利子の額が、その不動産所得の金額の計算上生じた赤字の金額を超える場合…その不動産所得の金額の計算上生じた赤字の金額の全額（措令26の6①一）

　②　その年分の不動産所得の金額の計算上必要経費に算入した土地等を取得するために要した負債の利子の額が、その不動産所得の金額の計算上生じた赤字の金額以下である場合…その不動産所得の金額の計算上生じた赤字の金額のうち、その不動産所得の金額の計算上必要経費に算入した土地等を取得するために要した負債の利子の額に相当する部分の金額（措令26の6①二）

　なお、不動産所得に係る損益通算の特例は、不動産の貸付けを事業規模で行っているか否かにかかわらず適用されます。

　また、この特例は、他の各種所得との損益通算が認められないということですから、例えば、土地等の取得に要した負債の利子があるために赤字となる不動産所得と、それ以外の黒字となる不動産所得がある場合には、不動産所得内部での損益の相殺は認められます。

3　本件へのあてはめ

　ご質問の場合、不動産所得の赤字のうち損益通算の対象とされないのは、上記1の②のとおり、不動産所得を生ずべき業務の用に供する土地等の取得に要した負債の利子の部分だけですから、マンションの貸付けにより生

じた赤字のすべてを損益通算の対象とすることができないというわけではありません。

関係法令通達

所得税法69条
租税特別措置法41条の4
租税特別措置法施行令26条の6

参考文献等

『所得税質疑応答集』(前出) 795頁
『平成22年2月改訂 回答事例による所得税質疑応答集』(前出) 767頁

Question.33
土地と建物を一括して借入金で取得した場合

　私は、サラリーマンですが、マンションを所有し、賃貸料収入を得ています。その取得資金は、大部分が銀行からの借入金なので、毎年不動産所得の赤字が生じています。この不動産所得の赤字について、土地等の取得に要した借入金の利子部分は損益通算できないそうですが、土地と建物を一括で取得しましたので、その借入金の利子の額をどのような方法で土地と建物に区分すればよいのか教えてください。

Answer. 　借入金の利子の額は、その借入金がまず建物(その附属設備を含みます)の取得のために充てられたものとして計算することができます。

▌解 説

1 土地と建物を一括取得した場合の土地に係る負債の額

　土地と建物を一の契約により同一の者から一括して借入金で取得した場合、その借入金は土地の取得に要したものであると同時に建物の取得に要したものであるところ、借入金は土地と建物の取得にそれぞれ同じように充てられたものとして、それぞれの取得価額の比であん分するのが合理的であると考えられます。

　しかしながら、損益通算の規定の適用に当たっては、その負債をまず建物（その附属設備を含みます）の取得のために充てられたものとして、負債の利子を計算することができることとされています（措令26の6②）。

　具体的には、不動産所得の金額の計算上生じた赤字の金額のうち土地の取得に要した負債の利子の額に相当する部分の金額として損益通算の対象とならない金額は、次に掲げる場合に応じそれぞれ次に掲げる金額とすることができます。

① その借入金の額から建物の取得価額に相当する金額を控除した結果残額がある場合において、その残額の借入金に係る利子の額が不動産所得の金額の計算上生じた赤字の金額を超える場合…その不動産所得の金額の計算上生じた赤字の金額の全額

② その借入金の額から建物の取得価額に相当する金額を控除した結果残額がある場合において、その残額の借入金に係る利子の額が不動産所得の金額の計算上生じた赤字の金額以下である場合…その不動産所得の金額の計算上生じた赤字の金額のうち、その残額の借入金に係る利子の額に相当する部分の金額

2 借入金を土地分と建物分とに区分することができない場合の土地等に係る負債の利子の額の計算

　土地等と建物を一の契約により同一の者から取得し、その取得資金の一部を借入金で充てており、借入金を土地分と建物分とに区分することがで

きない場合は、損益通算の対象とされない土地等を取得するために要した負債の利子の額の計算は次の算式によります（措所通41の4-3）。

$$
\begin{pmatrix} その年分の土地 \\ 等を取得するた \\ めに要した負債 \\ の利子の額 \end{pmatrix} = \begin{pmatrix} その年分の建物 \\ と土地等を取得する \\ ために要した負債 \\ の利子の額 \end{pmatrix} \times \frac{土地等を取得するために要した負債の額}{建物と土地等を取得するために要した負債の額}
$$

3　本件へのあてはめ

　ご質問の場合、土地と建物を一の契約により同一の者から一括して借入金で取得した場合には、借入金をまず建物の取得に充てられたものとして、負債の利子を計算することとなります。

関係法令通達

所得税法69条
租税特別措置法41条の4
租税特別措置法施行令26条の6
租税特別措置法所得税関係通達41の4-3

参考文献等

『所得税質疑応答集』（前出）797頁
『平成22年2月改訂　回答事例による所得税質疑応答集』（前出）769頁

Question.34
居住用財産の買換え等に伴う譲渡損失の損益通算及び繰越控除

居住用財産を買い換えて譲渡損失が生じた場合には、他の所得と損益通算ができ、さらに控除しきれない損失の額を翌年以後に繰り越して控除することができると聞いていますが、どのような内容か教えてください。

Answer. 一定の要件に該当する居住用財産を譲渡して損失が生じ、一定の要件に該当する買換資産を取得し居住の用に供した場合、一定の要件の下でその譲渡損失についてその翌年以後3年内の各年分（合計所得金額が3,000万円以下である年分に限ります）の総所得金額から繰越控除をすることができます。

■解 説
1 居住用財産の買換え等の場合の譲渡損失の損益通算及び繰越控除
(1) 概要（措法41の5、措令26の7、措規18の25）

居住用財産（旧居宅）を平成29年12月31日までに売却して、新たに居住用財産（新居宅）を購入した場合には、旧居宅の譲渡による損失（譲渡損失）が生じたときは、一定の要件を満たすものに限り、その譲渡損失をその年の事業所得や給与所得など他の所得から控除（損益通算）することができます。さらに、損益通算を行っても控除しきれなかった譲渡損失は、譲渡の年の翌年以後3年内に繰り越して控除（繰越控除）することができます。

これを、居住用財産を買い換えた場合の譲渡損失の損益通算及び繰越控除の特例といいます。

(2) 適用要件
イ 自分が住んでいる居住用財産を譲渡すること

ただし、以前に住んでいた居住用財産の場合には、住まなくなった

日から3年目の12月31日までに譲渡する必要があります。また、この譲渡には、譲渡所得の基因となる不動産等の貸付けが含まれ、親族等への譲渡は除かれます。

 （注） 住んでいた家屋又は住まなくなった家屋を取り壊した場合には、次の3つの要件すべてに当てはまることが必要です。
  ① その敷地は、家屋が取り壊された日の属する年の1月1日において所有期間が5年を超えるものであること。
  ② その敷地の譲渡契約が家屋を取り壊した日から1年以内に締結され、かつ、住まなくなった日から3年目の年の12月31日までに譲渡すること。
  ③ 家屋を取り壊してから譲渡契約を締結した日まで、その敷地を貸駐車場などその他の用に供していないこと。
 ロ 譲渡の年の1月1日における所有期間が5年を超える資産（旧居宅）で国内にあるものの譲渡であること
 ハ 譲渡の年の前年1月1日から売却の年の翌年12月31日までの間に国内にある資産（新居宅）で家屋の床面積が50㎡以上のものを取得すること
 ニ 買換資産（新居宅）を取得した年の翌年12月31日までの間に居住の用に供すること又は供する見込みであること
 ホ 買換資産（新居宅）を取得した年の12月31日において買換資産について償還期間10年以上の住宅ローンを有すること

(3) 適用除外
 イ 繰越控除が適用できない場合
  ① 旧居宅の敷地の面積が500㎡を超える場合
   旧居宅の敷地の面積が500㎡を超える場合は、500㎡を超える部分に対応する譲渡損失の金額については、適用できません。
  ② 繰越控除を適用する年の12月31日において新居宅について償還期間10年以上の住宅ローンがない場合
  ③ 合計所得金額が3,000万円を超える場合
   合計所得金額が3,000万円を超える年がある場合は、その年のみ

適用できません。

　(注) 損益通算の特例は、合計所得金額が3,000万円を超える場合にも適用があります。

ロ　損益通算及び繰越控除の両方が適用できない場合

① 旧居宅の売主と買主が、親子や夫婦など特別な関係にある場合

「特別な関係」には、生計を一にする親族、家屋を譲渡した後その譲渡した家屋で同居する親族、内縁関係にある者、特殊な関係にある法人なども含まれます。

② 旧居宅を売却した年の前年又は前々年に次の特例を適用している場合

A　居住用財産を譲渡した場合の長期譲渡所得の軽減税率の特例（措法31の3）

B　居住用財産の譲渡所得の3,000万円の特別控除（措法35。ただし同法3項の規定により適用する場合を除きます）

C　特定の居住用財産の買換えの場合の長期譲渡所得の課税の特例（措法36の2）

D　特定の居住用財産を交換した場合の長期譲渡所得の課税の特例（措法36の5）

③ 旧居宅を売却した年又はその年の前年以前3年内における資産の譲渡について、特定居住用財産の譲渡損失の損益通算の特例（措法41の5の2①）の適用を受ける場合又は受けている場合

④ 売却の年の前年以前3年以内の年において生じた他の居住用財産の譲渡損失の金額について居住用財産を買い換えた場合の譲渡損失の特例を受けている場合

(注) この特例と住宅借入金等特別控除制度は併用できます。

(4) 適用手続

イ　損益通算の場合

確定申告書に次の書類を添付する必要があります。

① 「居住用財産の譲渡損失の金額の明細書（確定申告書付表）」
② 「居住用財産の譲渡損失の損益通算及び繰越控除の対象となる金額の計算書（租税特別措置法第41条の5用）」
③ 旧居宅に関する次の書類
　A　譲渡した資産が次のいずれかの資産に該当する事実を記載した書類
　　a　自分が住んでいる家屋のうち国内にあるもの
　　b　上記aの家屋で自分が以前に住んでいたもの（住まなくなった日から3年目の年の12月31日までの間に譲渡されたものに限ります）
　　c　上記a又はbの家屋及びその家屋の敷地や借地権
　　d　上記aの家屋が災害により滅失した場合において、その家屋を引き続き所有していたとしたならば、その年の1月1日において所有期間が5年を超えるその家屋の敷地や借地権（災害があった日から3年目の年の12月31日までの間に譲渡したものに限ります）
　B　登記事項証明書や売買契約書の写しなどで所有期間が5年を超えること及び面積を明らかにするもの
　C　譲渡した時において住民票に記載されている住所と譲渡した資産の所在地が異なる場合その他これらに類する場合には、戸籍の附票の写し等で、譲渡した資産が上記Aのaからdのいずれかに該当することを明らかにするもの
④ 新居宅に関する次の書類
　A　登記事項証明書や売買契約書の写しなどで購入した年月日、家屋の床面積を明らかにするもの
　B　年末における住宅借入金等の残高証明書
　C　確定申告書の提出の日までに買い換えた資産に住んでいない場合には、その旨及び住まいとして使用を開始する予定年月日その

他の事項を記載したもの
ロ　繰越控除の場合
① 　損益通算の適用を受けた年分について、一定の書類の添付がある期限内申告書を提出したこと
② 　損益通算の適用を受けた年分の翌年分から繰越控除を適用する年分まで連続して確定申告書（損失申告用）を提出すること
③ 　確定申告書に年末における住宅借入金の残高証明書を添付すること

2　譲渡資産の範囲

譲渡資産の範囲は、個人が有する家屋又は土地等（土地又は土地の上に存する権利をいいます。以下同じ）で譲渡した年の1月1日において所有期間が5年を超えるもののうち次に掲げるものをいいます（措法41の5⑦一イ〜ニ、措令26の7⑨、措通41の5-6・41の5-7）。

① 　譲渡する個人がその居住の用に供している家屋で国内にあるもの（居住の用に供している家屋を2以上有する場合には、これらの家屋のうちその者が主として居住の用に供している一の家屋に限ります。また、譲渡する家屋のうちに居住の用以外の用に供している部分がある場合には、居住の用に供している部分に限ります）
② 　①の家屋でその個人の居住の用に供さなくなったもの（その個人の居住の用に供さなくなった日以後3年を経過する日の属する年の12月31日までの間に譲渡されるものに限ります）
③ 　①又は②の家屋及びその家屋の敷地の用に供されている土地等
　（注）　住んでいた家屋又は住まなくなった家屋を取り壊した場合には、次の3つの要件すべてに当てはまることが必要です。
　　　A　その敷地は、家屋が取り壊された日の属する年の1月1日において所有期間が5年を超えるものであること。
　　　B　その敷地の譲渡契約が家屋を取り壊した日から1年以内に締結さ

れ、かつ、住まなくなった日から3年目の年の12月31日までに譲渡すること。
　　C　家屋を取り壊してから譲渡契約を締結した日まで、その敷地を貸駐車場などその他の用に供していないこと。
④　①の家屋が災害により滅失した場合において、その個人がその家屋を引き続き所有していたならば、譲渡した年の1月1日における所有期間が5年を超えることとなるその家屋の敷地の用に供されていた土地等（その災害のあった日以後3年を経過する日の属する年の12月31日までの間に譲渡されるものに限ります）

3　買換資産の範囲

　買換資産の範囲は、譲渡資産を譲渡した個人が居住の用に供する家屋で次に掲げるもの（居住の用に供している家屋を2以上有する場合には、これらの家屋のうちその者が主として居住の用に供している一の家屋に限ります）又はその家屋の敷地の用に供する土地等で、国内にあるものをいいます（措法41の5⑦一、措令26の7⑤）。
①　一棟の家屋の床面積のうちその個人が居住の用に供する部分の床面積が50㎡以上であるもの
②　一棟の家屋のうち、独立部分を区分所有する場合には、その独立部分の床面積のうちその個人が居住の用に供する部分の床面積が50㎡以上であるもの

4　特定譲渡の範囲

　特例の適用対象となる「特定譲渡」には、通常の売却のほか、借地権の設定など譲渡所得の基因となる不動産の貸付けを含むものとされますが、その個人の配偶者などその個人と次の特別の関係がある者に対する譲渡及び贈与又は出資による譲渡は除かれます（措法41の5⑦一、措令26の7③④）。
　なお、その年中において特定譲渡が2以上ある場合（居住用財産が2以

上あり、同一年中にそれらを売却した場合）には、一の特定譲渡に限って特例を適用することができます。

① その個人の配偶者及び直系血族
② その個人の親族（①に該当するものを除きます。以下において同じ）でその個人と生計を一にしている者及びその個人の親族で譲渡資産である家屋の譲渡がされた後にその個人とその家屋に一緒に居住する親族
③ その個人とまだ婚姻の届出をしていないが事実上婚姻関係と同様の事情にある者及びその者の親族でその者と生計を一にしている者
④ ①～③に該当する個人及びその個人の使用人以外の者で、その個人から受ける金銭その他の財産によって生計を維持している者及びその者の親族でその者と生計を一にしている者
⑤ その個人、その個人の①及び②に該当する親族、その個人の使用人若しくはその使用人の親族でその使用人と生計を一にしている者又はその個人に係る③及び④に掲げる者を判定の基礎とする株主等とした場合に、同族関係その他これに準ずる関係のあることとなる会社その他の法人

5 買換資産の取得の範囲

買換資産の取得には、売買による取得のほか、自己が家屋を建築することは含まれますが、贈与及び代物弁済（金銭債務の弁済に代えてするものに限ります）による取得は除かれます（措法41の5⑦一、措令26の7⑥）。

6 買換資産に係る住宅借入金等の金額

買換資産に係る住宅ローンは、次の3つの要件のすべてに当てはまる借入金又は債務（利息に対応するものは除きます）となります（措法41の5⑦四、措令26の7⑫、措規18の25⑤～⑪、措通41の5-18、41-17）。

① 住宅の新築や取得又は住宅の敷地の用に供される土地等を取得するために直接必要な借入金又は債務であること

② 償還期間が10年以上の割賦償還の方法により返済されるもの又は賦払の期間が10年以上の割賦払の方法により支払われるものであること

　「割賦償還又は割賦払の方法」とは、返済又は支払の期日が、月や年など1年以下の期間を単位として、おおむね規則的に定められている方法です。それぞれの期日における返済額又は支払額が、あらかじめ具体的に定められていなければなりません。

　また、月払いにおける10年以上の償還期間は、その住宅ローン等の最初の返済又は支払の月から返済が終了するまでの期間により計算します。

③ 一定の者からの借入金又は債務であること

　「一定の者からの借入金又は債務」とは、上記①に要する資金に充てるために、銀行、信用金庫、農業協同組合、独立行政法人住宅金融支援機構などから借り入れた借入金や、給与所得者がその使用者から借り入れた借入金などで、上記②に該当するものをいいます。

関係法令通達

租税特別措置法31条の3、35条、36条の2、36条の5、41条の5、41条の5の2
租税特別措置法施行令26条の7
租税特別措置法施行規則18条の25
租税特別措置法所得税関係通達41の5-6、41の5-7、41の5-18、41-17

参考文献等

国税庁ホームページ（タックスアンサー）
『所得税質疑応答集』（前出）811頁
『平成22年2月改訂 回答事例による所得税質疑応答集』（前出）798頁

【平成___年分】

名簿番号 _____

居住用財産の譲渡損失の金額の明細書《確定申告書付表》
（居住用財産の買換え等の場合の譲渡損失の損益通算及び繰越控除用）

【租税特別措置法第41条の5用】

住所又は事業所事務所居所など _____
フリガナ _____
氏名 _____
電話番号 ( ) _____

この明細書の記載に当たっては、「譲渡所得の申告のしかた（記載例）」（国税庁ホームページ【www.nta.go.jp】からダウンロードできます。税務署にも用意してあります。）を参照してください。
なお、国税庁ホームページの「確定申告書等作成コーナー」の画面の案内に従って収入金額などの必要項目を入力することにより、この明細書や確定申告書などを作成することができます。

○ この明細書は、申告書と一緒に提出してください。

1 譲渡した資産に関する明細

		合計	建物	土地・借地権
資産の所在地番				
資産の利用状況	面積		㎡	㎡
居住期間			年 月 ～ 年 月	
譲渡先	住所又は所在地			
	氏名又は名称			
譲渡契約締結日			年 月 日	年 月 日
譲渡した年月日			年 月 日	年 月 日
資産を取得した時期			年 月 日	年 月 日
譲渡価額	①	円	円	円
取得費	取得価額 ②	円	円	円
	償却費相当額 ③	円	円	円
	差引（②－③）④	円	円	円
譲渡に要した費用	⑤	円		
居住用財産の譲渡損失の金額（①－④－⑤）	⑥	円	円	円

▶ この金額を「居住用財産の譲渡損失の損益通算及び繰越控除の対象となる金額の計算書」の①欄に転記してください。

2 買い換えた資産に関する明細

		合計	建物	土地・借地権
資産の所在地番				
資産の利用状況・利用目的	面積		㎡	㎡
買換資産の取得（予定）日			年 月 日	年 月 日
居住の用に供した（供する見込）日			年 月 日	
買換資産の取得（予定）価額		円	円	円
買入先	住所又は所在地			
	氏名又は名称			
住宅の取得等に要した住宅借入金等の金額及びその借入先		（借入先 ） 円		

関与税理士名 _____ （電話 _____）	税務署整理欄	資産課税部門	個人課税部門 純損失（有・無）

（平成28年分以降用）

居住用財産の譲渡損失の損益通算及び繰越控除の対象となる金額の計算書（平成___年分）【租税特別措置法第41条の5用】

整理番号

住所又は事業所居所など		フリガナ 氏名	

この計算書は、本年中に行った居住用財産の譲渡で一定のものによる損失の金額があり、その損失の金額について、本年分において、租税特別措置法第41条の5第1項（居住用財産の買換え等の場合の譲渡損失の損益通算の特例）の適用を受ける方及び翌年分以後の各年分において租税特別措置法第41条の5第4項（居住用財産の買換え等の場合の譲渡損失の繰越控除の特例）の適用を受けるために、本年分の居住用財産の譲渡損失の金額を翌年分以後に繰り越す方が使用します。
詳しくは、「譲渡所得の申告のしかた（記載例）」（国税庁ホームページ《www.nta.go.jp》）からダウンロードできます。なお、税務署にも用意してあります。）をご覧ください。

○この計算書は、申告書と一緒に提出してください。

居住用財産の譲渡損失の損益通算及び繰越控除の対象となる金額の計算

（赤字の金額は、△を付けないで書いてください。）

特例の計算の基礎となる居住用財産の譲渡損失の金額 （「居住用財産の譲渡損失の金額の明細書《確定申告書付表》（居住用財産の買換え等の場合の譲渡損失の損益通算及び繰越控除用）」の⑥の合計欄の金額を書いてください。）	①	円
分離課税の対象となる土地建物等の譲渡所得の金額の合計額 （①の金額以外に土地建物等の譲渡所得の金額がある場合は、その金額と①の金額との通算後の金額を書いてください（黒字の場合は0と書きます。）。また、①の金額以外にない場合は、①の金額を書いてください。）	②	
損益通算の特例の対象となる居住用財産の譲渡損失の金額（特定損失額） （①と②の金額のいずれか少ない方の金額を書いてください。）	③	
本年分の純損失の金額 （上記③（※1）、申告書B第一表⑨及び申告書第三表⑱・⑲の金額の合計額又は申告書第四表⑳の金額を書いてください。なお、純損失の金額がないときは0と書きます。）	④	
本年分が青色申告の場合	**不動産所得の金額、事業所得の金額（※2）、山林所得の金額又は総合譲渡所得の金額（※3）のうち赤字であるものの合計額** （それぞれの所得の金額の赤字のみを合計して、その合計額を書いてください。）	⑤	
本年分が白色申告の場合	**変動所得の損失額及び被災事業用資産の損失額の合計額** （それぞれの損失額の合計額を書いてください。なお、いずれの損失もないときは0と書きます。）	⑥	
居住用財産の譲渡損失の繰越基準額 （④から⑤又は⑥を差し引いた金額（引ききれない場合は0）を書いてください。）	⑦	
翌年以後に繰り越される居住用財産の譲渡損失の金額 （③の金額と⑦の金額のいずれか少ない方の金額を書いてください。ただし、譲渡した土地等の面積が500㎡を超えるときは、次の算式で計算した金額を書いてください。）	⑧	

$$\underline{\text{③の金額と⑦の金額のいずれか少ない方の金額}} \text{円} \times \left\{1 - \frac{\underline{\text{土地等に係る特定損失の金額}}\text{円}}{\underline{\text{③の金額}}\text{円}} \times \frac{\underline{\text{土地等の面積}}\text{㎡} - 500\text{㎡}}{\underline{\text{土地等の面積}}\text{㎡}}\right\}$$

※1　「上記③の金額」は、総合譲渡所得の黒字の金額（特別控除前）又は一時所得の黒字の金額（特別控除後、2分の1前）がある場合は、「上記③の金額」からその黒字の金額を差し引いた金額とします（「上記③の金額」より、その黒字の金額が多い場合は0とします。）。
※2　「事業所得の金額」とは、申告書B第一表の「所得金額」欄の①と②の金額の合計額をいいます。
※3　「総合譲渡所得の金額」は、申告書第四表（損失申告用）の「1損失額又は所得金額」の㋖、㋗の金額の合計額とします。

（平成28年分以降用）

7-2 純損失の繰越控除

Question.35
青色申告者の純損失の繰越控除

私は、雑貨小売業を営む青色申告者でしたが、7月1日に法人成りしました。法人成りした年の事業所得は赤字なので純損失の金額が生じましたが、この金額を翌年に繰り越して控除できますか。なお、翌年の所得は給与所得だけの見込みです。

Answer. 純損失が生じた年分に損失申告書（青色申告用）を確定申告書の提出期限までに提出し、その後の年分について、連続して確定申告書（青色・白色を問いません）を提出すれば、繰り越して控除を受けられます。

解説

1 純損失の繰越控除

(1) その年分の所得税につき青色申告書を提出した年（平成22年分以前の所得税については、期限内申告に限ります）に生じた純損失の金額――その純損失の金額を翌年以降3年間にわたって繰り越して控除することができます（所法70①）。

　ただし、純損失の生じた年の前年分についても、青色申告書を提出しているときは、純損失の金額の全部又は一部を前年へ繰り戻すこともできます（所法140）。この場合、前年へ繰り戻した部分については、かさねて翌年以降に繰り越すことはできません。

(2) その年分の所得税につき青色申告書以外の申告書（白色申告書）を提出した年に生じた純損失の金額――その純損失の金額のうち、変動所得（注1）の金額の計算上生じた損失の金額及び被災事業用資産の損失（注2）の金額だけを、翌年以降3年間にわたって繰り越して控除することができます（所法70②）。

(注1)「変動所得」とは、漁獲若しくはのり採取から生ずる所得、はまち、まだい、ひらめ、かき、うなぎ、ほたて貝若しくは真珠（真珠貝を含みます）の養殖から生ずる所得、原稿若しくは作曲の報酬に係る所得又は著作権の使用料に係る所得をいいます（所法2①二十三、所令7の2）。

(注2)「被災事業用資産の損失」とは、震災、風水害、火災などの災害による商品などの棚卸資産や事業用固定資産などの損失で、変動所得の損失に該当しないものをいいます（所法70③）。

(3) 上記(1)及び(2)の場合、純損失の発生した年の翌年に控除できなかった金額についてのみ翌々年へ繰り越されていくことになり、さらに翌々年に控除できなかった金額について、翌々々年に繰り越されることになります。

(4) 上記(1)の場合、純損失が生じた年において①青色申告（平成22年分以前の所得税については、期限内申告に限ります）をし、②その後連続して確定申告書（青・白を問わず、期限後申告を含みます）を提出している場合に限り適用されることになっています。このため、純損失が生じた年に青色申告者が法人成りをし、その翌年以後白色申告者（給与所得者等）となった場合であっても、純損失の繰越控除は適用できることになります（所法70④）。

2 本件へのあてはめ

ご質問の場合、純損失の生じた年分について青色申告用の損失申告書を提出（平成22年分以前の所得税については、期限内申告に限ります）すれば、その後の年分について青色申告者でなくなった場合でも、連続して確定申告書を提出している限り純損失の繰越控除が適用されますから、前年から繰り越された純損失の金額を給与所得金額から控除して総所得金額を計算することができます。

関係法令通達
所得税法2条、70条、140条
所得税法施行令7条の2

参考文献等
『所得税質疑応答集』（前出）800頁ノ1
『平成22年2月改訂 回答事例による所得税質疑応答集』（前出）785頁

7-3 純損失の繰戻し

Question.36
青色申告者の純損失の繰戻しによる還付

　私は、平成27年分まで不動産賃貸業を営む青色申告者でしたが、平成27年にその賃貸用不動産を譲渡したため、平成28年は不動産所得がないので、青色申告の対象となる所得はありませんでした。平成28年に居住用不動産を譲渡し、譲渡損失が発生したので、平成28年分の確定申告書の提出と同時に純損失の繰戻し還付請求書を提出しました。
　この純損失の繰戻しによる還付請求は認められますか。

Answer.　純損失の繰戻しの適用要件は、①前年分について青色申告書を提出していること、②本年分の青色申告書を期限内に提出すると同時に純損失の繰戻し還付請求書を提出することですので、純損失の繰戻し還付請求は認められないことになります。

■解説

1　純損失の繰戻しによる還付請求
(1)　青色申告書を提出する居住者は、その年において生じた純損失の金額

がある場合には、当該申告書と同時に、納税地の所轄税務署長に対し、純損失の繰戻しによる所得税の還付を請求することができます（所法140①）。

　また、居住者は、前年分の青色申告書を提出している場合であっても、本年分の青色申告書を期限内に提出した場合に限り純損失の繰戻し還付請求が適用されることになっています（所法140④）。

(2)　上記(1)の「青色申告書を提出する居住者」とは、不動産所得、事業所得又は山林所得を生ずべき業務を行う居住者で、納税地の所轄税務署長に青色申告の承認申請を行ってその承認を受けた居住者とされています（所法143）。

(3)　青色申告書を提出する居住者が所得税法143条に規定する業務の全部を譲渡し又は廃止した場合には、その譲渡し又は廃止した日の属する年の翌年以後の各年分の所得税については、青色申告の承認は、その効力を失うとされています（所法151②）。

(4)　純損失について繰戻しによる還付請求をする場合、純損失は、その全部を繰り戻さないで、一部を繰り戻し、残りをその純損失の生じた年の翌年以降3年間に繰り越すことができます（所法70、140①二）。

(5)　繰戻し還付請求書を提出しても、復興特別所得税に係る部分は還付されません。これは、純損失の繰戻しによる還付の請求は、所得税法においては所得税法140条～142条に規定されていますが、復興特別所得税に関する規定を定めた復興財源確保法にはこれらの規定が定められていないことによるものです。

2　本件へのあてはめ

　ご質問の場合、平成27年に賃貸用不動産を譲渡した後は不動産所得を生ずべき業務を行っていないことから、あなたの青色申告の承認は平成28年分以降その効力は失われていることになります。したがって、純損失につき繰戻しによる還付請求をすることは認められないことになりま

す。

関係法令通達
所得税法140条、143条、151条

参考文献等 | 裁決事例▶平8.2.7裁決：純損失の繰戻しによる還付請求のできる者は純損失が生じた年分について青色申告書を提出している居住者に限定しているところ、純損失が生じた年分には青色申告の対象となる業務を行っていないことから、請求人の青色申告の承認はそれ以降失効しており、純損失の繰戻しによる還付請求は認められないとした事例（裁決事例集No.51-198頁）

8 所得控除

8-1 雑損控除

Question.37
詐欺による損失

私の祖母が先日、オレオレ詐欺に遭ってしまいました。最近は、この他にもワンクリック詐欺のような様々な手口の詐欺が出回っていますが、これらの詐欺を受けた損失は、雑損控除として申告することはできますか。

Answer. 詐欺による損失については、雑損控除として申告することはできません。

解 説

1 雑損控除の対象となる損失

雑損控除の対象となる損失は、災害、盗難、横領による生活用資産の損失額に限定されています（所法72①）。

ここでいう「災害」とは、震災、風水害、火災、冷害、雪害、干害、落雷、噴火その他の自然現象の異変による災害及び鉱害、火薬類の爆発その他の人為による異常な災害並びに害虫、害獣その他の生物による異常な災害をいいます（所法2①二十七、所令9）。

また、「盗難」とは、自己の意思に反して財物を窃取又は強取されることによる災難をいい、「横領」とは、自己の財物を占有する第三者によってその財物を不正に領得されることをいいます。

これらの点からすれば、雑損控除の対象となる損失は、その損失を生じた意思に基づかない、一種の不可抗力の損失のみを意味し、その損失の生じた者の意思が介在する場合の損失はこれに含まないものと解されています。

つまり、詐欺、強迫による自己の意思の伴う損害は雑損控除の対象となりません。

2　本件へのあてはめ

　雑損控除の対象となる損害の原因は、前記1に掲げるように、災害又は盗難若しくは横領に限られています。したがって、オレオレ詐欺やワンクリック詐欺などの詐欺により損失が生じた場合でも、雑損控除として申告することはできません。

関係法令通達
　　所得税法2条、72条
　　所得税法施行令9条

参考文献等

裁決事例▶平23.5.23裁決：振込送金した請求人の行為は、請求人の意思に基づいてなされているから、「災害」及び「盗難」による損失に当たらず、また、請求人が振り込んだ金銭に対する所有権は振込みを終えた時点で当該金銭の占有とともに詐欺の犯人側へ移転したと認められ、当該犯人は請求人の物の占有者でないから「横領」による損失には当たらないとした事例（裁決事例集No.83）

裁決事例▶平13.6.28裁決：不動産売買仲介者に詐欺行為によって騙取された小切手等については、同人に不法に領得されたことにより生じた損失であり、本件損失は詐欺により生じた損失と認められるから、雑損控除の対象となる損失には当たらないとした事例（裁決事例集NO.61-283頁）

国税庁ホームページ（所得税質疑応答事例）
『所得税質疑応答集』（前出）842頁ノ2ノ1
『Q&A　所得税　控除適用の可否判断』（新日本法規出版株式会社）11頁

Question.38
雑損控除の対象となる資産（通勤用自動車・別荘・業務用資産・パソコン・使用貸借資産）の損失

次のような資産の損失は、雑損控除の対象になりますか。

1　私は、マイカーで会社通勤していますが、先日、通勤途上交通事故に遭い、マイカーに損害を受けました。この場合、雑損控除の対象になりますか。

2　私の所有する別荘が全焼してしまいました。この別荘は、仕事場も兼ね、生活に欠かすことのできないものとなっています。この場合、雑損控除の適用はあるのでしょうか。

3　私は、独立した貸家一軒を他人に賃貸し、不動産所得を得ていましたが、本年9月に火災に遭い半焼しました。この場合の損失額は、不動産所得の必要経費になるのでしょうか。それとも、雑損控除の対象になるのでしょうか。

4　私は時価25万円のパソコンを持っていましたが、先日火災により全焼してしまいました。このパソコンは家族も使用しており、私の生活にとって欠かせないものですが、この損失について雑損控除が受けられるでしょうか。

5　私は、相続により取得した住宅を姉に無償で貸与していたところ、その住宅の一部が地震により損壊しました。この場合の住宅の損失については、雑損控除の対象となりますか。

Answer.　次のように取り扱います。

1　通常の注意義務をもってしても避けえなかった交通事故による損害は、雑損控除の対象になります。

2　別荘は、生活に通常必要でない資産に該当するので、雑損控除の適用はありません。

3　不動産所得を生ずべき事業以外の業務の用に供される貸付不

動産について生じた災害損失は、雑損控除の対象になりますが、不動産所得の必要経費とすることも認められます。
4　時価25万円のパソコンの火災による損失については、雑損控除の適用が受けられます。
5　あなたと生計を一にしていない姉が居住しているあなた名義の住宅であっても、あなたが保養等の目的で所有しているものでない限り、雑損控除の対象となる資産に該当します。

▌解 説
1　雑損控除の対象となる資産の損失

雑損控除の対象となる損失の範囲は、震災、風水害、火災、冷害、雪害、干害、落雷、噴火その他の自然現象の異変による災害及び鉱害、火薬類の爆発その他の人為による異常な災害並びに害虫、害獣その他の生物による異常な災害と盗難又は横領による資産の損害のほか、これらの災害、盗難、横領に関連するやむを得ない支出も含まれます（所法2①二十七・72、所令9・206）。

この場合の「災害、盗難、横領に関連するやむを得ない支出（注1）」とは、
① 　災害により生活用資産等が滅失し、損壊し又はその価値が減少したことによるその資産の取り壊し、除去のための支出その他の災害に付随する費用
② 　災害、盗難又は横領により生活用資産等が損壊し、又はその価値が減少し、その他災害により資産を使用することが困難となった場合において、その災害のやんだ日の翌日から1年以内にその資産の原状回復のための支出、又は土砂その他の障害物を除去するための支出、その他これらに類する支出（損壊又は価値の減少を防止するための支出（注2）も含まれます）とされています（所令206）。

(注1)　「災害、盗難、横領に関するやむを得ない支出」は、原則としてその支出した年分の雑損控除の対象となる損失額となりますが、災害等のあった年の翌年3月15日までに支出した金額は災害等のあった年分の損失額に含めてもよいことになっています（所基通72-5）。

(注2)　「損壊又は価値の減少を防止するための支出」は、現実に災害等のため資産の損壊等の損失が生じた場合の支出についてのみ、雑損控除の対象となる損失の額に含まれます（所基通70-10）。

2　雑損控除の対象とならない資産の損失

次に掲げる資産について受けた損失額は、雑損控除の対象となりません。

① 　生活に通常必要でない資産

(注)　この資産の災害損失はその年の譲渡所得又は翌年の譲渡所得の金額の計算上控除されます。

② 　棚卸資産

③ 　不動産所得、事業所得又は山林所得を生ずべき事業用の固定資産及びこれらの事業に係る繰延資産のうち必要経費に算入されていない部分

④ 　山林

(注)　上記②から④までの資産について災害等により受けた損失額は、それぞれに応じ、不動産所得、事業所得又は山林所得の必要経費になります。

3　生活に通常必要でない資産

生活に通常必要でない資産とは、次のようなものをいいます(所令178①、平26政137改正令附則5)。

① 　競走馬（事業の用に供されるものを除きます）その他射こう的行為の手段となる動産

② 　通常本人及び本人と生計を一にする親族が居住の用に供しない家屋

で主として趣味、娯楽又は保養の用に供する目的で所有するものその他主として趣味、娯楽、保養又は鑑賞の目的で所有する不動産
③　その他主として趣味、娯楽、保養又は鑑賞の目的で所有する不動産以外の動産（ゴルフ会員権、リゾート会員権などで①又は④の動産を除きます）（平成26年4月1日以後に生ずる損失の金額に適用されます）
④　生活用動産で、その譲渡による所得が非課税とされないもの
　　この「生活用動産で、その譲渡による所得が非課税とされないもの」とは、生活の用に供する動産のうち生活に通常必要な動産に該当しない資産及び生活に通常必要な動産であっても1個又は1組の価額が30万円を超える貴金属等（貴石、貴金属、真珠、書画、骨とう及び美術工芸品など）をいいます（所令25）。

4　災害に係る所得税法上の規定

災害とは、①震災、風水害、冷害、雪害、干害、落雷、噴火、その他の自然現象による災害、②火災、鉱害、火薬類の爆発その他人為による異常な災害、③害虫、害獣、その他生物による異常な災害をいいます（所法2①二十七、所令9）。

5　譲渡所得の金額の計算上控除すべき金額

生活に通常必要でない資産が、災害、盗難、横領により損失を受けた場合、その損失の金額（保険金等により補てんされる部分の金額は除きます）は、その損失が生じた年分の譲渡所得の金額から控除することができます。そして、その損失の金額を控除しきれなかった場合には、その翌年分の譲渡所得から控除することができます（所法62）。

6　事業用固定資産の場合

事業用固定資産について、災害、盗難、横領により損失を受けた場合、その損失の金額（保険金等により補てんされる部分の金額は除きます）は、

その損失が生じた年分の事業所得等の金額の計算上、必要経費に算入します（所法51）。

7 本件へのあてはめ

(1) 通勤用自動車の交通事故による損害

　ご質問の場合、専ら通勤の用にだけ使用している自動車との前提で考えると、雑損控除の対象となる資産に該当します。また、交通事故が上記1本文の「人為による異常な災害」に該当するのは、その事故が、通常の注意義務をもってしても、避けえなかった交通事故にあった場合であり、そのような交通事故にあったときの損失に限り、雑損控除の対象になります。

　しかし、高級外国車などの奢侈的なものや趣味の類で所有するスポーツカーなどは、「生活に通常必要な資産」とはいえませんので、雑損控除の対象とはなりませんので注意が必要です。

(2) 別荘が全焼した場合

　ご質問の場合、別荘は、生活に通常必要でない資産に該当しますので、雑損控除の適用はありません。しかし、譲渡所得との相殺はできます。ただし、その別荘が仕事場も兼ねているということですから事業用固定資産に該当すれば、損失の金額を事業所得の金額の計算上必要経費に算入することができます。

(3) 業務の用に供している資産に係る災害損失

　ご質問の場合、当該貸家は、不動産所得を生ずべき「事業」といえない「業務」の用に供される貸付不動産ですので、その貸付不動産に災害が生じた場合には、その損失額は雑損控除の対象になります（所法72①）。しかし、その損失額のすべてを不動産所得の金額の計算上必要経費に算入しているときは、これを認めることとされています（所基通72-1）。

　そこで、事業以外の業務の用に供される資産の損失については、
　　イ　雑損控除額の計算の基礎となる損失の金額は時価ベースで計算した金額であること

ロ　雑損控除額の計算上所得金額の合計額の10％相当額などの足切りがあること
　　ハ　必要経費に算入される損失の金額は原価ベースで計算した金額であること
　　ニ　必要経費に算入される損失の金額は不動産所得の金額又は雑所得の金額を限度とすること
などを考慮し、ケースにより、納税者の有利な方を選択適用することになります。
(4) パソコンの火災による損失
　ご質問の場合、まず、パソコンが生活に通常必要な資産に該当するかどうかについて判定する場合に、個々の人ごとにその人の生活環境などから判定するのか、社会一般の通念から判定するのかという問題もありますが、個々の人ごとに判定するとなりますと、どのような資産でもその人にとっては生活に通常必要であるという説明がつくでしょうから、事実上法の解釈適用を個々の人に委ねるということになり、生活に通常必要でない資産について雑損控除を認めないという所得税法の趣旨にそぐわないことになります。そこで、生活に通常必要かどうかの判定は、その人の職業、社会的地位、所得状況等を勘案し、社会通念に照らし常識的な判断、すなわち、社会一般の人の共通要素としての生活に通常必要かどうかによるべきものと考えられます。
　ご質問について検討すると、一般に時価25万円程度のパソコンについては、近年の一般家庭でのパソコン普及率等からすれば、社会通念上生活に通常必要な動産に該当するものと考えられます。
　したがって、ご質問の場合には、雑損控除の適用が受けられます。
(5) 使用貸借させている住宅の損失
　ご質問の場合、保養等の目的で所有している住宅は、生活に通常必要でない資産に該当しますので、雑損控除の対象にはなりません。しかし、保養等の目的で所有しているものでなければ、雑損控除の対象となる資産に

該当します。

関係法令通達

所得税法2条、51条、62条、72条
所得税法施行令9条、25条、178条、206条
所得税基本通達70-10、72-1、72-5
平成26年政令137号改正令附則5条

参考文献等

裁決事例▶昭63.11.17裁決：本件オートバイについては、使用頻度（週1回使用）及び大型（400C.C.）であることからして、「生活に通常必要な動産」ということはできないことから、盗難による本件オートバイの損失は雑損控除の対象とはならないとした事例（裁決事例集No.36-62頁）

裁決事例▶平14.2.26裁決：本件自動車については、通勤用に使用していないこと及び請求人の住所地が市の中心に位置し交通の便が特に悪いとも認められないことなどを総合すると、「生活に通常必要な動産」ということはできないことから、水害により被災した本件自動車の損失は雑損控除の対象とはならないとした事例（裁決事例集No.63-160頁）

国税庁ホームページ（所得税質疑応答事例）
『所得税質疑応答集』（前出）843頁・849頁
『平成22年2月改訂 回答事例による所得税質疑応答集』（前出）822頁・824頁
『Q&A 所得税 控除適用の可否判断』（前出）3頁・16頁

8-2 医療費控除

Question.39
医療器具等（自動体外式除細動器（AED）・注射器・血圧測定器・防ダニ布団・空気清浄器）の購入費用

次のように医師の指示等により医療器具を購入した場合には、医療費控除の対象となりますか。

1　医師からの指示により、心臓疾患者が購入する自動体外式除細動器（ＡＥＤ）の購入費用
2　糖尿病の患者が医師の指示により自宅でインシュリンを注射するための注射器の購入費用
3　高血圧治療のため、医師の指示により自宅で血圧管理をするための血圧測定器の購入費用
4　アトピー性皮膚炎のため、医師の勧めにより購入した防ダニ布団
5　ぜん息の治療のため、医師に勧められて自宅に取り付けた空気清浄器

Answer.　医師の指示に基づいて購入した自動体外式除細動器（ＡＥＤ）、注射器及び血圧測定器等の購入費用は医療費控除の対象になります。また、医師の勧めであっても、防ダニ布団及び自宅に取り付ける空気清浄器の購入費用は、医師等による診療等を受けるために直接必要な費用には当たりませんので、医療費控除の対象となりません。

■解 説
1　医療費控除の対象となる医療用器具
　医師等による診療等を受けるための通院費若しくは医師等の送迎費、入院若しくは入所の対価として支払う部屋代、食事代等の費用又は医療用器具の購入、賃借若しくは使用のための費用で、通常必要なもので、医師等による診療等を受けるため直接必要なものも、医療費に含まれるものとして取り扱われています（所基通73-3）。

2　本件へのあてはめ
（1）自動体外式除細動器（ＡＥＤ）の購入費用
　心臓疾患者が購入するＡＥＤについては、次の理由からその費用の支出

が医師等による診療等を受けるため直接必要なものと考えられますので、その購入費用については、医療費控除の対象となる医療費に該当することになります。

① 心室細動が発症した場合、電気的除細動が唯一の効果的治療法であること
② 心臓疾患者については、心室細動が発症する可能性が高いことから、病院外で同症状が発症した際に、随伴する家族や介護者が救命のためAEDを使用する目的で、医師の指示・処方に基づきAEDを購入するものであること
③ AEDを用いた除細動は、医療行為に該当するものであること
④ 心臓ペースメーカーの代金及び同メーカーの電池の代金については、医師等による診療等を受けるため直接必要な医療用器具の購入に該当し、医療費控除の対象となっていること

なお、AEDは、心臓疾患者以外の者、すなわちだれでも購入することができますので、心臓疾患者がAED購入費用について医療費控除を受けるためには、AEDの購入が医師の指示・処方に基づくものであることを明らかにする書類（証明書、診断書その他これらに類する書類）が必要になります。

（2）インシュリンの注射器の購入費用

インシュリンの注射器の購入費用が医療費控除の対象になるといい得るためには、その費用の支出が医師等による診療等を受けるため直接必要なものであるといえることが必要になります。

糖尿病の治療に当たっては、医師による治療の一環としてインシュリンを注射することが必要とされる場合があり、医師による治療中、患者は当該医師の指示に基づいて自ら注射することも行われています。この場合の医師の指示は、当該医師が治療を行う上で直接必要と判断したことによるものと考えられます。

そうであるとすれば、患者がインシュリンの注射をすることは、医師に

よる治療を受けるために直接必要な行為であり、当該注射をするための注射器の購入費用の支出は、医師による治療を受けるため直接必要な支出であるといえます。

(3) 血圧測定器の購入費用

血圧測定器の購入費用が医療費控除の対象になるといい得るためには、その費用の支出が医師等による診療等を受けるため直接必要なものであるといえることが必要になります。

高血圧治療に当たっては、医師による治療の一環として、普段の生活における血圧の状況を知るため、日々の血圧を測定することが必要とされています。この場合の医師の指示は、当該医師が治療を行う上で直接必要と判断したことによるものと考えられます。

そうであるとすれば、患者が血圧を測定することは、医師による治療を受けるために直接必要な行為であり、血圧を測定するための血圧測定器の購入費用の支出は、医師による治療を受けるため直接必要な支出であるといえます。

(4) 防ダニ布団及び空気清浄器の購入費用

防ダニ布団及び空気清浄器の購入費用は、医師等による診療等を受けており、かつ、治療上必要な場合で医師等の指示に基づいて購入した場合であったとしても、医師等による診療等を受けるために直接必要な費用と考えられません（それ自体が医療用器具等に当たらない）ので、医療費控除の対象になりません。

なお、例えば、電動マット、マットレスの購入費用、自宅のトイレの暖房工事費、マッサージ器の購入費用などは、通常医師による診療等を受けるため直接必要な費用に当たりませんので、医療費控除の対象となる医療費には該当しません。

(＊) 平成29年分の確定申告から領収書の代わりに「医療費控除の明細表」の添付が必要になりました。これにより、従来の領収書の提出は不要になります。

関係法令通達

所得税法 73 条
所得税法施行令 207 条
所得税法施行規則 40 条の 3
所得税基本通達 73-3

参考文献等

国税庁ホームページ（所得税質疑応答事例）
『所得税質疑応答集』（前出）865 頁・868 頁ノ 1・868 頁ノ 2・870 頁
『平成 22 年 2 月改訂 回答事例による所得税質疑応答集』（前出）844 頁・907 頁
『Q&A 所得税 控除適用の可否判断』（前出）58 頁

Question.40
動機付け支援として行われる特定保健指導の指導料及び特定保健指導に基づく運動施設の利用料

次のような特定保健指導に基づいて支払った費用について、医療費控除の対象となりますか。

1　メタボリックシンドロームに係る特定健康診査の結果により、特定保健指導として動機付け支援を受け、その指導料を支払いました。
　　この場合、この指導料の自己負担額は、医療費控除の対象となる医療費に該当しますか。

2　メタボリックシンドロームに係る特定健康診査の結果、血糖値と中性脂肪値が高かったことから、特定保健指導（積極的支援）を受けるように指示され、早速、指導を受けました。この指導において、定期的に運動をすべきとのことでしたので、スポーツジムに通うこととしました。
　　この場合、スポーツジムに支払った運動施設の利用料は、医療費控除の対象となる医療費に該当しますか。

Answer. 次のように取り扱います。
1 動機付け支援として行われる特定保健指導の指導料は、医療費控除の対象となる医療費に該当しません。
2 スポーツジムに支払った運動施設の利用料は、医療費控除の対象となる医療費に該当しません。

解説
1 特定健康診査の結果に基づく特定保健指導による医療費の範囲

特定健康診査を行った医師の指示に基づき行われる特定保健指導（積極的支援により行われるものに限ります）を受ける者のうち、その特定保健診査の結果が高血圧症、脂質異常症又は糖尿病と同等の状態であると認められる基準に該当する者の状況に応じて一般的に支出される水準の医師による診療又は治療の対価は、医療費控除の対象とされます（所規40の3①二）。

なお、特定保健指導の指導料が医療費控除の対象となる場合は、その旨が明示された領収書が発行されるようになっています。

2 保健指導対象者の階層化

特定健康診査の結果に応じて、特定保健指導対象者は次のように階層化されます。
① 積極支援レベル：リスクが高く、生活習慣改善を急ぐ者
② 動機付け支援レベル：メタボリックシンドローム予備群とされる者
③ 情報提供レベル：その他の者

3 本件へのあてはめ
（1）動機付け支援として行われる特定健康指導の指導料

ご質問の場合、特定保健指導の指導料の自己負担額であっても、上記1の基準に該当しない者に行われる積極的支援に係る指導料や動機付け支援

に係る指導料の自己負担額は、医療費控除の対象となる医療費には該当しないことになります。

(2) 特定健康診査に基づく運動施設の利用料

　ご質問の場合、特定健康診査の結果に基づき行われた特定保健指導（積極的支援）でスポーツジムに通われたとのことですが、運動施設の利用料は、医療費控除の対象となる特定保健指導そのものの対価ではありませんし、医師の診療等を受けるために直接必要な費用にも該当しませんから、医療費控除の対象となる医療費には該当しないことになります。

─関係法令通達─
　　所得税法73条
　　所得税法施行令207条
　　所得税法施行規則40条の3

参考文献等
国税庁ホームページ（所得税質疑応答事例）
『所得税質疑応答集』（前出）888頁ノ16ノ2・888頁ノ16ノ4
『Q&A 所得税 控除適用の可否判断』（前出）104頁

Question.41
医療費を補てんする保険金等に当たるもの及び当たらないものの例

　医療費控除の額を計算する場合に、支出した医療費の金額から保険金等で補てんされた金額を差し引くこととされていますが、医療費を補てんするための保険金等に当たるものにはどのようなものがありますか。また、医療費を補てんするための保険金等に当たらないものにはどのようなものがありますか。

Answer. 医療費を補てんするための保険金等に当たるものは解説1のとおりであり、また、医療費を補てんするための保険金等に当たらないものは解説2のとおりとなります。

■解 説
1 医療費を補てんする保険金等に当たるもの

次に掲げるものは、医療費を補てんする保険金等に該当します（所基通73-8）。

⑴ 健康保険法による健康保険組合をはじめ共済組合等が、医療費の支出の事由を給付の原因として支給する給付金として、次のようなものが、医療費を補てんする保険金等に該当します。

① 療養費（健康保険法87②）

② 移送費（健康保険法97①）

③ 出産育児一時金（健康保険法101）

④ 家族療養費（健康保険法110）

⑤ 家族移送費（健康保険法112①）

⑥ 家族出産育児一時金（健康保険法114）

⑦ 高額療養費（健康保険法115①）

⑧ 高額介護合算療養費（健康保険法115の2①）

⑵ 損害保険契約又は生命保険契約（これらに類する共済契約を含みます）に基づき医療費の補てんを目的として支払を受ける傷害費用保険金、医療保険金又は入院費給付金等（これらに類する共済金を含みます）

⑶ 医療費の補てんを目的として支払を受ける損害賠償金

⑷ 法令の規定に基づかない任意の互助組織から医療費の補てんを目的として支払を受ける給付金

2 医療費を補てんする保険金等に当たらないもの

次に掲げるようなものは、医療費を補てんする保険金等には該当しません（所基通73-9）。

(1) 死亡したこと、重度障害の状態となったこと、療養のため労務に服することができなくなったことなどに基因して支払を受ける保険金、損害賠償金等

具体的には、損害保険契約に基づく保険金、災害特約あるいは傷病特約付きの生命保険契約に基づく保険金や給付金で医療費の補てんを目的としない次のものが該当します。

イ 損害保険契約に基づく保険金

① 普通障害保険に基づく保険金

日本国内における急激かつ偶然な外来の事故により被保険者の身体の傷害を担保するもの

② 交通事故傷害保険に基づく保険金

日本国内における交通事故、道路上での事故等による被保険者の身体の傷害を担保するもの

③ 国内（海外）旅行傷害保険に基づく保険金

旅行中の急激かつ偶然な外来の事故による被保険者の傷害を担保するもの

なお、これらは、いずれも心身に受けた損害を補てんするものですが、これに疾病特約があれば、その特約部分の保険金は、医療費を補てんするものに該当することに留意する必要があります。

ロ 所得保障保険に基づく保険金

被保険者が疾病又は傷害を被り、そのために就業不能となった場合、その就業不能期間について保険金を支払うもの

なお、疾病特約があれば、上記「なお書き」と同じであることに留意する必要があります。

ハ　生命保険契約に基づく保険金
　　　①　災害割増特約に基づく保険金
　　　　　不慮の事故を直接の原因として、その事故の日から180日以内に死亡（重度障害）したとき、及び法定、指定伝染病を直接の原因として死亡したとき災害割増保険金が支払われるもの
　　　②　傷害特約に基づく保険金
　　　　　不慮の事故を直接の原因として、その事故の日から180日以内に死亡したとき、及び法定、指定伝染病を直接の原因として死亡したときに災害保険金が受け取れるもの
　　　　　また、不慮の事故を直接の原因として、その事故の日から180日以内に、所定の傷害状態になったとき、その身体傷害の程度に応じて傷害給付金が受けられるもの
(2)　社会保険又は共済に関する法律の規定により支給を受ける給付金のうち、例えば、傷病手当金（健康保険法99①）、出産手当金（健康保険法102）のように、傷病、出産のため勤務ができず、給与の全部又は一部が支給されないときに支給を受けるもの
(3)　使用者その他の者から支払を受ける見舞金等（上記1の(4)の任意の互助組織から医療費の補てんを目的として受けるものは除きます）

---関係法令通達---
　　所得税法 73 条
　　所得税基本通達 73-8、73-9

参考文献等

裁決事例▶昭 54．3．2 裁決：分べん費は専ら出産に伴って医療機関等に支出される費用を補てんするために支給されるものと認められるところ、これと同じ性質を有する配偶者分べん費も同様と認められるから、医療費控除の対象となる医療費を補てんする保険金、損害賠償金その他これらに類するものに当たるとした事例（裁決事例集Ｎo.20-159 頁）

裁決事例▶昭 55．2．29 裁決：配偶者出産費は地方公務員共済組合法 63 条 3 項の規定に基づき支給されるものであるところ、配偶者出産費の付加金については、同出産費に付加して支給され、その給付の原因及び目的は同出産費と同様であって、出産に伴う支出を補てんする目的で支給されるものと認められるから、医療費控除の対象となる医療費を補てんする保険金、損害賠償金その他これらに類するものに当たるとした事例（裁決事例集Ｎo.20-173 頁）

『所得税質疑応答集』（前出）888 頁
『平成 22 年 2 月改訂 回答事例による所得税質疑応答集』（前出）915・920 頁
『Q&A 所得税 控除適用の可否判断』（前出）136 頁

8-3 社会保険料控除

Question.42
前納及び過去の社会保険料を一括して支払った場合

　私は、国民年金の保険料を納期ごとに納付してきましたが、本年 7 月に向こう 1 か年分の保険料 30 万円を前納しました。本年の控除の対象となる保険料は、納期ごとの納付額とするのか、又は、前納分を含めた納付額とするのでしょうか。
　さらに、過去 2 年分の未払保険料 40 万円を全額支払った場合は、ど

うなるのでしょうか。

Answer. 前納の期間が1年以内の保険料は、支払った年に控除ができますし、また、過去の保険料を一括で支払った場合は支払った年に控除できますから、本年のあなたの社会保険料控除額は70万円になります。

■解 説
1 その年において支払った社会保険料

社会保険料控除は、その年において、負担すべき社会保険料を支払った場合又は給与等から控除される場合、その支払った金額又は給与等から控除される金額を控除することとなっています（所法74①）。

この場合の「支払った金額」とは、その年中に実際に負担した金額とされ、納付期日が到来した社会保険料であっても現実に支払っていないものは含まれません（所基通74・75-1(1)）。

なお、国民年金の保険料等に係る社会保険料控除の適用について、当該保険料等の支払をした旨を証明する証書を、確定申告書に添付等をし、又は年末調整の際に提出等をしなければなりません（所法74②五、所令262①三（平成30年1月1日以降は所令262①二））。

2 前納した社会保険料の取扱い

前納した社会保険料については、次の算式により計算した金額をその年において支払った金額とします（所基通74・75-1(2)）。

| 前納した社会保険料の総額 | × | 前納した社会保険料に係るその年中に到来する納付期日の回数 / 前納した社会保険料に係る納付期日の総回数 |

この場合、上記算式における「前納した社会保険料の総額」が、前納により割引された場合には、その割引後の金額とします。

なお、この場合の前納した社会保険料とは、各納付期日が到来するごとに社会保険料に充当するものとしてあらかじめ納付した金額で、まだ充当されていない残額があるうちに年金等の納付事由が生じたなどにより、社会保険料の納付を要しないこととなった場合にその残額に相当する金額が返還されることとなっているものをいいます。

3　前納した社会保険料等の特例

前納した社会保険料等のうち、①その前納した期間が１年以内のもの及び②法令に一定期間の社会保険料等を前納する旨の規定がある場合におけるその規定に基づき前納したものについては、その前納した者がその前納した社会保険料等の全額を、その支払った年の社会保険料として、確定申告書又は給与所得者の保険料控除申告書に記載した場合には、その全額をその年において支払った金額として差し支えありません（所法74、所基通74・75-1、74・75-2）。

したがって、例えば、平成26年４月から始まった国民年金保険料の「２年前納」制度により、前納した２年分の国民年金保険料の全額を社会保険料控除の対象として差し支えありません。

また、この一括納付した国民年金保険料について、その前納した日の属する年分で申告するか、前納した各年分に分割して申告するか選択できるようになっています。なお、一度選択した方法を、後に更正の請求等で選択し直すことはできません。

4　過年分の未払いの社会保険料を一括して支払った場合の取扱い

過年分の未払いの社会保険料を一括して支払った場合には、実際に支払った年分において、その支払った金額の全額（延滞金は除きます）を社会保険料控除として控除することとなります。このように社会保険料控除

は、現実に支払った年に控除することになりますので、過年分を一括して支払った場合でも、過年分に遡及して控除することはできません（所法74）。

5　本件へのあてはめ

ご質問の場合、原則として上記2の算式により計算した金額が本年分の控除額となりますが、前納の期間が1年以内ですから前納分を含めた納付額を社会保険料として申告されれば、その額が社会保険料控除として認められることになります。また、過去2年分の保険料ですが、一括して支払っても、その支払った年分の社会保険料控除の対象として差し支えありません。

関係法令通達
　所得税法74条
　所得税基本通達74・75-1、74・75-2

参考文献等
国税庁ホームページ（タックスアンサー）
『所得税質疑応答集』（前出）893頁・894頁ノ1
『平成22年2月改訂 回答事例による所得税質疑応答集』（前出）929頁
『Q&A　所得税　控除適用の可否判断』（前出）154頁

8-4 生命保険料控除

Question.43
平成24年分以降の生命保険料控除

平成22年度の税制改正において、生命保険料控除が改正となり、平成24年分の所得税から適用されていると聞いていますが、その概要について教えてください。

Answer. 生命保険料控除とは、納税者が生命保険料、介護医療保険料及び個人年金保険料を支払った場合には、一定の金額の所得控除を受けることをいいます。概要は次の解説のとおりです。

解説

1 生命保険料控除制度の概要

居住者が、保険金、年金、共済金、又は一時金の受取人のすべてを本人又はその配偶者その他の親族とする生命保険契約等の保険料又は掛金（以下「生命保険料」といいます）、介護医療保険契約等の保険料又は掛金（以下「介護医療保険料」といいます）及び個人年金保険契約等の保険料又は掛金（以下「個人年金保険料」といいます）を支払った場合には、その納税者の総所得金額等から、一定の金額の所得控除を受けることができます。これを生命保険料控除といいます（所法76①）。

なお、平成24年1月1日以後に締結した保険契約等に係る保険料と平成23年12月31日以前に締結した保険契約等に係る保険料では、生命保険料控除の取扱いが異なります。

(1) 新契約（平成24年1月1日以後に締結した保険契約等）に基づく場合の控除額

平成24年1月1日以後に締結した保険契約等に基づく新生命保険料、介護医療保険料、新個人年金保険料の控除額は、それぞれ次の表の計算式に当てはめて計算した金額です（所法76①一・②・③一）。

年間の支払保険料等	控除額
2万円以下	支払保険料等の全額
2万円超　4万円以下	支払保険料等÷2＋1万円
4万円超　8万円以下	支払保険料等÷4＋2万円
8万円超	一律4万円

(注1)　支払保険料等とは、その年に支払った金額から、その年に受けた剰余金や割戻金を差し引いた残りの金額をいいます。
(注2)　平成24年1月1日以後に締結した保険契約（新契約）については、主契約又は特約の保障内容に応じ、その保険契約等に係る支払保険料等が各保険料控除に適用されます。
(注3)　異なる複数の保障内容が一の契約で締結されている保険契約等は、その保険契約等の主たる保障内容に応じて保険料控除を適用します。
(注4)　その年に受けた剰余金や割戻金がある場合には、主契約と特約のそれぞれの支払保険料等の金額の比に応じて剰余金の分配等の金額をあん分し、それぞれの保険料等の金額から差し引きます。

(2) 旧契約（平成23年12月31日以前に締結した保険契約等）に基づく場合の控除額

　平成23年12月31日以前に締結した保険契約等に基づく旧生命保険料と旧個人年金保険料の控除額は、それぞれ次頁の表の計算式に当てはめて計算した金額です（所法76①二・③二）。

年間の支払保険料等	控除額
2万5,000円以下	支払保険料等の全額
2万5,000円超　5万円以下	支払保険料等÷2＋1万2,500円
5万円超　10万円以下	支払保険料等÷4＋2万5,000円
10万円超	一律5万円

(注1)　いわゆる第三分野とされる保険（医療保険や介護保険）の保険料も、旧生命保険料となります。

(注2)　支払保険料等とは、その年に支払った金額から、その年に受けた剰余金や割戻金を差し引いた残りの金額をいいます。

(3) 新契約と旧契約の双方に加入している場合の控除額

　新契約と旧契約の双方に加入している場合の新（旧）生命保険料又は新（旧）個人年金保険料は、生命保険料又は個人年金保険料の別に、次のいずれかを選択して控除額を計算することができます（所法76①三・③三）。

適用する生命保険料控除	控除額
新契約のみ生命保険料控除を適用	(1)に基づき算定した控除額
旧契約のみ生命保険料控除を適用	(2)に基づき算定した控除額
新契約と旧契約の双方について生命保険料控除を適用	(1)に基づき算定した新契約の控除額と(2)に基づき算定した旧契約の控除額の合計額（最高4万円）

(4) 生命保険料控除額

　(1)～(3)による各控除額の合計額が生命保険料控除額となります。なお、この合計額が12万円を超える場合には、生命保険料控除額は12万円となります（所法76④）。

2　対象となる生命保険契約等

(1) 平成24年1月1日以後に締結した保険契約（新生命保険料）

　対象となる保険契約等の主なものは、平成24年1月1日以後に締結した次の契約若しくは他の契約等に附帯して締結した契約（新契約）で、保険金等の受取人のすべてをその保険料等の払込みをする者又はその配偶者その他の親族とするものをいいます（所法76⑤、所令208の3、209、210、210の2、所規40の6）。

① 保険業法2条3項に規定する生命保険会社のうち、生存又は死亡に基因して一定額の保険金等が支払われる保険契約

　　ただし、保険期間が5年未満の生命保険契約のうち、次のものは除かれます。

　（イ）被保険者が保険期間満了の日に生存している場合に限り保険金を支払う定めのあるもの（いわゆる生存保険）

　（ロ）被保険者が保険期間満了の日に生存している場合及び保険期間中に災害、感染症の予防及び感染症の患者に対する医療に関する法律6条2項若しくは3項に規定する一類感染症若しくは二類感染症その他これらに類する特別の事由によって死亡した場合に限り保険金を支払う定めのあるもの（いわゆる災害特約付生存保険）

② 保険業法2条8項に規定する外国生命保険会社等と締結した生命保険契約のうち、生存又は死亡に基因して一定額の保険金等が支払われる保険契約

　　ただし、保険期間が5年未満の生命保険契約で前記①の（イ）及び（ロ）に該当するもの、並びに、外国生命保険会社等が国外において締結した生命保険契約は除かれます。

③ 旧簡易生命保険契約のうち、生存又は死亡に基因して一定額の保険金等が支払われる保険契約

④ 農業協同組合と締結した生命共済契約その他これに類する共済に係る契約のうち、生存又は死亡に基因して一定額の保険金等が支払われ

る保険契約

　　ただし、保険期間が5年未満の生命保険契約で前記①の（イ）及び（ロ）に該当するものは除かれます。

　⑤　確定給付企業年金に係る規約又は適格退職年金契約

(2) 平成23年12月31日以前に締結した保険契約（旧生命保険料）

　対象となる保険契約等の主なものは、平成23年12月31日以前に締結した次の契約のうち、その契約に基づく保険金等の受取人のすべてをその保険料等の払込みをする者又はその配偶者その他の親族とするものをいいます（所法76⑥、所令208の4）。

　①　上記（1）の①及び②に掲げる契約
　②　旧簡易生命保険契約
　③　農業協同組合と締結した生命共済に係る契約その他これに類する共済に係る契約
　④　生命保険会社、外国生命保険会社等、損害保険会社又は外国損害保険会社等と締結した身体の疾病又は身体の傷害その他これらに類する事由に基因して保険金等が支払われる保険契約のうち、医療費支払事由に基因して保険金等が支払われるもの（所法76⑥四）
　⑤　確定給付企業年金に係る規約又は適格退職年金契約
　（注）　これらの契約であっても、保険期間が5年未満の契約で、いわゆる貯蓄保険や貯蓄共済は含まれません。また、外国生命保険会社等又は外国損害保険会社等と国外において締結したもの並びに信用保険契約、傷害保険契約、財形貯蓄契約、財形住宅貯蓄契約、財形年金貯蓄契約なども該当しません。

3　対象となる介護医療保険契約等

　対象となる保険契約等とは、平成24年1月1日以後に締結した次に掲げる契約又は他の保険契約に附帯して同日以後に締結した契約のうち、これらの契約に基づく保険金等の受取人のすべてをその保険料等の払込みをする者又はその配偶者その他の親族とするものをいいます（所法76⑦、所

令208の6、208の7)。

① 生命保険会社若しくは外国生命保険会社等又は損害保険会社若しくは外国損害保険会社等と締結した疾病又は身体の傷害等により保険金が支払われる保険契約のうち、医療費支払事由に基因して保険金等が支払われる保険契約

② 身体の疾病又は身体の傷害等により保険金等が支払われる旧簡易生命保険契約又は生命共済契約等のうち一定のもので、医療費支払事由に基因して保険金等が支払われるもの

(注) これらの契約であっても、保険期間が5年未満の契約で、いわゆる貯蓄保険や貯蓄共済は含まれません。また、外国生命保険会社等又は外国損害保険会社等と国外において締結したもの並びに信用保険契約、傷害保険契約、財形貯蓄契約、財形住宅貯蓄契約、財形年金貯蓄契約なども該当しません。

4 対象となる個人年金保険契約等

(1) 平成24年1月1日以後に締結した保険契約(新個人年金保険料)

対象となる保険契約等の主なものは、平成24年1月1日以後に締結した上記2の(1)の①から④までに掲げる契約のうち年金(退職年金を除きます)を給付する定めのある保険契約等又は他の保険契約等に附帯して締結した契約で、次の要件の定めがあるものをいいます(所法76⑧、所令211、212、所規40の7)。

① 年金の受取人は、保険料若しくは掛金の払込みをする者、又はその配偶者が生存している場合には、これらの者のいずれかとするものであること

(注1) 一つの年金保険契約の年金受取人を夫婦とする保険(連生保険)でも、他の要件を満たすものは含まれることになります。

(注2) 年金受取人(本人又は配偶者)が死亡した場合の遺族に対する一時金又は年金の支払は、どういう形のものであっても対象となります。

② 保険料等は、年金の支払を受けるまでに10年以上の期間にわたっ

て、定期に支払う契約であること
- （注）　保険料（又は掛金）払込期間が10年以上、かつ、年1回以上の払込みの定めがあれば、適用対象となります。

③　年金の支払は、年金受取人の年齢が原則として満60歳になってから支払うとされている10年以上の定期又は終身の年金であること
- （注1）　終身年金については、年金支払開始日の年齢要件は付されていないので、終身年金であれば、すべてこの要件に該当することになります。
- （注2）　「60歳」以上は、いわゆる保険年齢が60歳以上ということですから、誕生月が1月から6月の者は、年金支払開始日が満59歳に達する年の7月1日以後であればよいことになります。
- （注3）　「重度の障害」に該当することとなった場合に年金の支払が開始される契約にあっては、この年齢要件に関係なく、10年以上（又は終身）の期間にわたり年金を支払う定めのあるものは適用対象となります。

(2) 平成23年12月31日以前に締結した保険契約（旧個人年金保険料）

　対象となる保険契約等の主なものは、平成23年12月31日以前に締結した上記2の(2)の①から③までに掲げる契約のうち年金（退職年金を除きます）を給付する定めのあるもののうち、上記4の(1)①から③までに掲げる要件の定めのあるものをいいます（所法76⑨）。

5　適用を受けるための手続

　生命保険料控除を受ける場合には、確定申告書の生命保険料控除の欄に記載するほか、支払金額や控除を受けられることを証明する書類を確定申告書に添付するか又は確定申告書を提出する際に提示することが必要となります。ただし、平成23年12月31日以前に締結した保険契約（旧契約）等で年間保険料が9,000円以下のものはその必要はありません（所法120③、所令262①、所規47の2①）。

　なお、給与所得者について年末調整の際に控除された生命保険料につい

ては、申告ではこの書類を添付又は提示する必要はありません。

また、給与所得者で、年末調整を受ける者は、上記の証明書等を保険料控除申告書に添付し、給与の支払者に提出します（所法196、所令319、所規75、76）。

そして、支払った生命保険料が生命保険料控除の対象となるか否かについては、保険会社などから送られてくる証明書によって確認することができます。

関係法令通達

所得税法76条、120条、196条
所得税法施行令208条の3～212条、262条、319条
所得税法施行規則40条の6・7、47条の2、75条、76条

参考文献等
| 国税庁ホームページ（タックスアンサー）
『所得税質疑応答集』（前出）897頁
『平成29年3月申告用 所得税確定申告の手引』（税務研究会出版局）769頁～778頁
『Q&A 所得税 控除適用の可否判断』（前出）166頁・171頁

8-5 地震保険料控除

Question.44
地震保険料控除の対象となる地震保険料
（妻所有の家屋、消費生活協同組合連合会が行う自然災害共済の掛金、地方公共団体が行う交通災害共済の掛金）

次に掲げる保険料及び掛金は、地震保険料控除の対象となる地震保険料となりますか。
1 私は給与所得者ですが、現在住んでいる家屋（妻所有）を保険の目的とする地震保険の契約を結び地震保険料を12,000円（剰余金や割戻金

の割戻しはありません)、契約期間は15年で、満期返戻金がある契約となっている地震保険の保険料

2　私の自宅は、全労済の火災共済に加入していますが、台風や地震による災害に備えて保障をもっと付けておきたいので、新しくできた自然災害共済にも加入しようと思っています。この自然災害共済への掛金

3　私は、A市が行っている交通災害共済に加入していますが、この交通災害共済の掛金

Answer.　次のようになります。

1　妻所有の家屋に係る地震保険料は、地震保険料控除の対象となります。

2　消費生活協同組合連合会（全労済など）の締結した自然災害共済の掛金は、地震保険料控除の対象となります。

3　地方公共団体が行っている交通災害共済の掛金は、地震保険料控除の対象となりません。

解　説

1　地震保険料控除の概要

　地震保険料控除とは、居住者が、各年において、自己若しくは自己と生計を一にする配偶者その他の親族の有する家屋で常時その居住の用に供するもの又はこれらの者が有する生活の用に供する家具、じゅう器、衣服その他の資産を保険又は共済の目的とし、かつ、地震若しくは噴火又はこれらによる津波を直接又は間接の原因とする火災、損壊、埋没又は流失による損害（以下「地震等損害」といいます）によりこれらの資産について生じた損失の額をてん補する保険金又は共済金が支払われる損害保険契約等に係る地震等損害部分の保険料又は掛金（所令213で定めるものを除きます。以下「地震保険料」といいます）を支払った場合には、その年中に支払った地震保険料の合計額（その年において損害保険契約等に基づく剰余金の分配

若しくは割戻金の割戻しを受け、又は損害保険契約等に基づき分配を受ける剰余金若しくは割戻金の割戻しを受ける割戻金をもって地震保険料の払込みに充てた場合にはその剰余金又は割戻金の額（地震保険料に係る部分の金額に限ります）を控除した残額とし、その金額が5万円を超える場合に5万円となります）を、その居住者のその年分の総所得金額等から控除するものです（所法77、所令213、214）。

これは、平成18年に創設され、平成19年1月1日から施行されています（平18法10改正法附則10）。

2　地震保険料控除の対象となる損害保険契約等の範囲

地震保険料控除の対象となる損害保険契約等は、次に掲げる契約に附帯して締結されるもの又はその契約と一体となって効力を有する一の保険契約若しくは共済に係る契約をいいます（所法77②、所令214、所規40の8）。

① 損害保険会社又は外国損害保険会社等と締結した保険契約のうち一定の偶然の事故によって生ずることのある損害をてん補するもの（生命保険料控除の対象となるもの及び外国損害保険会社等が国外で締結したものを除きます）

② 農業協同組合の締結した建物更生共済又は火災共済に係る契約

③ 農業協同組合連合会の締結した建物更生共済又は火災共済に係る契約

④ 農業共済組合又は農業共済組合連合会の締結した火災共済、建物共済に係る契約

⑤ 漁業協同組合、水産加工業協同組合又は共済水産業協同組合連合会の締結した建物・動産の耐存を共済事故とする共済又は火災共済に係る契約

⑥ 火災等共済組合の締結した火災共済に係る契約

　なお、この火災等共済組合については、平成26年4月1日以後に支払う地震保険料について適用されます（平26政137改正令附則7）。

⑦　消費生活協同組合連合会の締結した火災共済又は自然災害共済に係る契約
⑧　財務大臣の指定した火災共済又は自然災害共済に係る契約（教職員共済生活協同組合、全国交通運輸産業労働者共済生活協同組合、電気通信産業労働者共済生活協同組合、日本郵政グループ労働者共済生活協同組合）

3　地震保険料控除の対象とならない地震保険料

次に掲げる保険料又は掛金は、地震保険料控除の対象とはなりません（所令213）。

①　地震等損害により臨時に生ずる費用、家屋等の取壊し又は除去に係る費用その他これらに類する費用に対して支払われる保険金又は共済金に係る保険料又は掛金
②　一の損害保険契約等（その損害保険契約等においてイに掲げる額が地震保険に関する法律施行令2条《保険金額の限度額》に規定する金額以上とされているものを除きます）において、次のイのロに対する割合が20％未満の保険料又は掛金
　イ　地震等損害により家屋等について生じた損失の額をてん補する保険金又は共済金の額（その保険金又は共済金の額の定めがない場合にあっては、地震等損害により支払われることとされている保険金又は共済金の限度額）
　ロ　火災（地震若しくは噴火又はこれらによる津波を直接又は間接の原因とするものを除きます）による損害により家屋等について生じた損失の額をてん補する保険金又は共済金の額（その保険金又は共済金の額の定めがない場合にあっては、火災により支払われることとされている保険金又は共済金の限度額）

4　地震保険料控除額の計算

地震保険料控除額は、次の金額となります。

① 居住者等の有する居住用家屋・生活用動産を保険又は共済の目的とし、かつ、地震等を原因とする火災等による損害に基因して保険金又は共済金が支払われる地震保険契約に係る地震等相当部分の保険料又は掛金（以下「保険料等」といいます）の全額をその年分の総所得金額等から控除します（最高 50,000 円）。

② 居住者が、平成 19 年分以後の各年において、平成 18 年 12 月 31 日までに締結した長期損害保険契約等に係る損害保険料（以下「旧長期損害保険料」といいます）を支払った場合には、その旧長期損害保険料について従前の損害保険料控除と同様の計算による金額（最高 15,000 円）を地震保険料控除の額として、その年分の総所得金額等から控除することができる経過措置が設けられています。

なお、経過措置の対象となる「長期損害保険契約等」とは、次のすべてに該当する損害保険契約等をいいます（保険期間又は共済期間の始期が平成 19 年 1 月 1 日以後であるものを除きます）。

イ 保険期間又は共済期間の満了後に満期返戻金を支払う旨の特約のある契約及び建物又は動産の共済期間中の耐存を共済事故とする共済に係る契約であること

ロ 保険期間又は共済期間が 10 年以上であること

ハ 平成 19 年 1 月 1 日以後にその損害保険契約等の変更をしていないものであること

③ 上記①と②を適用する場合には合わせて最高 50,000 円となります（所法 77、平 18 法 10 改正法附則 10）。

④ 一の損害保険契約等又は一の長期損害保険契約等に基づき地震保険料及び旧長期損害保険料を支払っている場合には、選択により、地震保険料又は旧長期損害保険料のいずれか一方の控除を受けることができます。

⑤ 地震保険料控除の控除額は、次頁のようになります。

区　　分	年間の支払保険料の合計	控除額
イ　地震保険料	5万円以下	支払金額
	5万円超	5万円
ロ　旧長期損害保険料	1万円以下	支払金額
	1万円超2万円以下	支払金額÷2+5,000円
	2万円超	1万5,000円
イ・ロの両方がある場合		イ、ロそれぞれの方法で計算した金額の合計額（最高5万円）

5　地震保険料控除の手続

　地震保険料控除の適用を受ける場合は、控除の金額及び控除に関する事項を確定申告書に記載するとともに、地震保険料控除を支払ったことを証する書類を確定申告書に添付するか若しくは確定申告書を提出する際に提示することになっています（所法120③、所令262、所規47の2②）。

　ただし、給与所得について年末調整の際に控除された地震保険料については、この書類の添付又は提示する必要はありません。

　なお、給与所得者で、年末調整を受ける者は、上記の証明書等を保険料控除申告書に添付し、給与の支払者に提出します（所法196、所令319、所規75、76）。

6　本件へのあてはめ

(1) 妻所有の家屋に係る地震保険料

　妻所有の家屋に係る地震保険料については、あなたと生計を一にする親族の有する家屋で、常時その居住の用に供するものに該当しますから、あなたの地震保険料控除の対象となります。

(2) 消費生活協同組合連合会が行う自然災害共済の掛金

　消費生活協同組合連合会が行う自然災害共済は、上記2のとおり、地震

保険料控除の対象となる損害保険契約等に該当しますので、全労済と締結した自然災害共済に係る契約の掛金は、地震保険料控除の対象となります。

なお、この「自然災害共済」は、平成12年5月より、全国労働者共済生活協同組合連合会（全労済）から、風水害（突風、暴風雨、豪雨、洪水、雪崩、高波など）や地震による建物の損害額を保障するものとして創設されました。

この「自然災害共済」は、従来の火災共済に附帯して契約されますので、自然災害共済のみで加入することはできません。

(3) 地方公共団体が行っている交通災害共済の掛金

交通災害共済の掛金は、従来の損害保険料控除制度において、損害保険会社、農業協同組合連合会、消費生活協同組合連合会等や財務大臣の指定したものに限定されていたため、地方公共団体が行う交通災害共済の保険契約はこれらの指定に含まれていなければ、損害保険料控除の適用はありませんでした（所令214）。

地震保険料控除に改正後は、控除の対象は、上記2のとおり、地震等災害部分にさらに限定されますので、地方公共団体が行う交通災害による損害保険契約の掛金は地震保険料には該当しません。

したがって、上記2の中には、地方公共団体や任意の互助会が締結した損害保険契約等は含まれていませんので、交通災害共済の掛金は地震保険料控除の対象になりません。

関係法令通達

所得税法77条、196条
所得税法施行令213条、214条、262条、319条
所得税法施行規則40条の7、47条の2第2項、75条、76条
平成18年法律10号改正法附則10条
平成26年政令137号改正令附則7条

参考文献等

国税庁ホームページ（タックスアンサー、所得税質疑応答事例）
『所得税質疑応答集』（前出）907頁・912頁・912頁ノ1
『平成22年2月改訂 回答事例による所得税質疑応答集』（前出）938頁
『Q&A 所得税 控除適用の可否判断』（前出）182頁
『平成29年申告用 所得税確定申告の手引』（前出）778頁～780頁

8-6 寄附金控除

Question.45
特定寄附金の範囲

次に掲げる寄附金は、寄附金控除の対象となる特定寄附金に該当しますか。

1　A国の在日大使館に対して寄附をしようと考えています。この場合、A国政府に対する寄附金

2　母校である県立高校の野球部が、創立60年目にして初めて地区代表として全国高校野球選手権に出場しました。その際、学校の予算に限りがありますので、ＰＴＡや有志の方が発起人となり、卒業生から寄附を集めて、学校に贈呈しました。

3　先祖の菩提寺に対し本堂改修工事費のため70万円を寄附しました。なお、菩提寺は、宗教法人ですが、財務大臣の指定はありません。

4　社会福祉法人〇〇会の設立のための世話人会へ寄附しました。

5　学生に対する奨学金の支給又は貸与など修学援助を目的とする公益財団法人Ｂ育英会の設立を計画して、本年3月に当育英会が設立された

ので、有価証券及び現金を寄附しました。なお、公益財団法人Ｂ育英会は特定公益増進法人に当たりますが、設立のための寄附金については財務大臣の指定は受けていません。
6　ある社会福祉法人が施設拡充のために後援会（任意団体）を組織してその後援会を通じて寄附金の募集を行っている、この後援会に寄附しました。
7　飲食業組合の会館建設のため、組合員として寄附金50万円を拠出しました。
8　政党の党費や後援会の会費として寄附しました。
9　相続により取得した財産を相続税の申告期限までに、国又は地方公共団体等の一定の者に贈与した場合には、租税特別措置法70条により当該贈与した財産の価額は、相続税の課税価格の計算の基礎に算入しないこととされている場合の贈与財産。なお、この寄附は遺言に基づかないものです。

Answer.　次のような取扱いになります。

1　外国に対する寄附金は、寄附金控除の対象になりません。
2　単に後援会に対する寄附金は、特定寄附金に該当しません。
3　そのお寺の本堂改修工事のための寄附が財務大臣の指定を受けたものでなければ、当該寄附金は特定寄附金には該当しません。
4　公益法人等の設立前の寄附金は、財務大臣が指定したものに限り、寄附金控除の対象となります。
5　公益財団法人設立のための寄附は、財務大臣の指定を受けた寄附に限って、寄附金控除の対象となります。
6　任意団体である後援会に対する寄附金は、原則として、特定寄附金には該当しません。
7　同業者会館建設のための寄附金は、特定寄附金に該当しません。

8　一定の規約等に基づいて債務の履行として継続的、定期的に納入する金銭は、特定寄附金に該当しません。
　9　寄附金控除の対象となります。

▎解　説
1　寄附金控除とは
　寄附金控除とは、居住者が、2,000円（平成18年分から平成21年分までは5,000円）を超える特定寄附金を支出した場合又は平成20年4月1日以後に特定新規株式を払込みにより取得した場合に、その居住者の総所得金額等から、控除されるものです（所法78、措法41の18・41の18の2・41の19、旧措法41の18の2、平18法10改正法附則2、平20法23改正法附則55、平22法6改正法附則2、平23法82改正法附則23）。

2　寄附金控除の対象となる特定寄附金
　特定寄附金とは、次に掲げる寄附金（学校の入学に関してするものを除きます）をいいます（所法78②③、所令215・216・217・217の2、措法41の18・41の18の2・41の18の3、41の19、旧措法41の18の2、措令26の28の3、措規19の11）。

(1)　国、地方公共団体に対する寄附金
　国又は地方公共団体（港湾法の規定による港務局を含みます）に対する寄附金（その寄附をした者がその寄附によって設けられた設備を専属的に利用することその他特別の利益がその寄附をした者に及ぶと認められるものを除きます）（所法78②一）。

(2)　指定寄附金
　公益社団法人、公益財団法人その他公益を目的とする事業を行う法人又は団体に対する寄附金（その法人の設立のためにした寄附金で、その法人の設立に関する許可又は認可があることが確実であると認められる場合にされるものを含みます）のうち、広く一般に募集され、かつ教育又は科学の振興、

文化の向上、社会福祉への貢献その他公益の増進に寄与するための支出で緊急を要するものに充てられることが確実であるものとして、財務大臣が指定したもの（所法78②二、所令215・216）。

　なお、寄附金控除の対象となる寄附金として財務大臣が指定しています（昭40.4.30大蔵省告示154号（最終改正平28.3.31財務省告示94号）、平20.11.28財務省告示345号）。

(3) 特定公益増進法人に対する寄附金

　教育又は科学の振興、文化の向上、社会福祉への貢献その他公益の増進に著しく寄与するものとして定められた特定公益増進法人に対するこれらの法人の主たる目的である業務に関連する寄附金（（1）及び（2）に該当するものは除きます）（所法78②三、所令217一〜六）。

(4) 特定公益信託の信託財産とするための支出

　主務大臣の証明を受けた特定公益信託のうち、その目的が教育又は科学の振興、文化の向上、社会福祉への貢献その他公益の増進に著しく寄与するものの信託財産として支出した金銭（所法78③、所令217の2）。

　なお、その支出が特定寄附金とされる特定公益信託は、その目的とする特定公益信託でその目的に関し相当と認められる業績が持続できることにつきその特定公益信託に係る主務大臣の認定を受けたもの（その認定を受けた日の翌日から5年を経過していないものに限ります）が該当します。

(5) 政治活動に関する寄附金

　個人が、平成7年1月1日から平成31年12月31日までの間に、政治資金規正法4条4項に規定する政治活動に関する寄附をした場合のその寄附に係る支出のうち、政党、政治資金団体及びその他の政治団体等に対するもので政治資金規正法12条又は17条の規定による報告書により報告されたもの及び衆議院議員、参議院議員等の公職の候補者として公職選挙法86条〜86条の4の規定により届出のあった者に対しその公職に係る選挙活動に関してされたもので同法189条の規定による報告書により報告されたもの（措法41の18、政治資金規正法3、5）。

(6) 特定地域雇用等促進法人に対する寄附金

一定の個人が平成25年11月30日までに支出する、特定地域雇用等促進法人に対し、一定の者に対して助成を行う事業のうち、地域における雇用機会の創出その他地域再生に資する経済的社会的効果を及ぼす事業に関連する寄附金(その寄附をした者に特別の利益が及ぶと認められる場合を除きます)(平20法23改正法附則55、旧措法41の18の2①、旧地域再生法5③三)。

(7) 認定特定非営利活動法人等に対する寄附金

個人が認定特定非営利活動法人等に対し、その認定特定非営利活動法人等の行う特定非営利活動促進法2条1項に規定する特定非営利活動に係る事業に関連する寄附金(その寄附をした者に特別の利益が及ぶと認められる場合を除きます)(措法41の18の2)。

(8) 特定新規中小会社が発行した株式を取得した場合の課税の特例

一定の居住者又は国内に恒久的施設を有する非居住者(以下「居住者等」といいます)が株式会社(特定新規中小会社)の区分に応じその新規発行株式を払い込み(その発行に際してするものに限ります。以下同じ)により取得した場合において、その居住者等がその年中にその払込みにより取得をした特定新規株式(その年12月31日において有するものに限ります)の取得に要した金額(その金額の合計額は1,000万円が限度)については、寄附金控除の適用を受けることができます(措法41の19、措令26の28の3、措規19の11)。

3 国等に対して財産を寄附した場合の取扱い

国又は地方公共団体に対する財産の贈与又は遺贈及び公益法人等に対する財産の贈与又は遺贈で国税庁長官の承認を受けたものは、その財産の贈与又は遺贈についての譲渡所得等の金額に相当する部分は租税特別措置法で非課税とされますので(措法40①)、その資産の価額のうち、その資産の取得費(その資産を贈与又は遺贈するために支出した金額がある場合には、その金額を含みます)に相当する部分の金額だけが特定寄附金となります

(措法40⑲)。

4　寄附金控除額の計算

寄附金控除額は、次のいずれか少ない方の金額となります（所法78①）。

① 特定寄附金の額の合計額 － 2,000円（平成18年分から平成21年分までは5,000円（平22法6改正法附則2））

② 総所得金額等 × 40% － 2,000円（平成18年分から平成21年分までは5,000円（平22法6改正法附則2））

5　寄附金控除の手続

　寄附金控除の適用を受ける場合は、控除の金額及び控除に関する事項を確定申告書に記載するとともに、寄附金控除を支払ったことを証する書類を確定申告書に添付するか若しくは確定申告書を提出する際に提示することになっています（所法120③、所令262①六、所規47の2③一～四）。

　なお、平成20年4月1日以後において、e-Taxを利用して平成19年分以後の所得税の確定申告書を提出する方は、寄附金控除の添付書類の提出又は添付に代えて、その記載内容を入力して送信しても差し支えありません。

　この場合、税務署長は、原則として確定申告期限から5年間（平成23年12月2日以後に法定申告期限が到来する国税。同日前は3年間）、寄附金控除の添付書類を提出又は提示させることができます（平23.12.2国税庁告示31号）。

　また、e-Taxを利用して所得税の確定申告書を提出した方が、これに応じられなかった場合には、確定申告書の提出に際し、寄附金控除の添付書類が提出又は提示されていないこととされます（国税関係法令に係る行政手続等における情報通信の技術の利用に関する省令5③に規定する国税庁長官が定める添付書面等及び期間を定める件（平20.12.6国税庁告示37号、平23.12.26国税庁告示36号））。

よって、寄附金控除を適用するに当たり、添付又は提示すべき書類は、寄附金控除の金額の計算の基礎となる特定寄附金の明細書のほか、特定寄附金の受領者の受領した旨、その特定寄附金の額及びその受領した年月日を証する書類などが必要となります。

6　本件へのあてはめ
(1) 外国に対する寄附金
　国又は地方公共団体に対する寄附金は、上記2の(1)のとおり、原則として寄附金控除の対象となります（ただし、その寄附が学校の入学に関する場合とその寄附をした者にその寄附によって設けられた設備を専属的に利用すること等特別の利益が及ぶと認められる場合には、寄附金控除の対象となりません）（所法78②一）。

　この「国又は地方公共団体」に外国又は外国の地方公共団体が含まれるかどうかが問題となりますが、日本の国内法である所得税法上「国」と規定しているのは明らかに日本の国であると解されます。

　また、「国又は地方公共団体」に対する寄附金が寄附金控除の対象とされるのは、その寄附金が国庫又は地方公共団体に入るので、この寄附金の部分をも課税対象に含めて租税として納付させることは相当でないからであると考えますと、その寄附の相手先である「国又は地方公共団体」とは、日本の国又は地方公共団体をいうものであり、外国の政府又は外国の地方公共団体はこれに含まれないと解されます。

　したがって、A国政府に対する寄附金は、所得税法78条に規定する「国又は地方公共団体に対する寄附金」には該当しないため、寄附金控除の対象になりません。

(2) 学校の行事に際し支出する寄附金
　このような寄附金については、その寄附をする先が県立高校や市立中学校などで、これらの学校の設置者である地方公共団体が正式に採納してくれる場合は、その地方公共団体に対する特定寄附金として寄附金控除の対

象となります。

　しかし、ご質問のような場合には、地方公共団体が正式に採納するというケースは稀で、多くの場合、ＰＴＡや有志などでつくった後援会などが寄附金を受け取って、直接、経費を支出しているようです。あるいは、寄附金の領収書はそれぞれの学校長の名義で作成されていても、それは地方公共団体としての採納ではなく、いわゆる運動部そのものであったり、上記の後援会だったりするのが実態のようです。このような場合には、たとえ、学校長名で領収書が発行されていても、地方公共団体に対するものではなく、単に後援会などに対する寄附金ということになりますから、寄附金控除の対象とはなりません。

(3) 先祖の菩提寺への寄附

　お寺に対する寄附金で寄附金控除の対象となるものは、その寄附が広く一般に募集され、教育又は科学の振興、文化の向上、社会福祉への貢献その他公益の増進に寄与するための支出で緊急を要するものに充てられることが確実であると認められて財務大臣が指定したものに限られます（所法78②二）。

　したがって、宗教法人に対する寄附については、その宗教法人の申請で、財務大臣が特定寄附金に該当する旨を指定（一定期間の指定となります）している場合を除き、寄附金控除の対象となりません（所法78②二、所令216）。

(4) 社会福祉法人の設立前の寄附金

　公益法人等の設立のためにされる寄附金その他の公益法人等の設立前においてされる寄附金は、上記２の(2)のとおり、財務大臣が指定したものだけが寄附金控除の対象となります（所法78②二、所令215）。

　財務大臣が指定寄附金として指定したときは、これを告示することとなっています（所令216②）。

(5) 公益財団法人設立のための寄附

　寄附金控除の対象となる特定寄附金には、上記２のとおり、国又は地

方公共団体に対する寄附金のほか、財務大臣が指定した公益法人等に対するもの及び特定公益増進法人又は特定の公益信託に対するものなどがあります。

また、公益法人等の設立のためになされる寄附については、上記２の(2)のとおり、財務大臣の指定のある寄附金に限って特定寄附金に該当することとされており、この指定のない公益法人等の設立のための寄附金は特定寄附金に該当しないこととされています。

ご質問の公益財団法人Ｂ育英会は、所得税法施行令217条に規定する特定公益増進法人に当たるとのことですが、その公益財団法人を設立するための寄附金は財務大臣の指定を受けていないので、特定寄附金に該当しないことになり、寄附金控除の適用は認められません。

(6) 後援会を通じてする寄附

寄附金控除の対象となる特定寄附金は、上記２のとおり、いずれも法令で限定されています。

社会福祉法人は、上記２の(3)に含まれていますが、任意団体である後援会に対するものは、本来、特定寄附金には該当しません。

しかし、寄附金の支出先が形のうえでは、後援会であっても、その後援会が単なる募金の窓口となるだけであって、その寄附金の交付先が社会福祉法人であり、かつ、寄附をした者に対する受領書が後援会からではなく、その社会福祉法人から発行され、寄附金の額及びその受領した年月日を社会福祉法人が証明するものである場合には、その法人に対する寄附金として特定寄附金に該当するものとして取り扱うこととされています。

(7) 同業者会館建設のために支出する寄附金

飲食業組合の会館建設のための寄附金が特定寄附金に該当しなければ寄附金控除の対象になりません。

しかし、あなたの飲食業に直接関連し、いわゆる業務の遂行上必要な支出である場合には、その支出の効果がその年限りではなく、支出した年以降にも及ぶと考えられますので、その支出した寄附金は繰延資産に該当す

ることになります。

　なお、その会館の法定耐用年数の70％に相当する年数（10年を超える場合には10年）により償却して、その償却額を事業所得の金額の計算上必要経費とすることになります（所法2①二十、所基通50-3・50-4）。

(8) 政治活動に関する寄附金

　寄附金控除の対象となる政治献金は、上記2の(5)のとおり、特定の政治団体又は公職の候補者の政治活動に関する寄附（公職の候補者の場合は選挙活動に関する寄附に限ります）のうち、政治資金規正法に規定された量的制限に違反しない寄附金であること等所定の要件を満たすものに限られます。

　この寄附の意義については、租税特別措置法上定義規定がありませんので、政治資金規正法に規定する政治活動に関する寄附の概念によることとなります。

　政治資金規正法4条3項によると寄附とは、「金銭、物品その他の財産上の利益の供与又は交付で、党費又は会費その他債務の履行としてされるもの以外のものをいう。」とされています。

　したがって、ご質問の場合、寄附金控除の対象となる寄附には、金銭だけでなく、品物で行われたものも含まれますが、一定の規約等に基づいて債務の履行として継続的、定期的に納入する金銭（党費、会費等）は含まないこととなります。

(9) 国等に対して相続財産を贈与し、相続税の非課税規定の適用を受けた場合

　国又は地方公共団体に対して相続財産を贈与した場合、上記3のとおり、原則として寄附金控除の対象となります。

　ただし、寄附をした財産について、租税特別措置法40条1項により譲渡所得等の非課税の適用を受ける場合の寄附金控除の対象となる金額は、その財産の取得価額（被相続人から引き継いだ取得価額）とされます（措法40⑲）。

関係法令通達

所得税法2条、78条、120条
所得税法施行令215条、216条、217条、217条の2、262条
所得税法施行規則47条の2
租税特別措置法40条、41条の18、41条の18の2、41条の18の3、41条の19、旧41条の18の2
租税特別措置法施行令26条の28の3
租税特別措置法施行規則19条の11
所得税基本通達50-3、50-4
平成18年法律10号改正法附則2条
平成20年法律23号改正法附則55条
平成22年法律6号改正法附則2条
平成23年法律82号改正法附則23条
政治資金規正法3条、4条、5条

参考文献等

『所得税質疑応答集』(前出)915頁・919頁・928頁ノ1・928頁ノ12・928頁ノ14・928頁ノ18・928頁ノ21
『平成22年2月改訂 回答事例による所得税質疑応答集』(前出)943頁・945頁・947頁・948頁・954頁
『平成29年3月申告用 所得税確定申告の手引』(前出)780頁～791頁
『Q&A 所得税 控除適用の可否判断』(前出)193頁

8-7 障害者控除

Question.46
障害者の範囲

次のような場合、障害者控除の対象となりますか。

1 知的障害者でも、療育手帳の交付を受けていない者
2 精神に障害のある者
3 公害病患者と認定され「公害医療手帳」の交付を受け、この手帳には「障害の程度2級」と記載されている場合

4 「原子爆弾被爆者健康手帳」の交付を受けている者のうち、すべての者
5 ご高齢のため、いわゆる寝たきり老人の状態にあり、常時付添いが必要な状況にある場合
6 東京都から愛の手帳の交付を受けている者
7 県立障害者更生相談所によって（重度の）知的障害者とされた者

Answer. 次のような取扱いになります。

1 児童相談所等の判定により知的障害者とされた者は、療育手帳を受けていない者でも障害者控除を受けることができます。

2 精神上の障害により事理を弁識する能力を欠く常況にある者、その他精神に障害のある者で政令で定める者について、障害者控除の適用があります。

3 公害医療手帳の交付を受け、障害の程度2級と認定されていることのみをもって、直ちに障害者控除の適用があるとは限りません。

4 原子爆弾被爆者健康手帳を受けている者のうち、厚生労働大臣の認定を受けている者が障害者となります。

5 その年の12月31日現在で、引き続き6か月以上にわたり常に就床を要し、複雑な介護を要する者は障害者控除の適用を受けることができます。

6・7 いずれの者も、障害者控除の対象となります。

解説

1 障害者控除

障害者控除は、居住者自身が障害者である場合又はその控除対象配偶者（平成30年1月1日以降は同一生計配偶者（＊）となります）及び扶養親族のうちに障害者がいる場合には、その居住者の総所得金額等から、障害者

1人につき270,000円（その障害者が特別障害者である場合には、400,000円、その障害者が同居特別障害者である場合には750,000円）を差し引くことができます（所法79）。

＊同一生計配偶者とは、居住者の配偶者でその居住者と生計を一にするもの（青色事業専従者等を除きます）のうち、合計所得金額が38万円以下である者をいいます（平成30年1月1日以降、所法2①三十三）。以下同じです。

2　障害者の範囲

障害者とは、精神上の障害により事理を弁識する能力を欠く常況にある者、失明者その他精神又は身体に障害がある者で次に掲げる者をいいます（所法2①二十八、所令10①）。

①　精神上の障害により事理を弁識する能力を欠く常況にある者又は児童相談所、知的障害者更生相談所、精神保健福祉センター若しくは精神保健指定医の判定によって知的障害者とされた者

②　①に該当する者のほか、精神保健及び精神障害者福祉に関する法律45条2項の規定により精神障害者保健福祉手帳の交付を受けている者

③　身体障害者福祉法15条4項の規定により交付を受けた身体障害者手帳に身体上の傷害がある者として記載されている者

④　①から③までに該当する者のほか、戦傷病者特別援護法4条の規定により戦傷病者手帳の交付を受けている者

⑤　③及び④に該当する者のほか、原子爆弾被爆者に対する援護に関する法律11条1項の規定による厚生労働大臣の認定を受けている者

⑥　①から⑤までに該当する者のほか、常に就床を要し、複雑な介護を要する者

⑦　①から⑥までに該当する者のほか、精神又は身体に障害のある年齢65歳以上の者で、その障害の程度が①又は③に掲げる者に準ずるものとして市町村長又は特別区の区長（社会福祉法に定める福祉に関する事務所が老人福祉法5条の4第2項各号に掲げる業務を行っている場合には、その福祉に関する事務所の長。以下「市町村長等」といいます）の認

定を受けている者

3　特別障害者の範囲

特別障害者とは、障害者のうち、精神又は身体に重度の障害がある者で、次に掲げる者をいいます（所法2①二十九、所令10②）。

① 上記2の①に掲げる者のうち、精神上の障害により事理を弁識する能力を欠く常況にある者又は児童相談所、知的障害者更生相談所、精神保健福祉センター若しくは精神保健指定医の判定により、重度の知的障害者とされた者

② 上記2の②に掲げる者のうち、精神障害者保健福祉手帳に精神保健及び精神障害者福祉に関する法律施行令6条3項に規定する障害等級が1級である者として記載されている者

③ 上記2の③に掲げる者のうち、身体障害者手帳に身体上の傷害の程度が1級又は2級である者として記載されている者

④ 上記2の④に掲げる者のうち、戦傷病者手帳に精神上又は身体上の障害の程度が恩給法別表第1号表ノ2の特別項症から第3項症までである者として記載されている者

⑤ 上記2の⑤又は⑥に該当する者

⑥ 上記2の⑦に掲げる者のうち、その障害の程度が①又は③に掲げる者に準ずるものとして市町村長等の認定を受けている者

4　同居特別障害者の範囲

同居特別障害者とは、特別障害者のうち、居住者又は居住者の配偶者若しくは居住者と生計を一にするその他の親族のいずれかと同居を常況としている場合をいいます（所法79③）。

5　障害者、特別障害者又は同居特別障害者に該当するかどうかの判定時期

① 居住者自身が特別障害者又はその他の障害者に該当するかどうか

は、その年の12月31日(その者が、その年の中途において死亡し又は出国する場合には、その死亡又は出国の時)の現況によって判定します(所法85①)。
② 居住者の控除対象配偶者(平成30年1月1日以降は同一生計配偶者となります)又は扶養親族が特別障害者若しくはその他の特別障害者又は特別障害者以外の障害者に該当するかどうかは、その年の12月31日(その居住者が、その年の中途において死亡し又は出国する場合には、その死亡又は出国の時)の現況によって判定します。ただし、その控除対象配偶者又は扶養親族がその当時に既に死亡している場合にはその死亡の時の現況によって判定します(所法85①②)。

6 本件へのあてはめ
(1) 療育手帳による障害者の判定
イ 療育手帳制度は、知的障害者に対する各種の援助措置の充実を図るため厚生事務次官通達に基づき、昭和48年度から実施されているものです。

療育手帳は、児童相談所又は知的障害者更生相談所において知的障害者と判定された者に対して、これらの者又はその保護者の申請に基づいて、都道府県知事が交付するものですから、知的障害者の方すべてが療育手帳の交付を受けているとは限りません。

ロ 所得税法や同法施行令では、知的障害者については療育手帳の交付に関係なく、次のように定めています(所令10①一)ので、療育手帳がないからといって、障害者に該当しないということではありません。
① 精神上の障害により事理を弁識する能力を欠く常況にある者
② 児童相談所、知的障害者更生相談所、精神保健福祉センター又は精神保健指定医の判定により知的障害者とされた者

また、上記のうち、重度の知的障害者と判定された者は特別障害者とされることとなっています(所令10②一)。

ハ　療育手帳の交付を受けていない者でも、児童相談所、知的障害者更生相談所、精神保健福祉センター又は精神保健指定医の判定により知的障害者とされた者は、障害者控除を受けることができます。

　　なお、療育手帳制度に基づいて療育手帳の交付を受けている者の場合は、その療育手帳の「判定の記録」の「障害の程度」欄に「A」と表示されている場合は特別障害者に、「B」と表示されている場合は「障害者」に、それぞれ該当するものとして、取り扱うことになっています。

(2) 精神に障害のある者

　障害者及び特別障害者の範囲は、上記2及び3のとおり、所得税法施行令10条に限定的に規定され、精神に障害のある者については、上記2の①のとおり、(イ)精神上の障害により事理弁識能力を欠く常況にある者、知的障害者のほかに、(ロ)都道府県知事から精神障害者保健福祉手帳の交付を受けている者は障害者に該当するとされています（所令10①二）。

　なお、上記(ロ)に該当する者のうち、精神障害者保健福祉手帳にその障害の等級が1級である者として記載されている者は、特別障害者に該当することとされています（所令10②二）。

(3) 公害病認定患者

　障害者及び特別障害者の範囲については、上記2及び3のとおり、所得税法施行令10条に限定的に規定されており、同項には、公害医療手帳の交付を受けた者について規定されていないところ、公害病患者と認定され、公害医療手帳に障害の程度が記載されているからといって、このことで直ちに障害者控除が適用されることにはなりません。

　したがって、障害者控除の適用を受けるためには、別途、身体障害者福祉法15条4項の規定による身体障害者手帳の交付などを受けることが必要です。

(4) 原子爆弾被爆者

　障害者及び特別障害者の範囲は、上記2及び3のとおり、所得税法施行令10条に限定的に規定され、原子爆弾被爆者については、上記2の⑤

のとおり、同条1項5号に「原子爆弾被爆者に対する援護に関する法律第11条第1項の規定による厚生労働大臣の認定を受けている者」と規定されています。また、原子爆弾被爆者手帳は、原子爆弾が投下された際当時の広島市、長崎市の区域内に居た者などに対し、その者からの申請に基づいて交付されるものであり、更に、こうした者のうち、その障害又は疾病が原子爆弾の傷害作用に基因するもので、現に医療を要する旨を厚生労働大臣に申請して認定を受け、厚生労働大臣から認定書を交付された者をいわゆる認定患者といいます。

　このように、原子爆弾被爆者手帳の交付を受けていても認定患者となっていない場合もありますが、障害者控除の対象となるのはこのうち認定患者だけです。認定患者は特別障害者として、一般の障害者の場合より控除額が多額に定められています（所法79①②、所令10②五）。

(5) いわゆる寝たきり老人

　「常に就床を要し、複雑な介護を要する者」（所令10①六）とは、上記5のとおり、その年の12月31日その他障害者であるかどうかを判定すべき時の現況において、引き続き6か月以上にわたり身体の障害により就床を要し、介護を受けなければ自ら排便等をすることができない程度の状態にある者をいうものとされています（所基通2-39）。なお、これに該当する場合には、それが老衰によるものであるかどうかは問わず障害者として控除できます。

　したがって、その年の12月31日現在で、引き続き6か月以上にわたり常に就床を要し、複雑な介護を要する者であると認められれば障害者控除の適用を受けることができます。

　また、障害者控除の対象となる障害者や特別障害者の具体的な状態は交付を受ける障害者手帳等により確認することとなります。

(6) 愛の手帳の交付を受けている者

　愛の手帳は、東京都と厚生労働省との協議により、上記(1)で説明した療育手帳と同様の取扱いを受けており、また、交付対象者も知的障害者と

されておりますので、愛の手帳の交付を受けている者は障害者と認定して差し支えありません。

なお、愛の手帳において障害の程度が1度又は2度とされている者は特別障害者に該当します（所法2①二十九、所令10）。

(7) 障害者更生相談所によって（重度の）知的障害者とされた者

所得税法施行令10条では、「知的障害者更生相談所…の判定により（重度の）知的障害者とされた者」とあるため、県立障害者更生相談所によって（重度の）知的障害者とされた者も含まれるかどうかが問題となるところ、同相談所は条例により知的障害者更生相談所と障害者更生相談所とを統合して上記名称を用いているものであり、同相談所が（重度の）知的障害者と判定した場合には、知的障害者更生相談所が判定したことになります（所法2①二十八、所令10）。

なお、各地方公共団体によっては、心身障害福祉センター及び障害者相談センターなどの名称で、知的障害者更生相談所等と同様の機能を条例により定めているところもあることから、名称にとらわれず、事務の内容をよく聴取して対応する必要があります。

関係法令通達

所得税法2条、79条、85条
所得税法施行令10条
所得税基本通達2-39

参考文献等

『所得税質疑応答集』（前出）929頁・932頁ノ1・932頁ノ2
『平成22年2月改訂 回答事例による所得税質疑応答集』（前出）969・970・971・973・974・975頁
『平成29年3月申告用 所得税確定申告の手引』（前出）792頁・793頁
『Q&A 所得税 控除適用の可否判断』（前出）233頁

8-8 寡婦（寡夫）控除

Question.47
寡婦（寡夫）控除と判定の時期

次のような場合、寡婦（寡夫）控除の適用がありますか。

1　私は、今年5月妻を亡くしました。9歳になる子供が1人おります。父子家庭の場合、寡夫控除の適用は受けられますか。

2　夫は、今年の8月病死しました。夫が死亡するまでの所得については、夫の名義で準確定申告を済ませましたが、その後の所得については、私が申告しなければなりません。私は、夫の申告では、配偶者控除を受けていますが、私の申告では、寡婦控除を受けることができますか。

3　私は夫に先立たれた60歳の寡婦ですが、最近、土地を譲渡しましたので、本年分の所得金額は1,000万円を超える見込みです。家族は私と次女の二人で、次女には所得がないので扶養親族となっています。このような場合、私は寡婦控除が受けられますか。

4　私は、夫と離婚した者で、美容師として美容院に勤務しており、合計所得金額が400万円あります。子供は、生活が安定するまで、田舎の父にあずけ、父の扶養親族としています。この場合、私には税法上の扶養親族がいないことになりますが、それでも寡婦控除を受けることができますか。

Answer. 次のような取扱いになります。

1　妻と死別し、又は離婚した者（寡夫）のうち、一定の親族を有し、かつ、合計所得金額が500万円以下の者については寡夫控除を受けることができます。

2　その年末において寡婦控除の要件を充足していれば、夫の準確定申告において、配偶者控除を受けていても、寡婦控除を受けることができます。

3　あなたの場合，寡婦控除の適用要件に適合していれば、いずれの年分においても、寡婦控除が受けられます。
　4　あなたはお子さんをお父さんの扶養親族としていますので、寡婦控除を適用することはできません。

■解 説
1　寡婦（寡夫）控除
　寡婦（寡夫）控除は、居住者自身が寡婦又は寡夫である場合には、その居住者の総所得金額等から、270,000円（特定の寡婦については 350,000円）を差し引くことができます（所法81、措法41の17①）。

2　寡婦（寡夫）とは
　寡婦（寡夫）とは、次に掲げる者をいいます（所法2①三十・81、所令11・11の2）。
(1) 扶養親族等を有する者の場合
　イ　夫（妻）と死別し、又は夫（妻）と離婚した後、婚姻をしていない者
　ロ　夫（妻）の生死の明らかでない者のうち、次に該当する者の妻（夫）である者
　　①　太平洋戦争の終結当時もとの陸海軍に属していた者で、まだ日本国内に帰らない者
　　②　①以外の者で、太平洋戦争の終結当時外国にいたが①と同様の事情でまだ日本国内に帰らない者
　　③　船舶の沈没、転覆、滅失、行方不明又は航空機の墜落、滅失、行方不明の際にその船舶又は航空機に乗っていた者、若しくは船舶又は航空機の航行中に行方不明となった者で、3か月以上その生死が明らかでない者
　　④　③以外の者で、死亡の原因となるような危難に遭遇した者のうちその危機が去った後1年以上その生死が明らかでない者

⑤ ①ないし④以外の者で、3年以上その生死が明らかでない者

なお、ここでいう扶養親族等には、扶養親族のほか同一世帯の子（他の納税者の控除対象配偶者(平成30年1月1日以降は同一生計配偶者となります)又は扶養親族となっている者を除きます）で、その年分の総所得金額等が基礎控除の額に相当する金額（38万円）以下の者も含まれます。

(2) 扶養親族等を有しない者の場合

夫（妻）と死別した後婚姻をしていない者又は夫（妻）の生死の明らかでない者で上記(1)のロに該当する者のうち、合計所得金額が500万円以下である者

3 特定の寡婦

特定の寡婦とは、夫と死別し、若しくは夫と離婚した後婚姻をしていない者又は夫の生死が明らかでない者のうち、合計所得金額が500万円以下であり、かつ、扶養親族である子を有する者をいい、寡婦控除の額は350,000円(27万円に8万円を加算した金額)とされています(措法41の17①)。

4 寡婦（寡夫）控除の判定の時期

居住者自身が寡婦（寡夫）に該当するかどうかは、その年12月31日（その者がその年の中途で死亡し又は出国する場合には、その死亡又は出国の時）の現況によって判定します。

ただし、その居住者の親族（扶養親族を除きます）が寡婦（寡夫）の条件に該当する親族であるかどうかを判定する場合に、その親族がその年12月31日（その者がその年の中途で死亡し又は出国する場合には、その死亡又は出国の時）に既に死亡している時は、その親族の死亡時の現況によって判定することになっています（所法85①）。

5 本件へのあてはめ

(1) 妻と死別した夫の寡夫控除の適用

年の中途において、妻と死別した夫で、その年において寡夫に該当するものについては、たとえその者が死別した妻につき配偶者控除の規定の適用を受ける場合であっても、上記2の寡夫の要件を満たしていれば寡夫控除の規定の適用があることになっています（所基通81-1）。

(2) 配偶者控除を受けた者の寡婦控除の適用

年の中途において、夫と死別した妻で、その年において寡婦に該当するものについては、たとえその者が死別した夫につき配偶者控除の規定の適用を受ける場合であっても、上記2の寡婦の要件を満たしていれば寡婦控除の規定の適用があることになっています（所基通81-1）。

(3) 寡婦控除の要件（合計所得金額が500万円以上で扶養親族を有する場合）

上記2の寡婦控除の要件のうち、扶養親族（次女）を有しているので、上記2の(1)の条件に該当することとなり、この場合には合計所得金額の制限はありませんから、寡婦控除を受けることができます。

(4) 扶養親族のない離婚した者の寡婦控除

あなたは、お子さんを田舎のお父さんにあずけ、あなたのお父さんの扶養親族とされていますので、あなたの扶養親族はないことになります。また、あなたの合計所得金額は300万円で、500万円を下回っていますが、あなたの場合、夫と死別したのではなく、離婚されたとのことですので、扶養親族又は基礎控除額（38万円）以下の所得しかない生計を一にする子供はいないことになります。

したがって、寡婦控除を受けることはできません（所法81）。

- 関係法令通達 -

所得税法2条・22条・81条・85条
所得税法施行令11条・11条の2
所得税基本通達81-1
租税特別措置法41条の17

参考文献等
『所得税質疑応答集』（前出）937・940・942・943頁
『平成22年2月改訂 回答事例による所得税質疑応答集』（前出）976頁
『Q&A 所得税 控除適用の可否判断』（前出）246頁

8-9 配偶者控除、配偶者特別控除、扶養控除

Question.48
配偶者控除や扶養控除の範囲

次の場合、配偶者控除及び扶養控除の適用が受けられますか。

1　私は、サラリーマンです。私の妻には、本年中に次のような所得がありましたが、妻を私の控除対象配偶者とすることができますか。

　(1)　配当所得の損失の金額　　　　　△60万円
　(2)　事業所得の損失の金額　　　　　△150万円
　(3)　給与所得の金額　　　　　　　　210万円

2　私の妻はパート収入が95万円あり、配偶者控除の対象としていました。ところが、本年は生命保険金の満期金による一時所得が60万円（特別控除前）あります。本年は配偶者控除の適用を受けられますか。

3　私の妻は、パート収入が110万円あります。合計所得金額が38万円を超えるため配偶者控除を受けていませんが、配偶者特別控除は受けられますか。

4　私の母は、遺族年金年額40万円と配当所得30万円とがあります。この場合、母を私の扶養親族とすることができますか。

5　私はサラリーマンですが勤務の関係で甲市に住んでいます。父母は乙町に住んでいますが農業所得が20万円しかないので、毎月7万円ほど送金するほか、生活の面倒を見ています。父母は私の扶養親族になりますか。
6　私には、次のような所得を有する長男、長女がいますが、私の扶養親族とすることができますか。

　　　長男　不動産所得の金額　　　　　　　　　　　　△40万円
　　　　　　一般株式等に係る譲渡所得等の金額　　　　　75万円
　　　長女　不動産所得の金額　　　　　　　　　　　　　35万円
　　　　　　一般株式等に係る譲渡損　　　　　　　　　△70万円

Answer. 次のような取扱いになります。
1　あなたの奥さんは合計所得金額が60万円となりますので、控除対象配偶者になりません。したがって、配偶者控除を受けることはできません。
2　奥さんの所得は、控除対象配偶者の所得限度額以下となりますので、配偶者控除の適用が受けられます。
3　配偶者控除は受けられなくても、配偶者の所得が少ない場合には、配偶者特別控除が受けられます。
4　あなたは、お母さんを扶養親族とすることができます。
5　あなたの両親は、あなたの扶養親族に該当し、老人扶養控除が受けられます。
6　長男はあなたの扶養親族となりませんが、長女はあなたの扶養親族とすることができます。

▌解 説

1 所得限度額

　配偶者控除又は扶養控除の対象とされる控除対象配偶者（平成30年1月1日以降は同一生計配偶者となります）又は扶養親族とは、その居住者と生計を一にするもののうち合計所得金額が38万円以下の者で、かつ、青色事業専従者で給与の支払を受ける者及び事業専従者でない者となっています（所法2①三十三・三十四）。

2 扶養控除等の所得限度額の判定

　扶養控除等の所得限度額の判定の対象となるものは、合計所得金額とされていますが、この場合の合計所得金額とは、純損失の繰越控除及び雑損失の繰越控除を適用しないで計算した総所得金額、退職所得金額及び山林所得金額の合計によります（所法2①三十ロ）。

　また、分離課税の譲渡所得等がある場合の合計所得金額は、純損失、居住用財産の買換え等の場合の譲渡損失、特定居住用財産の譲渡損失及び雑損失の繰越控除をしないで計算した総所得金額、土地等に係る事業所得等の金額（平成10年1月1日から平成32年3月31日までの間については適用なし）、分離短期譲渡所得の金額（特別控除前）、分離長期譲渡所得の金額（特別控除前）、分離課税の上場株式等に係る配当所得等の金額（上場株式等に係る譲渡損失との損益通算後で、繰越控除の適用前の金額）、一般株式等に係る譲渡所得等の金額（特定株式に係る譲渡損失の繰越控除の適用前の金額）、上場株式等に係る譲渡所得等の金額（上場株式等に係る譲渡損失の繰越控除及び特定株式に係る譲渡損失の繰越控除の適用前の金額）、先物取引に係る雑所得等の金額（先物取引の差金等決済に係る損失の繰越控除の適用前の金額）、山林所得金額（特別控除後）及び退職所得金額（2分の1後）の合計額をいいます（所法2①三十ロ、措法8の4③一、28の4⑤一・⑥、31③一、32④、37の10⑥一、37の11⑥、37の12の2④⑧、37の13の2⑨、41の5⑫一、41の5の2⑫一、41の14②一、41の15④）。

なお、分離課税の譲渡所得に係る特別控除は、長期譲渡所得の金額又は短期譲渡所得の金額から控除することとされています（措法33の4①、34①、34の2①、34の3①、35①、35の2①）。したがって、合計所得金額を計算する場合における長期譲渡所得の金額及び短期譲渡所得金額は、分離課税の譲渡所得に係る特別控除前の金額ということになります。

3 配偶者控除

配偶者控除は、居住者に控除対象配偶者がいる場合には、その居住者の総所得金額等から、次に掲げる金額を差し引くことができます（所法83）。
(1) 老人控除対象配偶者……………………………………………… 480,000 円
(2) (1)以外の控除対象配偶者……………………………………… 380,000 円

なお、平成30年1月1日以後（平成30年分以後）の配偶者控除の控除額については、次に掲げる納税者の合計所得金額の区分に応じて、それぞれに掲げる金額が控除額とされ、合計所得金額が1,000万円を超える居住者については、配偶者控除の適用はできないこととされました（所法83、平29法4改正法附則6）。

(1) 納税者の合計所得金額が900万円以下の場合
　　イ　控除対象配偶者……………………………………………… 380,000 円
　　ロ　老人控除対象配偶者………………………………………… 480,000 円
(2) 納税者の合計所得金額が900万円超950万円以下の場合
　　イ　控除対象配偶者……………………………………………… 260,000 円
　　ロ　老人控除対象配偶者………………………………………… 320,000 円
(3) 納税者の合計所得金額が950万円超1,000万円以下の場合
　　イ　控除対象配偶者……………………………………………… 130,000 円
　　ロ　老人控除対象配偶者………………………………………… 160,000 円

4 控除対象配偶者の範囲

控除対象配偶者とは、居住者の配偶者でその居住者と生計を一にするも

の（青色事業専従者に該当するもので、給与の支払を受けるもの及び事業専従者に該当するものを除きます）のうち、合計所得金額が38万円以下の者をいいます（所法2①三十三）。

なお、控除対象配偶者は、平成30年1月1日以後（平成30年分以後）、同一生計配偶者のうち、合計所得金額が1,000万円以下である居住者の配偶者とされ、同一生計配偶者とは、居住者の配偶者でその居住者と生計を一にするもの（青色事業専従者等を除きます）のうち、合計所得金額が38万円以下である者をいうこととされました（改正後所法2①三十三・三十三の二）。

5 老人控除対象配偶者の範囲

老人控除対象配偶者とは、控除対象配偶者のうち、年齢70歳以上の者をいいます（所法2①三十三の二（改正後三十三の三））。

6 配偶者特別控除

配偶者特別控除は、居住者と生計を一にする配偶者（他の居住者の扶養親族とされる者並びに青色事業専従者に該当するもので、給与の支払を受けるもの及び事業専従者に該当するものを除き、合計所得金額が76万円未満であるものに限ります）で控除対象配偶者に該当しないものを有する場合はその居住者の総所得金額等からその配偶者の区分に応じ、次の表に掲げる控除額を差し引くことができます（所法83の2）。

ただし、この控除は、居住者の合計所得金額が1,000万円以下である場合及び生計を一にする配偶者自身がこの控除の適用を受けていない場合に限り、適用されます（所法83の2②）。

配偶者特別控除額は、次のとおりです。

配偶者の区分	控除額
合計所得金額が40万円未満である者	38万円
合計所得金額が40万円以上75万円未満である者	38万円－（合計所得金額－38万円）（注）
合計所得金額が75万円以上76万円未満である者	3万円
合計所得金額が76万円以上である者	0

（注）「合計所得金額－38万円」は、その金額が5万円の整数倍の金額から3万円を控除した金額でないときは、5万円の整数倍の金額から3万円を控除した金額のうち、「合計所得金額－38万円」に満たない金額で最も多い金額とします。

なお、平成30年1月1日以後（平成30年分以後）の配偶者特別控除は、配偶者特別控除の対象となる配偶者の合計所得金額は38万円超123万円以下とされ、その控除額については、次の表に掲げる納税者の合計所得金額に応じ、それぞれに掲げる配偶者の合計所得金額の区分による控除額とされました（所法83の2、平29法4改正法附則6）。

納税者の合計所得金額	配偶者の合計所得金額の区分	控除額
900万円以下	85万円以下である者	38万円
	85万円超120万円以下である者	38万円－（合計所得金額－83万1円）（注1）
	120万円超123万円以下である者	3万円
	123万円を超える者	0円
900万円超950万円以下	85万円以下である者	38万円×2／3（注2）
	85万円超120万円以下である者	〔38万円－（合計所得金額－83万1円）〕×2／3（注1）（注2）
	120万円超123万円以下である者	3万円×2／3（注2）
	123万円を超える者	0円

所得控除

950万円超 1,000万円以下	85万円以下である者	38万円×1／3（注2）
	85万円超120万円以下である者	〔38万円－（合計所得金額 －83万1円）〕×1／3（注1） （注2）
	120万円超123万円以下である者	3万円×1／3（注2）
	123万円を超える者	0円

（注1）　「合計所得金額－83万1円」は、その金額が5万円の整数倍の金額から3万円を控除した金額でないときは、5万円の整数倍の金額から3万円を控除した金額のうち、「合計所得金額－83万1円」に満たない金額で最も多い金額として計算します。

（注2）　1万円未満の端数がある場合には、これを切り上げた金額として計算します。

7　扶養控除

居住者に控除対象扶養親族（老人扶養親族を含みます）がいる場合には、その居住者の総所得金額等から、次に掲げる金額の合計額を差し引くことができます（所法84、措法41の16）。

(1)　老人扶養親族
　　・同居老親等　　　　　　　　　580,000円
　　・同居老親等以外の者　　　　　480,000円
(2)　特定扶養親族　　　　　　　　　630,000円
(3)　(1)～(2)以外の扶養親族　　　　380,000円

8　扶養親族の範囲

扶養親族とは、納税者の配偶者以外の親族並びに児童福祉法の規定によって里親に委託された児童（年齢18歳未満の者に限ります）及び老人福祉法の規定によって養護受託者に委託された老人（年齢65歳以上の者）でその居住者と生計を一にするもの（青色事業専従者に該当するもので給与の支払を受けるもの及び事業専従者に該当するものを除きます）のうち、合計所得金額が38万円以下の者をいいます（所法2①三十四）。

なお、配偶者以外の親族とは、六親等内の血族及び三親等内の姻族をいいます。

また、「生計を一にする」とは、日常生活の資を共にすることをいいますが、会社員などが勤務の都合上妻子と別居している場合又はその親族が修学、療養などのため、別居している場合でも、勤務、修学等の余暇には他の親族のもとで起居を共にし、常に生活費、学資金又は療養費などを送金しているときは、生計を一にするものとして取り扱われます（所基通2-47）。

9　控除対象扶養親族

扶養親族のうち、年齢16歳以上の者をいいます（所法2①三十四の二）。

なお、平成22年分までは、上記 **8** の扶養親族の範囲に該当する者が扶養控除の対象となります（平22法6改正法附則5）。

10　特定扶養親族

控除対象扶養親族のうち、年齢19歳以上23歳未満の者をいいます（所法2①三十四の三）。

11　老人扶養親族

控除対象扶養親族のうち、年齢70歳以上の者をいいます（所法2①三十四の四）。

12　同居老親等

老人扶養親族が居住者又はその配偶者のいずれかと同居しており、そのいずれかの直系尊属である場合をいいます（措法41の16①）。

13　本件へのあてはめ
(1)　赤字の所得等がある場合の所得金額の判定

控除対象配偶者の判定に当たってのあなたの奥さんの所得は、配当所得

の赤字は他の所得との通算はできないので、合計所得金額が50万円となり、38万円を超えるので、控除対象配偶者にはならず、配偶者控除を受けることはできないことになります（所法83）。

なお、配偶者特別控除については、上記6の表の計算式に当てはめて計算した控除額を受けることができます。

(2) 親族の所得限度額の計算

あなたの奥さんの場合、合計所得金額が38万円以下であるかどうかを次により計算しますと、

① 給与所得の金額 ＝ 95万円（収入金額）－ 65万円（給与所得控除額）
   ＝ 30万円
② 一時所得の金額 ＝ 60万円 － 50万円（特別控除額）＝ 10万円
③ 合計所得金額 ＝ 30万円（①） ＋ 10万円（②） × 2分の1
   ＝ 35万円

となり、配偶者控除を受けることができます。

(3) 配偶者特別控除

配偶者特別控除は、家事に従事する配偶者の貢献を税制上考慮し、昭和62年9月の税制改正で創設されたものです。

この控除は、居住者と生計を一にする配偶者（他の者の扶養親族とされる者、青色事業専従者で専従者給与の支払を受ける者、白色の事業専従者を除きます）で控除対象配偶者に該当しない者について、最高38万円を所得控除するというもので、居住者の合計所得金額が1,000万円以下である場合に適用されます（夫婦がお互いに配偶者特別控除を適用することはできません）（所法83の2）。

ご質問の場合、奥さんに給与所得が45万円あるため控除対象配偶者に該当しないため、上記6の算式により計算した以下の配偶者特別控除を受けることができます。

> 給与所得の金額 ＝ 110万円(収入金額) － 65万円(給与所得控除額) ＝ 45万円
> 配偶者特別控除額＝38万円－（45万円 － 38万円）＝ 31万円

　なお、上記算式の（　）内は、上記６の表の計算式により控除額を計算し、7万円となります。

(4)　遺族年金（非課税所得）と扶養控除の所得の判定

　死亡した者の勤務に基づいてその遺族に支給される恩給及び年金は、非課税とされており、これらの非課税とされるものの所得又は損失は、合計所得金額には含まれないこととされています（所法９①三）。

　したがって、遺族年金は（課税上）ないこととされるので、配当所得の金額30万円が合計所得金額となり、合計所得金額が38万円以下となるので、あなたはお母さんを扶養親族とすることができます（所法２①三十四）。

　なお、配当所得について、租税特別措置法の規定により少額なもので総所得金額に含めないことを選択したもの、又は、源泉分離選択課税の適用を受けたものについては、非課税所得の場合と同様、合計所得金額に含めないこととされていますので、これらの所得を除いたところで扶養親族の判定をすることになります。

(5)　別居する父母に送金

　両親には給与所得等が20万円しかなく上記の８ないし９に該当し、月々の生活費を送金するとともに生活の面倒を見ているとのことなので、別居生活であってもあなたの扶養親族に該当します。

　なお、上記７のとおり扶養控除を受けられますが、両親が70歳以上であれば、上記11の老人扶養親族として、老人扶養控除48万円を受けることができます。

(6)　一般株式等に係る譲渡所得等の損失がある場合の扶養親族の判定

　扶養親族の所得要件は、合計所得金額が38万円以下であることとされ

ていますが、一般株式等に係る譲渡所得等の金額も合計所得金額の中に含まれます（所法2①三十四、措法37の10⑥一）。

ところで、一般株式等に係る譲渡所得等の金額の計算上生じた損失の金額はなかったものとみなすこととされ（ただし、上場株式等に係る譲渡損失の金額は分離課税を選択した上場株式等に係る配当所得等の金額を限度として、この金額から控除することができます（措法37の12の2①））、また、一般株式等に係る譲渡所得等の金額以外の所得の金額の計算上生じた損失の金額は、一般株式等に係る譲渡所得等の金額から控除できないこととされています（措法37の10①、⑥四）。

したがって、ご質問の場合の合計所得金額は次のようになり、長女の場合のみ、38万円以下という扶養親族の所得要件を満たしているので、扶養控除の適用を受けることができます。

長男	総所得金額	なし
	一般株式等に係る譲渡所得等の金額	75万円
	合計所得金額	75万円
長女	総所得金額	35万円
	合計所得金額	35万円

なお、扶養控除のほか、配偶者控除、配偶者特別控除、寡婦（寡夫）控除や住宅借入金等特別控除の適用所得要件など合計所得金額を基準としているものは同様に取り扱われることとなります。

> **関係法令通達**
>
> 所得税法 2 条、9 条、83 条、83 条の 2、84 条
> 所得税基本通達 2-47
> 租税特別措置法 8 条の 4、措法 28 条の 4、31 条、32 条、33 条の 4、34 条、34 条の 2、34 条の 3、35 条、35 条の 2、37 条の 10、37 条の 11、37 条の 12 の 2、37 条の 13 の 2、41 条の 5、41 条の 5 の 2、41 条の 14、41 条の 15、41 条の 16
> 平成 22 年法律 6 号改正法附則 5 条
> 平成 29 年法律 4 号改正法附則 6 条

参考文献等
『所得税質疑応答集』(前出) 951・956・959・968・981 頁
『平成 22 年 2 月改訂 回答事例による所得税質疑応答集』(前出) 978・982・991 頁
『Q&A 所得税 控除適用の可否判断』(前出) 258 頁・263 頁

Question.49
親の事業専従者となっている配偶者を控除対象配偶者とすることの可否

　私は会社員の妻ですが、夫と生計を一にしている母の経営する事業(美容院)に従事し、青色事業専従者給与を受けています。しかし、私の給与の収入金額が少額ですので、給与所得控除額を差し引くと所得金額は 38 万円以下となります。このような場合に、夫は私を控除対象配偶者として配偶者控除を受けることができますか。

Answer.　あなたがご主人と生計を一にするお義母さんから青色事業専従者給与を受けている以上、ご主人の控除対象配偶者となることはできません。

■解 説

1 控除対象配偶者の範囲

　控除対象配偶者（平成30年1月1日以後は生計同一配偶者となります。以下同じ）とは、居住者の配偶者でその居住者と生計を一にするもの（青色事業専従者に該当するもので、給与の支払を受けるもの及び事業専従者に該当するものを除きます）のうち、合計所得金額が38万円以下の者をいいます（所法2①三十三）。

2 青色事業専従者の要件

　青色申告の場合、所得税法では、生計を一にする配偶者又は親族（年齢15歳以上の者に限ります）で専ら事業に従事する者に対して支払った給与を、青色申告者の事業所得に係る必要経費として認めています。ただし、その青色事業専従者として給与の支払を受ける場合には、控除対象配偶者又は扶養親族から除かれています（所法2①三十三・三十四）。

3 青色事業専従者に該当する者で給与の支払を受けるもの及び事業専従者に該当するものの範囲

　青色事業専従者給与を受けながら、一方において控除対象配偶者又は扶養親族となることはできないわけですが、この場合、その青色事業専従者を自己の控除対象配偶者又は扶養親族とすることができない者とは、青色事業専従者に対して給与を支払っている事業主と生計を一にする者とされています（所基通2-48）。

4 本件へのあてはめ

　ご質問の場合、あなたの給与所得の金額がたとえ38万円以下となっても、お義母さんの扶養親族となることはもちろん、お義母さんとご主人との生計が同じである限りご主人の控除対象配偶者となることもできませ

ん。

　なお、青色事業専従者が他の親族の控除対象配偶者や扶養親族となり得ないのは、その親族が事業主と生計を一にしている場合に限られますので、例えば、事業に従事していた子供が年の中途で結婚した場合などで、事業主と生計を一にしている場合であっても、事業主と生計を一にしない居住者の控除対象配偶者や扶養親族に該当するときは、その居住者の配偶者控除又は扶養控除の対象とすることができます（所基通2-48）。

　また、例えば、1月から3月までは事業に従事し給与の支給を受けており、4月から12月までは学校に通い事業に従事していない場合のように、そもそも青色事業専従者に該当しない場合には、たとえ1月から3月までに給与の支給を受けていたとしても、その居住者の配偶者控除や扶養控除の対象となります。この場合には、給与は必要経費とはされません。

関係法令通達
　所得税法2条
　所得税税基本通達2-48

参考文献等

『平成22年2月改訂 回答事例による所得税質疑応答集』（前出）999頁
『Q&A 所得税 控除適用の可否判断』（前出）296頁

9 税額計算の特例

Question.50
平均課税の適用要件

　その年中の総所得金額のうちの変動所得及び臨時所得について、平均課税の適用を受けるためには、一定の条件、すなわち、前年分又は前々年分の変動所得の金額の合計額の２分の１を超えていること等があると聞いています。この場合の「前年分又は前々年分の変動所得の金額の合計額」とは、それぞれの年分の確定申告において平均課税の適用を受けた金額をいうのでしょうか。

Answer.　平均課税の適用要件を判定する場合の変動所得の金額は、それぞれの年分の確定申告において平均課税の適用を受けたかどうかは関係ありません。

解説

1　平均課税の適用要件

　変動所得及び臨時所得の平均課税が適用されるのは次の条件に当てはまる場合に限ります。

（１）変動所得の金額及び臨時所得の金額の総所得金額に対する割合等の条件

　その年の変動所得の金額及び臨時所得の金額の合計額が総所得金額の20％以上であることが必要です（所法90①）。

　この場合、前年分及び前々年分に変動所得の金額があるときは、その年の変動所得の金額は前年分及び前々年分に変動所得の金額の合計額の２分の１を超えていることが必要となります。２分の１に相当する金額以下で

ある場合には、その年分の臨時所得の金額のみで総所得金額の20％以上であるかどうかを判定します（所法90①）。

(2) 手続上の条件

　変動所得及び臨時所得の平均課税の適用を受けるためには、確定申告書、修正申告書又は更正請求書にこの規定の適用を受ける旨及び計算に関する明細の記載が必要となります（所法90④）。

　なお、これらの判定に当たっては次の事項に注意する必要があります。

イ　変動所得の金額及び臨時所得の金額の合計額がその年分の総所得金額の20％以上であるかどうかの判定を行う場合、その年分の変動所得が赤字である場合には、その年分の臨時所得の金額だけで判定することになり（所基通90-6）、その年の変動所得がない場合も同様にその年の年分の臨時所得の金額だけで判定します。

　　また、総所得金額の20％の基準となる総所得金額は、源泉分離課税の対象となる利子所得、源泉分離課税や確定申告をしないことを選択した配当所得、分離課税の土地等の事業所得・雑所得（平成10年1月1日から平成32年3月31日までの間については適用なし）、分離課税の譲渡所得、分離課税の上場株式等に係る配当所得等の金額、一般株式等に係る譲渡所得等の金額、上場株式等に係る譲渡所得等の金額、先物取引に係る雑所得等の金額、山林所得、退職所得を除いたところで計算します（所法90①、措法8の4③、28の4⑤⑥、31③、32④、37の10⑥、37の11⑥、41の14②）。

ロ　前年以前2年以内に生じた変動所得があるかどうかは、前年又は前々年において、漁獲又はのりの採取から生ずる所得、はまち、まだい、ひらめ、かき、うなぎ、ほたて貝、真珠（真珠貝を含みます）の養殖から生ずる所得、原稿又は作曲の報酬に係る所得及び著作権の使用料に係る所得があったかどうかで判定し、これらの年分で平均課税の適用を受けたかどうかは問わないことになっています。また、これらの所得のうちに損失を生じているものがあるときは、これらの所得

間においてだけ通算を行った後の金額の変動所得があるかどうかを判定します（所基通90-2）。

ハ　前年分及び前々年分のいずれかの年分の変動所得が赤字である場合に、「前年分及び前々年分の変動所得の金額の合計額の2分の1に相当する金額」（所法90①③）は、そのいずれかの年分の変動所得の赤字を他の年分の変動所得の金額と通算した後の黒字の金額の2分の1に相当する金額とされます（所基通90-7）。

ニ　平均課税は、その年分の変動所得及び臨時所得の全部について適用されるので、その年分の確定申告書、修正申告書又は更正請求書に変動所得又は臨時所得のうちのいずれか一方だけについて適用を受ける旨を記載している場合であっても、他方の所得についても平均課税の適用があります（所基通90-10）。

2　本件へのあてはめ

　変動所得について平均課税の適用を受けるに当たって、前年分又は前々年分に変動所得がある場合は、上記1のとおり、その年分の変動所得の金額が、これら両年分の変動所得の金額の合計額の2分の1を超えていることが要件とされています（所法90①③）。

　この場合、法令上、単に「前年分又は前々年分に変動所得がある場合」とあるだけで、このほかに何らの条件も付されていません。

　したがって、前年分又は前々年分に変動所得がある場合には、それぞれの年分について平均課税の適用を受けたかどうかにかかわらず、その年分の変動所得の金額がこれら両年分の変動所得の金額の合計額の2分の1を超えていない限り、その年分の変動所得の金額について平均課税の適用を受けることはできないことになります。

> **関係法令通達**
>
> 所得税法 90 条
> 所得税基本通達 90-2、90-6、90-7、90-10
> 租税特別措置法 8 条の 4、28 条の 4、31 条、32 条、37 条の 10、37 条の 11、41 条の 14

参考文献等

『所得税質疑応答集』(前出) 1035 頁
『平成 22 年 2 月改訂 回答事例による所得税質疑応答集』(前出) 1008 頁

10 税額控除

10-1 配当控除

Question.51

配当控除額の計算

　私には株式の配当がありますが、課税総所得金額等の合計額は1,000万円以下です。

　課税総所得金額等の額により控除率が異なるそうですが、配当控除について教えてください。

Answer.　株式の配当がある場合、課税総所得金額（山林・退職所得は除きます）等が1,000万円以下の場合、株式の配当については、10％の配当控除ですが、1,000万円を超える部分に対応する配当所得については5％になります。

▌解　説

1　配当控除の対象となる配当所得と対象とならない配当所得

（1）配当控除の対象となる配当所得（内国法人から受ける次のもの）（所法92）。

　イ　剰余金の配当（所法24①）。ただし、株式又は出資に係るものに限るものとし、資本剰余金の額の減少に伴うもの並びに分割型分割（法人課税信託に係る信託の分割を含みます。以下同じ）によるもの及び株式分配（注1）を除きます。

　ロ　利益の配当（所法24①）。ただし、資産の流動化法の中間配当を含み、分割型分割によるもの及び株式分配（注1）を除きます。

　ハ　剰余金の分配（所法24①）。ただし、出資に係るものに限ります。

　ニ　金銭の分配（所法24①）。ただし、出資総額等の減少に伴う金銭の

分配を除きます(注2)。

ホ　証券投資信託の収益の分配（所法92）。ただし、オープン型の証券投資信託の収益の分配のうち、「特別分配金」（元本の払戻しに係る部分（所法9①十一））は含みません。

ヘ　一般外貨建等証券投資信託の収益の分配（措法9④）。

（注1）　平成29年4月1日以後に行われる株式分配について適用されます（平29法4改正法附則5）。

（注2）　平成27年4月1日以後に支払を受けるべき配当等について適用されます（平27法9改正法附則4）。

（2）　配当控除の対象とならない配当所得

イ　外国法人から受ける配当（所法92）。ただし、国内営業所等に信託されたものを除きます。

ロ　基金利息、特定受益証券発行信託の収益の分配（所法24）。

ハ　オープン型証券投資信託の収益の分配のうち、信託財産の元本の払戻し相当部分（所法9①十一）。

ニ　公募公社債等運用投資信託以外の公社債等運用投資信託の収益の分配（措法9①一・8の2①）。

ホ　国外私募公社債等運用投資信託等の配当等（措法9①二・8の3①）。

ヘ　外国株価指数連動型特定株式投資信託の収益の分配（措法9①三）。

ト　特定外貨建等証券投資信託の収益の分配（措法9①四）。

チ　適格機関投資家私募による証券投資信託のうち法人課税信託に該当するものから受けるべき配当等（措法9①五イ）。

リ　特定目的信託から受けるべき配当等（措法9①五ロ）。

ヌ　特定目的会社から受けるべき配当等（措法9①六）。

ル　投資法人から受けるべき配当等（措法9①七）。

ヲ　申告分離課税を選択した上場株式等の配当等（措法8の4①）。

ワ　確定申告をしないことを選択した配当（措法8の5①）。

2 配当控除額の計算

　総所得金額のうちに内国法人から支払を受ける配当所得（上記1の(1)の配当所得）があるときは、課税総所得金額、土地等に係る課税事業所得等の金額（平成10年1月1日から平成32年3月31日までの間については、適用なし）、分離課税の課税短期譲渡所得金額、分離課税の課税長期譲渡所得金額、分離課税の上場株式等に係る課税配当所得等の金額、一般株式等に係る課税譲渡所得等の金額、上場株式等に係る課税譲渡所得等の金額及び先物取引に係る課税雑所得等の金額の合計額（以下「課税総所得金額等」といいます。所法92②、措法8の4③四、28の4⑤三、⑥、31③四、32④、37の10⑥六、37の11⑥、41の14②五））の金額の区分により、次のとおり配当所得の金額にそれぞれの率を適用して計算した金額の合計額が配当控除額として税額から控除できます。

　なお、配当控除額を計算する場合の配当所得は、他の所得との損益通算をする前の配当所得の金額であり、また、計算した配当控除額がその年分の所得税額を超えるときは、所得税額相当額が限度とされます（所法92①②）。

(1) 課税総所得金額1,000万円以下である場合……次のイからハの合計額
　　イ　剰余金の配当、利益の配当、剰余金の分配、金銭の分配及び特定株式投資信託の収益の分配（以下「剰余金の配当等」といいます）に係る配当所得（A）× 10％
　　ロ　B × 5％
　　ハ　C × 2.5％
　　　A：剰余金の配当等に係る配当所得（以下同じ）
　　　B：証券投資信託の収益の分配に係る配当所得（以下同じ）
　　　C：一般外貨建等証券投資信託の収益の分配に係る配当所得（以下同じ）

(2) 課税総所得金額1,000万円を超える場合
　　イ　（課税総所得金額 − B）≦ 1,000万円

(イ)（課税総所得金額－C）≦ 1,000万円……次の①から③の合計額
　　　① A × 10%
　　　② (B－C) × 5%
　　　③ 〔Cのうち（課税総所得金額－1,000万円）〕× 1.25％＋Cのうち左記以外 × 2.5％
　　(ロ)（課税総所得金額－C）＞ 1,000万円……次の①から③の合計額
　　　① A × 10%
　　　② ｛(B－C)のうち〔課税総所得金額－(1,000万円＋C)〕｝× 2.5％＋〔(B－C)のうち左記以外〕× 5％
　　　③ C × 1.25％
　ロ　イ以外の場合……次の(イ)から(ハ)の合計額
　　(イ)（Aのうち、課税総所得金額から1,000万円とBの合計額を控除した金額に達するまでの部分）× 5％＋Aの金額のうち左記以外 × 10％
　　(ロ) B × 2.5％
　　(ハ) C × 1.25％

3　本件へのあてはめ

　ご質問の場合、配当控除額の計算は、課税総所得金額の合計額が1,000万円を超える場合、その超える部分に相当する配当所得の金額については5％相当額とそれ以外の配当所得の金額の10％相当額の合計額が配当控除の金額となります（証券投資信託の収益の分配に係る所得等はないものとします）。

関係法令通達

所得税法9条、24条、92条
租税特別措置法8条の4、8条の5、9条、28条の4、31条、32条、37条の10、37条の11、41条の14
租税特別措置法施行令4条の4
平成27年法律9号改正法附則4条
平成29年法律4号改正法附則5条

参考文献等

『所得税質疑応答集』（前出）1101頁
『平成22年2月改訂 回答事例による所得税質疑応答集』（前出）1038頁
『平成29年3月申告用 所得税確定申告の手引』（前出）819頁～821頁
『Q&A 所得税 控除適用の可否判断』（前出）309頁

10-2 外国税額控除

Question.52
外国税額控除と更正の請求

私は確定申告の際、外国税額控除の適用をしないで申告してしまいました。外国税額控除に係る更正の請求はできますか。

Answer. 平成23年12月2日の属する年分以後、すなわち、平成23年分以後の所得税から、更正の請求ができることになりました。

解説

1 外国税額控除の手続

外国税額控除の規定の適用を受けるには、確定申告書、修正申告書又は更正請求書に外国税額控除に関する明細書及び控除対象外国所得税を課されたことを証する申告書等の写し等のほか、各所得ごとに計算された国外所得総額の計算に関する明細書を添付する必要があります（所法95⑩⑪、

所規41、42)。

なお、適用を受けることができる金額は、これらの書類に記載された金額が限度となります。

2 更正の請求の改正

申告書を提出した後で、所得金額や税額などを実際より多く申告していたことに気付いたときには、「更正の請求」という手続により訂正を求めることができます。この「更正の請求」について、平成23年度税制改正で次のような改正が行われました。なお、この改正は、平成23年12月2日以後に法定申告期限が到来する国税について適用されます。

(1) 更正の請求期間の延長

更正の請求ができる期間が法定申告期限から5年(改正前:1年)に延長されました(通則法23)。

この改正に伴い、平成23年12月2日より前に法定申告期限が到来する国税で、更正の請求の期限を過ぎた課税期間について、増額更正ができる期間内に「更正の申出書」の提出があれば、調査によりその内容の検討をして、納め過ぎの税金があると認められた場合には、減額の更正を行うことになります(申出のとおりに更正されない場合であっても、不服申立てをすることはできません)。

(2) 更正の請求の範囲の拡大

イ　当初申告要件の廃止

当初申告の際、申告書に適用金額を記載した場合に限り適用が可能とされていた措置(当初申告要件がある措置)のうち、一定の措置について、更正の請求により事後的に適用を受けることができるとされました。

その結果、外国税額控除について、当初申告要件が廃止され、更正の請求により事後的に適用を受けることができることとなりました。

ロ　控除額の制限の見直し

控除等の金額が当初申告の際の申告書に記載された金額に限定される「控除額の制限」がある措置について、更正の請求により、適正に計算された正当額まで当初申告時の控除等の金額を増額することとされました。

その結果、外国税額控除について、控除額の制限が見直され、更正の請求により、適正に計算された正当額まで当初申告時の控除等の金額を増額することができることとなりました。

3　本件へのあてはめ

ご質問の場合、外国税額控除について、上記2のとおり、平成23年度税制改正により、平成23年12月2日の属する年分以後の所得税における外国税額控除の適用に当たっては、当初申告要件が廃止され、従来の確定申告書に加え、修正申告書又は更正請求書に当該控除金額及びその計算に関する明細を記載した書類の記載があり、かつ、控除対象外国所得税の額を課されたことを証する書類その他財務省令で定める書類を添付した場合も適用できることとなりました（所法95⑩）。

―関係法令通達―
　所得税法95条
　国税通則法23条

参考文献等　『所得税質疑応答集』（前出）1143頁ノ1

10-3 住宅借入金等特別控除

Question.53
住宅借入金等特別控除の適用を受けていた者が国内勤務又は海外転勤となった場合

次のような場合、住宅借入金等特別控除の適用を受けることができますか。

1　私は会社員で、平成25年に住宅を購入し両親と妻子の5人でそこに住んでいましたが、平成28年に札幌に転勤となり、妻子とともに札幌の社宅に住むことになりました。転勤後は両親のみが自宅に残っています。

　私は、平成25年から住宅借入金等特別控除の適用を受けていますが、妻子とともに転居したため、平成28年分から住宅借入金等特別控除の適用を受けることができなくなるのでしょうか。

　なお、父には年金収入があり、母だけが私の扶養家族になっています。

2　私は会社員で、平成25年7月に住宅を取得し、住宅借入金等特別控除の適用を受けていましたが、平成28年4月に2年間の予定で海外勤務となり、単身赴任しました（家族は引き続き住んでいます）。住宅借入金等特別控除は10年間適用できることになっていますが、私の場合、平成28年分以後の期間について適用できるでしょうか。なお、私は、海外勤務期間中は非居住者となります。

Answer. 次のような取扱いになります。

1　転勤が終わった後は再びその家屋に居住することとなると認められれば、平成28年以降も引き続き住宅借入金等特別控除の適用を受けることができます。

2　非居住者の期間である平成28年分と平成29年分は適用されませんが、帰国予定後の平成30年分以降は適用を受けるこ

とができます。

■解 説
1 住宅借入金等特別控除

　個人(注1)が、一定の新築住宅若しくは既存住宅(注2)の取得又は増改築等をして、平成11年1月1日から平成33年12月31日までの間に自己の居住の用に供した場合(注3)に、その者がその住宅の取得等に係る借入金等を有するときは、その居住の用に供した日の属する年以後10年間(注4)の各年分(注6)の所得税額から一定額を控除します（措法41①②、平29法4改正法附則55）。

- （注1）　平成28年3月31日以前に住宅の取得等をした場合、その個人は、居住者であることが要件とされていました（平28法15改正法附則76①）。
　　　　　したがって、非居住者が平成28年4月1日以降に一定の要件を満たす住宅の取得等をし、その他一定の要件を満たす場合には、住宅借入金等特別控除の適用を受けることができます。
- （注2）　耐震基準又は経過年数基準に適合するものに限ります。
- （注3）　取得等の日から6か月以内に居住の用に供する必要があります。
- （注4）　居住日が平成11年1月1日から平成13年6月30日までの場合は15年間（その年の12月31日(注5)まで引き続き居住の用に供している年に限ります）。
- （注5）　その者が死亡した日の属する年にあっては、その死亡した日となります。なお、平成28年12月31日以前にこれらの家屋が災害により居住の用に供することができなくなった日の属する年にあっては、その日となります。
- （注6）　合計所得金額が3,000万円を超える年は除きます。

2　再び居住の用に供した場合の住宅借入金等特別控除の再適用等

（1）住宅借入金等特別控除の適用を受けていた者が、勤務先からの転任の命令等により居住の用に供しなくなった場合

　住宅借入金等特別控除の適用を受けていた者が、平成15年4月1日以後、

勤務先からの転任の命令等に伴い転居することとなり、適用を受けていた家屋を居住の用に供しなくなった後、その事由が解消し、再び居住の用に供した場合には、その住宅の取得等又は認定住宅の新築等に係る住宅借入金等特別控除の適用年のうち、再び居住の用に供した日の属する年(注)以後の各年分について、一定の要件の下でその控除の再適用を受けることができます（措法41⑱）。

　（注）　再居住の用に供した日の属する年に家屋を賃貸の用に供していた場合には、その年の翌年になります。

(2) 居住の用に供した日の属する年の12月31日までに、勤務先からの転任の命令等により居住の用に供しなくなった場合

　住宅の取得等又は認定住宅の新築等をして、平成21年1月1日以後に、自己の居住の用に供した者(注1)が、その居住の用に供した日以後その年の12月31日までの間に、勤務先からの転任の命令等により、その家屋をその者の居住の用に供しなくなった後、その事由が解消し、再びその家屋を居住の用に供した場合には、通常の住宅借入金等特別控除の適用を受けるための書類及び当初居住の用に供した年において居住の用に供していたことを証する書類の提出等、一定の要件の下で、その住宅の取得等及び認定住宅の新築等に係る住宅借入金等特別控除の適用年のうち、再び居住の用に供した日の属する年(注2)以後の各年分について、その控除の適用を受けることができます（措法41㉑、平21法13改正法附則33①）。

　（注1）　住宅の取得の日又は認定住宅の新築の日若しくは取得の日から6か月以内にその者の居住の用に供した場合で、その住宅の取得等又は認定住宅の新築等のための住宅借入金等を有する者に限ります。
　（注2）　再居住の用に供した日の属する年に家屋を賃貸の用に供していた場合には、その年の翌年になります。

　なお、平成24年12月31日以前に自己の居住の用に供しなくなった場合については、上記要件のほか、その家屋をその者の居住の用に供しなくなった後、当初居住の用に供した年の翌年以後再びその家屋を居住の用に供した場合でなければ、その控除の適用を受けることができません（旧措

法41⑭、平25法5改正法附則55③)。

(3) 引き続き居住の用に供している場合（措通41-2）

　租税特別措置法41条1項に規定する「引き続き居住の用に供している場合」とは、住宅の取得等又は認定住宅の新築等をした者が現に引き続きその居住の用に供していることをいうところ、これに該当するかどうかの判定に当たっては、次によります。

　イ　その者が、転勤、転地療養その他のやむを得ない事情により、配偶者、扶養親族でその他その者と生計を一にする親族と日常の起居を共にしないこととなった場合において、その家屋をこれらの親族が引き続き居住の用に供しており、そのやむを得ない事情が解消した後その者が共にその家屋に居住することとなると認められるときは、その者がその家屋を引き続き居住の用に供しているものとします。

　ロ　その家屋を居住の用に供した日（以下「居住日」といいます）の属する年（以下「居住年」といいます）以後10年以内(注)に、災害により一部損壊した場合において、その損壊部分の補修工事等のため一時的にその者がその家屋を居住の用に供しないこととなる期間があったときは、その期間もその者が引き続き居住の用に供しているものとします。

　（注）居住年が平成11年若しくは平成12年である場合、居住日が平成13年1月1日から同年6月30日までの期間内である場合又は居住年が平成19年若しくは平成20年で租税特別措置法41条6項の規定を適用する場合には、15年以内とします。

(4) 再び居住の用に供した場合（措通41-4）

　租税特別措置法41条18項及び21項に規定する「再びその者の居住の用に供した」とは、新築等又は増改築等をした者が現に再びその家屋を居住の用に供したことをいうところ、その者の配偶者、扶養親族でその他その者と生計を一にする親族が再びその居住の用に供したときで、同条18項及び21項に規定する「給与等の支払者からの転任の命令に伴う転居そ

の他これに準ずるやむを得ない事由」が解消した後はその者がともにその家屋に居住することとなると認められるときは、これに該当するものとされています。

3 本件へのあてはめ

(1) 両親だけを残して、妻子を伴って転勤した場合（ご質問1）

転勤というやむを得ない事情による転居であること、奥さんやお子さんとともに札幌に転居しても、生計を一にする親族（母）が自宅に残っていることが認められるので、転勤が終わった後は再びその家屋に居住することとなると認められれば、引き続き住宅借入金等特別控除の適用を受けることができます。

(2) 住宅借入金等特別控除の適用を受けている者が海外勤務となった場合（ご質問2）

住宅借入金等特別控除は、居住者に対する特例であり、その年の年末まで引き続き居住の用に供していることを要件としているところ（控除額も年末における借入金等の残高を基に計算されます）、年末において非居住者に該当している年（平成28年分及び平成29年分）については適用されません。また、非居住者期間中（平成28年3月31日以前に限ります）に住宅を取得した場合には制度が一切適用されません。

次に、帰国して居住者となった平成30年分以後の年分ですが、単身赴任者等の場合の租税特別措置法通達41-2の取扱いは本人の居住場所を問題としていないので、海外勤務により外国で居住することになったとしても、同通達に掲げる要件を満たしていれば「引き続き居住の用に供している」こととして取り扱うことが相当であると考えられます。

したがって、あなたが海外勤務により単身赴任をしている間、家族がその家屋に引き続き住んでおり、海外勤務終了後は家族とともにその家屋に住むこととなる場合には、帰国後の年（平成30年分以降）について再度控除が認められることになります。

関係法令通達

租税特別措置法41条
租税特別措置法施行規則18条の21
租税特別措置法所得税関係通達41-2、41-4
平成21年法律13号改正法附則33条1項
平成25年法律5号改正法附則55条3項
平成28年法律15号改正法附則76条1項
平成29年法律4号改正法附則55条

参考文献等
国税庁ホームページ（タックスアンサー）
『所得税質疑応答集』（前出）1113頁
『平成22年2月改訂 回答事例による所得税質疑応答集』（前出）1055・1057頁
『平成29年版 図解 所得税』（前出）591・617頁
『Q&A 所得税 控除適用の可否判断』（前出）341頁

Question.54
父の所有する住宅について息子が増改築する場合

　父と同居している息子甲が父の所有する家屋について増改築をしました。増改築の費用はすべて甲が借入金によって負担しました。増改築後の家屋について甲の増改築に係る負担額を考慮して父と共有登記をすることとしました。
　この場合、甲は住宅借入金等特別控除の適用を受けられますか。

Answer. 甲は住宅借入金等特別控除の適用を受けることができません。

■解説
1 対象となる増改築

住宅借入金等特別控除の適用の対象となる家屋の増改築とは、あくまでも自己の所有している家屋（家屋を2以上有している場合には、主として自己の居住の用に供する1の家屋に限られます）について行う増築、改築等の工事（これらの工事と併せて行うその家屋と一体となって効用を果たす設備の取替え、取付け工事を含みます）をいいます（措法41①⑬、措令26④）。

2 本件へのあてはめ

ご質問の場合、自己が所有していない家屋について増改築を行い、その後共有により持分を取得しても現に所有していない家屋について増改築を行ったものであり、要件を満たさないので、住宅借入金等特別控除の適用はありません。

なお、増築に伴う家屋の持分の変更については、父は家屋の持分の増築費用を息子甲に負担させたため、その対価として、父の家屋の持分の一部を譲渡することになりますから、父について譲渡所得の課税関係が生じます。

関係法令通達

租税特別措置法 41 条
租税特別措置法施行令 26 条

参考文献等

裁決事例▶平 11.9.1 裁決：措法 41 条 3 項は、居住者が所有している家屋に増築、改築その他政令で定める工事をした場合を増改築等と規定しており、増改築時点で当該家屋を所有していることが適用要件と解されるところ、父親所有の家屋に増改築を行い、増改築後に当該家屋を取得した場合にも住宅借入金等特別控除の適用はないとした事例（裁決事例集 No.58-140 頁）

裁決事例▶平 17.12.7 裁決：措法 41 条 1 項・4 項は、居住の用に供し、かつ、所有しているか否かの判断の基準となる時は、増改築等の工事がされた時であることは文理上明らかであるところ、父親が所有する家屋に増改築を行い、増改築工事後に当該家屋に居住を開始したとしても、住宅借入金等特別控除の適用はないとした事例（裁決事例集 No.70-189 頁）

国税庁ホームページ（所得税質疑応答事例）
『所得税質疑応答集』（前出）1118 頁ノ 8 ノ 11
『平成 22 年 2 月改訂 回答事例による所得税質疑応答集』（前出）1075 頁
『Q&A 所得税 控除適用の可否判断』（前出）379 頁

Question.55
相続により家屋及び債務を引き継いだ場合

住宅借入金等特別控除を受けていた者が死亡し、相続人が家屋及び当該家屋の取得に要した借入金を相続し、借入金の返済を行っています。相続人は、住宅借入金等特別控除を受けることができますか。

Answer. 相続人は、住宅借入金等特別控除を受けることはできません。

■解 説
1 家屋を相続により引き継いだ場合の取扱い

　住宅借入金等特別控除の対象となる借入金は、家屋を取得等する者に限られています。相続人は、結果として借入金を有するものの、それは相続という身分関係により債務を承継しているのであり、住宅を取得するための借入金に該当しません。

　なお、死亡した者については、死亡日現在の借入金残高により死亡した年分について住宅借入金等特別控除を受けることができることになります。

2 本件へのあてはめ

　ご質問の場合、上記1のとおり相続人の借入金は住宅を取得するための借入金には該当しないので、住宅借入金等特別控除は受けられません。

関係法令通達
　租税特別措置法41条

参考文献等　｜　国税庁ホームページ（所得税質疑応答事例）
　　　　　　　『所得税質疑応答集』（前出）1118頁ノ10
　　　　　　　『Q&A　所得税　控除適用の可否判断』（前出）417頁

Question.56
土地の先行取得に係る住宅借入金等特別控除

　私はサラリーマンですが、平成26年11月に自己資金とA銀行からの借入金により土地を購入し、更に平成27年6月にB銀行から融資を受け、同年11月にその土地の上に住宅を建築しました。その後、子供の学校な

どの事情により、実際にその住宅に居住したのは平成28年3月末となりました。

ところで、住宅借入金等特別控除の対象となる借入金の範囲に土地取得の部分が含まれると聞きましたが、私の場合は対象になりますか。

なお、借入金はいずれも住宅を取得する目的で融資を受けた償還期間が25年のものですが、土地を先行取得することについて建築条件等の契約はありません。

Answer. A銀行の借入金を担保するためにその新築された住宅を目的とする抵当権の設定がされたことなど一定の要件に該当すれば、建築の日前2年以内（平成26年中）に取得した土地に係る借入金も住宅借入金等特別控除の対象となります。

■解 説

1 住宅借入金等特別控除の対象となる住宅借入金等の範囲

住宅借入金等特別控除の対象となる住宅借入金等の範囲には、住宅の取得とともにする住宅借入金等特別控除の対象となる住宅の敷地の用に供される土地又は土地の上に存する権利（以下「土地等」といいます）の取得に要する資金に充てるための借入金又はその取得の対価に係る債務として一定の要件に該当する借入金又は債務で、償還期間又は賦払期間が10年以上の割賦償還又は割賦払の方法により返済し、又は支払うこととされているものが含まれます。

2 敷地の先行取得に係る住宅借入金等の範囲

金融機関から借り入れた土地に係る借入金が住宅借入金等に該当するためには、その土地が新築の日前2年以内に取得されたものであり、かつ、次のいずれかの抵当権が設定されている必要があります（措令26⑧六）。

① 金融機関等からの借入金に係る債権を担保するためのその家屋を目

的とする抵当権

② その借入金に係る債務を保証する者のその保証に係る求償権を担保するためのその家屋を目的とする抵当権

③ その借入金に係る債務の不履行により生じた損害を塡補することを約する保険契約を締結した保険者のその塡補に係る求償権を担保するためのその家屋を目的とする抵当権

なお、この土地等の取得に係る借入金等の金額については、各適用年の12月31日（その者が死亡した日の属する年又は居住用家屋若しくは既存住宅又は増改築等をした家屋のその増改築等に係る部分を災害により居住の用に供することができなくなった日の属する年にあっては、これらの日）においてその土地等の上に建築された対象住宅の新築又は取得に係る住宅借入金等の金額を有しない場合には、住宅借入金等特別控除の適用はありません（措法41①、措令26⑲）。

すなわち、土地等の取得に係る借入金等の金額のみを有する場合には、その適用年については、住宅借入金等特別控除の適用は全くないことになります。

3　本件へのあてはめ

ご質問の場合には、土地を先行取得することについて建築条件等の契約はないということですから、Ａ銀行から借り入れた土地に係る借入金が住宅借入金等に該当するためには、上記2のとおり、その土地が新築の日前2年以内に取得されたものであり、かつ、その新築された住宅を目的とする抵当権の設定がされたことなど一定の要件に該当する必要があります。

┌─ **関係法令通達** ─────────────────
│　租税特別措置法 41 条
│　租税特別措置法施行令 26 条
└─────────────────────────

参考文献等　裁決事例▶平 14.5.22 裁決：居住用家屋の敷地の取得に充てるための借入金が住宅借入金等に該当するためには、当該土地の分譲契約に不成立条件の定めがあること、又は、当該家屋を目的とする抵当権が設定されていること等の要件が必要であるところ、これらの条件が満たされていないことから、措令 26 条 8 項 5 号の要件に該当せず、当該住宅借入金等は住宅借入金等特別控除の対象とはならないとした事例（裁決事例集 No.63-255 頁）

国税庁ホームページ（所得税質疑応答事例）
『所得税質疑応答集』（前出）1126 頁ノ 37
『平成 22 年 2 月改訂 回答事例による所得税質疑応答集』（前出）1117 頁
『Q&A 所得税 控除適用の可否判断』（前出）430 頁

10-4 特定増改築等住宅借入金等特別控除

■Question.57
バリアフリー改修工事を行った年の翌年以降に適用対象者の要件を満たさなくなった場合及びその年の年末までに同居する高齢者等が死亡した場合

　次のような場合、バリアフリー改修工事に係る特定増改築等住宅借入金等特別控除の適用を受けることはできますか。
1　私は、介護保険法の要介護認定を受けていたので、平成 27 年に高齢者等居住改修工事等（バリアフリー改修工事）を行い、バリアフリー改修工事に係る特定増改築等住宅借入金等特別控除の適用を受けましたが、翌年に要介護認定者でなくなりました。この場合、翌年以後もこの控除の適用を受けることはできるでしょうか。

2　私は、平成28年に介護保険法の要支援認定を受け同居している母親のために高齢者等居住改修工事等（バリアフリー改修工事）を行いましたが、その工事終了後、年末までの間に母親が亡くなってしまいました。この場合、バリアフリー改修工事に係る特定増改築等住宅借入金等特別控除の適用を受けることはできるでしょうか。

Answer. 次のように取り扱います。
　　1　翌年以後もバリアフリー改修工事に係る特定増改築等住宅借入金等特別控除の適用を受けることができます。
　　2　バリアフリー改修工事に係る特定増改築等住宅借入金等特別控除の適用を受けることができます。

▌解 説

1　適用を受けることができる者

　バリアフリー改修工事を行い一定の要件を満たす個人で、次のいずれかに該当する個人は、選択により一般の住宅借入金等特別控除に代えてバリアフリー改修工事に係る特定増改築等住宅借入金等特別控除の適用を受けることができます（措法41の3の2①②）。
　①　年齢50歳以上である者
　②　介護保険法19条1項に規定する要介護認定を受けている者
　③　介護保険法19条2項に規定する要支援認定を受けている者
　④　所得税法2条1項28号に規定する障害者に該当する者
　⑤　年齢65歳以上である親族又は前記②から④のいずれかに該当する親族と同居を常況としている者

2　判定の時期

　上記1の①から⑤の判定は、原則として住宅の増改築等をした部分を居住の用に供した年（居住年）の12月31日の現況により行うことになります。

ただし、年の中途で死亡した場合には、その死亡した時の現況により判定し、要介護認定若しくは要支援認定を受けている者又は障害者に該当する者に当たらなくなった場合には、その当たらないこととなった時の直前の時の現況により判定することになります。

　なお、その判定の時において、要介護認定又は要支援認定を受けていない者であっても、その認定を申請中であり、特定増改築等住宅借入金等特別控除の適用を受けようとする確定申告書を提出するときまでにその申請に基づきその認定を受けた者は、その判定の時において要介護認定又は要支援認定を受けている者として差し支えないこととされています（措通41の3の2-1）。

3　適用を受けることのできる要件

　バリアフリー改修工事に係る特定増改築等住宅借入金等特別控除の適用を受けることができる居住者が、自己の所有する家屋について、バリアフリー工事を行い居住の用に供した場合は、その居住の用に供した日の属する年以後5年間の各年において、引き続き居住の用に供している限り、この規定を適用することができます。

4　本件へのあてはめ

(1)　バリアフリー改修工事を行った年の翌年以降に適用対象者の要件を満たさなくなった場合

　ご質問の場合、平成27年のバリアフリー改修工事に係る特定増改築等住宅借入金等特別控除の適用を受けた翌年に要介護認定者でなくなったとのことですが、この制度の適用を受けられる者かどうかの判定は、居住の用に供したとき（平成27年）に行われるので、翌年以後も引き続きバリアフリー改修工事に係る特定増改築等住宅借入金等特別控除の適用を受けることができます。

(2) バリアフリー改修工事を行った年の年末までに同居する高齢者等が死亡した場合

　ご質問の場合、お母さんは年末までに亡くなっていますが、上記2により、亡くなる直前の現況により判定するので、選択により一般の住宅借入金等特別控除に代えてバリアフリー改修工事に係る特定増改築等住宅借入金等特別控除の適用を受けることができます。

関係法令通達
租税特別措置法41条の3の2
租税特別措置法所得税関係通達41の3の2-1

参考文献等　国税庁ホームページ（所得税質疑応答事例）
『所得税質疑応答集』（前出）1118頁ノ8ノ7・1118頁ノ8ノ9
『平成22年2月改訂 回答事例による所得税質疑応答集』（前出）1067頁
『Q&A 所得税 控除適用の可否判断』（前出）354頁

10-5 住宅耐震改修特別控除

Question.58
既存住宅の耐震改修をした場合の所得税額の特別控除（住宅耐震改修特別控除額）

　本年、自己所有の住宅の耐震改修工事をしましたが、所得税の税額控除を受けられると聞きました。その概要を教えてください。

Answer.　個人が、平成18年4月1日から平成33年12月31日までの間に、地方公共団体が作成した一定の計画の区域内において、その者の居住の用に供する家屋（昭和56年5月31日以前に建築されたものに限ります）の住宅耐震改修をした場合には、その

者のその年分の所得税の額から、次の解説の3の算式により計算した金額を控除することができます。

なお、平成23年6月30日以前に住宅耐震改修に係る契約を締結した場合は、対象物件が、住宅耐震改修特別控除の適用される計画の区域内にあるかどうかについて、物件所在地の都道府県又は市区町村の建築部局又は住宅部局に確認する必要があります。

▌解 説

1 住宅耐震改修特別控除の概要

住宅耐震改修をした場合の住宅耐震改修特別控除とは、個人が、平成18年4月1日から平成33年12月31日までの間に、昭和56年5月31日以前に建築された自己の居住の用に供する家屋について住宅耐震改修した場合には、一定の金額をその年分の所得税の額から控除するものです（措法41の19の2、措令26の28の4、措規19の11の2）。

なお、この特別控除は、自己が所有していない家屋でも自己が居住の用に供する家屋であればその適用を受けることができます。

また、この特別控除と住宅借入金等特別控除の、いずれの要件も満たしている場合には、この特別控除と住宅借入金等特別控除の両方について適用を受けることができます。ただし、平成26年4月1日以後に、要耐震改修住宅（建築後使用されたことのある家屋で、耐震基準等に適合しない一定の家屋をいいます）を取得した場合には、一定の要件を満たすことにより住宅借入金等特別控除を適用することはできますが、住宅耐震改修特別控除を適用することはできません。

2 住宅耐震改修特別控除の適用要件

個人が住宅耐震改修を行った場合で、住宅耐震改修特別控除の適用を受けることができるのは、次のすべての要件を満たすときです（措法41の

19の2①、措令26の28の4①、措規19の11の2①)。

　なお、その者の居住の用に供するために既存住宅を取得し、その取得後に住宅の耐震改修をして、その者の居住の用に供する場合も含まれます。

　また、この住宅耐震改修特別控除は、①「居住者」が住宅耐震改修を行った場合、②「非居住者」が平成28年4月1日以降に住宅耐震改修を行った場合に受けることができます（平28法15改正法附則80）。

(1) 昭和56年5月31日以前に建築された家屋であって、自己の居住の用に供する家屋であること。

　なお、居住の用に供する家屋を2つ以上所有する場合には、主として居住の用に供する一つの家屋に限られます。

(2) 耐震改修（地震に対する安全性の向上を目的とした増築、改築、修繕又は模様替えをいいます）をした家屋が、現行の耐震基準に適合するものであること。

　なお、控除の対象となる住宅耐震改修を行った場合、申請により地方公共団体の長、登録住宅性能評価機関、指定確認検査機関、建築士又は住宅瑕疵担保責任保険法人から「住宅耐震改修証明書」が発行されます。

(3) 平成23年6月30日以前に住宅耐震改修に係る契約を締結した場合には、住宅耐震改修のための一定の事業を定めた計画の区域内の家屋であることが必要です。なお、対象となる一定の計画区域は、後記4のとおりです。

3　住宅耐震改修特別控除の控除額の計算方法

　住宅耐震改修特別控除の控除額は、次に掲げる計算方法により算出します（100円未満の端数金額は切り捨てます）。

(1) 平成26年4月1日から平成33年12月31日までの間に住宅耐震改修をした場合

【算式】

$$\boxed{\text{住宅耐震改修に係る耐震工事の標準的な費用の額(注1)(注2)}} \times 10\% = \boxed{\text{控除額（最高25万円(注3)）}}$$

(注1) 「住宅耐震改修に係る耐震工事の標準的な費用の額」とは、住宅耐震改修に係る工事の種類ごとに単位当たりの標準的な工事費用の額として定められた金額に、その住宅耐震改修に係る工事を行った床面積等を乗じて計算した金額をいいます。なお、この額は、住宅耐震改修証明書において確認することができます。

(注2) 補助金等の交付を受ける場合には、その補助金等の額を控除した金額となります。

(注3) 住宅耐震改修に要した費用の額に含まれる消費税額等（消費税額及び地方消費税額の合計額をいいます）のうちに、8％又は10％の消費税及び地方消費税の税率により課されるべき消費税額等が含まれている場合であり、それ以外の場合の控除額は最高20万円となります。

(2) 平成21年1月1日から平成26年12月31日までの間に住宅耐震改修をした場合

【算式】

$$\boxed{\begin{array}{l}\text{次の①及び②のいずれか少ない方の金額}\\ \text{① 住宅耐震改修に要した費用の額(注1)}\\ \text{② 住宅耐震改修に係る耐震工事の標準的な費用の額(注2)}\end{array}} \times 10\% = \boxed{\text{控除額（最高20万円）}}$$

(注1) 「住宅耐震改修に要した費用の額」とは、平成23年6月30日以降に住宅耐震改修に係る契約をして、その住宅耐震改修工事の費用に関し、補助金等（国又は地方公共団体から交付される補助金又は交付金その他これらに準ずるものをいいます）の交付を受ける場合には、その補助金等の額を控除します（措法41の19の2①、平23法82改正法附則46）。なお、この額は、住宅耐震改修証明書において確認することができます。

(注2) 「住宅耐震改修に係る耐震工事の標準的な費用の額」とは、住宅耐震改修に係る工事の種類ごとに単位当たりの標準的な工事費用の額とし

て定められた金額に、その住宅耐震改修に係る工事を行った床面積等を乗じて計算した金額をいいます。なお、この額は、住宅耐震改修証明書において確認することができます。

(3) 平成18年4月1日から平成20年12月31日までの間に住宅耐震改修をした場合

【算式】

| 住宅耐震改修に要した費用の額 | × 10% = | 控除額（最高20万円） |

4　対象となる一定の計画区域

平成23年6月30日以前に住宅耐震改修に係る契約を締結した場合は、適用対象となる地域の要件が定められています（平23法82改正法附則46）。

なお、対象となる一定の計画区域は、次のとおりです。

① 地方公共団体の作成した地域における多様な需要に応じた公的賃貸住宅等の整備等に関する特別措置法6条1項に規定する地域住宅計画（旧措法41の19の2①）

② 地方公共団体の作成した建築物の耐震改修の促進に関する法律5条1項に規定する都道府県耐震改修促進計画（旧措令26の28の4①一）

③ 住宅耐震改修促進計画（地方公共団体の作成した地域における地震に対する安全を確保するための住宅の耐震診断の促進に関する事業を定めた計画）（旧措令26の28の4①二）

5　住宅耐震改修特別控除の適用を受けるための手続と必要な書類

(1) 平成26年4月1日以後に住宅耐震改修をした場合

住宅耐震改修特別控除の適用を受けるためには、必要事項を記載した確定申告書に、次に掲げる書類を添付して、納税地（原則として住所地）の所轄税務署長に提出する必要があります（措法41の19の2③、措規19の

11の2③④)。
　① 住宅耐震改修特別控除額の計算明細書
　② 住宅耐震改修証明書（平成29年4月1日以後居住開始の場合は増改築等工事証明書）
　③ 家屋の登記事項証明書など、家屋が昭和56年5月31日以前に建築されたものであることを明らかにする書類
　④ 住民票の写し（平成28年1月1日以降に耐震改修工事をした場合は不要です）
　　なお、住民票の写しの添付に当たっては、個人番号が記載されていないものを添付することとなります。
　⑤ 給与所得者の場合は、給与所得の源泉徴収票
　　なお、ⅰ）確定申告書の提出がなかった場合又はⅱ）控除額の記載若しくはⅲ）添付書類がない確定申告書の提出があった場合においても、その提出又は記載若しくは添付がなかったことについてやむを得ない事情があると税務署長が認めるときは、上記の書類等を提出することにより、この控除を受けることができます（措法41の19の2④)。下記(2)においても同じです。

(2) 平成26年3月31日以前に住宅耐震改修をした場合

　住宅耐震改修特別控除の適用を受けるためには、必要事項を記載した確定申告書に、次に掲げる書類を添付して、納税地（原則として住所地）の所轄税務署長に提出する必要があります。
　① 住宅耐震改修特別控除額の計算明細書
　② 請負契約書の写し、補助金等の額を明らかにする書類(注)、住宅耐震改修証明書、住宅耐震改修をした家屋であること、住宅耐震改修に要した費用の額、住宅耐震改修に係る耐震工事の標準的な費用の額、住宅耐震改修をした年月日を明らかにする書類
　（注） 平成23年6月30日以降に住宅耐震改修に係る契約をして、その住宅耐震改修に関し補助金等の交付を受けている場合には、補助金等の額を

証する書類も添付することになります。

③　家屋の登記事項証明書など、家屋が昭和56年5月31日以前に建築されたものであることを明らかにする書類

④　住民票の写し

　なお、住民票の写しの添付に当たっては、個人番号が記載されていないものを添付することとなります。

⑤　給与所得者の場合は、給与所得の源泉徴収票

　なお、平成26年6月30日以前に契約した住宅耐震改修についてこの控除を受ける場合は、上記①、②のうち住宅耐震改修証明書及び④の書類の添付が必要となります。この場合、住宅耐震改修証明書については、地方公共団体の長が発行する証明書で対象となる契約の区域内であることの証明のみがされた場合は、建築士等の発行する証明書も必要となります。

関係法令通達

租税特別措置法41条、41条の19の2
租税特別措置法施行令26条の28の4
租税特別措置法施行規則19条の11の2
平成23年法律82号改正法附則46条
平成28年法律15号改正法附則80条

参考文献等

国税庁ホームページ（タックスアンサー）
『平成22年2月改訂 回答事例による所得税質疑応答集』（前出）1156頁
『平成29年版　図解 所得税』（前出）644頁～646頁
『Q&A 所得税 控除適用の可否判断』（前出）478頁

11 確定申告等

Question.59
勤務先が源泉所得税を未納付の場合の確定申告

　私はサラリーマンですが、給与等から源泉徴収された所得税の還付を受けるための申告書を税務署に提出しました。

　なお、勤務先は業績不振のため、給与等から預かった源泉所得税を納付せず、資金繰りに充てているようです。

　この場合、勤務先が源泉所得税を納付していない場合であっても、確定申告により、所得税の還付を受けることができますか。

Answer.　源泉所得税が未納であっても、確定申告により所得税の還付を受けることができます。

解 説
1 源泉徴収に係る所得税のみなし納付の取扱い

　居住者に対して国内において給与等の支払をする場合には、その支払の際、その給与等について所得税を源泉徴収し、原則として徴収の日の属する月の翌月10日までに国に納付する制度を基本としています（所法183①）。

　ところで、給与等の支払者が徴収した所得税を国に納付している場合は問題ありませんが、支払者の都合等で、税引後の給与は従業員に支払っても源泉所得税を納付していない場合には、所得税の納税者の立場にある従業員にとって、税金の納付をどのように扱うべきかが問題となります。

　このような場合、所得税法では、給与等の支払者が、給与等の支払に当たって所得税を源泉徴収した場合には、源泉徴収された給与所得者の所得税の還付又は充当については、所得税を源泉徴収して納付義務を負う者が、

その所得税を国に納付すべき日（徴収の日が納付すべき日後であるときは、徴収の日）に、その源泉所得税の納付があったものとみなして取り扱うこととなっています（所法223）。

2　給与等の未払がある場合

　源泉徴収の対象とされる給与等が未払の場合、その給与等の支払を受けることが確定しているときは、その未払の給与等を含めて給与所得の収入金額とします（所法36）。

　この場合の未払の給与等に係る源泉所得税は、給与等が支払われるまでは、たとえ、源泉所得税の還付を求める申告があっても、その還付はされないことになっています（所法138②）。

　なお、給与等の未払等の場合で、実際に源泉徴収されていない所得税の額があるときは、その金額を確定申告書の「未納付の源泉徴収額」の欄に記載することになっています。

　また、確定申告後、給与等の支払があり源泉徴収税額の納付があった場合には、源泉徴収税額の納付届出書を提出して還付を受けることになります（所令267③）。

3　本件へのあてはめ

　ご質問の場合、上記1のとおり、勤務先の会社が源泉徴収した税金を納めていない場合でも、給与等の支払を受ける際に源泉徴収されていれば、会社が納付すべき日に納付があったものとされるので、あなたは所得税の還付が受けられます。

　ただし、未払となっている給与等に係る源泉所得税については、勤務先での源泉徴収が未だ行われていないため、現実に支払を受けるまで還付を受けることができません。

---関係法令通達
　所得税法 36 条、138 条、183 条、223 条
　所得税法施行令 267 条

参考文献等 | 『所得税質疑応答集』（前出）1178 頁ノ 1
『平成 22 年 2 月改訂 回答事例による所得税質疑応答集』（前出）1199 頁

Question.60
還付申告書を提出できる期間

　確定申告書を提出する義務のない給与所得者が、前年以前の年分について医療費控除の適用を受けるための還付申告書を提出する場合、何年前までさかのぼって還付申告書を提出することができますか。

Answer.　還付金についての請求権は、その請求ができる日から 5 年間行使しない場合は時効により消滅するので、その請求ができる日から 5 年以内の年分を申告することができます。

▌解 説

1　還付請求権の時効

　所得税法上は、確定申告書を提出する義務はなくても、法律の規定にしたがって税額を計算すると源泉徴収税額や予定納税額などが納め過ぎになっている場合には、その納め過ぎになっている税額の還付を受けるための確定申告書を提出できることになっています（所法 122、138、139）。

　しかし、この還付を受けるための申告書には、申告書の提出期限が定められていないので、源泉徴収された年又は予定納税額を納付した年の翌年 1 月 1 日以降いつでもこれを提出して還付を受けることができます。もっ

とも、還付金についての請求権は請求ができる日から5年の間に行使しない場合は、その権利は時効により消滅するので（通則法74①）、それまでに申告をすればよいことになっています。

2　還付申告書の提出をすることができる日

還付申告書は、その提出をすることができる日から5年間に限って提出することができます（通則法74）。

したがって、還付申告書を提出することができる期間は、申告義務の有無にかかわらず、翌年の1月1日から5年間となります（所法120⑥（平成30年1月1日以降は所法120⑧））。

ただし、年の中途で死亡した者のその年分の還付申告書については、死亡日の翌日から5年間となります（所法125）。

関係法令通達

所得税法120条、122条、125条、138条、139条
国税通則法74条

参考文献等

『所得税質疑応答集』（前出）1202頁ノ8ノ1
『平成22年2月改訂 回答事例による所得税質疑応答集』（前出）1197頁

第Ⅱ章

源泉課税
編

1. 配当所得
2. 給与所得
3. 退職所得
4. 報酬・料金等
5. 非居住者等所得
6. 復興特別所得税

1 配当所得

Question.1
役員の退任に伴い貸付金との相殺で自己株式を取得した場合のみなし配当

内国法人甲社は、役員を対象とした持株制度を採用していますが、このたびの株主総会で取締役Aが退任することとなり、同人が保有する甲社の株式1,000株を合計500万円（時価相当額）で譲り受けることとなりました。

甲社にはAの退任時同人への貸付金1,000万円がありますので、この譲受代金はその貸付金の一部と相殺することにしていますが、このような金銭の交付がない場合でも自己株式の取得によるみなし配当の課税は生じますか。

Answer. 自己株式の取得に際し金銭等の交付はありませんが、その取得により生ずる支払債務は貸付金との相殺により消滅したものに過ぎず、実質的にはその交付があったものと認められますので、みなし配当課税の対象になるものと考えられます。

解説

1 法人の株主等が当該法人の自己の株式又は出資の取得（一定の取得を除きます）により金銭その他の資産の交付を受けた場合において、その金銭の額及び金銭以外の資産の価額の合計額が当該法人の資本金等の額又は連結個別資本金等の額のうちその交付の基因となった当該法人の株式又は出資に対応する部分の金額を超えるときは、その超える部分の金額は、所得税の課税上、所得税法24条1項（配当所得）に規定する剰余金の配当、利益の配当又は剰余金の分配とみなされます（同法25①五）。

2　上記1のみなし配当の額は、原則として次の算式により算定されます（同法25①②）。

> みなし配当の額 ＝（交付される金銭の額及び金銭以外の資産の価額の合計額
> 　　　　　　　　－取得した自己株式に対応する資本金等の額（A））

　上記算式中の（A）の「取得した自己株式に対応する資本金等の額」は次により計算されます（所令61②五）。

> （A）＝ $\dfrac{\text{取得する法人の取得直前の資本金等の額（注）}}{\text{取得する法人の取得直前の発行済株式の総数}}$ × 取得した自己株式の数

（注）　上記算式中の「資本金等の額」は、法人税法で定める税務計算上の金額をいいますので（法法２十六、法令８）、原則として、自己株式の取得直前の事業年度の法人税申告書別表五（一）36④欄の金額（当該事業年度終了の日から取得日までの間に資本金等の額に増減がある場合には、その額を加減算した金額）が該当することになります。

3　ところで、みなし配当課税の要件は、法人の株主等が当該法人の自己株式の取得により金銭その他の資産の交付を受けた場合とされていますので、これを文言どおりに解釈すれば、金銭等の交付を伴わない自己株式の取得、例えば、代物弁済や相殺等による取得の場合には、みなし配当課税の規定は適用されないとの解釈が可能となります。

　本来、みなし配当課税は、形式的には法人の利益配当ではないが自己株式の取得など実質的に利益配当に相当する法人利益の株主等への帰属が認められる一定の行為が行われたときに、これを配当とみなして株主等に課税する主旨と考えられます。

　したがって、そこでいう「金銭等の交付」とは、現実に金銭等を交付する行為のみならず、有償による自己株式の取得で生じた支払債務が消滅すると認められる代物弁済や相殺等の一切の行為が含まれるものとして、これを実質的に解するのが相当と認められます。

　逆に、このように解さなければ、例えば、自己株式の取得前に貸付金などの債権が創出され、この債権の代物弁済として自己株式が取得され

るような場合には、みなし配当課税が回避される結果となり、その主旨からも不合理な結果となるからです。
4　本事例では、自己株式の取得に際し金銭等の交付はありませんが、その取得により生ずる支払債務は、貸付金との相殺により消滅したものに過ぎず、実質的にはその交付があったものと認められますので、みなし配当課税の対象になるものと考えられます。
5　なお、上記1のみなし配当の規定が適用されない自己株式の一定の取得には次のようなものがあります。
　イ　金融商品取引所の開設する市場（外国金融商品市場を含みます）における購入及び店頭売買登録銘柄として登録された株式のその店頭売買による購入など所得税法施行令61条1項各号に掲げる理由による取得（所法25①五）。
　ロ　所得税法57条の4第3項1号から3号までに掲げる取得請求権付株式、取得条項付株式及び全部取得条項付種類株式の同項の規定に該当する場合の取得（所法25①五）。
　ハ　相続財産に係る株式をその発行した非上場会社に譲渡した場合（措法9の7）。

関係法令通達

所得税法24条、25条1項5号・2項、57条の4第3項
所得税法施行令61条1項、2項5号
法人税法2条16号
法人税法施行令8条
租税特別措置法9条の7

Question.2
従業員持株会から自己株式を取得する場合の源泉徴収

内国法人甲社には、従業員の勤労意欲の向上や資産形成などの福利厚生を目的とした従業員持株会があります。

この持株会では、従業員の退職などにより会員が退会したときには、その者の持分に相当する株式は譲渡せず、その株式の時価相当額を一時的に銀行から借り入れ退会者に支払うとともに、その株式は既存会員や新規会員の新たな株式取得に充てていました。

しかし、ここ数年退職者が増加し新規会員数も減少したことから、銀行からの借入金が多額となり返済を要することとなったので、同会が管理保有する甲社株式を直接同社に買い取ってもらうことにしました。

甲社が買い取る自己株式に係る源泉徴収はどのようになりますか。

なお、従業員持株会はいわゆる人格のない社団には該当せず、その実際の管理運用の事務は、会員を委託者とするいわゆる従業員持株信託契約により信託銀行が行っています。

Answer. 甲社が買い取る自己株式の対価はみなし配当課税の対象になると考えられます。

また、従業員持株会は任意組合に該当するものと認められますので、その課税は会員である従業員の持分や分配割合に応じ、個々の会員ごとに行われることになります。

▌解 説

1 法人の株主等が当該法人の自己株式の取得により金銭その他の資産の交付を受けた場合において、その金銭の額及び金銭以外の資産の価額の合計額が当該法人の資本金等の額のうちその交付の基因となった当該法人の株式に対応する部分の金額を超えるときは、その超える部分の金額は、所得税法24条1項に規定する剰余金の配当、利益の配当又は剰余

金の分配とみなされます（所法25①五）。

2 　従業員持株会は、加入従業員が共同で株式を購入し運用することを目的として組成される団体であり、一般には任意組合の性格を有するものと考えられています。

　　したがって、その持株会が管理保有する株式はその構成員である会員に直接帰属することになり、また、その株式の運用や譲渡等による所得もその会員の持分や分配割合に応じて直接会員に帰属することになり、いわゆる構成員課税が行われることになります（所基通36・37共-19）。

　　次に、従業員持株会が保有する株式の管理運用の業務が、会員を委託者（受益者）とする信託契約に基づき信託銀行により行われる場合、その信託財産に属する株式並びにその株式に帰せられる収益及び費用は、その信託契約に係る受益者の株式並びに収益及び費用とみなされますので（所法13）、当該信託銀行が受領する株式の運用や譲渡等による所得もその構成員の持分や分配割合に応じて直接構成員に帰属することになります。

3 　本事例では、甲社は従業員持株会から自己株式を直接買い取っていますので、その買い取りの対価はみなし配当課税の対象になり、その対価は会員の持分や分配割合に応じて直接会員に帰属するものとして、個々の会員ごとに課税されることになります。

　　この場合のみなし配当に係る源泉税額は、原則として支払を受ける個々の会員ごとの持株数に基づく配当金額によって計算することになりますが（所基通181～223共-5）、1株当たりの配当金額に基づく源泉税額を基に計算する簡易計算によることもできることとされています（所基通181-2）。

　　また、この取扱いは、従業員持株会が保有する株式に対し同会が受領する配当金についても同様に、個々の会員に対する配当金として取り扱われることとなり、その会員の配当控除や所得税額控除の適用対象になるものと考えられます。

4 　なお、仮に、従業員持株会が「人格のない社団」に該当する場合には、その社団から購入する自己株式の対価は当該社団に対するみなし配当課税の対象となり、その対価のうちから会員が受ける分配金は、その「人格のない社団」から受ける分配金として雑所得に該当するものと考えられます（所基通35-1）。

> **関係法令通達**
> 　所得税法13条、24条1項、25条1項5号
> 　所得税基本通達35-1、36・37共-19、181〜223共-5、181-2

2 給与所得

Question.3
海外支店勤務のため出国した使用人の居住者と非居住者の判定

内国法人甲社の従業員Aは、平成29年4月1日から1年間の予定で同社の米国支店勤務を命ぜられ、同日出国しました。Aの支店での勤務期間は同日から平成30年3月31日までで、帰国日は同年3月31日を予定しています。

国外で継続して1年以上勤務する目的で出国する者は非居住者に該当し、同人に支払われる国外勤務期間中の給与等についてはわが国では課税されないと聞きましたが、上記の場合、Aは非居住者に該当しわが国では課税されないと考えてもよいでしょうか。

Answer. 国外の事業所等に継続して1年以上勤務する目的でその勤務地国に出国する日本人社員は、出国の日の翌日から非居住者に該当することになりますが、Aの国外在留期間は「1年以上」には該当せず、同人はその国外在留期間中も引き続きわが国の居住者に該当すると認められますので、国外在留期間中に支払われる給与等については、引き続き居住者に対するものとしてわが国で課税されると考えられます。

解 説

1　居住者とは、国内に住所を有し又は現在まで引き続いて1年以上居所を有する個人をいい、非居住者とは、居住者以外の個人をいうと定義されています（所法2①三・五）。

　この居住者と非居住者の定義に関し、所得税法施行令では、国内に居

住することとなった個人が、国内において、継続して1年以上居住することを通常必要とする職業を有する場合には、その者は「国内に住所を有する者と推定する」旨、また、国外に居住することとなった個人が国外において、継続して1年以上居住することを通常必要とする職業を有する場合には、その者は「国内に住所を有しない者と推定する」旨それぞれ定めています（所令14①一、15①一）。

　上記定めによれば、国外の事業所等に継続して1年以上勤務する目的でその勤務地国に出国する日本人社員は、反証がない限り、出国の日までが居住者となり、出国の日の翌日から非居住者に該当することになります（所基通2-3、2-4）。

　なお、在留期間を定めないで国外の事業所等に勤務するために出国する日本人社員も、上記同様「国内に住所を有しない者」と推定され、出国の日の翌日から非居住者として取り扱うこととされています（所基通3-3）。

2　上記1によれば、給与所得者などの勤務者等が企業の転勤命令などによりあらかじめ在留期間を定めて国外の事業所等で勤務するために出国する場合の居住者と非居住者との区分は、その定められた在留期間が「1年以上」であるか否かという基準により判定されることになるものと考えられますが、この在留期間を含め、国税に関する法律において日、月又は年をもって定める期間の具体的な計算は、原則として、次により行うこととされています（通則法10①、所基通2-4）。

　①　期間の初日は算入しない（この取扱いを「初日不算入の原則」といいます）。
　②　期間を定めるのに月又は年をもって定めたときは暦に従う。
　③　上記②の場合に月又は年の始めから期間を起算しないときは、その期間は、最後の月又は年においてその起算日に応当する日の前日に満了する。

3　ところで、所得税基本通達は、わが国の事業所に勤務するために入国

する者の居住者（非永住者を含みます）に係る国内在留期間の計算方法を定めていますが（所基通2-3～2-4の3・3-3）、これら基本通達の定めや上記2の期間計算の原則によれば、転勤命令などによりわが国に入国する者の国内在留期間は、入国の日の翌日を起算日とし、その起算日から出国の日までを基準として計算することになり、また、その在留期間が「1年以上」かどうかの判定については、起算日の1年後の応当日の前日までの期間が1年以内とされますので、その応当日以後に出国（帰国）する予定でわが国に入国する外国人社員は入国の日から居住者に該当すると考えられます。

　例えば、外国人社員の入国日が平成29年5月2日で、転勤命令による滞在期間が1年間で出国予定日が平成30年5月3日の場合、当該外国人社員の国内在留期間の起算日は平成29年5月3日となり、1年後の応当日の前日は平成30年5月2日となりますので、その者の在留期間は「1年以上」となり、この場合の外国人社員は入国の日から居住者に該当するものと考えられます。

4　上記3の期間計算は、わが国に入国する者の居住者判定に係る国内在留期間に係るものですが、この期間計算は、わが国から出国する日本人社員の非居住者判定に係る国外在留期間の計算にも同様に適用されるものと考えられますので、その国外在留期間は、わが国からの出国の日の翌日（相手国への入国の日の翌日）を起算日とし、同日から帰国の日（相手国からの出国の日）までを基準として計算することになります。

　また、国外在留期間が「1年以上」かどうかの判定については、起算日の1年後の応当日の前日までの期間が1年以内となりますので、その応当日以後に帰国する予定でわが国を出国する日本人社員は出国の日の翌日から非居住者に該当するということになります。

　例えば、日本人社員の出国の日が平成29年5月2日で、転勤命令による帰国予定日が平成30年5月3日の場合、当該日本人社員の国外在留期間の起算日は平成29年5月3日で、1年後の応当日の前日は平成

30年5月2日となり、その在留期間は「1年以上」となりますので、この場合の日本人社員は出国の日の翌日から非居住者に該当することになると考えられます。

5　本事例の従業員Aは、平成29年4月1日に出国し、帰国予定日は平成30年3月31日とされていますので、Aの国外在留期間の起算日は平成29年4月2日で、1年後の応当日の前日は平成30年4月1日となり、その在留期間は「1年未満」となりますので、Aは非居住者には該当せず、その国外在留期間中も引き続きわが国の居住者に該当すると認められます。したがって、国外在留期間中にAに支払われる給与等については、引き続き居住者に対するものとしてわが国で課税されると考えられます。

関係法令通達
所得税法2条1項3号～5号
所得税法施行令14条1項、15条1項
所得税基本通達2-3～2-4の3、3-3
国税通則法10条1項

Question.4
給与と外注費の区分

　当社は医療機器の製造と販売を業とする法人です。聞くところによれば、従業員との雇用契約を請負契約に変更した上で、それら従業員が厚生年金保険を脱退し国民年金や国民健康保険に個人で加入すれば、当社がその変更した者に支払う労務の対価は外注費として認められ、源泉徴収の対象とはならず、かつ、消費税の仕入税額控除も認められるとのことですが、当社の従業員で製造部門に属する者のうち希望する者の雇用契約を請負契約に変更し、同人らが国民年金等に加入すれば、その変更した者に対する労

務の対価は外注費として認められますか。

なお、変更後の就労時間や就労場所等の条件は現在の状況と変わらない予定です。

Answer. 請負契約に変更した従業員は、従来と同様、貴社の指揮命令の下で空間的、時間的な拘束を受け労務を提供するものであり、その真の法律関係は雇用契約であると認められますので、それらの者に対する労務の対価は、給与所得に該当するものと考えられます。

したがって、貴社はその支払の際、当該対価について源泉徴収をする必要があり、また、当該対価は消費税の仕入税額控除の対象にもならないと考えられます。

▌解 説

1 事業所得と給与所得の意義

(1) 事業所得とは、農業、漁業、製造業、卸売業、小売業、サービス業等の事業ほか、対価を得て継続的に行う事業から生ずる所得をいうものとされています（所法27①、所令63）。

上記事業所得の意義に関し、裁判例では、「事業所得とは、自己の計算と危険において独立して営まれ、営利性、有償性を有し、かつ反復継続して遂行する意思と社会的地位とが客観的に認められる業務から生ずる所得をいう」旨判示しています（最高裁昭和56.4.24判決）。

また、上記裁判例でいう「自己の計算」によるとは、職務の執行に当たり必要な費用を自己が負担することをいい、「自己の危険」によるとは、役務提供に係る成果の成就に対するリスク（危険）を自らが負うことをいうものと解されます。

(2) 次に、給与所得とは、俸給、給料、賃金、歳費及び賞与並びにこれらの性質を有する給与に係る所得をいうものとされています（所法28①）。

上記給与所得の意義に関し、裁判例では「給与所得とは、雇用契約又はこれに類する原因に基づき使用者の指揮命令に服して提供した労務の対価として使用者から受ける給付をいい、その判断に当たっては、特に、給与支払者との関係において何らかの空間的、時間的な拘束を受け、継続的ないし断続的に労務又は役務の提供があり、その対価として支給されるものであるかどうかが重視されなければならない。」旨判示しています（同最高裁判決）。

　また、上記裁判例でいう「空間的な拘束」とは、勤務ないし役務の提供場所が特定されていることをいい、「時間的な拘束」とは、勤務ないし役務を提供する時間が指定されていることをいうものと解されます。

2　労務の提供等から生ずる所得の事業所得と給与所得の区分

(1)　物の引渡しを要しない業務の遂行ないし労務の提供から生ずる所得が、所得税法上の事業所得に該当するか給与所得に該当するかは、第一義的にはその労務の提供契約が請負契約か雇用契約かによることになりますが、当事者間が採用した契約が形式的なものである場合には、その表面的な法律関係にかかわらず、真に存在する法律関係により判断するのが相当と解されています。

　また、具体的な所得区分の判定に当たっては、請負契約か雇用契約かという真に存在する法律関係によるほか、実際に支払われる労務提供の対価が、上記1の事業所得と給与所得の意義に掲げる要件（例えば、労務の提供が自己の計算と危険において独立して行われているか、あるいは、その提供が使用者の指揮命令の下で空間的、時間的な拘束を受けて行われているかなどの要件）のいずれに該当するかを総合的に判断して確定するのが相当と解されています（東京地裁平成19.11.16判決）。

(2)　本事例についてみると、従業員との契約は請負契約に変更され、社会保険も国民年金等に変更されることから、貴社がその変更する者に対し支払う労務提供の対価は、形式的には事業所得として外注費に該当する

とも考えられますが、当該変更をする者は、いずれも従来と同様、貴社の指揮命令の下で空間的、時間的な拘束を受け労務を提供するものであり、その真の法律関係は雇用契約であると認められますので、その労務の対価は給与所得に該当するものと考えられます。

なお、社会保険が国民年金等である事実は、当該対価が事業所得に該当するための要件の一つではありますが、それのみをもって本件の労務の対価を事業所得と判断することはできないと考えられます。

(3) なお付言すれば、事業所得と給与所得との実務上の区分は、おおむね次の基準を総合勘案して判断しているものと考えられます。

① 労務の提供は、自己の危険と計算において行われるか。
② 労務の提供は、使用者の指揮命令の下で行われる非独立的、従属的なものか、また、その提供には空間的又は時間的拘束があるか。
③ 労務の提供は、他人の代替を受け入れることが可能か。
④ 引渡し未済の完成品が不可抗力により滅失した場合に権利として報酬を請求することが可能か。
⑤ 労務の提供に要する材料や作業用具が相手から提供されるか。

関係法令通達

所得税法27条1項、28条1項
所得税法施行令63条

参考文献等

裁決等 ▶ 最高裁昭和56.4.24判決
　　　　東京地裁平成19.11.16判決

Question.5
居住者に対する給与等が国外で支払われる場合の源泉徴収義務

　甲社は香港に本店を有し、主にアジア地域の製造業者を対象に海外進出に関する情報や製造技術に関する情報の提供を業としており、日本支店にも社員が10名程います。

　甲社の日本支店には総務や経理部門はなく、これら社員からの営業報告並びに勤務時間や出張旅費等の給与支給に関する勤務状況などの報告は、本店の担当部門と日本支店の各社員が直接インターネットを通じ行っており、その報告に基づき本店の経理部門が給与等の計算や資金調達を行い、直接各社員の国内銀行口座に給与等を振り込んでいます。

　この場合、日本支店の社員に支払われる給与等について源泉徴収義務は生じますか。

Answer.　日本支店の社員に支払われる給与等については、その給与等の計算や資金調達あるいは支払行為が行われる香港が支払地となり国内払とは認められませんので、甲社には源泉徴収義務は生じないものと考えられます。

解説

1　給与所得に係る源泉徴収義務を定めた所得税法183条1項は、「①居住者に対し②国内において③第28条第1項に規定する給与等の④支払をする者は、⑤その支払の際、その給与等について所得税を徴収し、その徴収の日の属する月の翌月10日までにこれを国に納付しなければならない。」と定めていますので、給与所得につき源泉徴収義務が生ずるのは、これら①～⑤の各要件のすべてを満たす場合であり、いずれか一の要件が欠けても源泉徴収義務は生じないものと考えられます。

2　上記①～⑤の各要件の意義等は次のとおりと認められます。

① 居住者に対する支払であること

　「居住者」とは、国内に住所を有する個人又は現在まで引き続き1年以上居所を有する個人をいいます（所法2①三）。また、海外から1年以上の就労等の予定で入国する者は、原則として、入国の日からわが国の居住者に該当します（所令14、所基通3-3）。

　この居住者に対し、その居住者期間中に収入すべき時期が到来した給与等を支払う場合が「居住者に対する支払」に該当することになります（所基通36-9）。

② 国内における支払であること

　一般に現金で支給される給与等の支払地がどこであるかは、その給与等の計算、支出の決定、支払資金の用意、金員の交付等の一連の手続からなる支払事務が取り扱われる場所がどこであるかという基準により判定され、その場所が国内であれば支払われる給与は「国内における支払」に該当することとされています。

③ 所得税法28条1項に規定する給与等に該当する支払であること

　所得税法28条1項は、「給与所得」とは俸給、給料、賃金、歳費及び賞与並びにこれらの性質を有する給与に係る所得をいう旨定めていますので、これら例示から、「給与等」とは、一般に雇用契約やこれに準ずる契約等による現在の勤務関係に基づく役務提供の対価やこれらの性質を有する給与等をいうものとされています。

④ 源泉徴収義務者は給与等の支払をする者であること

　「給与等の支払をする者」とは、通常は給与等の受給者に対し支払債務を負っている雇用主等の支払債務者が該当することになりますが、ここでいう「支払をする者」には、給与等を本来の支払債務者に代わって代理払や立替払をする者も含まれています。

　なお、実務上、代理払や立替払の場合には、源泉徴収した所得税は本来の支払債務者の名において納付することになっています。

⑤ 源泉徴収義務は支払の際に生ずるものであること

ここでいう支払の際の「支払」には、現実に金銭を交付する行為のほか、利息を預金元本に繰入れ又は債務者の預金口座から債権者の預金口座に金銭を振り替えるなど、その支払債務が消滅する一切の行為が含まれることとされています（所基通181～223共-1）。

3　本事例の日本支店の社員に支払われる給与等については、その給与等の計算や支払資金の調達あるいは支払行為が行われる香港が支払地となり、国内払とは認められず上記②の要件に該当しませんので、甲社には源泉徴収義務は生じないものと考えられます。

関係法令通達

所得税法2条1項3号、28条1項、183条1項
所得税法施行令14条1項
所得税基本通達3-3、36-9、181～223共-1

Question.6
非居住者に対する給与等が国外で支払われる場合の源泉徴収義務

　米国法人甲社の日本支店に勤務する日本人社員A及びBの両名は、3年間の本店勤務を命ぜられ平成29年11月1日に米国に出国しました。

　甲社の米国本店は、Aらに対しその出国後の平成29年12月5日に平成29年4月1日～平成29年9月30日までの支給対象期間に係る賞与をAらの米国銀行口座に振り込んでいますが、この場合、Aらに支給した賞与について源泉徴収義務は生じますか。

Answer.　Aらに対し支給された賞与は、甲社の米国本店で支払われたとしても国内で支払われたものとみなされますので、その全額について源泉徴収義務が生ずることになります。

なお、この場合の納期限はその徴収の日の属する月の翌月末日となります。

▎解 説

1 　国内源泉所得に係る源泉徴収義務を定めた所得税法212条1項は、「非居住者に対し国内において第161条第1項第4号から第16号までに掲げる国内源泉所得の支払をする者（中略）は、その支払の際、これらの国内源泉所得について所得税を徴収し、その徴収の日の属する月の翌月10日までに、これを国に納付しなければならない。」旨定めています。

　この国内源泉所得に係る源泉徴収義務の成立要件は、支給対象者（居住者か非居住者）及び課税対象所得を除き居住者に対する給与等に係る源泉徴収義務の成立要件と同様となっています（所法183①）。

2 　次に、所得税法212条2項は「前項に規定する国内源泉所得の支払が国外において行われる場合において、その支払をする者が国内に住所若しくは居所を有し、又は国内に事務所、事業所その他これらに準ずるものを有するときは、その者が当該国内源泉所得を国内において支払うものとみなして、同項の規定を適用する。」旨定めています。

　この定めによれば、例えば、外国法人が非居住者に対し国内源泉所得に該当する給与等を国外で支払う場合であっても、その支払をする外国法人が国内に支店等を有するときは、その外国法人が当該給与等を国内で支払ったものとして、源泉徴収義務を負うことになります。なお、この場合の納期限はその徴収の日の属する月の翌月末日とされています。

3 　上記1及び2の定めに基づき本事例を検討すると、次のとおりと認められます。

　イ　国外に居住することとなった者が、国外で継続して1年以上居住することを通常必要とする職業を有する場合には、その者は国外に住所を有する者と推定され、非居住者に該当することになります（所令15①、所基通3-3）。

A及びBの両名は、3年間の本店勤務を命ぜられ出国していますので、出国の日の翌日（平成29年11月2日）から非居住者に該当することになります（所基通2-4）。

ロ　非居住者に対する給与等で、その者の国内において行う勤務に基因するものは国内源泉所得に該当し（所法161①十二イ）、また、その勤務が国内及び国外の双方にわたって行われたときは、その給与等の総額のうち国内勤務に係る部分の金額が国内源泉所得に該当することになります（所基通161-41）。

　　Aらに対しその出国後の平成29年12月5日に支払われた賞与の支給対象期間は平成29年4月1日～平成29年9月30日であり、全期間が国内勤務に係る期間ということになりますので、その賞与の額の全額が国内源泉所得になります（所基通212-5）。

ハ　A及びBの両名は本件賞与の収入すべき時期においていずれも非居住者に該当し、また、甲社は国内に支店を有していますので、本件賞与が米国本店で支払われたとしても、甲社はAらに支給した本件賞与の全額について源泉徴収義務を負うことになります。なお、この場合の納期限はその徴収の日の属する月の翌月末日となります。

関係法令通達

所得税法2条1項5号、161条1項12号イ、183条1項、212条1項・2項
所得税法施行令15条1項
所得税基本通達2-4、3-3、161-41、212-5

Question.7
出向社員及び派遣社員に支払う賞与に対する源泉徴収

　当社は精密機械の製造を業とする法人です。社員構成は、当社採用の社員50名のほか親会社甲社からの出向社員5名及び人材派遣会社乙社からの派遣社員10名（いずれも1年以上継続して派遣を受けています）となっています。

　出向社員の給与等は出向元の甲社が支払うこととしていますので、当社はその給与等相当額を負担金として甲社に支払うとともに、派遣社員の派遣対価を乙社に支払っています。

　ところで、当社の今期の業績は前期に比べ大幅に伸びる見込みであるため、当社の社員全員に決算賞与を支給するほか、この賞与の支給に併せ、出向社員には15万円、派遣社員には10万円をそれぞれ当社から直接支払う予定ですが、この出向社員及び派遣社員に支払う金員に対する源泉徴収はどのようになりますか。

Answer.
1　出向社員に支払う金員は、雇用関係に基づき貴社の指揮命令の下で業務に従事した対価として支払うもので給与所得に該当すると認められますので、その支払の際、源泉徴収をする必要があります。

2　派遣社員に支払う金員についても、貴社の指揮命令の下で業務に従事した対価として支払うもので給与所得に該当すると認められますので、その支払の際、源泉徴収をする必要があると考えられます。

▌解　説
1　出向と人材派遣

　出向とは、自社の使用人をその身分上の地位や雇用関係を維持したまま、相当期間にわたり出向先企業に派遣し、その出向先との雇用関係に基づき、

給与所得

その出向先の指揮命令の下で業務に従事させることをいい、人材派遣とは、いわゆる労働者派遣法に基づき、人材派遣会社が、自己の雇用している労働者（派遣労働者）を他の企業に派遣し、その派遣先企業の指揮命令の下で業務に従事させることをいい、いずれも出向先又は派遣先の企業の指揮命令の下で作業に従事する点に共通点が認められます。

2　所得税法上の所得区分
(1)　給与所得

　給与所得とは、俸給、給料、賃金、歳費及び賞与並びにこれらの性質を有する給与に係る所得とされています（所法28①）。

　ここでいう「これらの性質を有する給与」の範囲に関し、最高裁昭和56年4月24日判決は、「給与所得とは、雇用契約又はこれに類する原因に基づき使用者の指揮命令に服して提供した労務の対価として使用者から受ける給付をいう。なお、給与所得については、とりわけ、給与支給者との関係において何らかの空間的、時間的な拘束を受け、継続的ないし断続的に労務又は役務の提供があり、その対価として支給されるものであるかどうかが重視されなければならない。」旨判示しています。

　　（注）　この判決でいう「空間的拘束」とは作業場所や仕事先の指定等をいい、また、「時間的な拘束」とは、基本的な作業時間の指定等をいうものと解されます。

　また、東京高裁平成16年2月16日判決は、支払者の範囲に関し、「所得税法第28条第1項は、『給与所得とは、俸給、給料、賃金、歳費及び賞与並びにこれらの性質を有する給与に係る所得をいう。』と定めるのみであって、給与所得該当性の前提要件として、指揮命令者と支給者とが一致することが文言上要求されているわけではなく、その他、給与所得につき、指揮命令者と支給者が一致することが前提条件として定められているとみることができる規定は見当たらない等から、労務の対価として給付された経済的利益が給与所得に該当するか否かを判断するに当たり、指揮命令者

と支給者とが一致しないことが、直ちに給与所得該当性を否定することにはならないというべきである。」旨判旨しています。

(2) 一時所得

一時所得とは、利子所得、配当所得、不動産所得、事業所得、給与所得、退職所得、山林所得及び譲渡所得以外の所得のうち、営利を目的とする継続的行為から生じた所得以外の一時の所得で労務その他の役務又は資産の譲渡の対価としての性質を有しないものをいうとされています(所法34①)。

したがって、法人から受ける贈与又は一時の所得であっても労務その他の役務の対価としての性質を有するものは、一時所得には該当しないことになります（所基通34-1(5)）。

(3) 雑所得

雑所得とは、利子所得、配当所得、不動産所得、事業所得、給与所得、退職所得、山林所得、譲渡所得及び一時所得のいずれにも該当しない所得をいうものとされています（所法35①）。

この雑所得の範囲に関し、所得税基本通達は、役員又は使用人が自己の職務に関連して使用者の取引先等からの贈与等により取得する金品は雑所得に該当する旨定めています（所基通35-1(11)）。

3 本事例の取扱い

(1) 出向社員に支払う金員

出向社員に支払われる毎月の給与等は出向元の甲社が支払い、当社はその給与等相当額を負担金として甲社に支払っていますので、その給与等については、甲社において源泉徴収を行うことになります（所基通183～193共-3）。

次に、出向社員は出向先である貴社との間の雇用関係に基づき、貴社の指揮命令の下で業務に従事していますので、その対価として貴社が出向社員に直接支払う金員は、その支払について甲社が了解しているか否かにかかわらず給与所得に該当するものと認められますので、貴社はその支払の

際、源泉徴収をする必要があります。

(2) 派遣社員に支払う金員

　派遣社員と貴社との間には雇用契約がありませんので、貴社が派遣社員に支払う金員は雇用契約に基づく支払には該当しないことになります。

　しかしながら、給与所得は、雇用契約に基因して支払われるものに限られず、雇用契約に類する原因に基づき使用者の指揮命令に服して提供した労務の対価として受ける給付も含まれると解されており、また、所得税法28条1項では、給与所得該当性の前提要件として、指揮命令者と支給者とが一致することが文言上要求されているわけではないと解されています。

　したがって、これら給与所得の範囲に関する解釈を併せ考えれば、貴社の指揮命令の下で業務に従事した対価として派遣社員に直接支払う金員は、その支払について乙社が了解しているか否かにかかわらず給与所得に該当するものと認められますので、貴社はその支払の際、源泉徴収をする必要があると考えられます。

　なお、派遣社員に支払う本事例の金員は、労務その他の役務の対価としての性質を有する点で一時所得とは区分され、また、貴社からの贈与等により取得する金品には該当しないという点で雑所得とは区分されると考えられます。

関係法令通達

所得税法28条1項、34条1項、36条1項
所得税基本通達34-1(5)、35-1(11)、183〜193共-3

参考文献等　裁決等▶東京高裁平成16.2.16判決
　　　　　　　　最高裁昭和56.4.24判決

Question.8
従業員団体が支給する福利厚生費等に係る源泉徴収義務

　内国法人甲社には、従業員が会員となって組織した団体があり、会員に対する慶弔金等の贈呈や緊急時の低利貸付あるいは旅行補助金の支給又は退職時の餞別金の支給などの福利厚生活動を行っています。

　この団体の運営資金は、会員の会費（月額1,000円）と当該会費の2倍の額に相当する甲社からの補助金（会員1人当たり月額2,000円）で賄われており、また、当該団体の事務局は甲社の総務課内に置かれ、その運営は会社側と従業員側からそれぞれ選出された役員10名（会社側5名、従業員側5名）が行っています。

　この従業員団体が会員に支給する福利厚生費等のうちには、仮に、甲社が直接従業員に支給する場合には経済的利益の供与による給与や退職金に該当する旅行補助金や退職餞別金などがありますが、この場合の源泉徴収義務はどのようになりますか。

Answer.　従業員団体は会社の一部と認められますので、当該団体が従業員に支給する旅行補助金や退職餞別金は、甲社がその従業員に支給した経済的利益の供与による給与や退職金として源泉徴収をする必要があります。

　なお、従業員団体の収入及び支出が、甲社の拠出に係る部分の金額と従業員の拠出に係る部分の金額に適正に区分経理されているときは、甲社の拠出に係る部分の金額のみを甲社からの支給額とすることができます。

解説

1　法人の従業員を構成員として組織された団体（以下「従業員団体」といいます）が、その従業員の福利厚生等に関する事業を行う場合、その

法人が当該団体の運営資金として支出する金員については、当該団体の性格に応じ次により取り扱われています。
① 当該団体がその法人から完全に独立した団体（いわゆる「人格のない社団等」）である場合には、当該金員は、その支払時にその法人から独立した外部団体である従業員団体への支払（寄附金）として取り扱われます。

　この場合には、その従業員団体の収入及び支出については、その団体が支払を受け又は支払うものとして所得税の源泉徴収の規定が適用されることになります。

② 当該団体が法人の一部としてその法人が行うべき福利厚生等の業務を行っているに過ぎないと見られる場合には、その支出時には外部への支払とはならず、当該団体が従業員に支出した時点でその法人の福利厚生費等として取り扱われます。

　この場合には、その従業員団体の収入及び支出については、すべてその法人が支払を受け又は支払うものとして所得税の源泉徴収の規定が適用されることになります。

2　従業員団体が上記１の①の「その法人から完全に独立した団体」に該当するか又は②の「その法人の一部に過ぎないと見られる団体」に該当するか否かの判断基準並びにその団体の収入及び支出の取扱いに関し所得税基本通達2-8は次のとおり定めています。

　法人の役員又は使用人をもって組織した団体が、これらの者の親ぼく、福利厚生に関する事業を主として行っている場合において、その事業経費の相当部分を当該法人が負担しており、かつ、次に掲げる事実のいずれかの一の事実があるときは、原則として、当該事業に係る収入及び支出は、その全額が当該法人の収入及び支出の額に含まれるものとする。

(1) 法人の役員又は使用人で一定の資格を有する者が、その資格において当然に当該団体の役員に選出されることになっていること。

> (2) 当該団体の事業計画又は事業の運営に関する重要案件の決定について当該法人の許諾を要するなど、当該法人がその業務の運営に参画していること。
>
> (3) 当該団体の事業に必要な施設の全部又は大部分を当該法人が提供していること。

3　本事例の従業員団体については、その事業経費の相当部分（67％）を甲社が負担しており、かつ、その事務局は甲社内に置かれ役員のうち半数は甲社側から選出されていますので、上記1の②の「法人の一部に過ぎないと見られる団体」と認められます。

したがって、その従業員団体の支出については、すべて甲社が支払うものとして所得税の源泉徴収の規定が適用されることになりますので、当該団体が従業員に支給する旅行補助金や退職餞別金は、甲社がその従業員に支給した給与や退職金として源泉徴収をする必要があります。

なお、従業員団体の収入及び支出が甲社の拠出に係る部分の金額と構成員である従業員からの拠出（会費）に係る部分の金額とに適正に区分経理されているときは、甲社の拠出に係る部分の収入及び支出の金額のみを甲社の収入及び支出として取り扱うことができることとされています（所基通2-9）。

この場合、従業員からの拠出に係る部分の金額については、その従業員団体が支払うものとして所得税法の規定が適用されます。

関係法令通達
所得税法4条
所得税基本通達2-8、2-9

Question.9
人格のない社団等に該当する従業員共済会を経由して支払う入院補助金

内国法人甲社には、福利厚生を目的として組織された従業員共済会があります。当該共済会の規約では、会員が私傷病で入院した時にはその入院に要した差額ベット代等の入院費用の合計額につき1日当たり5,000円を限度として入院助成金を支給することになっていますので、甲社はその入院助成金の合計額の50％を毎年3月と9月に従業員共済会に補助することにしています。この入院補助金に係る源泉徴収義務はどのようになりますか。

なお、従業員共済会の概要は次のとおりです。
① 従業員共済会は、当社の従業員全員を会員として組織し、事務局を総務課内に置き、主に会員に対する慶弔見舞金の給付を行っています。
② 役員は会員の中から互選により選任され、その運営資金は、会社からの上記入院補助金を除き主に会員からの会費で賄っています。

Answer. 従業員共済会は甲社から独立した人格のない社団等に該当すると認められますので、当該共済会が支出する入院助成金は甲社に代わって支払ったものとは認められません。

したがって、甲社には源泉徴収義務は生じないものと考えられます。

■解説

従業員共済会は、主に会員からの会費で運営されていること及びその運営は会員の互選により選出された役員が行っていることから、甲社の一部とは認められず、甲社から独立した人格のない社団等に該当するものと認められます。

したがって、甲社から従業員共済会に対し補助金の支出があり、その補

助金の額が会員である従業員に支給した入院助成金の50％であったとしても、その共済会が会員に支給する入院助成金は、あくまで独立した団体である当該共済会から会員に対する支払となりますので、甲社に代わって支払ったものとは認められないことになります。

なお、この場合に甲社が従業員共済会に対し支払う入院補助金名義の金員は、当該共済会に対する寄附金に該当し、当該共済会が会員に対し支給する入院助成金のうちその金額がその受給者の社会的地位、贈与者との関係等に照らし社会通念上相当と認められるものについては、災害等の見舞金として課税されないことになるものと考えられます（所法9①十七、所令30三、所基通9-23）。

関係法令通達
所得税法9条1項17号
所得税法施行令30条3号
所得税基本通達2-8、9-23

Question.10
産業医に支払う報酬等に係る源泉徴収

内国法人甲社は、このたび、労働安全衛生法13条に定める一定規模以上の事業場に該当することとなったので、同条に定める産業医として開業医Ａと産業医の委託契約を締結する予定です。

Ａの産業医としての主な業務は、従業員の健康診断や健康相談などの健康管理であり、毎週1回3時間程甲社内において行い、その業務に必要な医療器材は甲社が設置する予定となっています。

Ａに対する産業医の報酬は健康相談等を受けた社員の数にかかわらず毎月一定金額を支払いますが、この報酬について源泉徴収は必要ですか。

Answer. 産業医に関する甲社とAとの委託契約は雇用契約に準ずるものと認められますので、その報酬は給与所得に該当し源泉徴収が必要となります。

解説

1 常時50人以上の労働者を使用する事業場を有する事業者は、医師のうちから産業医を選任し、その産業医に労働者の健康管理等を行わせなければならないこととされています（労働安全衛生法13①、同令5）。

この産業医に支払われる報酬が、事業所得に該当するか給与所得に該当し源泉徴収の対象となるかは、その産業医が開業医として事業を行っているか否かにかかわらず、その産業医としての具体的業務内容を個別に検討して行うことになります。

2 一般に「事業所得」とは、自己の計算と危険において独立して営まれ、営利性、有償性を有し、かつ反復継続して遂行する意思と社会的地位とが客観的に認められる業務から生ずる所得をいうものとされており（最高裁昭和56.4.24判決）、その範囲には事業活動の本来の収入のほか当該事業の遂行に付随して生ずる所得も含まれることとされています。

例えば、医師が、休日、祭日又は夜間に自己の診療所で診療等を行うことにより地方公共団体から支払を受ける休日夜間診療の委嘱料等は、ここでいう事業の遂行に付随して生ずる所得として取り扱われています（所基通27-5(5)）。

3 これに対し、「給与所得」とは、雇用契約又はこれに類する原因に基づき使用者の指揮命令に服して提供した労務の対価として使用者から受ける給付をいい、その判断に当たっては、特に、給与支払者との関係において何らかの空間的、時間的な拘束を受け、継続的ないし断続的に労務又は役務の提供があり、その対価として支給されるものであるかどうかが重視されなければならないとされています（同最高裁判決）。

例えば、医師が、地方公共団体等の開設する救急センターや病院等において休日、祭日又は夜間に診療等を行うことにより地方公共団体から支払を受ける休日夜間診療の委嘱料等は、給与所得として取り扱われています（所基通28-9の2）。

4 上記2及び3の取扱いによれば、実務上、医師の診療等による所得が事業の遂行に付随して生ずる事業所得に該当するか、あるいは給与所得に該当するかの具体的な判断は、次のような基準により行われているものと考えられます。

イ 医師が行う診療等が当該医師の開設する診療所等で行われており、その診療等の対価として患者又は保険者が支払う報酬が当該医師に帰属する場合は、その診療等を行うことにより受ける委嘱料等は、事業の遂行に付随して生ずるものとして事業所得に区分されます。

ロ 医師の診療行為が、委嘱者等の開設する救急センター等において、そのセンター等に備付の人的（看護師等）、物的設備（医療器具や医薬品）を使用して行われるような場合には、その診療等を行うことにより受ける一定額の委嘱料等は、雇用契約に準ずる契約に基づく労務の対価として給与所得に区分されます。

5 産業医であるAの業務は甲社の事務室内で行われ、その健康診断等に必要な医療器材は甲社が設置することとされ、また、Aは毎週定期的に出勤しその就業時間もあらかじめ定められており、その報酬として毎月一定額の報酬を受けるものであるから、甲社とAとの契約関係は雇用契約に準ずるものと判断されます。

したがって、Aに対する産業医の報酬は給与所得に該当すると認められますので、源泉徴収が必要となります。

なお、仮に甲社の従業員がAの開設する診療所に出向き、その診療等の都度その診療代金がAに支払われるような場合には、甲社が支払う産業医の報酬は、Aが行う事業の遂行に付随して生ずるものとして事業所得に区分されることになるものと考えられます。

関係法令通達
所得税法27条1項、28条1項
所得税基本通達27-5（5）、28-9の2
労働安全衛生法13条1項
労働安全衛生法施行令5条

参考文献等　裁決等▶最高裁昭和56.4.24判決

Question.11
過去に遡及して支払う超過勤務手当に係る源泉徴収

　内国法人甲社は飲食業を営んでいますが、一部店舗の店長から過去のサービス残業に関して超過勤務手当を支給するよう要求されたので、その勤務実態について調査するとともに支給漏れが認められた各店長と協議した結果、平成27年1月分に遡りそれ以降平成29年3月分までの未払の超過勤務手当及びその未払期間に対応する遅延利息を同年6月の賞与に併せ一括して支払うこととしました。この未払の超過勤務手当や遅延利息についてはどのように課税すればよいですか。

　なお、当該超過勤務手当の支給対象となる各店長は、いずれも平成27年分以後の各年分の扶養控除等申告書を提出しています。

Answer.　各店長に支払われる超過勤務手当のうち平成27年分及び平成28年分については、各年分の所得として、それぞれの年分ごとに年末調整の再計算により追加税額を計算し、平成29年の各月分については、各月分の課税済給与等の額に各月の超過勤務手当

を加算した金額を基に月額表により追加税額を計算して、その超過勤務手当の支払日の翌月10日までに納付することになります。

　遅延利息は雑所得に該当すると認められますので、源泉徴収は要しないものと考えられます。

▍解 説

1　超過勤務手当は、雇用契約に基づき使用者の指揮命令に服して提供した勤務の対価である給与所得に該当します（所法28）。

　給与所得の収入すべき時期は、契約又は慣習その他株主総会の決議等により支給日が定められている給与等についてはその支給日、その日が定められていないものについてはその支給を受けた日とされています（所基通36-9（1））。

　例えば、過去の実労働時間により計算した残業手当と実際に支払った残業手当との差額を一括して支払うような場合には、その差額は本来の残業手当が支払われるべきであった各支給日の属する各年分の給与所得として課税することになります。

　本事例のように就業規則や給与規定等に基づきあるいは慣習等により支給日があらかじめ定められている超過勤務手当に支給漏れがあり、その差額が一括して支給される場合にも上記同様、その定められている各支給日の属する各年分の給与所得として課税することになります。

　なお、給与規定の改訂が既往に遡って実施されたため既往の期間に対応して支払われる新旧給与の差額に相当する給与等については、その支給日が定められているものはその支給日、その日が定められていないものはその改訂の効力が生じた日の属する年分の給与所得とされています（所基通36-9（3））。

2　超過勤務手当の未払期間に対応する遅延利息は、雇用契約に基づく勤務の対価とは認められないので給与所得には該当せず、また、一時所得

や他の所得にも該当しないと認められますので雑所得に該当することになります。したがって、源泉徴収の対象にはなりません。

3　次に、課税漏れの給与等があった場合には、その給与等の収入すべき時期が属する年月分ごとに源泉徴収税額の追加税額（課税漏れの給与等を支給済みの給与等に加算して再計算した追加税額）を算出し、更に、その課税漏れ給与等の金額及びその金額に係る追加税額を年末調整済みの給与等と源泉徴収税額にそれぞれ合算して年末調整の再計算を行い、過不足額の精算をするのが原則とされています（所法185、186、190～192）。

　しかし、課税漏れの給与等が過年分のもので年末調整を行うべき給与等である場合には、その税額は最終的には上記のように年末調整により精算されるものであることから、通常の各年月分の税額計算は省略し、その課税漏れの給与等の額と当該年分の課税済みの給与等との合計額について年末調整の再計算を行い算出した税額から当該課税済みの給与等に係る年末調整済みの税額（当該課税済みの給与等についてまだ年末調整をしていない場合には、その給与等について既に徴収されている税額の合計額）を控除して、追加税額を計算しても差し支えないこととされています（所基通183～193共-8）。

4　本事例では、未払の超過勤務手当の支給対象となる各店長は、いずれも扶養控除等申告書を提出していますので、同人らに支払われる当該超過勤務手当は年末調整を行うべき給与等に該当することになります。

　したがって、同人らに支払われる超過勤務手当のうち平成27年分及び平成28年分については、通常の各年月分の税額計算は省略し、それぞれの年分ごとに年末調整の再計算により追加税額を計算し、平成29年の各月分については、各月分の課税済給与等の額に各月の超過勤務手当を加算した金額を基に月額表により追加税額を計算して、それぞれその支払日の翌月10日までに納付することになります。

> **関係法令通達**
> 所得税法28条、185条～186条、190条～192条
> 所得税基本通達36-9⑴⑶、183～193共-8

Question.12
外国人派遣社員に支払う給与及び生活費等に係る経済的利益の課税

　当社は米国法人Ａ社の100％出資の子会社であり、同社から外国人従業員Ｂの派遣を受ける予定です。この派遣社員ＢとＡ社との間では、①Ｂの基本給は引き続きＡ社が支給する旨、②Ｂが日本滞在期間中に課される所得税及び住民税などの税金並びに③居住費や子弟の教育費及び水道光熱費など国内での生活費等はいずれもＡ社が負担する旨の契約が締結されることとなっています。

　この場合、当社が上記①～③の基本給、税金及び生活費等をＡ社に代わって国内で支払い、その立て替えて支払った金額を後日Ａ社に請求し精算することとする場合には、それら給与等については、いずれも当社に源泉徴収義務が生ずることは承知していますが、例えば、その支払方法等を次のように変更した場合には、国外払の給与等として源泉徴収義務は発生せず、Ｂは確定申告により納税すればよいでしょうか。

① 　Ｂの基本給はＡ社から直接Ｂの日本国内にある銀行口座に振り込む。
② 　Ｂの税金及び生活費等については、あらかじめ当社がその必要金額を見積もりＡ社に連絡した後、同社から上記Ｂの銀行口座に振り込む。
③ 　当社は、Ｂの銀行口座に振り込まれた上記金額のうち、②の税金及び生活費等に係る部分の金額の全額をＢから入金しこれを預り金として経理した上で、Ｂの税金や生活費等の支払に充て、その支払額と預り金とに差額が生ずる場合には、その差額は当社とＡ社との間で精算する。

　なお、Ｂの確定申告などの納税手続や納付、入居マンションの契約（名

義人）や賃料の支払及び生活費等の支払に関する事務はいずれも当社が行うこととなります。

Answer.
1　基本給について
　基本給については、銀行口座への振込後はＢが自由に管理処分できるもので同人に帰属するものと認められますので、国外払の給与に該当し源泉徴収の必要はないと考えられます。なお、当該基本給は、それが振り込まれるべき日の属する年分の給与所得として確定申告を要します。
2　税金及び生活費等について
　税金及び生活費等の銀行口座への振込は、給与等の支払資金の送金手段であると認められますので、その振込をもって給与等の支払があったとするのは相当ではないと考えられます。本事例の支払方法等は、貴社がＡ社に代わって税金及び生活費等を立て替えて支払い、後日Ａ社と精算する場合と何ら異なるところはないと認められますので、その支払方法等を変更しても、貴社に源泉徴収義務が生ずるものと考えられます。

■解 説
1　外国人派遣社員の給与等に係る実務上の課税関係等の概要
（1）外国人派遣社員の給与負担に関する法律関係
　海外の関係会社からわが国に派遣される外国人社員は、通常は出向契約による場合がほとんどであり、また、その派遣社員の給与等については、多くの場合いわゆる租税平衡制度（タックス・イコーリゼーション）が採用され、出向先国で課税される所得税や住民税などはこれを出向元企業又は出向先企業が負担するほか、出向先国での子弟の教育費や生活費等についても、これら企業が負担しているケースが大部分ではないかと考えられます。
　このような出向契約によりわが国の企業に派遣された外国人社員は、出

向元である海外企業との雇用関係が維持されると同時に、出向先である国内企業との間でも雇用関係が成立するという法律関係にあるものと考えられます。

(2) 外国人派遣社員に対する給与等の支給形態とそれに基づく課税

実務上、外国人派遣社員に対する給与等の支給形態や負担関係はおおむね次に区分され、その課税はそれぞれ次により行われているものと考えられます。

イ 外国人派遣社員の給与等は、基本給や税金及び生活費等の負担額を含め引き続き出向元である海外企業が支払うこととし、その全額を当該派遣社員の国外口座や国内口座へ直接振り込み、税金や生活費等は外国人派遣社員が支払う場合（給与等の支払債務者及び負担者が出向元企業である場合）

外国人派遣社員に対する給与等の支払債務は出向元企業が負うことになりますので、その支払者は出向元企業となり、その支払地は資金調達や振込事務などの支払事務を行う国外と考えられますので、当該給与等については、源泉徴収の対象とはならず（所法183①）、確定申告により納付することになります。また、給与等の収入金額は、基本給や生活費等の負担額を含めその振込額の全額とされます。

なお、外国人派遣社員の給与等を出向元企業が負担する場合でも、出向先の国内企業が当該給与等を出向元企業に代わって一旦立替払いし（税金や生活費等も代理して支払い）、その立替金を後日出向元企業に請求することとしている場合には、その給与等については、その支払地がその立替払の事務を取り扱う場所となり国内払に該当しますので、源泉徴収義務が生ずることとされます（東審平成3.5.16裁決）。

ロ 外国人派遣社員の給与等は、上記イと同様、出向元である海外企業が支払うこととし、その全額を当該派遣社員の銀行口座へ直接振込み、税金や生活費等は外国人派遣社員が支払うが、後日その全額を出向先の国内企業にチャージする場合（給与等の支払債務者が出向元企業で、

負担者が出向先企業となる場合）

　上記イと同様、その支払地は、給与等の支払債務者である出向元企業が資金調達や振込事務などの支払事務を行う国外と考えられますので、当該給与等については、源泉徴収の対象とはならず確定申告により納付することになります。

　なお、出向元企業が外国人派遣社員の給与等を直接支払わず、その負担者である出向先企業が国内で代理して支払う場合には、その支払地は、その支払事務を取り扱う国内と考えられますので、源泉徴収義務が生ずることになります。

ハ　外国人派遣社員の給与等は、基本給や税金及び生活費等の負担額を含めその全額を派遣先である国内企業が直接支払う場合（給与等の支払債務及び負担者が出向先企業である場合）

　外国人派遣社員に対する給与等の支払債務は出向先企業が負うことになりますので、その支払者は出向先企業となり、また、その支払地は、資金調達や支払事務を行う国内となりますので、当該給与等については源泉徴収義務が生ずることとされます。

ニ　外国人派遣社員の給与等は、基本給は引き続き派遣元である海外の企業が直接派遣社員の銀行口座へ振り込み、国内での税金や生活費等は派遣先である国内企業が支払う場合（給与等のうち基本給の支払債務者及び負担者が出向元企業で、税金や生活費等の支払債務者及び負担者が出向先企業となる場合）

　外国人派遣社員に対する給与等のうち、基本給については源泉徴収の対象とはならず確定申告により、税金や生活費等については、第一義的には源泉徴収により（源泉徴収義務者は支払債務者である出向先企業となります）、最終的には基本給と併せて確定申告により納付することになります。

2　本事例の取扱い

(1) 基本給について

　Ｂの銀行口座に振り込まれた金員のうち、基本給相当分は、その振込後Ｂが自由に管理処分できるもので同人に帰属すると認められますので、国外払の給与に該当し源泉徴収の対象にはならないと考えられます。

　なお、当該基本給は、Ａ社との約定により当該基本給が振り込まれるべき日を収入すべき時期として、その日の属する年分の給与所得として確定申告をする必要があります。

(2) 税金及び生活費等について

　Ｂの税金及び生活費等相当額については、Ａ社からＢの個人口座に振り込まれることから、上記(1)と同様、国外払の給与として源泉徴収義務は生じないとの考え方もあり得ますが、これら振込額は、貴社があらかじめその金額を見積もり、貴社の指示によりＡ社からＢの銀行口座に振り込まれるものであり、かつ、その全額が貴社に支払われることとされていますので、その振込は、単に、給与等の支払資金を貴社に送金させる手段としてＢの銀行口座を利用（通過）しているに過ぎないものと認められ、Ｂが自由に管理処分できるものとは認められませんので、その振込をもって給与の支払があったとするのは相当ではないと考えられます。

　貴社は、Ｂの確定申告などの納税手続や納付、入居マンションの契約（名義人）や賃料の支払及び生活費等の支払に関する事務を行い、その精算をＡ社との間で行いますので、これら税金や生活費等については、貴社がＡ社に代わって国内で支払い、その立て替えて支払った金額を後日Ａ社に請求し精算する場合と何ら異なるところはなく、したがって、これら税金や生活費等については、国内払の給与等に該当し源泉徴収義務が生ずるものと考えられます。

　なお付言するならば、税金や生活費等の負担については、その負担方法の相違により、源泉徴収義務者や給与等の支払地あるいは課税対象範囲が異なる場合があります。

　例えば、税金や生活費等（社宅家賃や水道光熱費など）を外国人派遣社員

が直接支払い、その支払った金額を企業が負担（現金支給）する場合には、その負担額は「現金支給の給与」として取り扱われますが、それら生活費等について、企業が直接契約当事者となって支払う場合や外国人派遣社員に代わって支払う場合（税金などの「履行の引受け」なども含まれます）には、その負担額は「経済的利益の供与に係る給与」に該当することになり（所法36①、所基通36-15⑸）、その課税範囲等が異なることがありますので留意する必要があります。

関係法令通達

所得税法36条1項、183条1項
所得税基本通達36-15⑸

参考文献等　裁決等▶東審平成3.5.16裁決

Question.13
米国親会社から付与されたストック・オプションの権利行使に係る源泉徴収

　内国法人甲社は、米国法人A社の100％出資の子会社です。A社では従来から同社のグループ会社の役員等を対象としたストック・オプション制度を実施しています。
　甲社の取締役乙は、2年前にA社から付与されたストック・オプションを行使し、その行使と同時に取得したA社株式を譲渡しました。
　この譲渡による代金は、後日USドルで甲社を通じ乙に支払われますが、この場合、源泉徴収は必要ですか。

なお、ストック・オプションの権利行使の手続や譲渡の意思表示は乙とＡ社との間で直接行っています。

Answer. ストック・オプションの権利行使に係る経済的利益の額は、乙の給与所得に該当しますが、その支払者はＡ社であり、その支払地は同社の所在地である米国内と認められますので、Ａ社及び甲社とも源泉徴収義務は生じないものと考えられます。
　なお、乙は当該給与所得につき確定申告により申告納税する必要があります。

▌解　説

1　その年分の各種所得の金額の計算上収入金額とすべき金額又は総収入金額に算入すべき金額は、その年において収入すべき金額とされていますが、金銭以外の物又は権利その他経済的な利益をもって収入する場合には、その金銭以外の物又は権利その他経済的利益の価額とされ（所法36①）、そこでいう「経済的利益の価額」とは、当該物若しくは権利を取得し、又は当該利益を享受する時における価額とされています（同法36②）。

2　次に、発行法人から付与される新株予約権で当該権利の譲渡についての制限その他特別の条件が付されているものを与えられた場合における当該権利に係る経済的利益の価額は、当該権利の行使により取得した株式のその行使日における価額から新株予約権の取得価額にその行使価額を加算した金額を控除した金額によることとされており（所令84②四）、また、その新株予約権に係る経済的利益の収入すべき時期は、当該権利の行使により取得した株式の取得の申込みをした日とされています（所基通23〜35共-6の2）。

　更に、新株予約権がその法人との雇用契約又はこれに類する関係に基因して付与されたと認められる場合には、当該権利に係る経済的利益の

額は原則として給与所得に該当することとされています（所基通 23 〜 35 共 -6）。

　これら取扱いは、わが国の会社法の規定に基づく新株予約権の付与によるストック・オプション制度を前提としたものではありますが、その権利内容や付与目的等が類似する外国法人からのストック・オプションでも同様に取り扱うのが相当ではないかと考えられます。

3　本事例のストック・オプションは、直接雇用関係のない子会社である甲社の役員に対し親会社である A 社から付与するものですが、これは、直接的には子会社における勤務等の対価として付与するものの、その本質は、その勤務等が親会社に寄与することに着目して付与されるものであるから、その権利行使に係る経済的利益は雇用関係に類する関係に基因して提供される非独立的な人的役務の提供の対価としての性質をもった給与所得に該当することになります（東京高裁平成 16.2.19 判決、最高裁平成 17.1.25 判決）。

　また、その給与所得の支払者は、当該ストック・オプションを付与した親会社である A 社であり、その支払地は、当該ストック・オプションの付与決議や権利行使に係る株券の交付手続等が行われる A 社の所在地である米国内とするのが相当と認められます。

　したがって、A 社には当該給与所得について源泉徴収義務は生じないことになります（所法 212 ①②）。

4　ところで、乙は A 社株式の譲渡代金を甲社から受領していますが、この受領した金員は、ストック・オプションの権利行使による給与等ではなく、乙が権利行使により取得した A 社株式をその取得後に譲渡した代金であり、この譲渡代金を甲社が乙に支払ったとしても甲社には源泉徴収義務は生じないことになります。

　なお、乙は、本事例のストック・オプションの権利行使による給与所得及び A 社株式の譲渡による所得について確定申告をすることになりますが、この場合、譲渡所得については、譲渡収入とその原価が同額と

なり生じないものと考えられます。

　また、乙が受領したUSドルの換算は、その取引を計上すべき日（権利行使日）における電信売買相場の仲値で行うことになるものと考えられます（所基通57の3-2）。

関係法令通達
所得税法36条1項・2項、212条1項・2項
所得税法施行令84条2項
所得税基本通達23〜35共-6、同共-6の2、57の3-2

参考文献等　裁決等▶東京高裁平成16.2.19判決
　　　　　　　最高裁平成17.1.25判決

Question.14
給与等の支払者が役員報酬の支払債務の免除を受けた場合の源泉徴収

　内国法人甲社は、ここ数年の資金繰りの悪化から役員3名に対する報酬の支払が滞っている状況です。この報酬について役員3名からその支払債務の免除や受領の辞退を受けた場合、その報酬に係る源泉徴収はどのようになりますか。

Answer.　原則として、その未払報酬債務の免除を受けた時においてその支払があったものとして、源泉徴収をする必要があります。
　ただし、その支払債務の免除が、①甲社の債務超過の状態が相当期間継続し、かつ、②その支払をすることができないと認めら

れる場合に行われたものであるときは、源泉徴収が免除される場合があります。

　なお、免除の対象となる役員報酬等には支払確定の日から1年を経過した未払配当等や役員賞与等は含まれません。

▌解　説

1　給与や報酬その他の源泉徴収の対象となる所得等の支払者が、その所得等で未払のものにつきその支払債務の免除を受けた場合には、原則として当該債務の免除を受けた時にその支払があったものとして源泉徴収をする必要があります。

　　ただし、当該債務の免除が、①当該支払者の債務超過の状態が相当期間継続し、②その支払をすることができないと認められる場合に行われたものであるときは、その源泉徴収の対象となる所得等が支払確定の日から1年を経過した日に支払があったものとみなされた未払配当等又は役員賞与等である場合を除き、源泉徴収の必要はないこととされています（所基通181～223共-2）。

2　また、上記1のただし書①及び②の債務免除の要件は次のような場合を指し、これら要件のいずれをも満たす場合に行われる債務の免除が源泉徴収を要しないことになるものと考えられます。

　(1)　支払者の債務超過の状態が相当期間継続していること

　　　ここでいう「債務超過の相当期間の継続」とはどの程度の期間かについては一定の形式的な基準はありませんが、その債務の免除を給与所得者等から見れば、給与債権の回収不能による貸倒れということになりますので、貸金等の貸倒れが認められる場合の要件と同様に考えるのが相当で、少なくとも数年間にわたり債務超過の状態が続くことをいうものと解されます（所基通51-11）。

　(2)　支払をすることができないと認められる場合に行われたものであること

源泉徴収を要しない場合の債務の免除には、上記(1)のとおり給与債権の貸倒れという側面があり、給与所得者等において回収不能の状態にあることを要するものと考えられますので、ここでいう「支払をすることができないと認められる場合」とは、未払給与等の発生時期、支払期日、支払のために払われた努力、支払ができないことが決定された経緯などを総合的に検討して支払をすることができないと認められる場合をいうものと考えられます。

(3)　したがって、本事例の支払債務の免除が上記(1)及び(2)のいずれの要件をも満たす場合に行われるものであれば、その免除対象となった報酬に係る所得税については源泉徴収の必要はないことになりますが、いずれか一の要件を欠く場合には、原則どおりその債務免除を受けた時にその支払があったものとして源泉徴収を要することになります。

3　なお、役員報酬等の債務免除や受領辞退に関しては、次のような取扱いがあります。

(1)　法人が会社法の定めによる特別清算開始の命令を受けたこと、破産法の規定による破産手続開始の決定を受けたことその他一定の特殊事情の下において、その法人の役員が一般債権者の損失を軽減するためその立場上やむなく、その法人から受けるべき賞与等その他の源泉徴収の対象となるもので未払となっているものの受領を辞退した場合には、その辞退により支払わないこととなった部分の金額については源泉徴収を要しないこととされています（所基通181～223共-3）。

　この場合の賞与等には、支払確定日から1年を経過した後に受領を辞退する未払配当等や役員賞与等は含まれず、また、その受領を辞退した金額については所得税法64条1項（資産の譲渡代金が回収不能となった場合等の所得計算の特例）の規定が適用されることになっています（所基通64-2）。

(2)　報酬等の受領を辞退する場合であっても、その支給期（収入すべき時期）の到来前に辞退の意思表示をして辞退したものについては源泉

徴収を要しないものとされています（所基通28-10、36-9）。

> **関係法令通達**
> 所得税基本通達 28-10、36-9、51-11、64-2、
> 181～223共-2、同共-3

Question.15
親会社の役員が子会社の取締役を兼務した場合の報酬等に係る源泉徴収

内国法人甲社では、このたび開催される株主総会で非常勤の社外取締役3名を選任する予定です。この社外取締役のうちA及びBの2名は取引関連会社の常勤役員から選任され、その報酬や賞与は直接これら両名に支払われますので甲社で源泉徴収をする予定ですが、残り1名は親会社乙社の常務取締役Cであり、このCに支払う報酬や賞与は、乙社からの指示により同人に直接支払うのではなく、同社へ社納する予定となっています。

このCに対する報酬や賞与は源泉徴収の対象となりますか。

Answer. Cは乙社の常勤の取締役で甲社の非常勤の社外取締役であり兼務役員に該当しますので、甲社がCに支払う報酬等については、原則としてその報酬等の支払の際、A及びBに支払う報酬等と同様に源泉徴収をする必要があると考えられます。

なお、乙社への社納行為がCへの報酬等の代理支払のためのものと認められる場合には、乙社がCに対し支払う際に源泉徴収をし、甲社の名において納付することになるものと考えられます。

■解 説
1 会社法上、株式会社の取締役は株主総会の決議によって選任されるこ

ととされており、その会社との関係は委任に関する規定に従うこととされています（会法329①、330）。

　そして、株式会社の取締役は上記の委任関係に基づき当該会社に対し役務を提供（職務を執行）し、当該会社はその職務執行の対価として株主総会の決議等に基づき役員報酬や賞与（以下「報酬等」といいます）を支払っているものと認められますので（同法361）、その報酬等を受領すべき者は、当該会社に対し役務を提供している取締役本人ということになります。

　したがって、仮に、取締役に対する報酬等が親会社など他の法人を通じて支払われたとしても、その報酬等はあくまで当該会社が自己の取締役に対し支払ったものとして源泉徴収の対象になるものと認められます。

2　次に、報酬等に係る源泉徴収義務者は、原則として当該報酬等の受給者に対し支払債務を負っている会社等の支払債務者となりますが、その徴収義務者には報酬等を本来の支払債務者に代理して支払う者や立替払をする者も含まれており、実務上、この代理払や立替払の場合には、源泉徴収した所得税は本来の支払債務者の名において納付することとされています。

　また、源泉徴収義務は報酬等の支払の際に生じることになりますが、ここでいう支払の際の支払には、現実に金銭を交付する行為のほか、債務者の預金口座から債権者の預金口座に金銭を振り替えるなど、その支払債務が消滅する一切の行為が含まれることとされています（所基通181〜223共-1）。

3　ところで、所得税基本通達183〜193共-3は、使用者が自己の役員又は使用人を他の者のもとに派遣した場合において、その派遣先が当該役員又は使用人に対して支払う給与等の一切を当該使用者に支払い、当該使用者から当該役員又は使用人に対して給与等を支払うこととしているときは、その派遣先が当該使用者に支払う給与等に相当する金額につ

いては源泉徴収を要しないものとすると定めています。

　上記通達は、社外取締役制度や会社法施行前に発遣されたもので発遣当時（昭和45年7月1日制定）の商法や出向派遣の給与負担の実態等から定められたものと考えられますが、その文言から判断しますと、例えば、派遣元の使用人がその被用者としての勤務関係を維持したまま業務命令により派遣先の使用人や常勤役員として派遣（出向）される場合に、その給与等を派遣元が引き続き支給することとしているために、派遣先が自己の支払うべき給与等を負担金等として派遣元に支払う場合などに限って適用されるものと解するのが相当と認められますので、株式会社の常勤取締役が他の株式会社の非常勤の社外取締役や監査役などを兼務する場合には同通達の適用はないものと考えられます。

4　以上により本事例について検討すると次のとおりと認められます。

　Cは乙社の常勤取締役で甲社の非常勤の社外取締役でありいわゆる兼務役員に該当しますので、甲社がCに支払う報酬等については上記3の所得税基本通達183～193共-3の適用はないものと認められます。したがって、甲社は、原則としてその報酬等の支払の際、A及びBに支払う報酬等と同様に源泉徴収をする必要があると考えられます。

　この場合、乙社への社納行為がCへの報酬等の代理支払のためのものと認められる場合には、乙社がCに対し支払う際に源泉徴収をし、同社がCに対し支払うべき報酬等に係る源泉税と区分し、甲社の名において納付することになるものと考えられます。

　なぜなら、Cに対する甲社及び乙社の報酬等は、それぞれCの甲社及び乙社に対する職務執行の対価としてそれぞれの株主総会の決議等に基づきその支給額が決定されるものであり、乙社の報酬等に甲社の報酬等が含まれることはあり得ないので、これを明確に区分する必要があるからです。

　なお、仮に、甲社からの報酬等の社納額を乙社が雑収入などの収益として計上しこれをCに支払わない場合には、その社納額は甲社又はCか

らの寄附金や贈与ではないかという問題が生ずる可能性があるので留意する必要があります。

関係法令通達
所得税基本通達181～223共-1、183～193共-3
会社法329条1項、330条、361条

3 退職所得

Question.16
退職金を分割支給する場合の所得区分

　内国法人甲社では、来年度以降の数年間に多数の定年退職者が生じ、一時的に退職金の支払総額の増加が見込まれることから、その支払額の平準化と資金繰りのために、5年間に限り次の退職金の分割支給制度を導入する予定です。

① 退職金について、一時金による支給のほか分割による支給を行うこととするが、いずれの方法により受給するかは退職する従業員の選択によることとする。

② 分割支給の方法は、退職後2年間で2回以上最大4回に分けて支払い、分割して支払うこととなる退職金については一定の利息を付することとする。

③ 分割支給の中途で退職した従業員から申し出があった場合には、原則としてその残額を一括して支払うこととする。

④ 分割支給を選択した従業員がその後死亡した場合には、その遺族に対し残額を一括して支払うこととする。

⑤ 分割支給される退職金の額及び利息相当額は退職時に算定される。ただし、上記③及び④に該当する場合には未経過部分の利息は減額されることになる。

　この分割支給制度に基づき支給される退職金は、所得税法上、退職所得として認められますか。

Answer.　本事例の退職金は、形式的には退職所得の要件である一時金として支払われるものではありませんが、実質的には「退職により一時に受ける給与」と同一に取り扱うのが相当と認められるの

で、従業員が退職した日の属する年分の退職所得として取り扱うのが相当であると考えられます。

また、当該退職金に係る利息相当額については、実際に支払われる日の属する年分の雑所得に該当するものと考えられます。

▍解 説

1 所得税法は、勤務関係等に基因する役務提供の対価に係る所得については、その対価の性質や担税力等に応じ、おおむね次に区分しているものと考えられます。

 (1) 現在の勤務関係等に対する対価で①定期的に支払われるものは給料等として、②臨時的に支払われるものは賞与としていずれも給与所得に区分される（所法28、所基通183-1の2）。

 (2) 過去の勤務関係等に対する対価で①定期的に支払われるものは雑所得（公的年金等）に区分され、②一時的に支払われるものは退職所得に区分される（所法30、35③二）。

 (3) 将来の勤務関係等に対する対価で①定期的に支払われるもの及び②臨時的に支払われるものはいずれも雑所得（場合によっては臨時所得）に区分される（所法2①二十四、所基通35-1(9)、204-29）。

  なお、ここでいう「勤務関係等」とは、雇用関係に限定されるものではなく、会社と取締役等との委任関係あるいは議会議員等の身分関係等が含まれます。

2 ところで、退職所得とは、退職手当、一時恩給その他の退職により一時に受ける給与及びこれらの性質を有する給与に係る所得をいうものとされていますが（所法30）、ここでいう「退職により一時に受ける給与」の意義ないし範囲について、裁判例は、それが①退職すなわち勤務関係等の終了という事実によって初めて給付されること、②従来の継続的な勤務に対する報償ないしその間の労務の対価の一部の後払の性質を有すること及び③一時金として支払われることとの各要件を備えることが必

要であり、また、上記規定でいう「これらの性質を有する給与」に該当するというためには、それが形式的には上記①～③の各要件のすべてを備えていなくても、実質的にみてこれらの要件の要求するところに適合し課税上「退職により一時に受ける給与」と同一に取り扱うことを相当とするものであることを必要とすると解すべきである旨判示しています（最高裁昭和58.9.9判決）。

　このような退職所得については、それが長期の勤労により形成されるもので退職後の生活保障としての性格を有する所得であることなどから、その担税力は極めて弱いものとされ、分離課税制度の対象にされるとともに、その課税対象所得の金額については、勤続年数に応じた退職所得控除額が控除され、その控除後の金額の2分の1に相当する金額とされるなど課税上優遇されています。

　したがって、上記でいう課税上「退職により一時に受ける給与」と同一に取り扱うことを相当とするものとは、形式的には上記①～③の各要件のすべてを備えていなくても、実質的にみてこれらの要件に適合し、退職所得として優遇課税をすべき所得に該当するか否かにより判断するのが相当と認められます。

3　一方、退職所得と同様に過去の勤務に基づき使用者であった者から支給される金員であっても、それが定期的に支払われる年金である場合には、雑所得とされる公的年金等に該当することとされています（所法35③二）。

　ここでいう年金の意義については特に定義した規定は見当たりませんが、一般に年金とは厚生年金や国民年金など終身あるいは有期に毎年定時に支払われる定額の金員をいい、あらかじめ定められた支払期日においてそれぞれ支払債務（収入すべき時期）が確定されることとされており（所基通36-14）、この点で、退職時にその全額の支払債務（収入すべき時期）が確定する退職所得と区分されます（所基通36-10）。

4　本事例の分割支給の退職金は、退職従業員が分割支給制度を選択した

場合に、退職後2年間で最大4回に分けて支払うものであり、過去の勤務に基づき使用者であった者から支給される年金に当たるのではないかとも考えられますが、その支給期間は一般の年金に比べ極めて短期間であること、支給回数も退職時を含め最大で4回に限られていること及び分割支給を選択した後においても、その残額につき支払が認められていることから、退職時においてその全額の支払債務が確定しているものと考えられます。

更に、当該退職金は、形式的には退職所得の要件である一時金として支払われることとの要件は満たしていませんが、実質的には課税上「退職により一時に受ける給与」と同一に取り扱うのが相当と認められますので、当該従業員の退職した日の属する年分の退職所得として取り扱うのが相当であると考えられます。

なお、この場合の源泉徴収税額は、支給総額が確定している退職手当等を分割して支払う場合の計算方法によって算定することになります（所基通183〜193共-1、201-3）。

また、分割支給の退職金に係る利息相当額については、退職金の支払を繰り延べることによる一種の遅延利息と認められますので、実際に支払われる日の属する年分の雑所得に該当するものと考えられます。

関係法令通達
所得税法2条1項24号、28条、30条、35条3項2号
所得税基本通達35-1（9）、36-10、36-14、183-1の2、183〜193共-1、201-3、204-29

参考文献等　裁決等▶最高裁昭和58.9.9判決

Question.17 取締役の退任を条件として権利行使するストック・オプションの課税関係

　内国法人甲社は、取締役及び監査役（以下「取締役等」といいます）に対する役員退職慰労金制度を廃止し、これに替えて、その職務執行の対価として次の新株予約権を付与する制度(いわゆる株式報酬型ストック・オプション制度で、以下「本件SO制度」といいます）を導入する予定です。

① その年（定時株主総会の日から1年間）の職務執行の対価として、役職に応じて支給される固定報酬とは別に新株予約権（以下「本件新株予約権」といいます）の付与を前提とする報酬金額（以下「本件報酬」といいます）を定める。

② 毎年の定時株主総会により取締役等に就任した役員に対し、本件報酬に応じた個数の本件新株予約権を譲渡制限付きで付与する。本件報酬は、この付与時にその新株予約権に係る払込金額の払込みに代えて相殺される。

③ 本件新株予約権については、譲渡制限のほかイ取締役等が一定期間継続して甲社の役員としての地位を有すること、ロ取締役としての地位を解任された場合には失効すること及びハ権利行使価格は1円で、取締役等の退任後10日以内に限り一括して権利行使をすること等の行使条件が付されている。

本件SO制度に基づく課税関係や所得区分はどのようになりますか。

Answer. ① 本件報酬については、本件新株予約権の付与時や相殺時には課税されず、本件新株予約権の権利行使時にその権利行使益として課税されるものと考えられます。

② 本件新株予約権の権利行使益は、取締役等の退職に基因して一時に支払われる給与と認められますので、退職所得に該当すると考えられます。

また、権利行使益は、その権利行使日における株価（時価）から権利行使価格1円を控除した金額と認められます。

▌解 説

1　会社法の規定に基づき発行された新株予約権（当該新株予約権を引き受ける者に特に有利な条件若しくは金額であることとされるもの又は役務の提供その他の行為による対価の全部若しくは一部であることとされるものに限ります）で、その権利の譲渡についての制限その他特別の条件が付されているものを与えられた場合（株主等として与えられた場合等は除かれます）における当該権利に係る経済的利益の価額は、当該権利の行使により取得した株式のその行使の日における価額から新株予約権の取得価額にその行使に際し払い込むべき額を加算した金額を控除した金額によることとされ（所法36①②、所令84②四）、その新株予約権に係る経済的利益の収入すべき時期は、当該権利の行使により取得した株式の取得についての申込みをした日によることとされています（所基通23～35共-6の2）。

2　また、会社法では新株予約権の発行に際して、払込金額を定めなければならないこととされ、その金銭の払込みに代えて、取締役等の会社に対する報酬債権をもって相殺することができることとされていますが（会法238①、246②）、この会社に対する報酬債権をもって相殺する方法により付与される新株予約権に係る経済的利益及びその報酬債権に係る課税については、実務上次のとおり取り扱われているものと考えられます（国税庁ホームページ、質疑応答事例「金銭の払込みに代えて報酬債権をもって相殺するストックオプションの課税関係」）。

⑴　新株予約権の払込金と相殺される報酬債権が、役職に応じて支給される固定報酬とは別に決議され、現実に金銭が支払われることなく相殺に供する目的においてのみ生ずるものであり、かつ、その新株予約権に譲渡制限が付されている場合には、権利行使がされるまでは当該

新株予約権に係る経済的利益は実現しないことから、当該新株予約権に係る経済的利益やその報酬債権については、付与時や相殺時には課税関係は生じず、権利行使時に課税されることとされています。

　すなわち、この報酬債権をもって相殺する方法によるその報酬債権に対する課税は、新株予約権と相殺されることにより、新株予約権の権利行使による課税に置き換わることになるものと考えられます。

(2)　その譲渡が禁止されていること等により付与時に課税されない新株予約権については、その取得価額はないことになり、権利行使日における株価（時価）から権利行使価格を控除した金額が権利行使益となります。

3　次に、発行法人から新株予約権を付与された者がその法人との雇用契約又はこれに類する関係に基因して当該権利を付与されたと認められる場合には、原則として給与所得に該当することとされています（所基通23～35共-6）。

　また、退職所得とは、退職手当、一時恩給その他の退職により一時に受ける給与及びこれらの性質を有する給与に係る所得をいい、本来退職しなかったとしたならば支払われなかったもので、退職したことに基因して一時に支払われることとなった給与をいうこととされています（所法30、所基通30-1）。

4　上記1～3に基づき本事例について検討すると次のとおりと認められます。

(1) 本件報酬の課税関係

　本件報酬は、本件新株予約権の払込金との相殺に供する目的で、役職に応じて支給される固定報酬とは別に決議されるものであり、現実に金銭で支払うことを予定しているものではないと認められます。

　また、本件新株予約権には譲渡制限が付されていますので、取締役等が本件報酬との相殺により本件新株予約権を取得しても、権利行使をしない限り当該新株予約権に係る経済的利益は実現しないと認められることか

ら、本件報酬については、本件新株予約権の付与時や相殺時には課税されず、権利行使時にその権利行使益として課税されるものと考えられます。

(2) 本件新株予約権の課税関係

本件新株予約権については、取締役等の役務提供の対価として付与されるものですが、譲渡制限が付されていますので、その経済的利益が実現する権利行使時に課税されることになり、その収入すべき時期は、当該権利行使により取得した株式の取得についての申込みをした日によることになります。

また、新株予約権に係る経済的利益の価額は、当該権利の行使により取得した株式のその行使の日における価額から新株予約権の取得価額にその行使に際し払い込むべき額を加算した金額を控除した金額によることとされているところ、本件新株予約権は付与時には課税されず、その取得価額はないことになりますので、その権利行使日における株価(時価)から権利行使価格1円を控除した金額が権利行使益として課税されることになります。

(3) 本件新株予約権の権利行使益の所得区分

本件新株予約権は取締役等の職務執行の対価として付与されるものと認められますので、その権利行使益は原則として給与所得に該当することになりますが、本件新株予約権は、取締役等に対する役員退職慰労金制度に代わって導入される予定の本件SO制度に基づき付与されるもので、かつ、その権利行使は、取締役等の退任後10日以内に限り一括して行使することが条件とされています。

したがって、本件新株予約権の権利行使益は、取締役等の退職に基因して一時に支払われる給与として、退職所得に該当するものと認められます。

5 譲渡制限付新株予約権の付与に係る法人税法上の取扱い

法人税法では、役員等からの役務提供の対価として、報酬債権等との相殺により新株予約権を交付する場合の当該役務提供に係る費用の帰属年度について、次の特例を定めています。

(1) 内国法人が個人から役務の提供を受ける場合において、当該役務の提供に係る費用の額につき所得税法施行令84条2項に規定する権利の譲渡についての制限その他特別の条件が付されている新株予約権で次に掲げる要件に該当するもの(以下「譲渡制限付新株予約権」といいます)が交付されたときは、当該個人(当該個人が非居住者であるときは、当該個人が居住者であるとした場合)において当該役務の提供につき所得税法その他所得税に関する法令の規定により当該個人の同法に規定する給与所得、事業所得、退職所得及び雑所得の金額に係る収入金額とすべき金額又は総収入金額に算入すべき金額を生ずべき事由(以下「給与等課税事由」といいます)が生じた日において当該役務の提供を受けたものとして、法人税法の規定を適用することとしています(法法54の2①、法令111の3①②)。

① 譲渡制限付新株予約権と引換えにする払込みに代えて当該役務の提供の対価として当該個人に生ずる債権をもって相殺されること。

② 上記①のほか、当該譲渡制限付新株予約権が実質的に当該役務の提供の対価と認められるものであること。

(2) この特例は、個人の役務提供に係る費用の額を損金の額に算入する旨の定めではないため、当該費用の額が法人税法上損金の額に算入されるか否かは、別途、同法第34条で定める役員給与の損金不算入の規定などにより判断することになります。

なお、所得税法等で当該個人の役務の提供につき給与等課税事由が生じないときは、当該役務の提供を受ける内国法人のその役務提供に係る費用の額等は、当該内国法人の各事業年度の所得の金額の計算上、損金の額に算入しないこととされていますので(同法54の2②)、仮に、交付された新株予約権がいわゆる税制適格ストック・オプション(措法29の2)に該当し、その権利行使時に所得税が課税されない場合には、損金算入額は生じないことになるものと考えられます。

また、譲渡制限付新株予約権の交付が正常な取引条件で行われた場合

には、上記(1)の役務提供に係る費用の額（損金算入額）は、当該譲渡制限付新株予約権の交付がされた時の価額に相当する金額とされていますので（法令111の3③）、この点において、法人税法上の損金算入額と所得税法上の課税対象額との間に開差が生ずることになります。

(3) 本件新株予約権は、譲渡制限が付されているなど上記(1)で定める譲渡制限付新株予約権に該当し、また、その権利行使益は取締役等の退職所得として課税され、かつ、業績連動給与にも該当しないと認められますので、その役務提供に係る費用の額は「給与等課税事由」が生じた権利行使時の属する事業年度の損金の額に算入されるものと考えられます。

（参考）

本事例は、役員等の法人に対する役務提供の対価として譲渡制限付新株予約権が交付される場合ですが、この新株予約権の交付に代えて譲渡制限付株式が交付される場合の特例が、平成28年の税制改正により新たに法人税法及び所得税法に創設されています。

これら特例は、役員等の役務提供の対価として一定の要件に該当する譲渡制限付株式が交付される場合には、①その交付を受けた役員等の当該交付による経済的利益に係る給与等の課税時期を、譲渡制限付株式の譲渡についての制限が解除された日（給与等課税事由が生じた日）とし、給与等の収入すべき金額をその譲渡制限付株式の譲渡制限が解除された日の価額とするものであり（所令84①、所基通23〜35共-5の2〜同共-5の4）、一方、②その交付をした法人のその役務提供に係る費用の額については、その交付を受けた役員等に係る給与等課税額が確定した日（平成29年の税制改正前は「給与等課税事由が生じた日」）において、当該役務の提供を受けたものとして法人税法の規定を適用することとし、また、当該費用の額は、譲渡制限付株式の交付につき給付され又は消滅した債権の額に相当する金額とするものです（法法54、法令111の2）。

これら特例によれば、法人税法上の損金算入額と所得税法上の課税対象額（源泉徴収対象所得）との間には開差が生ずることになり、この点を含め、そ

の取扱いの基本的な考え方は、本事例の譲渡制限付新株予約権の付与に係るそれぞれの取扱いに類似しているものと思料されます。

> **関係法令通達**
> 所得税法30条、36条1項・2項
> 所得税法施行令84条1項・2項
> 所得税基本通達30-1、23～35共-5の2～同共-5の4、23～35共-6、同共-6の2
> 法人税法34条、54条、54条の2
> 法人税法施行令111条の2、111条の3
> 租税特別措置法29条の2
> 会社法238条1項、246条2項

Question.18
執行役員に支払われる退職金に係る源泉徴収

内国法人甲社は、次の執行役員制度の導入を予定しています。

① 執行役員は、取締役会の決定に基づき選任又は解任され、任期は原則として1年間とし、取締役会から委嘱された業務を執行する。

② 使用人から執行役員に就任する場合には、従来の雇用契約を解除し、新たに委任契約を締結する。

③ 執行役員に対する報酬並びに服務規律及び福利厚生等に関する規程については、別途、取締役に対する報酬等に準じて定めることとし、執行役員がその規程や業務に反する行為をしたことにより生じた損害については賠償する責任を負う。

この執行役員制度に基づき使用人から執行役員に就任した者に対し、その使用人であった期間に係る退職金として打切支給する給与は退職手当等として認められますか。

また、当該執行役員が取締役に就任した場合に、その執行役員であった

期間に係る退職金として打切支給する給与は退職手当等として認められますか。

Answer. 甲社が導入を予定している執行役員制度に基づき使用人から執行役員に就任した者に対し、その使用人であった期間に係る退職金として打切支給する給与は退職手当等に該当するものと考えられます。

また、執行役員が取締役に就任した場合に、その執行役員であった期間に係る退職金として打切支給する給与も退職手当等に該当するものと考えられます。

なお、この場合の退職手当等は「特定役員退職手当等」には該当しないと考えられます。

▌解 説

1 「退職所得」とは、退職手当、一時恩給その他の退職により一時に受ける給与及びこれらの性質を有する給与(以下「退職手当等」といいます)に係る所得をいうものとされています(所法30①)。ここでいう「退職により一時に受ける給与」の意義ないし範囲について、裁判例は、それが①退職すなわち勤務関係等の終了という事実によって初めて給付されること、②従来の継続的な勤務に対する報償ないしその間の労務の対価の一部の後払の性質を有すること及び③一時金として支払われることとの各要件を備えることが必要であり、また、上記規定でいう「これらの性質を有する給与」に該当するというためには、それが形式的には上記①〜③の各要件のすべてを備えていなくても、実質的にみてこれらの要件の要求するところに適合し、課税上「退職により一時に受ける給与」と同一に取り扱うことを相当とするものであることを必要とすると解すべきである旨判示しています(最高裁昭和58.9.9判決)。

更に、裁判例では、上記「これらの性質を有する給与」について、当

該金員が定年延長又は退職年金制度の採用等の合理的な理由による退職金支給制度の実質的改変により精算の必要があって支給されるものであるとか、あるいは当該勤務関係の性質、内容、労働条件等において重大な変動があって、形式的には継続している勤務関係が実質的には単なる従前の勤務関係の延長とはみられないなどの特別の事実関係があることを要すると解すべきである旨判示しています（最高裁昭和 58.12.6 判決）。

2　上記1の退職所得の意義ないし範囲を前提として、所得税基本通達は、同一企業に引き続き勤務する者に対し退職手当等として一時に支払われる給与のうち、①使用人から役員になった者に対しその使用人であった勤続期間に係る退職手当等として打切支給される給与は退職所得等に該当するものとし（同通達 30-2 (2)）、また、②使用人から執行役員に就任した者に対しその就任前の勤続期間に係る退職手当等として打切支給される給与のうち、例えば、次のいずれにも該当する執行役員制度の下で支払われるものは退職所得等に該当するものとして取り扱っています（同通達 30-2 の 2）。

　イ　執行役員との契約は、委任契約又はこれに類するもの（雇用契約又はこれに類するものは含みません）であり、かつ、執行役員退任後の使用人としての再雇用が保障されているものではないこと

　ロ　執行役員に対する報酬、福利厚生、服務規律等は役員に準じたものであり、執行役員は、その任務に反する行為又は執行役員に関する規程に反する行為により使用者に生じた損害について賠償する責任を負うこと

　本事例で甲社が導入を予定している執行役員制度は、上記②のイ及びロの各要件を満たすものと認められますので、当該制度に基づき使用人から執行役員に就任した者に対し、その使用人であった期間に係る退職金として打切支給する給与は退職手当等に該当するものと考えられます。

3　上記2の②の通達（所基通 30-2 の 2）は、平成 19 年の所得税法改正

に伴う通達の整備により新たに創設されたものですが、その創設に伴い国税庁が公表した法令解釈に関する情報（国税庁ホームページ「所得税基本通達30-2の2（使用人から執行役員への就任に伴い退職手当等として支給される一時金）の取扱いについて（情報）」）によれば、同通達に定める要件を満たす執行役員制度の下で、取締役から執行役員へ又は執行役員から取締役へ就任した場合にそれぞれ打切支給される退職手当等については、いずれもその者の法令上の地位に明確な変動があることを理由に、原則として退職所得として取り扱うことを明らかにしています（ただし、執行役員と取締役との間の就任・退任を繰り返すような場合で、勤務関係の性質、内容、労働条件等において重大な変動があると認められない場合は除かれます）。

したがって、本事例の執行役員制度の下で執行役員になった者が取締役に就任した場合に、その執行役員であった期間に係る退職金として打切支給する給与も退職手当等に該当するものと考えられます。

なお、この所得税基本通達30-2の2の取扱いは、執行役員と役員とを実質的に同等のものとみなして使用人から執行役員になった者に打切支給される給与を退職手当等として認めるものではなく、新たに使用人と役員との間に執行役員という地位を認め、それぞれの間で打切支給される給与を退職手当等として認めるものであり、同一企業内で順次出世していく高額所得者にとって極めて有利な取扱いと考えられます。

4　ところで、退職所得については、それが長期の勤労により形成されるもので退職後の生活保障としての性格を有することなどから、分離課税制度の対象にされるほか、課税対象となる退職所得の金額は、退職手当等の収入金額から退職所得控除額を控除した金額の2分の1に相当する金額とされるなど課税上優遇されています（所法30②）。

この退職所得課税については、平成24年の税制改正により、勤続年数が5年以下の役員等の退職手当等（特定役員退職手当等）について、次のとおり2分の1課税が廃止され、平成25年1月1日以後に支払う

べき退職手当等から適用されることとされています。
(1) 特定役員退職手当等に係る退職所得の金額は、退職手当等の収入金額から特定役員退職所得控除額を控除した残額に相当する金額とされます（所法30②かっこ書）。
(2) 「特定役員退職手当等」とは、退職手当等のうち、役員等（次に掲げる者をいいます）としての勤続年数が5年以下（1年未満の端数を生じたときは1年として計算します）である者が、退職手当等の支払をする者から当該勤続年数に対応する退職手当等として支払を受けるものをいいます（所法30④、所令69②、69の2）。
　イ　法人税法2条15号に規定する役員
　ロ　国会議員及び地方公共団体の議会の議員
　ハ　国家公務員及び地方公務員
(3) 同一年中に特定役員退職手当等とそれ以外の退職手当等があり、それぞれの勤続年数が重複する場合には、その重複する勤続年数に対応する特定役員退職手当等に係る特定役員退職所得控除額は重複勤続年数1年につき20万円となり、重複しない勤続年数については、1年につき40万円とされます（所令71の2）。

5　上記4の「特定役員退職手当等」の対象者は、法人税法2条15号に規定する役員とされており、その範囲には法人の使用人（職制上使用人としての地位のみを有する者に限ります）以外の者でその法人の経営に従事しているものも含まれることとされていますが（法令7）、一般に執行役員は、取締役会から委嘱された業務につき代表取締役等の指揮・監督の下でその業務執行を行うもので、会社の経営方針や業務執行の意思決定を行うなど、法人の経営に従事しているものとは認められませんので、原則として同号に定める役員には該当しないと考えられます。

　　したがって、本事例の執行役員が取締役に就任した場合に、その執行役員であった期間に係る退職金として打切支給する退職手当等は、上記4の「特定役員退職手当等」には該当しないことになります。

関係法令通達
所得税法30条
所得税法施行令69条2項、69条の2、71条の2
所得税基本通達30-2（2）、30-2の2
法人税法2条15号
法人税法施行令7条

参考文献等 | 裁決等 ▶ 最高裁昭和58.9.9判決
　　　　　　　最高裁昭和58.12.6判決

4 報酬・料金等

■ Question.19
個人事業者が支払う報酬・料金等に係る源泉徴収

　私は不動産鑑定を業とする個人事業者です。従業員としてアルバイト社員2名を常時雇用しその者に給与を支払っていますが、その支給額がいずれも少額のため徴収して納付すべき源泉所得税はありません。

　一方、受注した鑑定評価の業務が多く忙しい時は、その鑑定評価を他の不動産鑑定士に外注していますが、この場合に外注先の不動産鑑定士に支払う報酬について源泉徴収をする必要はありますか。

Answer.　アルバイト社員に対する給与等の支給額が少額で納付すべき所得税がない場合でも、不動産鑑定士に支払う報酬については源泉徴収をする必要があります。

■ 解 説

1　源泉徴収の対象となる所得税法204条1項各号に定める報酬・料金等のうち、同項6号に定めるホステス等に対する報酬を除く報酬・料金等については、その支払者が個人である場合には、給与等について所得税の源泉徴収義務のある個人から支払われるものに限り源泉徴収義務が課されています（同条②二）。

2　上記1でいう給与等について所得税の源泉徴収義務のある個人とは、常時2人以下の家事使用人のみに対し給与等の支払をする個人以外の者で給与等の支払をする個人をいい（同法184）、また、この源泉徴収義務のある個人には、その給与等について実際に徴収して納付する税額がない者も含まれることとされています（所基通204-5）。

3　事例の場合、常時雇用するアルバイト社員に給与等の支払をしていま

すので、仮にその支給額が少額で納付すべき所得税がない場合でも、不動産鑑定士に支払う報酬については源泉徴収をする必要があります。

なお、報酬・料金等の支払をする個人が、給与等について所得税の源泉徴収義務のある個人に該当するかどうかの判定は、その報酬・料金等を支払うべき日の現況により判定することとされています（所基通204-5）。

関係法令通達
所得税法184条、204条1項・2項
所得税基本通達204-5

Question.20
測量士が有限責任組合契約により事業を行う場合の源泉徴収

測量士である甲は、同じく測量士である乙及び測量業務を行う内国法人丙社と有限責任組合契約を締結して測量業務を行うことを予定しています。

この有限責任事業組合契約により成立する組合（以下「有限責任事業組合」といいます）が受注した測量業務の対価に係る源泉徴収はどのようになりますか。

Answer. 有限責任事業組合が行う測量業務による対価のうち、居住者である甲及び乙の分配割合に応じた部分の金額は源泉徴収を要することになりますが、内国法人丙社の分配割合に応じた部分の金額は源泉徴収を要しないものと考えられます。

▎解 説

1 　源泉所得税の課税対象となる所得の受領者は、居住者、非居住者、内国法人及び外国法人に限定されていますので、所得税法上、仮にこれら以外の者が存在し、所得がその者に帰属する場合には源泉徴収義務は生じないことになります。

2 　ところで、民法上の組合契約等（民法667条1項に規定する組合契約、投資事業有限責任組合契約法3条1項に規定する投資事業有限責任組合契約及び有限責任事業組合契約法3条1項に規定する有限責任事業組合契約並びに外国におけるこれらに類する契約をいいます）により成立する組合（以下「任意組合等」といいます）において営まれる事業に係る所得については、当該任意組合等の組合員にその分配割合に応じて直接帰属し、構成員課税が行われることとされています（所基通36・37共-19）。

3 　上記2によれば、本事例の有限責任事業組合が行う測量業務による所得は、当該組合ではなくその組合員である甲、乙及び丙社の分配割合に応じそれぞれの者に直接帰属し、構成員課税が行われることとなりますので、その所得を支払う者は、その構成員に対する個々の支払として源泉徴収義務の要否を判断することになります。

　そうすると、測量業務の対価のうち居住者である甲及び乙に対するその分配割合に応じた部分の金額は、測量士の業務に関する報酬として源泉徴収を要することになりますが、内国法人丙社の分配割合に応じた部分の金額は源泉徴収を要しないことになるものと考えられます。

　なお、仮にその測量業務が匿名組合契約により行われる場合には、当該業務は営業者の業務となりその所得も営業者に帰属することになるので、その営業者に対する支払として源泉徴収義務の要否を判断することになるものと考えられます。

関係法令通達

所得税基本通達 36・37 共 -19
民法 667 条 1 項
投資事業有限責任組合契約法 3 条 1 項
有限責任事業組合契約法 3 条 1 項

Question.21
チャットレディに支払う出演料の源泉徴収

　内国法人甲社は、インターネットのウェブサイトを利用して行うライブチャットの運営を予定しています。このチャットは、甲社が募集する男性会員と甲社が採用した女性（以下「チャットレディ」といいます）が、WEB カメラを使いリアルタイムで動画、映像、音声、テキストなどを用いてウェブサイト上で会話するもので、会員と 1 対 1 で行う 2 ショットチャットや複数の会員が同時に行うパーティーチャットなどを行う予定です。

　また、当該チャットは、チャットレディが自宅等のパソコン等で任意の時間に行い、それに必要なパソコンや WEB カメラ等の機器は同人らが準備し、その出演料はチャットを行った時間等により男性会員から収受する料金の一定割合を支払う予定となっていますが、このチャットの出演料について源泉徴収は必要ですか。

　なお、ウェブサイトで配信・表示される一切の表現や情報に関する著作権等の権利はすべて甲社に帰属し、チャットレディはこれら権利を行使できないこととされています。

Answer.　ライブチャットの出演料は、源泉徴収の対象として所得税法 204 条に列挙されている報酬・料金等のいずれにも該当しないと認められますので、源泉徴収は不要と考えられます。

■解 説

1 　居住者に対し支払われる報酬・料金等で源泉徴収の対象となる所得は、所得税法204条に定められた報酬・料金等に限定されています。

　　本件のチャットレディは、男性会員とWEBカメラを使いリアルタイムで自己の映像や音声でインターネットを通じ会話するものであり、また、その映像や音声はテキストなどによる演技を伴うものと認められます。

　　これらを前提として、同条で定める報酬・料金等の定めを概観すると、本件のチャットレディに対する出演料については、同条1項1号に定める「放送謝金」及び「著作隣接権の使用料」並びに同項5号の「映画、演劇又はテレビジョン放送の出演の報酬」に該当することが想定されますので、それぞれの該当性について検討する必要があります。

2 　放送謝金及び著作隣接権の使用料の範囲

(1) 　所得税法204条1項1号に定める「放送謝金」とは、テレビジョン放送等の謝金等をいい、例えば、テレビジョン放送等の視聴者番組への投稿者又はニュース写真等の提供者に支払う謝金等が該当し（所基通204-10）、テレビジョン放送等の演技者に支払うものは、同5号のテレビジョン放送の出演の報酬に該当するので放送謝金には含まれないことになります。

　　また、テレビジョン放送とは、公衆によって直接受信されることを目的とする無線通信の送信をいい（放送法2）、有線テレビジョン放送とは、有線放送（公衆によって直接受信されることを目的とする有線電気通信の送信をいいます）をいうこととされていますので、特定の会員のみを対象とするインターネットによる送信は、ここでいうテレビジョン放送等には該当しないことになります。

　　したがって、本件のチャットレディに対する出演料は、放送謝金には該当しないと考えられます。

(2) 実演家は、録音権や録画権などのほか放送権及び有線放送権並びに送信可能化権などの著作隣接権を有しますが（著作権法89）、これら権利のうち本件のライブチャットに関連して生ずる権利としては放送権、有線放送権及び送信可能化権が考えられます。

　放送権及び有線放送権とは、実演家の実演を放送し又は有線放送する権利をいいますが（同法92）、そこでいう放送や有線放送とはいずれも公衆によって受信されることを目的として行う送信をいいますので、特定の会員のみを対象とするインターネットによる通信の場合には放送権や有線放送権は生じないものと考えられます（同法2①七の二、八、九の二）。

　また、送信可能化権とは、実演家の実演を送信可能化にする権利をいいますが（同法92の2）、そこでいう送信可能化とは、公衆からの求めに応じ自動的に送信し得るようにすることをいいますので、特定の会員のみを対象とするインターネットによる通信の場合には送信可能化権も生じないものと考えられます（同法2①九の四、九の五）。

　更に、本事例ではウェブサイトに関する著作権等の一切の権利はすべて甲社に帰属し、チャットレディはこれら権利を行使できないこととされていますので、本件のチャットレディに対する出演料は、著作隣接権の使用料には該当しないと考えられます。

3 映画、演劇又はテレビジョン放送の出演報酬の範囲

(1) 映画とは、劇場やテレビジョン等で上映・頒布されることを予定して制作される各種映像で、その映像がフィルム等に固定されるものとされ、また、演劇とは、劇場等において公演されることやテレビジョン等で放送されることを目的に製作されるものとされていますので（所基通206-3）、本件のチャットレディがWEBカメラを使いあらかじめ用意されたテキストに従って演技していたとしても映画や演劇には該当せず、その出演料は、映画や演劇の出演報酬には該当しないと考えられます。

(2) 上記2の(1)のとおり、特定の会員のみを対象とするインターネットによる送信は、テレビジョン放送等には該当しないことになりますので、本件のチャットレディに対する出演料は、テレビジョン放送の出演報酬にも該当しないと考えられます。

なお、本件のチャットレディは、時間的及び空間的な拘束はなく、必要な設備は自己の危険と計算により準備していますので、その出演料は給与所得にも該当しないものと考えられます。

```
┌─関係法令通達─────────────────────────
│ 所得税法204条1項
│ 所得税基本通達204-10、206-3
│ 放送法2条
│ 著作権法2条1項、89条、92条、92条の2
└───────────────────────────────
```

Question.22
ネイルアーチストに支払う報酬の源泉徴収

内国法人甲社は広告代理店です。得意先から受注した広告宣伝用ポスターの写真撮影の際、ネイルアーチストに依頼しモデルの爪に装飾をしてもらいその報酬を支払いますが、この報酬について源泉徴収をする必要はありますか。

Answer. 本件の場合にネイルアーチストに支払う報酬は、所得税法204条で定める報酬・料金等には該当しないと認められますので、源泉徴収は不要と考えられます。

■解説

1 源泉徴収の対象となる報酬・料金等は、大別すると①所得の受領者の

職業にかかわらず源泉徴収の対象となる特定の所得を限定列挙して規定するもの（所法204①の一号、五号のうち芸能報酬、七号及び八号に定める報酬・料金等）と②源泉徴収の対象となる特定の業務を行う者を限定列挙して定め、その者の業務に関する報酬・料金等につき源泉徴収の対象として規定するもの（同項二号、三号、四号、五号のうち芸能人の役務提供事業の報酬及び六号に定める報酬・料金等）に区分されます。

2　ネイルアーチストとは、爪に美術的な装飾を行うことを業とする者と考えられますが、上記1の②の特定の業務を行う者として限定列挙されている者のいずれにも該当していないと認められますので、ネイルアーチストという職業でその報酬が源泉徴収の対象となる報酬・料金等に該当するかを判断することはできません。

　　しかし、源泉徴収の対象となる報酬・料金等には、上記1の①の「所得の受領者の職業にかかわらず源泉徴収の対象となる特定の所得」が含まれていますので、この特定の所得に該当するか否かを検討する必要があります。

3　例えば、ネイルアーチストが、企業の女性社員を対象にネイルアートに関する講演を行い、その報酬を受領する場合には講演の報酬に（所法204①一）、ネイルアートに関する雑誌に原稿を寄稿しその報酬を受領する場合には原稿の報酬に（同項一号）、各種の資格取得講座の講師としてその報酬を受領する場合には技芸・知識等の報酬に（同項一号）、また、映画や演劇の出演者に対する装飾をしてその報酬を受領する場合には演出（美粧）の報酬に（同項五号）、それぞれ該当し源泉徴収の対象になるものと考えられます。

　　なお、意匠法によれば、意匠（デザイン）とは物品の形状、模様若しくは色彩又はこれらの結合であって視覚を通じて美感を起こさせるものをいい（同法2）、その対象が物品とされているので、ネイルアーチストがモデルの爪に行う美術的な装飾は所得税法204条1項1号のデザインには該当しないものと認められます（所基通204-7）。

4 以上によれば、本件のネイルアーチストが写真撮影の際にモデルの爪に装飾を行うことにより受領する報酬は、所得税法204条で定める報酬・料金等には該当しないと認められますので、源泉徴収の必要はないと考えられます。

なお、ネイルアーチストに類似する職業や業務にはメイクアップアーチスト、スタイリスト及びヘアメイクなどがありますが、これら業務を行う者についても本件と同様の基準により、源泉徴収の要否を判定することになるものと考えられます。

関係法令通達

所得税法204条1項
所得税法施行令320条
所得税基本通達204-7
意匠法2条

Question.23
外国法事務弁護士に支払う報酬の源泉徴収

内国法人甲社は、東南アジアへの進出を計画しておりその拠点としてシンガポールでの子会社設立を予定しています。この計画に先立ち、同国の弁護士資格を有しわが国で外国法事務弁護士事務所を開設している弁護士Aに、同国での会社設立の手続や会社運営に関する法律上の問題点につき相談を行いその報酬を支払いますが、この報酬についての源泉徴収はどのようになりますか。

Answer. 外国法事務弁護士であるAは、通常わが国の居住者に該当するものと認められますので、その業務に関する報酬については、弁護士報酬として源泉徴収をする必要があります。

■解 説

1 「外国法事務弁護士」とは、個人である外国弁護士で「外国弁護士による法律事務の取扱いに関する特別措置法」により外国法事務弁護士となる資格を取得し、かつ、外国法事務弁護士名簿に氏名、国籍、原資格国の国名及び国内の住所、事務所等の登録を受けた者をいいます（同法2三、7、24）。

　ここでいう「外国弁護士」とは、外国において法律事務を行うことを職務とする者でわが国の弁護士に相当する者をいい、また、外国法事務弁護士は、当事者その他関係人の依頼又は官公署の委嘱によって、原資格国法に関する法律事務を行うことを職務とし、1年のうち180日以上わが国に在留する義務を有しています（同法2二、3、48）。

2 上記1の取扱いによれば、外国法事務弁護士は、個人に対し付与される法的資格であり、また、その業務に関しては、国内に住所や事務所を登録し、かつ、1年のうち180日以上わが国に居住する義務を有していますので、通常はわが国の居住者に該当するものと考えられます（所令14、所基通3-3）。

3 所得税法上、居住者に対し支払われる報酬・料金等で源泉徴収の対象となる弁護士の業務に関する報酬には、外国法事務弁護士の業務に関する報酬も含まれていますので（所法204①二）、わが国で外国法事務弁護士事務所を開設している弁護士Aは、上記2によりわが国の居住者に該当しますので、同人に対し支払われるその業務に関する報酬については、源泉徴収をする必要があります。

4 ところで、外国法事務弁護士事務所のうちには、パートナーシップ形態により弁護士業務を行っている欧米系の弁護士事務所がありますが、実務上、この外国法事務弁護士に対するわが国での課税は、原則として民法上の組合契約による場合と同様に取り扱われているものと考えられます（所法161①四、164①、所令281の2①）。

　すなわち、外国法事務弁護士事務所の事業に係る所得は、当該事務所

の各パートナー弁護士の分配割合に応じてそれぞれのパートナー弁護士に直接帰属し、構成員課税が行われますので（所基通36・37共-19）、わが国の居住者とされる外国法事務弁護士は、通常の日本人弁護士の場合と同様に総合課税を受けることになります。

　また、わが国に居住していないパートナー弁護士は非居住者に該当しますが、いずれも国内に恒久的施設（外国法事務弁護士事務所）を有することになりますので、国内源泉所得に該当する当該事業に係る所得は総合課税の対象となります。

5　上記4の実務上の取扱いを前提にした場合、外国法事務弁護士事務所に支払われる報酬については、その報酬のうち居住者とされる外国法事務弁護士に直接帰属する部分の金額は居住者に対する弁護士報酬として、非居住者に該当するパートナー弁護士に直接帰属する部分の金額は、自由職業者に対する国内源泉所得としてそれぞれ源泉徴収の対象になるものと考えられます（所法161①十二イ、204①二）。

　また、居住者とされる外国法事務弁護士が、その弁護士業務に係る利益を非居住者であるパートナー弁護士に分配する場合にも、その利益分配について源泉徴収義務が生じるものと考えられます（所法161①四、所令281の2②）。

6　なお、従来、外国法事務弁護士は、外国法に関する法律事務を法人形態により行うことはできませんでしたが、平成26年の法律改正により、「外国弁護士による法律事務の取扱いに関する特別措置法の一部を改正する法律」が平成28年3月1日に施行され、同日以降は、弁護士や税理士等と同様、法人形態（外国法事務弁護士法人の設立）により、外国法に関する法律事務を行うことができることとされていますので、源泉徴収の要否の判断に際しては、その契約先（支払先）が外国法事務弁護士（個人）か外国法事務弁護士法人（法人）であるかを確認する必要があります（同法50の2、50の5）。

―関係法令通達
所得税法161条1項、164条1項、204条1項
所得税法施行令14条、281条の2
所得税基本通達3-3、36・37共-19
外国弁護士による法律事務の取扱いに関する特別措置法2条、3条、7条、24条、48条、50条の2、50条の5

Question.24
顧問税理士に付与したストック・オプションの源泉徴収

内国法人甲社は、課長以上の職制上の地位にある従業員を対象に、更なる業績向上への貢献と意欲の高揚を図ることを目的として、租税特別措置法29条の2第1項各号の要件を満たす、いわゆる税制適格の新株予約権を無償で付与することにしましたが、その付与対象者に同社の顧問税理士Aも含めることとしました。

Aとの付与契約に当たっては、譲渡制限のほか権利行使時にも引き続き顧問税理士であることを条件としていますが、Aが当該新株予約権を行使した場合の源泉徴収はどうなりますか。

Answer. Aに付与される新株予約権は、甲社の顧問税理士であることに基因して付与されるものであり、税理士の業務に関連するものと認められますので、その行使の日における株式の価額から行使価額等を控除した金額は、税理士報酬として源泉徴収の対象になります。

解 説

1 その年分の各種所得の金額の計算上収入金額とすべき金額又は総収入金額に算入すべき金額はその年において収入すべき金額とされています

が、金銭以外の物又は権利その他経済的な利益をもって収入する場合には、その金銭以外の物又は権利その他経済的利益の価額とされ（所法36①）、そこでいう「経済的利益の価額」とは、当該物若しくは権利を取得し、又は当該利益を享受する時における価額とされています（同法36②）。

2　次に、発行法人から付与される新株予約権で当該権利の譲渡についての制限その他特別の条件が付されているものを与えられた場合（株主等として与えられた場合等は除かれます）における当該権利に係る上記1の経済的利益の価額は、当該権利の行使により取得した株式のその行使の日における価額から新株予約権の取得価額にその行使に際し払い込むべき額を加算した金額を控除した金額によることとされ（所令84②四）、その新株予約権に係る経済的利益の収入すべき時期は、当該権利の行使により取得した株式の取得についての申込みをした日によることとされています（所基通23～35共-6の2）。

3　また、発行法人から新株予約権を付与された者がその法人との雇用契約又はこれに類する関係に基因して当該権利を付与されたと認められる場合には原則として給与所得に該当し、付与された者の営む業務に関連して付与されたと認められる場合には事業所得又は雑所得に該当し、これら以外に関連して付与された場合には原則として雑所得に該当することとされています（所基通23～35共-6）。

4　上記1～3の取扱いに対し、その株式会社又はその株式会社がその発行済株式（議決権のあるものに限ります）若しくは出資の総数若しくは総額の100分の50を超える数若しくは金額の株式若しくは出資を直接若しくは間接に保有する関係にある法人の取締役、執行役又は使用人（一定の大口株主等は除かれます）が、次の要件等が定められた付与決議に従って権利行使した場合の経済的利益については、その権利行使時には課税せず（いわゆる税制適格ストック・オプション制度）、その行使により取得した株式を譲渡した時に株式等に係る譲渡所得として課税されます（措法29の2、37の10、措令19の3）。

① 権利行使は、付与決議の日後2年を経過した日からその付与決議の日後10年を経過する日までの間に行わなければならないこと
② 権利行使価額の年間の合計額が1,200万円を超えないこと
③ 1株当たりの権利行使価額は、新株予約権等の権利付与契約締結時におけるその株式の1株当たりの価額相当額以上とされていること
④ 新株予約権については、譲渡をしてはならないこととされていること
⑤ 権利行使に係る株式の交付が会社法の定めに反しないで行われるものであること
⑥ 権利行使により取得する株式は、一定の方法によって金融商品取引業者等の振替口座簿等に記載等がされること

5 上記4の税制適格ストック・オプション制度の対象者は、発行法人及びその発行法人の子会社等の取締役、執行役又は使用人で大口株主等を除く者とされていますので、顧問税理士であるAはその対象者には含まれず、その権利行使による経済的利益は権利行使時に課税されることになります。

　また、Aに付与される新株予約権は同人が甲社の顧問税理士であることに基因して付与されるものであり、その行使時においても顧問税理士であることを要件としていますので、その行使に係る所得は、税理士の業務に関連する事業所得に該当すると考えられますので、その行使日における株式等の価額から行使価額等を控除した金額は税理士報酬として源泉徴収の対象になります。

6 なお付言するならば、発行法人から付与された新株予約権等（所得税法施行令84条2項各号に掲げる権利で当該権利を行使したならば同項の規定により経済的利益として課税されるものに限ります）を、その付与を受けた居住者（贈与や相続又は譲渡により当該新株予約権等を取得した者でその新株予約権等を行使できることとなる者を含みます）が発行法人に譲渡したときは、当該譲渡の対価の額から当該権利の取得価額を控除した金額は、その発行法人が支払をする事業所得、給与所得、退職所得、一時所

得又は雑所得に係る収入金額とみなされ（所法41の2、所令88の2）、その所得区分は、新株予約権等の権利行使による経済的利益と同様の基準により判断されることとされています（所基通41の2-1）。

関係法令通達

所得税法36条1項・2項、41条の2
所得税法施行令84条2項4号、88条の2
租税特別措置法29条の2、37条の10
租税特別措置法施行令19条の3
所得税基本通達23～35共-6、同共-6の2、同共-9、41の2-1

Question.25
測量士の報酬を分割して支払う場合の源泉徴収（同一人に対し1回に支払われる金額の意義）

内国法人甲社は、北海道に新工場を建設することとなり、地元の測量士Aに当該工場用地の測量を依頼しました。Aとの契約では、契約時に100万円、中間金として100万円、完了時に300万円をそれぞれ支払うことになっています。

このたび、測量が終了し残金300万円の請求を受けましたが、資金繰りの都合でこの残金を3回に分けそれぞれ100万円を支払うことで合意しました。この残金の支払の際に適用すべき源泉税率はどのようになりますか。なお、契約時の100万円と中間金100万円は、それぞれ約定どおり支払い10％（復興特別所得税と併せて10.21％）の税率で源泉徴収をしています。

Answer. Aからの請求により支払が確定した金額300万円については、3回に分けて支払われることにより1回に支払われる金額が

100万円を超えないことになりますので、2段階税率は適用されず10%（復興特別所得税と併せて10.21%）の税率が適用されるものと考えられます。

> （注） 平成25年1月1日から平成49年12月31日までの間に生ずる報酬については、復興特別所得税が併せて徴収されることになります。詳細については、⑥復興特別所得税の**Q60**を参照してください。

▌解 説

1 報酬・料金等に課される源泉所得税は、その報酬・料金等の区分に応じ次の方法により算定されることになっています（所法204、205）。

① 所得税法205条1号に掲げる報酬・料金等については、その金額に10%の税率を乗じて計算しますが、同一人に対し1回に支払われる金額が100万円を超える場合には、その超える部分の金額については20%の税率を適用して算定されます。

② 所得税法205条2号に掲げる報酬・料金等については、同一人に対し1回に支払われる金額から政令で定める一定金額を控除した残額に10%を適用して算定されます（所令322）。

2 上記1の①及び②でいう「同一人に対し1回に支払われる金額」とは、同一人に対し1回に支払われるべき金額をいい、いわゆる支払確定ベースにより支払が確定した金額とされますが、その報酬・料金等が上記1の①に該当するいわゆる2段階税率の適用を受ける報酬・料金等である場合には、現実に1回に支払われる金額によっても差し支えないこととされています（所基通205-1、205-2）。

例えば、支払われるべき金額として確定した金額が100万円を超える場合であっても、その支払回数が分割され現実に1回に支払われる金額が100万円を超えなければ、その適用税率は10%でよいことになります。

なお、この現金ベースによる取扱いは、2段階税率の適用を受ける報

酬・料金等に限られ、上記1の②の一定金額を控除した残額に10％を適用して算定する報酬・料金等については適用されないことに留意する必要があります。

3　本事例の測量士に対する報酬は、2段階税率の適用を受ける報酬・料金等に該当しますので、Aからの請求により支払が確定した金額が100万円を超える場合であっても、それが3回に分けられその1回に支払われる金額が100万円を超えない場合には、その適用税率は10％でよいことになります。

┌─ **関係法令通達** ─────────────────
│　所得税法204条、205条
│　所得税法施行令320条、322条
│　所得税基本通達205-1、205-2
└────────────────────────

Question.26
報酬・料金等の支払者が交通費や宿泊費を負担する場合の源泉徴収

　内国法人甲社は、九州在住の大学教授Aに都内で開催する新商品の説明会での講演を依頼しました。この講演に際しては、講演会場が遠方であるため講演料とは別に、タクシー代や航空機代などの往復の交通費は別途実費相当額を支払うこととし、また、都内での宿泊費は甲社が直接ホテルへ支払うことにしています。

　この場合、Aに支払う交通費やホテルへ支払う宿泊費は源泉徴収の対象になりますか。

Answer.　交通費は実費相当額ですが、Aが行う講演のための旅費として同人に直接支払うものであり、講演料の性質を有するものと認め

られますので、源泉徴収が必要となります。

　宿泊費は甲社が直接ホテルへ支払っていますので、その金額が宿泊費として通常必要であると認められる範囲内であるときは、源泉徴収を要しないものと考えられます。

▌解 説

1　源泉徴収の対象とされる所得税法204条1項各号に定める報酬・料金等（3号の診療報酬及び8号の賞金は除かれます）の性質を有するものについては、たとえ謝礼、賞金、研究費、取材費、材料費、車賃、記念品代、酒こう料等の名義で支払うものであっても、その名称にかかわらず源泉徴収の対象とされています（所基通204-2）。

　この取扱いによれば、例えば、弁護士に対し依頼人が成功報酬とその弁護士業務に要する旅費・日当とを区分して支払う場合には、その全額について源泉徴収をすることになるものと考えられます。

2　上記1の取扱いに対し、報酬・料金等の支払をする者が、講演などその役務を提供する者の当該役務を提供するために行う旅行、宿泊等の費用を当該役務の提供をする者に交付せず、交通機関、ホテル、旅館等に直接支払い、かつ、その金額がその費用として通常必要であると認められる範囲内のものであるときは、当該費用については、源泉徴収をしなくて差し支えないものとされています（所基通204-4）。

　これは、報酬・料金等の支払者から交通機関やホテル等に直接支払われるものについてまで源泉徴収の対象とすることは必ずしも実態にそぐわないほか、支払額の一部の支払を留保して別途納付する源泉徴収の実務を考慮して、その金額が旅費、宿泊費等として通常必要であると認められる範囲内のものに限り、例外的に源泉徴収を要しないことにしたものと解されています。

　なお、この源泉徴収を要しないものとされる報酬・料金等の範囲には、通常、旅費や宿泊費等を要しない3号の診療報酬、6号のホステス報酬、

7号の契約金及び8号の賞金は除かれています。
3　上記取扱いを基に本事例を検討すると次のとおりと認められます。

　交通費は実費相当額ですが、甲社が航空券等の手配を行うなどして交通機関等に直接支払うものではなく、Aが行う講演のための旅費として同人に支払うものであり、講演料の性質を有するものと認められますので、源泉徴収が必要となります。

　宿泊費は甲社が直接ホテルへ支払っていますので、その金額が宿泊費として通常必要であると認められる範囲内のものであるときは、源泉徴収をしなくて差し支えないものと考えられます。

4　なお、上記2の取扱いに関連して、仮に、講演料の支払者がタクシー代や航空機代などの旅費を講演者に立て替えてもらい後日実費精算した場合にも、当該旅費について源泉徴収を要するか否かという問題があります。

　これについては、講演料の支払者があらかじめその立替払いを講演者に依頼しており、その依頼を受けた講演者が支払った旅費の領収書を支払者に交付してその実費を精算するもので、かつ、その領収書の名宛人が支払者となっているなど、その支払の実態が一般に認められている立替払いと認められる場合には、源泉徴収の実務などを考慮して源泉徴収を要しないものとして取り扱うことも是認されるものと思料されます。

━━関係法令通達━━
　　所得税法204条1項
　　所得税基本通達204-2、204-4

Question.27
ホストに支払う報酬の源泉徴収（ホステス報酬の計算基準）

　内国法人甲社はホストクラブの営業を予定していますが、ホストに支払う報酬であっても源泉徴収をする必要はありますか。また、ホストに支払う報酬は次により算定することにしていますが、源泉徴収が必要な場合その税額はどのように計算すればいいですか。

① ホストの報酬は、原則として毎月1日から15日までの計算期間の報酬をその月の25日に、16日から月末までの計算期間の報酬を翌月10日に支払う。

② 各ホストに支払う報酬の額は、「1時間当たりの報酬額」（計算期間の指名回数等に応じて各ホストごとに定まる額）に「その期間に勤務した時間数」を乗じて計算した額に同伴手当等の額を加算して算出する。

③ 上記②で算出した報酬の額から欠勤や遅刻をした場合の罰金及び洋服代や送迎代などの立替金を控除した残額を支給する。

Answer.　① ホストも所得税法204条1項6号に規定するホステス等に該当しますので、その支払われる報酬については源泉徴収が必要となります。

② ホステス報酬等に係る源泉税額は、原則として次の算式により計算される金額とされています。

　　源泉税額＝（報酬額－（5,000円×計算期間の日数））×10％

（注1）　上記算式の「計算期間の日数」とは、ホストの実際の稼働日数ではなく、報酬の計算期間に含まれるすべての日数を指し、具体的には報酬の計算の基礎となった期間の初日から末日までのすべての日数をいい、ホストクラブの休業日やホストの非稼働日も含まれます（いわゆる「営業日数」又は「出勤日数」ではありません）。

(注2) 上記算式の報酬額からは欠勤等の場合の罰金や洋服代等の立替金を控除することはできません。

(注3) 平成25年1月1日から平成49年12月31日までの間に生ずる報酬については、復興特別所得税が併せて徴収されることになりますので、適用される税率（合計税率）が異なります。詳細については6復興特別所得税の**Q60**を参照してください。

解説

1 ホステス等の範囲について

　所得税法204条1項6号は、源泉徴収の対象となる報酬・料金の範囲について「キャバレー、ナイトクラブ、バーその他これらに類する施設でフロアにおいて客にダンスをさせ又は客に接待をして遊興若しくは飲食をさせるものにおいて客に侍してその接待をすることを業務とするホステスその他の者（以下「ホステス等」といいます）のその業務に関する報酬又は料金」が該当する旨規定しています。

　上記規定によれば、源泉徴収の対象となるホステス等の報酬・料金の発生場所は、キャバレー、ナイトクラブ、バーのほか「その他これらに類する施設」で、その施設のフロアにおいて客にダンスをさせ又は客に接待をして遊興若しくは飲食をさせるものが該当することになります。

　また、上記規定の後段は、ホステス等の概念について、上記の施設において「客に侍してその接待をすることを業務とするホステスその他の者」が該当する旨定めていますので、その性別は問わないことになります。

　そうすると、一般にいわれる「ホスト」は、キャバレーやナイトクラブ等客にダンスをさせ又は客に接待をして遊興若しくは飲食をさせる施設において、客に侍してその接待をすることを業とする者に該当すると認められますので、本条で定めるホステス等に該当しその支払われる報酬は源泉徴収の対象となります。

2 ホステス報酬等に係る源泉税額の計算

(1) 源泉税額の計算

　所得税法204条1項6号及び租税特別措置法41条の20第1項に規定するホステス等に支払う業務の対価（給与等に該当するものを除きます。以下「ホステス報酬」といいます）については、原則として1回の支払につき5,000円にその支払金額の計算期間の日数を乗じて計算した金額を控除した残額に10％の税率を乗じて計算した金額を源泉徴収することとされています（所法205、所令322、措法41の20、措令26の29）。

　すなわち、次の算式により計算される金額が源泉税額となります。

> 源泉税額 ＝（報酬額 −（5,000円×計算期間の日数））× 10％

(2) ホステス等の報酬額から控除する金額の計算

イ　上記算式の「計算期間の日数」につき①計算期間の全日数とするか、あるいは、②計算の基礎とされた実際の出勤日数とするかが争われた裁判において、最高裁は「一般に『期間』とは、ある時点から他の時点までの時間的隔たりといった時的連続性を持った概念であると解されているので、所令第322条にいう『当該支払金額の計算期間の日数』も、ホステス報酬の支払金額の計算の基礎となった期間の初日から末日までという時的連続性を持った概念であると解するのが自然である」旨判示し、続いて、「ホステス報酬の額が一定の期間ごとに計算されて支払われている場合には、同条にいう『当該支払金額の計算期間の日数』は、ホステスの実際の稼働日数ではなく、当該期間に含まれるすべての日数を指すものと解するのが相当である」旨判示し、同条でいう「計算期間の日数」は、「営業日数」や「出勤日数」ではなく計算期間の全日数によるのが相当であると判示しています（最高裁平成22.3.2判決）。

ロ　次に、上記最高裁判決の第1審判決（東京地裁平成18.3.23判決）は、ホステス等が欠勤や遅刻をした場合に「ペナルティ」として報酬から差し引かれる金員について、概要次のとおり判示しています。

当該「ペナルティ」はホステス報酬の算定の際の減額要素ではなく、契約違反の場合に定額で課される「罰金」であることが明らかであるから、ホステスの事業所得の計算上必要経費となるものではあっても、報酬額から控除することはできない。

　この第1審の判断はその後の高裁（東京高裁平成18.12.13判決）及び上記最高裁でも支持されています。

　また、ホステス等の洋服代や送迎の費用の実額を支払者が立て替え、これを報酬額から控除する場合、その洋服代等が実際に支払われた費用であることが確認されれば、それら立替金はあくまで立替払いであり、源泉税額の算定上、報酬額からは控除することはできないことになります。

関係法令通達

所得税法204条1項、205条
所得税法施行令322条
租税特別措置法41条の20
租税特別措置法施行令26条の29

参考文献等　裁決等▶東京地裁平成18.3.23判決
　　　　　　　　　東京高裁平成18.12.13判決
　　　　　　　　　最高裁平成22.3.2判決

5 非居住者等所得

■ **Question.28**
組合契約事業の費用や利益分配等に係る源泉徴収

　内国法人甲社（映画制作会社）は、同社が幹事会社となり内国法人乙社（ＤＶＤ制作会社）及び韓国法人丙社（広告代理店）と韓国の人気漫画のアニメーション映画を「製作委員会」方式により制作し、この映画に関する各種製品（映画、ＤＶＤ等）の販売を共同で行う旨の民法上の組合契約を締結しました。

　この契約書によれば、3社で合計3億円（それぞれ1億円）を出資し、甲社がその製作に関する事務を甲社内で行い、その製作後、映画上映やＴＶ放映及びＤＶＤ販売等によって発生した収益は甲社が各出資者に配分することとしています。

　この映画製作に関し生ずる次の対価や利益分配に係る源泉徴収は、どのようになりますか。

① 製作委員会が韓国の人気漫画の原作者Ａに支払う映画化権料（翻案権）の対価
② 完成したアニメーション映画の上映やテレビ放映の対価として、国内の映画会社や放送会社から製作委員会が受領する上映や放映の対価
③ 甲社が乙社及び丙社に配分する製作委員会（組合契約事業）の利益分配金

　なお、丙社は、上記製作委員会による共同事業のほかは国内での事業はしていません。

Answer. ① 原作者Ａに支払う映画化権料（翻案権）の対価
　　　　　　原作者Ａに支払う映画化権料（翻案権）の対価は著作権の使用料に該当すると認められますので、これを支払う製作委員会の各

組合員は源泉徴収義務を負うことになります。

国内法による適用税率は20%ですが、租税条約に関する届出書の提出があれば10%に軽減され、その納付手続は幹事会社である甲社が行うことになるものと考えられます。

② 製作委員会が受領する上映や放映の対価

国内の映画会社や放送会社が製作委員会に支払う上映や放映の対価のうち丙社の出資割合等に対応する部分の金額は、同社に対する著作権の使用料に該当すると認められますので、源泉徴収をする必要があります。なお適用税率等は上記①と同様になります。

③ 丙社に配分する組合契約事業の利益分配金

丙社に対する利益分配金については、その交付をした日（組合契約に定める計算期間の末日の翌日から2か月を経過する日までにその利益分配金の交付がされない場合には、同日）に支払があったものとして、源泉徴収をする必要があります。

▌解 説

1 原作者Aに支払う映画化権料の対価について

(1) 国内法上の取扱い

国内において業務を行う者から受ける著作権等の使用料で当該業務に係るものは国内源泉所得に該当し（所法161①十一）、これを非居住者に対し支払う者は20%（復興特別所得税と併せて20.42%）の税率により源泉徴収をする必要があります（所法212、213）。

(2) 租税条約による取扱い

日韓租税条約では、著作権の使用料について源泉地国での課税を認めていますが、その税率は10%の限度税率によることとされています（同条約12②）。

また、使用料の所得源泉地に関しては、いわゆる「債務者主義」が採用されるとともに、その例外として、使用料の支払者が一方の締約国内に恒

久的施設（以下「ＰＥ」といいます）を有し、当該使用料を支払う債務が当該ＰＥについて生じ、かつ、当該使用料が当該ＰＥによって負担されるものであるときは、当該使用料は、当該ＰＥの存在する当該一方の締約国内において生じたものとされます（同条約12⑤）。

(3) 源泉徴収義務者について

所得税法212条5項は、組合契約事業に係る国内源泉所得については、その組合員である非居住者又は外国法人が当該組合契約に定める計算期間において生じた国内源泉所得につき金銭その他の資産の交付を受ける場合には、当該「配分をする者」を当該国内源泉所得の「支払をする者」とみなし、当該金銭等の交付をした日においてその支払があったものとみなしてこの法律を適用する旨定めています。

また、上記でいう「配分をする者」とは、組合契約事業に係る国内源泉所得につきその組合契約に基づき共同事業により配分をする者をいいますから、そのすべての組合員は組合契約事業から生ずる利益の分配につき源泉徴収義務者になり、かつ、国税通則法9条に定める「連帯納付義務」を負うことになります（所基通212-6）。

この源泉徴収義務者の取扱いは、組合契約事業の利益分配に関するものですが、組合契約事業から支払われる費用について源泉徴収義務が生ずる場合にも同様に取り扱うのが相当と考えられます。

(4) 原作者Ａに支払った映画化権料の対価に係る源泉徴収

原作者Ａに支払った映画化権料（翻案権）の対価は著作権の使用料に該当すると認められますので、これを支払う製作委員会の各組合員は源泉徴収義務を負うことになります。

国内法による適用税率は20%ですが、租税条約に関する届出書の提出があれば10%に軽減され、その納付手続は幹事会社である甲社が行うことになると考えられます。

2 国内の映画会社や放送会社から製作委員会が受領する上映や放映の対価について

(1) 国内法上の取扱い

イ 所得税法 161 条 1 項 4 号に規定する組合契約事業から生ずる利益には、ＰＥを通じて行う組合契約事業に関連して生じた一切の利益が含まれますので、同項 1 号に該当する所得や源泉徴収の対象となる 5 号から 16 号までに掲げる国内源泉所得に該当するすべての所得が含まれることになります。

この場合、同項 5 号から 16 号までに掲げる国内源泉所得につき同法 212 条 1 項の規定により源泉徴収が行われた場合には、組合契約事業から生ずる利益の計算に当たっては、当該組合契約事業から生ずる収入から、その源泉徴収された所得税を含めその収入に係る費用を控除して計算することとされています（所令 281 の 2 ②）。

ロ 上記イの政令の定めは、組合契約事業から生ずる利益に同項 5 号から 16 号までに掲げる国内源泉所得が含まれる場合には、当然にそれら所得は源泉徴収の対象となることを前提として定められたものと認められます。

すなわち、任意組合の組合員に外国組合員がいる場合、構成員課税を前提とする任意組合への支払額については、その支払段階で、外国組合員への分配割合に対応する部分の金額がその外国組合員に対する支払として直接帰属することとなり、源泉徴収の対象になるということです（所基通 36・37 共 -19）。

(2) 映画会社や放送会社が製作委員会に支払う対価の源泉徴収

国内の映画会社や放送会社が製作委員会に支払う上映や放映の対価は、著作権の使用料に該当するものと認められますので、その支払対価のうち韓国法人である丙社に帰属する部分の金額（出資割合等による部分の金額）については、源泉徴収義務が生ずることになります。

なお、租税条約による取扱いや適用税率等は、上記 1 の (2) 及び (4)

と同様となります。

3 製作委員会（組合契約事業）の利益分配金について
(1) 国内法による取扱い

民法上の組合契約等に基づきPEを通じて行う事業から生ずる利益で、その契約に基づいて非居住者等である外国組合員が配分を受けるものについては、国内源泉所得として源泉徴収の対象とされますが、外国組合員が国内にその組合契約事業に係るPEを有しない場合には、その外国組合員が配分を受ける利益は国内源泉所得には該当せず、源泉徴収を要しないものとされています（所法161①一・四、212①）。

(2) 租税条約による取扱い

日韓租税条約では、組合契約事業による所得は事業による所得に該当し事業所得条項が適用され、非居住者等が国内に有するPEを通じ事業を行う場合にそのPEに帰せられる部分についてのみ、わが国で課税されます（同条約7）。

したがって、国内にPEが存在しない場合や、PEが存在していてもそのPEに組合契約事業から生ずる利益が帰属しない場合には、その利益についてはわが国では課税されないことになります。

(3) PEを有する外国組合員の判定

　イ　組合契約事業は組合員の共同事業ですから、組合員である非居住者が所得税法164条1号に掲げる非居住者（国内にPEを有する非居住者）に該当するかどうかについては、各組合員がそれぞれ国内における組合契約事業を直接行っているものとして判定することとされています（所基通164-4）。

　　すなわち、組合契約事業に関し一の組合員が国内にPEを有して事業を行っている場合には、その組合契約事業が共同事業である性格上、全組合員が国内にPEを有しているものとして取り扱われることになります。

ロ　甲社は本件組合契約事業の幹事会社として、アニメーション映画の製作に関する事務やその事業収益の管理及び各出資者に対する利益配分の計算など当該事業に係る業務を甲社内で行っていますので、同社は国内に物的及び人的施設であるPEを有し、そのPEを通じ本件組合契約事業を行っているものと認められます。

　そして、甲社が組合契約事業につき国内にPEを有している場合には、共同事業者である全組合員が国内にPEを有することになりますので、外国組合員である丙社も国内にPEを有することになります。

　また、日韓租税条約5条では、事業を行う一定の場所や「事業の管理の場所」もPEに含まれる旨定めていますので、租税条約においても丙社は国内にPEを有する非居住者に該当することになります。

(4) 製作委員会（組合契約事業）の利益分配金に係る源泉徴収

　本件の組合契約事業は甲社、乙社及び丙社の共同事業であり、かつ、その事業は甲社が国内に有するPEを通じ行っていますので、丙社に対する利益分配金は当該PEに帰属する所得として源泉徴収義務が生ずることになり、その利益分配金の交付をした日（組合契約に定める計算期間の末日の翌日から2か月を経過する日までにその利益分配金の交付がされない場合には、同日）においてその支払があったものとみなして、源泉徴収の規定が適用されることになります（所法212⑤）。

　また、具体的な納付方法は次のとおりとされています。

　納付書は他の国内源泉所得についての納付書と別に作成し「徴収義務者」欄に組合等の名称、国内にある事務所又は事業所その他これらに準ずるもの（これらが2以上あるときはそのうち主たるもの）の所在地及び主たる組合員の氏名又は名称を記載し、「摘要」欄に当該利益の基となった組合契約に定める計算期間を記載して納付します。

　なお、丙社は、本件の組合事業以外は国内でPEを有し事業を行っていませんので、源泉徴収免除制度の特例は適用されません（所法180、214）。

関係法令通達

民法 667 条 1 項
所得税法 161 条 1 項、164 条、180 条、212 条、213 条、214 条
所得税法施行令 281 条の 2 第 2 項
所得税基本通達 36・37 共 -19、164-4、212-6
国税通則法 9 条
日韓租税条約 5 条、7 条、12 条

Question.29
土地等の譲渡対価が 1 億円を超えるかどうかの判定（事業用部分がある場合）

個人事業者甲は、5 年間の予定で米国に出向している会社員 A から、同人が国内に所有している土地付き店舗住宅を総額 1 億 5,000 万円で譲り受けることとなりました。

この土地付き店舗住宅については、床面積の 40％ 相当部分を事業用店舗として使用し残り 60％ 相当部分を甲の居住用として使用することとしていますが、この場合、譲受代金 1 億 5,000 万円について源泉徴収をする必要がありますか。

Answer. 土地等の譲渡対価が 1 億円を超えるかどうかの判定は、居住用以外の部分を含めた全体の譲渡対価で判定することになるものと考えられますので、甲は 10％（復興特別所得税と併せて 10.21％）の税率により源泉徴収を行う必要があります。

(注) 平成 25 年 1 月 1 日から平成 49 年 12 月 31 日までの間に生ずる譲渡対価について、所得税法等で定める税率により所得税が徴収される場合には、復興特別所得税が併せて徴収されることになります。詳細については、6 復興特別所得税の **Q60** を参照

してください。

■解 説
1 国内法による取扱い

　所得税法上、非居住者又は外国法人が国内にある土地若しくは土地の上に存する権利又は建物及びその附属設備若しくは構築物（以下「土地等」といいます）を譲渡した場合の譲渡対価は国内源泉所得に該当し、その土地等を譲り受けた者は、原則として10％の税率により所得税の源泉徴収を行うこととされています（所法161①五、212①、213①二）。

　ただし、その譲渡対価が1億円以下で、かつ、その土地等を非居住者等から譲り受けた個人が自己又はその親族の居住の用に供するために譲り受けたものである場合には、その個人が支払う譲渡対価は上記の国内源泉所得の範囲から除外されていますので源泉徴収の対象とはされません（所令281の3）。

　この場合、その土地等の用途に居住の用に供する部分と居住の用以外に供する部分とがある場合の居住の用か否かの判定は、その主たる用途が居住の用途かそれ以外の用途かにより行うのが相当とされ、その土地等（家屋）の床面積の50％以上を居住の用に供する場合には、居住の用に供するために取得したものとして取り扱うのが相当であるとされています。

　また、居住の用と判定された土地等に居住の用に供する部分と居住の用以外に供する部分がある場合の譲渡対価が1億円を超えるかどうかの判定は、居住用部分に係る対価だけで行うのではなく、居住用以外の部分に係る対価を含めた土地等の全体の譲渡対価の額で判定することとされています（所基通161-18）。

　事例の場合、甲の居住用部分に対応する譲渡対価の額は9,000万円（1億5,000万円×60％）となり1億円以下となりますが、全体の譲渡対価の額は1億円を超えていますので、10％（復興特別所得税と併せて10.21％）の税率により源泉徴収を行うことになります。

なお、土地等の譲渡には、通常の売買のほか、収用、交換、代物弁済、財産分与のほか法人に対する現物出資や法人からの現物分配など土地等を移転させる行為が含まれると解されていますが、競売による譲渡については裁判所を源泉徴収義務者として源泉徴収義務を課すことができるか否かは問題の存するところです。

2 租税条約による取扱い

Aは5年間の予定で米国に出向していますので、出国の日の翌日からわが国の非居住者（米国の居住者）に該当することになります（所令15、所基通3-3、日米租税条約4②）。

日米租税条約13条1項は、「米国の居住者が日本国内に存在する不動産の譲渡によって取得する収益に対しては、日本において租税を課すことができる」旨定めていますので（所在地国課税）、Aが国内に有する土地等を譲渡した場合の譲渡対価は、上記1の国内法の定めにより課税されることになります。

関係法令通達
所得税法161条1項5号、212条1項、213条1項2号
所得税法施行令15条、281条の3
所得税基本通達3-3、161-18
日米租税条約4条2項、13条1項

Question.30
土地等の譲渡対価が1億円を超えるかどうかの判定（共有である場合）

会社員である甲は、自己の居住の用に供する家屋の敷地を1億4,000万円で購入する予定ですが、当該敷地は、居住者Aと3年前からニュージー

ランドに居住しているＡの兄である個人Ｂが共有しています（持分はそれぞれ 50%）。

この場合、Ｂに支払う譲受対価 7,000 万円については、源泉徴収をする必要がありますか。

Answer. 　Ｂの持分に対応する土地等の譲渡対価 7,000 万円は、所得税法 161 条 1 項 5 号に定める国内源泉所得には該当せず同項 3 号の所得に該当するものと認められますので、源泉徴収の必要はないものと考えられます。

　なお、Ｂは確定申告をする必要があります。

▍解　説

1　国内法による取扱い

　国内法上、非居住者又は外国法人が土地等を譲渡した場合の譲渡対価が所得税法 161 条 1 項 5 号に定める国内源泉所得に該当する場合には、その土地等を譲り受けた者は 10% の税率により所得税の源泉徴収を行うこととされています（所法 212 ①、213 ①二）。

　しかし、土地等の譲渡対価が 1 億円以下で、かつ、その土地等を非居住者等から譲り受けた個人が自己又はその親族の居住の用に供するために譲り受けたものである場合には、その個人が支払う譲渡対価は同号に定める国内源泉所得には該当せず、同項 3 号の国内源泉所得として源泉徴収の対象とはされません（所令 281、281 の 3）。

　この場合、譲渡対価の額が 1 億円を超えるかどうかは、所得税法施行令 281 条の 3 の規定上は、支払金額あるいは譲受けの対価といった土地等の取得者側からの支払対価等で判定する文言とはなっておらず、あくまで当該土地等を譲渡した側の譲渡対価の額で判定する規定振りとなっていますので、土地等が共有であり譲渡者が 2 名以上いる場合には、各譲渡者の譲渡対価の額で判断するのが相当とされています。

事例の場合、Bの持分に対応する土地等の譲渡対価は7,000万円であり、かつ、甲は自己の居住の用に供するために譲り受けるものですから、その譲渡対価は所得税法161条1項5号に定める国内源泉所得には該当せず同項3号の所得に該当するものと認められますので、源泉徴収の対象とはならず総合課税の対象となります（所法164、165）。

　なお、事例とは逆のケースで、非居住者が単独で所有する土地等を2名の居住者が1億4,000万円で共有により譲り受け、それぞれ7,000万円ずつ支払う場合には、それぞれの譲受者が源泉徴収を要することになるものと考えられます。

2　租税条約による取扱い

　Bは3年前からニュージーランドに居住していますので、わが国の非居住者（ニュージーランドの居住者）に該当するものと考えられます（所令15、所基通3-3）。

　日本ニュージーランド租税条約13条1項は、「ニュージーランドの居住者が日本国内に存在する不動産の譲渡によって取得する所得等に対しては、日本において租税を課することができる」旨定めていますので、Bが国内に有する土地等を譲渡した場合の譲渡対価は、上記1の国内法の定めにより課税されることになります。

―**関係法令通達**―
　所得税法161条1項3号・5号、164条、165条、212条1項、213条1項2号
　所得税法施行令15条、281条、281条の3
　所得税基本通達3-3
　日本ニュージーランド租税条約13条1項

Question.31
土地等の譲渡の間に居住性が変わった場合の源泉徴収

不動産業を営む内国法人甲社は、会社員Aが所有する土地を1億円で譲り受けることになりましたが、売買契約を締結し手付金1,000万円を支払った後、その引渡しや譲渡代金の支払をする前にAは3年間の予定で中国の関連会社への出向を命ぜられ出国しました。

甲社はAの出国後に土地の引渡しを受け残金を支払うことになりますが、この場合の源泉徴収はどのようになりますか。

Answer. Aに支払った手付金1,000万円については源泉徴収の必要はありませんが、残金についてはその支払の際10%（復興特別所得税と併せて10.21%）の税率により源泉徴収をする必要があると考えられます。

なお、Aの本件土地等の譲渡による所得は総合課税の対象となります。

（注） 平成25年1月1日から平成49年12月31日までの間に生ずる譲渡対価について、所得税法等で定める税率により所得税が徴収される場合には、復興特別所得税が併せて徴収されることになります。詳細については、⑥復興特別所得税の **Q60** を参照してください。

解 説
1 国内法による取扱い

(1) 非居住者又は外国法人が国内にある土地等を譲渡した場合には、その譲渡対価を支払う者は、その支払の際に10%の税率により所得税を源泉徴収することとされています（所法161①五、212①、213①）。

(2) Aは3年間の出向予定で中国に出国していますので、出国の日の翌日からわが国の非居住者（中国の居住者）に該当することになります（所

令15、所基通3-3)。

　したがって、Aは、売買契約が締結され手付金1,000万円が支払われたときには居住者に該当し、土地の引渡しを受け残金が支払われるときには非居住者に該当することになります。

(3) 土地等の譲渡による対価の支払が居住者に対するものか非居住者に対するものかについては、実務上、当該譲渡による譲渡所得の総収入金額の収入すべき時期においてその譲渡者が居住者か非居住者かにより判定することとされており、また、そこでいう「収入すべき時期」とは通常土地等の引渡しがあった日とされていますので（所基通36-12）、本件土地等の譲渡による対価は非居住者であるAに対する支払となり、甲社はその譲渡対価の全額について源泉徴収をする必要があるということになります。

(4) しかし、本件の場合、Aは売買契約が締結された時点では居住者であり、その時点で支払われた手付金1,000万円は居住者に対する支払となりますから、この手付金も含めて過去に遡って源泉徴収の対象とすべきかにつき問題が生ずることになります。

　この点に関し、実務上は①契約時において契約当事者間には譲渡者が非居住者であるという認識がないこと及び②契約時に源泉徴収が不要であると適法に判断されたものが、その後の譲渡者の事情で遡って違法となり源泉徴収義務が生ずることとなるのはいかにも不合理であること等を併せ考慮し、その支払時の現況において居住者に該当する譲渡者に対し支払った手付金は居住者に対する支払として認め、源泉徴収の必要はないものとして取り扱われているものと考えられます。

　したがって、売買契約の締結時に甲社がAに支払った手付金1,000万円については源泉徴収の必要はありませんが、残金については、その支払の際10％（復興特別所得税と併せて10.21％）の税率により源泉徴収をする必要があると考えられます。

　なお、Aの本件土地等の譲渡による所得は総合課税の対象となります

（所法164、165）。

2 租税条約による取扱い

Aは土地等の譲渡時において中国の居住者に該当しますが、日中租税条約13条は、「中国の居住者が日本国内に存在する不動産の譲渡によって取得する収益に対しては、日本において租税を課することができる」旨定めていますので、Aが譲渡した土地等の譲渡対価は、上記1の国内法の定めにより課税されることになります。

関係法令通達

所得税法161条1項5号、164条、165条、212条1項、213条1項
所得税法施行令15条
所得税基本通達3-3、36-12
日中租税条約13条

Question.32
非居住者が国内に所有するマンションを社宅として賃借した場合の源泉徴収

内国法人甲社は、中国の居住者Aが都内に所有するマンションの2部屋を借り受け、これを従業員に社宅として貸与することにしました。

当該マンションに係る賃貸借契約の締結や管理は、国内の不動産業者B社が行い、また、Aの日本国内での申告等は税理士Cが納税管理人に選任され行う予定となっています。

この場合、甲社がB社を通じて支払う賃借料に係る源泉徴収はどのようになりますか。

なお、Aは国内に上記マンション以外の資産は保有しておらず、また、

国内に恒久的施設も有していません。

Answer. 甲社が支払う賃借料は、仮にB社に対し支払われるものであっても、Aに対する支払として20%（復興特別所得税と併せて20.42%）の税率により源泉徴収をする必要があります。
　なお、Aは総合課税による確定申告が必要になります。
（注）　平成25年1月1日から平成49年12月31日までの間に生ずる賃借料について、所得税法等で定める税率により所得税が徴収される場合には、復興特別所得税が併せて徴収されることになります。詳細については、6 復興特別所得税の **Q60** を参照してください。

■解 説
1　国内法による取扱い
(1) 源泉徴収の取扱い

　国内法上、非居住者又は外国法人（以下「非居住者等」といいます）が国内にある不動産、国内にある不動産の上に存する権利若しくは砕石権の貸付け、鉱業法の規定による租鉱権の設定又は居住者若しくは内国法人に対する船舶若しくは航空機の貸付け（裸用船（機）契約による貸付け）をした場合の対価は、所得税法161条1項7号に定める国内源泉所得に該当し、その対価を支払う者は、原則として20%の税率により源泉徴収を行うこととされています（所法212①、213①）。

　ただし、上記対価のうち、土地若しくは土地の上に存する権利又は家屋を専ら自己又はその親族の居住の用に供するために借り受けた個人が支払うものは、源泉徴収の対象とはなりません（所法178、212①、所令303の2、328二、所基通178-2、212-2）。

　甲社が支払う賃借料は、仮にB社に対し支払われるものであってもAに帰属しますので、その支払の際20%（復興特別所得税と併せて20.42%）の

税率により源泉徴収をする必要があります。

　なお、本件の賃貸料については、Aが国内に恒久的施設を有するか否かにかかわらず、総合課税による確定申告が必要となります（所法164①）。

(2) 源泉徴収免除制度の取扱い

　イ　わが国に恒久的施設を有して事業活動を行っている非居住者等に対しては、居住者や内国法人と同様に総合課税による所得税や法人税が課税されますので、一定の要件を満たす場合には、非居住者等に対してのみ源泉徴収の対象とされている特定の所得について源泉徴収を免除する制度があります（いわゆる「無差別取扱い」の原則）。

　　　具体的には、わが国に恒久的施設を有する非居住者等が、納税地の所轄税務署長から源泉徴収免除証明書の交付を受け、この証明書を支払者に提示した場合には、その証明書の有効期間内に支払われる特定の国内源泉所得で、その恒久的施設に帰せられるものについて、源泉徴収を免除する制度です（所法180、214、所令304、330）。

　ロ　この免除制度の対象となる非居住者は、①国内に支店、工場その他事業を行う一定の場所（恒久的施設）を有する非居住者、②国内において建設作業等を1年を超えて行う非居住者及び③国内に自己のためにその事業に関し契約を締結する権限を有し、かつ、これを継続的に又は反復して行使する代理人等を置く非居住者とされています（所法2①八の四、214、所令1の2、所基通161-4）。

　　　すなわち、上記①の恒久的施設や③の代理人等とは、非居住者が国内で行う「事業」のための場所や「事業」に関する代理人等をいうことになります。

　ハ　本事例では、Aは国内に2部屋のマンション以外は保有していませんので、そのマンションの貸付けは事業には該当せず（所基通26-9）、また、不動産業者B社及び納税管理人Cは、いずれも事業に関する代理人等にも該当しませんので、Aには源泉徴収免除制度の適用はないものと考えられます。

(3) 借上住宅の取扱い

　上記（1）及び（2）の国内法による源泉徴収の取扱いは、内国法人が海外出向社員の留守宅を社宅として借り上げ、これを従業員に貸与する制度（いわゆる借上社宅制度）に基づき支払われる賃借料についても、同様に適用されることになります。

2　租税条約による取扱い

　Aは中国の居住者に該当しますが、日中租税条約6条は、「中国の居住者が日本国内に存在する不動産から取得する所得に対しては、日本において租税を課することができる」旨定めていますので、Aが受領する不動産の賃貸料は、上記1の国内法の定めにより課税されることになります。

関係法令通達

所得税法2条1項8号の4、161条1項7号、164条1項、178条、180条、212条1項、213条1項、214条
所得税法施行令1条の2、303条の2、304条、330条、328条2号
所得税基本通達26-9、161-4、178-2、212-2
日中租税条約6条

Question.33
外国法人が国内にある不動産の賃借料を国外で支払う場合の源泉徴収

　米国に本店を有する外国法人甲社の日本支店は、米国法人A社が国内で所有する建物を賃借し支店事務所として使用することとしました。
　この建物の賃貸借契約の締結は甲社の米国本店が米国内でA社と行い、

また、その賃借料は米国本店が米国内でA社に支払い、その支払後2か月以内に日本支店にチャージすることになっています。この賃借料に係る源泉徴収はどのようになりますか。

なお、A社は国内に恒久的施設を有していません。

Answer. 甲社の米国本店が支払う賃借料については、その支払の際20%（復興特別所得税と併せて20.42%）の税率により源泉徴収を行い、日本支店などを通じ納付する必要があります。なお納期限は、米国本店がその賃借料をA社に支払った日の属する月の翌月末日となります。

(注) 平成25年1月1日から平成49年12月31日までの間に生ずる賃借料について、所得税法等で定める税率により所得税が徴収される場合には、復興特別所得税が併せて徴収されることになります。詳細については、6復興特別所得税の **Q60** を参照してください。

■解 説
1 国内法による取扱い

国内法上、外国法人が国内にある不動産等の貸付けをした場合の対価は、所得税法161条1項7号に定める国内源泉所得に該当し、その対価を国内で支払う者は、原則として20%の税率により源泉徴収を行うこととされています（所法212①、213①）。

また、外国法人に対する国内源泉所得の支払が国外で行われる場合において、その支払をする外国法人が国内に支店等を有するときは、その外国法人が当該所得を国内で支払ったものとみなして、源泉徴収義務を負うこととされ、この場合の納期限はその徴収の日（支払日）の属する月の翌月末日とされています（所法212②）。

したがって、甲社の米国本店が米国内でA社に支払う賃借料は、甲社が

国内において支払ったものとしてその支払の際20%（復興特別所得税と併せて20.42%）の税率により源泉徴収を行い、甲社の日本支店が納付する必要があります。

なお、この場合の納付期限は、甲社の米国本店がその賃借料をA社に支払った日の属する月の翌月末日となります。

2　租税条約による取扱い

A社は米国の居住者に該当しますが、日米租税条約6条は「米国の居住者が日本国内に存在する不動産から取得する所得に対しては、日本において租税を課することができる」旨定め（同条約1項）、また、この定めは「企業の不動産から生ずる所得についても適用する」旨定めていますので（同条約4項）、米国の企業が日本国内に存在する不動産から取得する所得には、同条約7条（事業所得条項）は適用されないことになります。

したがって、A社が受領する不動産の賃貸料は、上記1の国内法の定めにより課税されることになります。

―関係法令通達
所得税法161条1項7号、212条1項・2項、213条1項
日米租税条約6条1項・4項、7条

Question.34
カナダ法人に対し支払う親子間中間配当に係る源泉徴収

外資系の内国法人甲社（非上場の株式会社で年1回12月決算）は、同社の発行済株式の50%を所有しているカナダ法人A社に対し平成29年8月31日に剰余金の配当（基準日は同年6月末日）を支払うことになりました。この配当の元となった甲社の株式は、A社が平成29年3月1日にカナダ法人B社から取得し、現在まで引き続き所有しているものです。

日本カナダ租税条約では、配当の受益者が利益の分配に係る事業年度の終了の日に先立つ6か月の期間を通じ株式の少なくとも25%を所有する法人である場合には5%の制限税率を適用する旨の親子間配当の定めがありますが、A社に支払う剰余金の配当に関しては、同社が株式を取得してから事業年度終了の日である平成29年12月31日まで10か月間引き続き甲社の株式を所有していますので、この制限税率を適用することができますか。

Answer.　親子間配当の限度税率は適用できず、15%の税率を適用して源泉徴収をする必要があると考えられます。なお、租税条約に関する届出書の提出が必要です。

■解　説
1　国内法による取扱い
　所得税法24条1項に規定する配当等のうち、内国法人から受ける剰余金の配当、利益の配当及び剰余金の分配等は国内源泉所得に該当し、これを非居住者又は外国法人に支払う者は、原則として20%の税率により源泉徴収を行うこととされています（所法161①九、212①、213①）。

　なお、剰余金の配当が上場株式等に係る配当等であり、国内における支払の取扱者（口座管理機関）を通じて交付される場合には、源泉徴収義務者はその国内における支払の取扱者となり、また、源泉税率は15%（復興特別所得税と併せて15.315%）とされています（措法9の3、9の3の2）。

2　租税条約による取扱い
(1) 一般的な租税条約の取扱い
　わが国が締結した各国との間の租税条約を大別すると、配当所得に対する課税の取扱いは次に区分されています。
　イ　一般の配当と親子間配当を区分せず、一律に限度税率を適用するも

の（インド、中国など）

ロ　一般の配当と親子間配当を区分して取り扱い、親子間配当については一般の配当に適用される限度税率をさらに軽減あるいは免除しているもの（米国、英国、カナダなど）

ハ　さらに、上記ロの親子間配当の要件には、出資比率要件のほか株式等の所有期間要件があり、この所有期間要件については概要次に区分されています。

　　A　配当の支払の日に先立つ一定期間（6か月）の所有を要件とするもの（アイルランド、チェコ、フィリピンなど）

　　B　配当の支払を受ける者が特定される日を末日とする一定期間（6か月又は12か月）の所有を要件とするもの（米国、英国、フランスなど）

　　C　配当の分配に係る事業年度の終了の日に先立つ一定期間（6か月又は12か月）の所有を要件とするもの（イタリア、カナダ、韓国など）

　　なお、会社法施行後に改正又は締結された各国との間の租税条約では、上記Bを要件とするものが大部分となっています。

(2)　日本カナダ租税条約による取扱い

イ　日本カナダ租税条約では、配当を支払う法人が居住者とされる締約国において、一般の配当については15％の限度税率により、また、親子間配当については5％の限度税率により課税することができることとされています（同条約10②）。

　　また、ここでいう親子間配当の適用要件は、「配当の受益者が利益の分配に係る事業年度の終了の日に先立つ6か月の期間を通じ、当該配当を支払う法人の議決権のある株式の少なくとも25％を所有する法人である場合」とされていますが、これは、一時的に取得した株式等の配当に対する軽減税率の適用を排除し、その乱用を防止することにその目的があるとされています。

ロ　ところで、平成18年の会社法施行後においては、株主総会の決議によりいつでも配当が可能となり、配当の基準日（通常、期末配当に

ついては事業年度の終了の日、期中配当については中間決算日などの臨時決算日など）において株式を保有している者に対し配当することとされていますので（同法124、454）、上記イでいう「事業年度の終了の日に先立つ6か月の期間」とは、「配当の基準日に先立つ6か月の期間」をいい、その期間において少なくとも25%の株式を保有している場合には、所有期間要件を満たすものとして取り扱うのが上記イの趣旨や目的に沿ったものと考えられています。

ハ　事例の場合、甲社がA社に支払う剰余金の配当（中間配当）については、その基準日が平成29年6月末日となり、B社は甲社の株式を基準日から先立って4か月間しか所有しておらず、親子間配当の所有期間要件を満たしていないものと認められます。

したがって、当該配当については親子間配当の限度税率は適用できず、15%の税率を適用して源泉徴収をすることになります。

┏━関係法令通達━━━━━━━━━━━━━━━━━━━━━
会社法124条、454条
所得税法24条1項、161条1項9号、212条1項、213条1項
租税特別措置法9条の3、9条の3の2
日本カナダ租税条約10条2項
┗━━━━━━━━━━━━━━━━━━━━━━━━━━

Question.35
海外進出に際し現地の法律事務所に支出する相談費用に係る源泉徴収

製造業を営む内国法人甲社は、国内での製造環境の変化などから、人件費の安価なインド、ベトナム及びミャンマーへの海外進出を検討しています。

甲社は、この海外進出に伴う現地の法律上の問題点などにつき、それぞ

れインド、ヴェトナム及びミャンマーの弁護士法人に相談しその対価を支払いますが、この法律相談の費用について所得税の源泉徴収をする必要はありますか。

Answer. ① インドの弁護士法人に支払う費用は、日印租税条約の債務者主義の定め及び国内法による所得源泉地の置換規定により国内源泉所得に該当すると認められますので、同条約に定める限度税率10％により源泉徴収をする必要があると考えられます。
　　なお、限度税率の適用を受けるためには租税条約に関する届出書の提出が必要です。
② ヴェトナム及びミャンマーの弁護士法人に支払う費用は、わが国では課税されないと考えられます。

▍解　説
1　国内法上の取扱い
（1）原則的取扱い

　国内において人的役務の提供を主たる内容とする次の事業を行う非居住者又は外国法人が支払を受ける当該事業の対価は、源泉徴収の対象となる国内源泉所得に該当し、これを支払う者は源泉徴収を要することとされています（所法161①六、212①、所令282）。

　イ　映画俳優や音楽家などの芸能人又は職業運動家の役務の提供を主たる内容とする事業
　ロ　弁護士、公認会計士、建築士などの自由職業者の役務の提供を主たる内容とする事業
　ハ　科学技術、経営管理などの分野に関する専門的知識又は特別の技能を有する者の当該知識又は技能を活用して行う役務の提供を主たる内容とする事業（機械設備の販売事業等を行う者の主たる業務に付随して行われる事業及び建設作業等の指揮監督の役務の提供を主たる内容とする

事業を除きます)

　事例の各弁護士法人が行う相談業務はいずれも日本国内では行われていませんので、その相談費用は原則として国内源泉所得には該当せず、源泉徴収の対象とはなりません。

(2) 所得源泉地に関し租税条約に異なる定めがある場合の取扱い

　わが国が締結した租税条約において国内源泉所得につき所得税法161条の規定と異なる定めがある場合には、同条の規定にかかわらず、国内源泉所得はその条約の定めるところによることとされています(所法162①前段)。

　例えば、租税条約で支払者の居住地国に所得源泉がある旨のいわゆる債務者主義の定めがある場合には、国内法上は国外源泉所得とされる所得であっても、その支払者がわが国の居住者であれば、その所得源泉地が置き換えられ、国内源泉所得に該当することになります。

2　租税条約等による取扱い

(1) インドの弁護士法人に対する費用の取扱い

　イ　日印租税条約12条(使用料条項)は、「技術上の役務に対する料金」を特許権や著作権等の使用料と同様に扱い、当該料金が生じた源泉地国においても限度税率(10％)により課税できる旨定め(同条②)、また、当該料金については、原則として支払者の居住地国に所得源泉があるものとする債務者主義を定めています(同条⑥)。

　ロ　次に、同条は上記イの「技術上の役務に対する料金」の範囲につき「技術者その他の人員によって提供される役務を含む経営的若しくは技術的性質の役務又はコンサルタントの役務の対価としてのすべての支払金をいう」旨定めています(同条④)。

　　　ここでいうコンサルタントとは、一般に専門分野における相談や指導を行う者をいいますので、経営コンサルタント等に限らず弁護士や税理士あるいは公認会計士などの専門的知識を有する者が行う法律相談や税務相談等も含まれるものと解するのが相当と考えられます。

ハ　そうすると、甲社がインドの弁護士法人に支払う法律相談の費用は、上記ロの経営的性質の役務あるいはコンサルタントの役務に該当し、また、上記イの債務者主義の定め及び国内法による所得源泉地の置換規定により、所得税法161条1項6号の国内源泉所得に該当すると認められますので、限度税率10％により源泉徴収をする必要があります。

(2) ヴェトナムの弁護士法人に対する費用の取扱い

　日本ヴェトナム租税条約では、人的役務の提供を主たる内容とする事業による所得は、企業の利得に該当し同条約7条の事業所得条項が適用されますので、国内にある恒久的施設を通じて事業を行わない限り、わが国では課税されません。

(3) ミャンマーの弁護士法人に対する費用の取扱い

　日本とミャンマーには租税条約が締結されていませんので、国内法により取り扱われることになり、原則としてわが国では課税されません。

関係法令通達

所得税法161条1項6号、162条1項、212条1項
所得税法施行令282条
所得税基本通達161-20
日印租税条約12条
日本ヴェトナム租税条約7条

Question.36
海外のソフト開発会社に支払う開発費用に係る源泉徴収

　内国法人甲社は、国内で請け負ったソフトウェアの開発をインドのソフト開発会社A社及び中国のソフト開発会社B社にそれぞれ委託（外注）することとしました。

当該ソフトウェアの開発はそれぞれインド及び中国国内で行われ、完成したソフトウェアの権利は甲社に帰属することとされています。

甲社がA社及びB社に支払う当該ソフトウェアの開発費用について所得税の源泉徴収をする必要はありますか。

なお、甲社はインド及び中国に支店等の恒久的施設を有していません。

Answer. ① A社に支払う開発費用は、日印租税条約の債務者主義の定め及び国内法による所得源泉地の置換規定により国内源泉所得に該当すると認められますので、同条約に定める限度税率10%により源泉徴収をする必要があると考えられます。

なお、限度税率の適用を受けるためには租税条約に関する届出書の提出が必要です。

② B社に支払う開発費用は国内源泉所得には該当せず、わが国では課税されないと考えられます。

▌解 説

1 国内法上の取扱い

（1）原則的取扱い

イ 国内において、専門的知識を有する者の当該知識を活用して行う役務の提供を主たる内容とする事業を行う外国法人が支払を受ける当該事業の対価は、源泉徴収の対象となる国内源泉所得に該当し、これを支払う者は源泉徴収を要することとされています（所法161①六、212①、所令282三）。

ロ ソフトウェアの開発費用については、通常その開発の結果完成した著作物等の権利（プログラム等の著作権）が、その開発に係る委託契約等により委託者に帰属することとされていることから、当該権利の譲渡対価ではないかとする考え方もありますが、ソフトウェアの開発は「人的・物的・時間的な投資をすることにより目的とする成果物を

完成確立する作業」であり、一般にその内容は人的役務の提供であると考えられることなどから、実務上、その開発費用は上記イの専門的知識を有する者の当該知識を活用して行う役務の提供を主たる内容とする事業に該当するものとして取り扱われています。

　ハ　事例のソフトウェアの開発は、いずれも日本国内では行われていませんので、その開発費用は原則として国内源泉所得には該当せず源泉徴収の対象とはなりません。

(2) 所得源泉地に関し租税条約に異なる定めがある場合の取扱い

　わが国が締結した租税条約において、国内源泉所得につき所得税法161条の規定と異なる定めがある場合には、同条の規定にかかわらず、国内源泉所得はその条約の定めるところによることとされています（所法162①前段）。

2　租税条約等による取扱い

(1) インドのソフト開発会社に対する開発費用の取扱い

　イ　日印租税条約12条は、「技術上の役務に対する料金」について、当該料金が生じた源泉地国においても限度税率（10％）により課税できる旨定め（同条②）、また、当該料金については、原則として支払者の居住地国に所得源泉があるものとする債務者主義を定めています（同条⑥）。

　ロ　上記イの「技術上の役務に対する料金」には、「技術者その他の人員によって提供される役務を含む技術的性質の役務の対価」が含まれていますので（同条④）、ＩＴ技術者等によるプログラムやソフトウェアの開発の対価は当該料金に該当すると考えられます。

　ハ　そうすると、甲社がＡ社に支払うソフトウェアの開発費用は、上記ロの「技術上の役務に対する料金」に該当し、また、上記イの債務者主義の定め及び国内法による所得源泉地の置換規定により、所得税法161条1項6号の国内源泉所得に該当すると認められますので、限度

税率10％により源泉徴収をする必要があると考えられます。
(2) 中国のソフト開発会社に対する開発費用の取扱い
　日中租税条約では、人的役務の提供を主たる内容とする事業による所得は、企業の利得に該当し同条約7条の事業所得条項が適用されますので、国内にある恒久的施設を通じて事業を行わない限りわが国では課税されません。

関係法令通達

所得税法161条1項6号、162条1項、212条1項
所得税法施行令282条3号
日印租税条約12条
日中租税条約7条

Question.37
韓国人技術者の派遣を受けた場合に支払われる対価の源泉徴収

　内国法人甲社の技術開発部は、新たなＩＴ機器の開発を行うに当たり、韓国法人Ａ社からＩＴ技術者であるＢ及びＣの2名の派遣を受け、技術開発部内に組織した開発プロジェクトチームに参画させることにしました。
　甲社は、Ａ社との派遣契約に基づき同社に対し派遣の対価を支払うほか、派遣される技術者の国内での滞在費として同人らの給与の一部月額20万円をＡ社に代わり国内で支払うことにしていますが、これら派遣の対価及び給与の源泉徴収はどのようになりますか。
　なお、技術者の滞在期間はＢが5か月、Ｃが10か月を予定しており、国内滞在中はＡ社が借り上げたワンルームマンションに居住することとしています。またＡ社は、日本国内に支店等の恒久的施設は有していません。

Answer. 甲社がA社に対し支払う派遣の対価については、国内で支払うB及びCの給与相当額を含め、わが国では課税されないものと考えられます。

B及びCに支払われる給与等については、両名らの国内滞在期間がそれぞれ一暦年ごとに183日以内であれば免税となりますが、183日を超える場合には、甲社が国内で支払う給与相当額は20％（復興特別所得税と併せて20.42％）の税率による源泉徴収により、また、A社が韓国内で支払う給与は申告納税により課税されるものと考えられます。

なお、免税の適用を受けるためには租税条約に関する届出書の提出が必要となります。

（注）平成25年1月1日から平成49年12月31日までの間に生ずる給与等について、所得税法等で定める税率により所得税が徴収される場合には、復興特別所得税が併せて徴収されることになります。詳細については、⑥復興特別所得税の**Q60**を参照してください。

■解 説

1 国内法による取扱い

(1) 人的役務の提供事業の対価

イ 国内において、科学技術、経営管理その他の分野に関する専門的知識又は特別の技能を有する者の当該知識又は技能を活用して行う役務の提供を主たる内容とする事業（以下「人的役務の提供事業」といいます）を行う外国法人が支払を受ける当該事業の対価は、源泉徴収の対象となる国内源泉所得に該当し、これを支払う者は源泉徴収を要することとされています（所法161①六、212①、所令282三）。

ロ A社から派遣を受けるB及びCの両名は、いずれも専門的知識を有

する技術者であり、また、その行う業務はその知識を活用して行う技術開発であると認められますので、その派遣の対価としてA社に支払う対価は、上記イの人的役務の提供事業の対価に該当し20％（復興特別所得税と併せて20.42％）の税率により源泉徴収を要することになります。

ハ　また、甲社が国内でB及びCに支払う給与相当額は、A社との派遣契約に基づき同社に代わり支払うものであり、同社に対する派遣の対価に含まれると認められますので、上記ロと同様、源泉徴収を要することになります。

　これは、甲社が派遣契約に基づき同社に代わり支払う給与相当額は、一旦派遣の対価としてA社に支払われ、同社からその従業員であるB及びCの両名に対し給与として支払われたと考えられるからです。

(2) 人的役務の対価

イ　非居住者が国内において行う勤務その他人的役務の提供に基因して支払を受ける給与や賃金並びに報酬等は国内源泉所得に該当し（所法161①十二イ）、それが国内で支払われる場合及び国外で支払われる場合でその支払者が国内に事務所等を有する場合には当該支払部分の金額は源泉徴収の方法により、国外で支払われる場合で源泉徴収によらない部分の金額は申告納税の方法により、それぞれ課税されることになります（同法164②、169、170、172、212①②）。

ロ　甲社がA社に代わって国内で支払うB及びCの給与相当額は、国内源泉所得に該当しますので、甲社がその支払の際20％（復興特別所得税と併せて20.42％）の税率により源泉徴収を行いA社の名において納付する必要があり、また、A社が韓国内で同人らに支払う給与も国内源泉所得に該当するので、翌年3月15日（同日前に国内に居所を有しないこととなる場合には、その有しないこととなる日）までに申告をする必要があります。

ハ　本事例では、甲社がA社に代わって国内で支払う金員は派遣される

技術者らの給与の一部であるとされていますが、事例によっては、派遣元が技術者らに支払う国内滞在費や日当名義の金員の場合もあります。

　この場合に、派遣先であるわが国企業が技術者に支払う当該滞在費等が非課税の旅費として取り扱われるかどうかは、その滞在費等が旅費として認められるか否かにより判断されることになりますが、その判断の基準は次によるものと考えられます。

　技術者の国内における勤務地が出張先と認められる場合、すなわち、当該技術者の本来の勤務地が派遣元企業内であり、国内での勤務が派遣元の出張命令によるもので、かつ、その滞在費等が旅費規程等に基づき適正に算定されたものと認められる場合には、非課税の旅費として取り扱うことになるものと思われます。

　これに対し、技術者の国内における勤務が勤務先の異動と認められる場合、すなわち、当該技術者の本来の勤務地が派遣先の国内企業であり、勤務地が異動していると認められる場合には、当該滞在費等は仮に旅費規程等に基づき算定されている場合でも当該技術者に対する給与等として取り扱われるものと思われます。

　通常勤務期間が6か月を超えるような場合には、その勤務地が派遣先に異動しているとして取り扱うのが相当ではないかと考えられます。

ニ　なお、上記（1）の人的役務の提供事業の対価につき所得税を徴収された場合には、当該所得税を徴収された対価のうちから当該事業のために人的役務を提供する非居住者に対してその人的役務の提供につき支払う給与等について、その支払の際、所得税法212条1項の規定による所得税の徴収が行われたものとみなされますので（同法215）、国内法上の取扱いでは、B及びCに支給される給与等については源泉徴収が行われたものとみなされ、源泉徴収や申告の必要はないものと考えられます。

2　租税条約による取扱い

(1) 人的役務の提供事業の対価

イ　日韓租税条約では、人的役務の提供事業の対価は企業の利得に該当し、国内にある恒久的施設を通じて事業を行わない限りわが国では課税されないこととされています（同条約7）。

ロ　A社は日本国内に支店等の恒久的施設は有していませんので、同社に対し支払う派遣の対価については、甲社がA社に代わって国内で支払うB及びCの給与相当額を含めわが国では課税されないことになります。なお、源泉徴収の免除を受けるためには租税条約に関する届出書の提出が必要です（実特法省令4①）。

(2) 人的役務の対価

イ　日韓租税条約では、韓国の居住者である個人が日本国内で行う勤務について取得する給料、賃金その他これに類する報酬については、原則としてわが国でも課税することができることとされていますが、次のことを要件に課税が免除されることとされています（同条約15①②）。

①　給与等の受領者の国内滞在期間は当該暦年を通じて合計183日を超えないこと

②　給与等が日本の居住者でない雇用者又はこれに代わる者から支払われること

③　給与等が雇用者の国内に有する恒久的施設によって負担されないこと

ロ　B及びCの両名に支払われる給与等については、国内支払分は甲社がA社に代わって支払うものであり、また、A社は日本国内に支店等の恒久的施設は有していませんので、上記イの免税要件のうち②及び③の各要件は満たしていますが、上記イの①の要件を満たすか否かは、B及びCの滞在期間等により次のように区分されることになるものと

考えられます。

① Bに支払われる給与等

Bの滞在予定期間は5か月ですから、その暦年中に他の国内勤務期間がない限り上記イの①の要件を満たすことになりますので、Bに支払う給与等は、国内及び国外支払分を含めわが国では免税となります。

② Cに支払われる給与等

Cの滞在予定期間は10か月ですが、その滞在が同一暦年中である場合には、上記イの①の要件を満たさないことになりますので、Cに支払われる給与等は国内法により課税されることになりますが、その滞在が二暦年にまたがっている場合には、継続する滞在日数が183日を超える場合であってもそれぞれ一暦年ごとの滞在期間が183日以内であれば、その要件を満たす期間分の給与等については免税になるものと考えられます。

なお、免税の適用を受けるためには租税条約に関する届出書の提出が必要です。

─ 関係法令通達 ─
所得税法161条1項6号・12号イ、164条2項、169条、170条、172条、212条1項・2項、215条
所得税法施行令282条3号
実特法省令4条1項
日韓租税条約7条、15条1項・2項

Question.38
インド人技術者の派遣を受けた場合に支払われる対価の源泉徴収

内国法人甲社は、ソフトウェアの開発を行うに当たり、インド法人A社

から専門の技術者であるＢ及びＣの２名の派遣を受け、その開発チームに参画させることになりました。甲社は、Ａ社との派遣契約に基づき同社に対し派遣の対価を支払うほか、派遣される技術者の国内での滞在費として同人らの給与の一部月額20万円をＡ社に代わり国内で支払うことにしていますが、これら派遣の対価及び給与の源泉徴収はどのようになりますか。

なお、技術者の滞在期間はＢが４か月、Ｃが10か月を予定しており、国内滞在中はＡ社が借り上げたワンルームマンションに居住することとしています。また、Ａ社は日本国内に支店等の恒久的施設は有していません。

Answer. 　Ａ社に支払う派遣の対価は、日印租税条約12条に定める「技術上の役務に対する料金」に該当すると認められますので、国内で支払うＢ及びＣの給与相当額を含め限度税率10％で源泉徴収をする必要があります。

　この場合にＢ及びＣに支給される給与等が短期滞在者免税の適用により免税となる場合には、その派遣の対価のうち免税となる部分の金額については、源泉徴収を要しないことになるものと考えられます。

　Ｂ及びＣに支払われる給与等については、両名らの国内滞在期間がそれぞれ一課税年度ごとに183日以内であれば免税となりますが、183日を超える場合には、甲社が国内で支払う給与相当額は20％の税率による源泉徴収により、また、Ａ社がインド国内で支払う給与は申告納税により課税されることになりますが、Ａ社に支払う派遣の対価につき所得税が徴収されますので、その課税される給与については所得税の徴収が行われたものとみなされますので、源泉徴収や申告の必要はないものと考えられます。

　なお、軽減・免除の適用を受けるためには租税条約に関する届

出書の提出が必要です。

▌解 説
1 国内法による取扱い
(1) 人的役務の提供事業の対価
　イ　国内において、科学技術、経営管理その他の分野に関する専門的知識を有する者の当該知識を活用して行う役務の提供を主たる内容とする事業（以下「人的役務の提供事業」といいます）を行う外国法人が支払を受ける当該事業の対価は、源泉徴収の対象となる国内源泉所得に該当し、これを支払う者は源泉徴収を要することとされています（所法161①六、212①、所令282三）。

　ロ　A社から派遣を受けるB及びCの両名は、いずれもソフト開発に関する専門的知識を有する技術者であり、その業務は当該知識を活用して行う役務の提供と認められますので、その派遣の対価としてA社に支払う対価は、上記イの人的役務の提供事業の対価に該当し20％（復興特別所得税と併せて20.42％）の税率により源泉徴収を要することになります（所法213①）。

　ハ　また、甲社が国内でB及びCに支払う給与相当額は、A社との派遣契約に基づき同社に代わり支払うものであり、同社に対する派遣の対価に含まれるものと認められますので、上記ロと同様源泉徴収を要することになります。

(2) 人的役務の対価
　イ　非居住者が国内において行う勤務その他人的役務の提供に基因して支払を受ける給与や報酬等は国内源泉所得に該当し（所法161①十二イ）、それが国内で支払われる場合には源泉徴収の方法により、国外で支払われる場合で源泉徴収によらない場合は申告納税の方法により、それぞれ課税されることになります（同法164②、169、170、172、212①②）。

ロ　甲社がA社に代わって国内で支払うB及びCの給与相当額は、国内源泉所得に該当しますので、甲社がその支払の際20%（復興特別所得税と併せて20.42%）の税率により源泉徴収を行いA社の名において納付する必要があり、また、A社がインド国内で同人らに支払う給与も国内源泉所得に該当するので、原則として翌年3月15日までに申告をする必要があります。

　ハ　しかし、上記（1）の人的役務の提供事業の対価につき所得税を徴収された場合には、当該所得税を徴収された対価のうちから当該事業のために人的役務を提供する非居住者に対し支払う給与等について、その支払の際、所得税法212条1項の規定による所得税の徴収が行われたものとみなされますので（同法215）、国内法上の取扱いでは、B及びCに支給される給与等については源泉徴収が行われたものとみなされ、源泉徴収や申告の必要はないものと考えられます。

2　租税条約による取扱い

(1)　人的役務の提供事業の対価

　イ　日印租税条約12条は、「技術上の役務に対する料金」について、当該料金が生じた源泉地国においても限度税率（10%）により課税できる旨定め（同条②）、また、当該料金については、原則として支払者の居住地国に所得源泉があるものとする債務者主義を定めています（同条⑥）。

　ロ　上記イの「技術上の役務に対する料金」には、「技術者その他の人員によって提供される役務を含む技術的性質の役務の対価」が含まれていますので（同条④）、ソフトウェア開発に関する専門的知識を有する技術者によるそのソフト開発に係る人的役務の提供事業の対価は当該料金に該当すると考えられます。

　ハ　また、同条約は「技術上の役務に対する料金」の受益者がその料金の生じた源泉地国内にある恒久的施設を通じて事業を行う場合におい

て、当該料金の支払の基因となった権利、財産又は契約が当該恒久的施設と実質的な関連を有するものであるときは、上記イの限度税率等に関する規定は適用せず、同条約7条の事業所得条項を適用する旨定めています（同条⑤）。

ニ　A社は日本国内に支店等の恒久的施設は有していませんので、甲社がA社に支払う派遣の対価については、上記イの定めが適用され限度税率10％で源泉徴収をする必要があります。なお、限度税率の適用を受けるためには租税条約に関する届出書の提出が必要となります。

ホ　ところで、非居住者は、国内において所得税法161条1項6号の人的役務の提供事業を行う者から同項12号イに掲げる給与又は報酬の支払を受ける場合において、当該給与又は報酬につき、短期滞在者免税や自由職業者免税の適用を受けようとするときは、租税条約に関する届出書をその事業を行う者等を経由して提出しなければならないこととされており（実特法省令4④）、この届出書が提出された場合には、当該事業を行う者が支払を受ける同条1項6号に掲げる人的役務の提供事業の対価のうち、当該届出書に記載された給与又は報酬で、短期滞在者免税や自由職業者免税の適用があるものに相当する部分の金額については、所得税法212条1項及び2項等の源泉徴収の規定は適用しないこととされています（実特法省令4⑤）。

　したがって、B及びCに支給される給与等が下記(2)の租税条約で定める短期滞在者免税の適用により免税となる場合には、A社に支払われる派遣の対価のうち、当該届出書の提出により免税となる部分の金額については、源泉徴収を要しないことになるものと考えられます。

(2) 人的役務の対価

イ　日印租税条約では、インドの居住者である個人が日本国内で行う勤務について取得する給料、賃金その他これに類する報酬については、原則としてわが国でも課税することができることとされていますが、次のことを要件に課税が免除されることとされています（同条約15①

②)。
① 給与等の受領者の国内滞在期間は課税年度を通じて合計183日を超えないこと
② 給与等が日本の居住者でない雇用者又はこれに代わる者から支払われること
③ 給与等が雇用者の国内に有する恒久的施設によって負担されないこと

ロ　B及びCの両名に支払われる給与等については、国内支払分は甲社がA社に代わって支払うものであり、また、A社は日本国内に支店等の恒久的施設は有していませんので、上記イの免税要件のうち②及び③の各要件は満たしますが、①の要件を満たすか否かは、B及びCの国内滞在期間により次のように区分されます。

① Bに支払われる給与等

Bの滞在予定期間は4か月ですから、その課税年度中に他の国内勤務期間がない限り上記イの①の要件を満たすことになりますので、Bに支払う給与等は、国内及び国外支払分を含め、わが国では免税になるものと考えられます。

② Cに支払われる給与等

Cの滞在予定期間は10か月ですが、その滞在が同一課税年度中である場合には、上記イの①の要件を満たさないことになりますので、Cに支払われる給与等は国内法により課税されることになりますが、その滞在が二課税年度にまたがっている場合には、継続する滞在日数が183日を超える場合であってもそれぞれ一課税年度ごとの滞在期間が183日内であれば、その要件を満たす期間分の給与等については免税になるものと考えられます。

ハ　ところで、人的役務の提供事業の対価につき所得税を徴収された場合には、当該所得税を徴収された対価のうちから支払う給与等について、その支払の際、所得税の徴収が行われたものとみなされますので

（同法215）、その支給される給与等が仮に課税される場合でも源泉徴収が行われたものとみなされ、源泉徴収や申告の必要はないものと考えられます。

3 法人税上の取扱い

なお、付言すれば、人的役務の提供事業の対価に関する法人税上の取扱いの概要は次のとおりと認められます。

(1) 外国法人が国内で行う人的役務の提供事業の対価は、国内源泉所得に該当し、その外国法人が国内に支店等の恒久的施設を有しない場合でも法人税が課税されることとされています（法法138①四、141、142の10）。

(2) 外国法人が国内で人的役務の提供事業を行う場合には、内国法人と同様の法人税率が適用されますが（法法66、143）、租税条約による限度税率を超える税率での課税はできないこととされますので、その限度税率を超える税率による税額相当額は軽減されます（実特法4）。

(3) 法人税額から控除される所得税額については、人的役務の提供事業の対価につき課された源泉税額のうち、その対価のうちから支払われる給与等につき所得税法215条の規定により源泉徴収が行われたものとみなされた税額を控除した残額が控除の対象とされています（法法144）。

■**関係法令通達**■

所得税法161条1項、164条2項、169条、170条、172条、212条、213条1項、215条
所得税法施行令282条3号
実特法4条
実特法省令4条4項・5項
法人税法66条、138条1項4号、141条、142条の10、143条、144条
日印租税条約12条、15条

Question.39
イタリア法人に支払うモデルの役務提供事業の対価に係る源泉徴収

　内国法人甲社は服飾メーカーですが、国内で販売する婦人服の広告宣伝のため、外国人の専業モデルをイタリア法人A社から5日間派遣してもらいその対価を支払いますが、この場合、同社に支払う派遣の対価等について源泉徴収はどのようになりますか。

　なお、A社は国内に事務所等は有しておらず、派遣されるモデルは広告物にその容姿を掲載させることを専業としています。

Answer.　専業モデルの派遣の対価は、所得税法161条1項6号に定める人的役務の提供事業の対価には該当しないと考えられますので源泉徴収の対象とはなりません。

　また、A社が専業モデルに支払う人的役務の対価については、その契約形態により短期滞在者免税又は自由職業者免税が適用され免税になるものと考えられます。

　なお、免税の適用を受けるためには租税条約に関する届出書の提出が必要です。

解説

1　国内法による取扱い

(1) 人的役務の提供を主たる内容とする事業の対価

　イ　国内において、次に掲げる人的役務の提供を主たる内容とする事業（以下「人的役務の提供事業」といいます）を行う外国法人が支払を受ける当該事業の対価は、源泉徴収の対象となる国内源泉所得に該当し、これを支払う者は源泉徴収を要することとされています（所法161①六、212①、所令282）。

　①　芸能人又は職業運動家の役務提供を内容とする事業

② 弁護士、公認会計士、建築士その他の自由職業者の役務提供を内容とする事業

③ 科学技術、経営管理その他の分野に関する専門的知識又は特別の技能を有する者の当該知識又は技能を活用して行う役務提供を内容とする事業

ロ 報酬・料金等に係る源泉徴収義務を定めた所得税法204条1項は、モデルの業務に係る報酬と芸能人の出演報酬とを区分して規定していますので、専業モデルは、一般に上記イの①の芸能人には該当しないものと考えられます（同項四、五）。

次に、「自由職業者」とは、一般に自己の危険と計算において独立して事業を行う者をいいますが、上記イの②に該当する自由職業者は、その例示や立法当時の趣旨等から弁護士、公認会計士、建築士等の専門の職務としての独立の資格等に基づき独立の活動を行う者と解するのが相当と考えられますので、専業モデルは、上記イの②の自由職業者には該当しないものと考えられます（昭和37年度改正税法詳解）。

また、専業モデルは、上記イの③の専門的知識又は特別の技能を有する者にも該当しないものと考えられます。

ハ 以上によれば、本事例の専業モデルの派遣の対価は、源泉徴収の対象となる所得税法161条1項6号に定める人的役務の提供事業の対価には該当しないと考えられますので、源泉徴収の対象とはなりません。

なお、本事例の専業モデルの派遣の対価は、法人税法上も同法138条1項4号に定める人的役務の提供事業の対価には該当せず、事業による所得に該当することになりますが、A社は国内に事務所等を有していないので法人税は課税されないものと考えられます（同法138①、141、同法令179）。

(2) 人的役務の対価

イ 非居住者が国内において行う人的役務の提供に基因して支払を受ける給与や賃金並びに報酬等は国内源泉所得に該当し（所法161①十二

イ)、それが国内で支払われる場合には源泉徴収の方法により、国外で支払われる場合には申告納税の方法により、それぞれ課税（所得税率20％）されることになります（同法164②、169、170、172、212①②）。

ロ　仮に、本事例の専業モデルに対しA社が国外で報酬等を支払う場合には、当該専業モデルは申告書を提出し納税することになります。

2　租税条約による取扱い

(1) 人的役務の提供を主たる内容とする事業の対価

日伊租税条約では、人的役務の提供を内容とする事業の対価は、芸能人又は運動家の役務提供を内容とする事業（いわゆるワンマンカンパニーは除かれます）を含め原則として企業の利得に該当し、国内にある恒久的施設を通じて事業を行わない限りわが国では課税されないこととされています（同条約7、17(2)）。

A社は日本国内に支店等の恒久的施設は有していませんので、同社に対し支払う専業モデルの派遣の対価については、わが国では課税されないことになります。

(2) 人的役務の対価

イ　日伊租税条約では、日本国内で行う勤務に関して取得する給与等については、原則としてわが国でも課税することができることになっていますが、その勤務者の滞在期間がその年を通じ合計183日を超えないこと等を要件に課税を免除するいわゆる短期滞在者免税を規定しています（同条約15(1)(2)）。

ロ　また、同条約は、自由職業者が取得する所得に対しては、その者が国内に固定的施設を有しない限り、わが国では課税しないこととするいわゆる自由職業者免税を規定しています（同条約14）。

ここでいう自由職業者とは、自由職業その他これに類する独立の活動をする者をいいますので、弁護士や建築士等の資格等に基づき活動を行う者に限らず、自己の危険と計算において独立の活動を行う者が

含まれることになります。
ハ　そうすると、専業モデルが国外でA社から支払を受ける人的役務の対価は、それが同社との雇用関係により支払われる場合には、上記イの短期滞在者免税により、同社との請負契約等により支払われる場合には、上記ロの自由職業者免税によりいずれも免税になるものと考えられます。

関係法令通達

所得税法161条、164条、169条、170条、172条、204条1項、212条
所得税法施行令282条
法人税法138条、141条
法人税法施行令179条
日伊租税条約7条、14条、15条、17条

Question.40
ドイツ支店が米国法人から借り入れた事業資金の支払利子に係る源泉徴収

　内国法人甲社のドイツ支店は、取引先である米国法人乙社から事業資金を借り入れ、これを同支店の業務のために使用しています。
　甲社ドイツ支店は、その借入金の利子を乙社に支払い同支店の費用として計上していますが、この借入金利子に係る源泉徴収はどのようになりますか。
　なお、甲社は米国に支店等の恒久的施設を有しておらず、また、乙社はドイツ及び日本に恒久的施設を有していません。

Answer.　乙社は米国の居住者に該当しますので、本事例の借入金の利子については日米租税条約が適用されます。甲社は米国に支店等の

恒久的施設を有していませんので、当該借入金の利子は、日本及び米国のいずれの締約国内においても生じなかったものとされますので、国内源泉所得には該当せず源泉徴収の必要はないと考えられます。

■解 説
1 国内法による取扱い

(1) 国内において業務を行う者に対する貸付金で当該業務に係るものの利子は、源泉徴収の対象となる国内源泉所得に該当し、これを非居住者又は外国法人に支払う者は源泉徴収を要することとされています（所法161①十、212①、所令283）。

　ここでいう「当該業務に係るものの利子」とは、国内で業務を行う者に対する貸付金のうち、その国内業務の用に供されている部分の貸付金に対応する利子をいいますので（所基通161-29）、本事例のドイツ支店がその国外業務の用に供する貸付金の利子は、国内源泉所得には該当せず源泉徴収の必要はないことになります。

(2) なお、わが国が締結した租税条約において国内源泉所得につき所得税法161条の規定と異なる定めがある場合には、同条の規定にかかわらず、国内源泉所得はその条約の定めるところによることとされていますので（所法162①前段）、租税条約に債務者主義など所得源泉に関する定めがあり、その定めにより所得源泉地が置き換えられ国内源泉所得に該当することとなる場合には、源泉徴収を要することになります。

2 租税条約による取扱い
(1) 利子条項における債務者主義の定め

　わが国が締結した租税条約の利子条項で定める債務者主義には、いわゆるOECDモデル条約型と日米条約型があります。

　イ　OECDモデル条約型

OECD モデル条約型の利子条項では、利子の支払者が一方の締約国の居住者である場合には、当該利子は当該一方の締約国内において生じたものとされる旨の一般原則を定め、その特則として、利子の支払者（いずれかの締約国の居住者であるか否かを問いません）が一方の締約国内に恒久的施設を有する場合において、当該利子の支払の基因となった債務が当該恒久的施設について生じ、かつ、負担されるものであるときは、当該利子は当該恒久的施設の存在する当該一方の締約国内において生じたものとされる旨定めています（OECD モデル条約11⑤）。

　この OECD モデル条約型の利子条項では、例えば、内国法人が条約相手国以外の第三国に恒久的施設を有し、利子が当該第三国の恒久的施設によって負担（費用の額に算入）される場合には、上記特則は適用されず一般原則が適用されますので、当該利子は債務者である内国法人の居住地であるわが国に源泉があることとされます。

　この場合に、条約相手国と当該第三国との間の租税条約に OECD モデル条約型の利子条項の定めがある場合には、当該利子の所得源泉地は当該第三国となり、当該第三国においても課税されることになるものと考えられます。

ロ　日米条約型

　日米条約型の利子条項では、利子の支払者が一方の締約国の居住者である場合には、当該利子は当該一方の締約国内において生じたものとされる旨の一般原則を定めた上で、その特則として、利子の支払者（いずれかの締約国の居住者であるか否かを問いません）が、その者が居住者とされる国以外の国に恒久的施設を有する場合において、当該利子の支払の基因となった債務が当該恒久的施設について生じ、かつ、負担されるものであるときは、当該恒久的施設が一方の締約国内にある場合にはその締約国内で発生したものとされ、締約国以外の第三国にある場合には、いずれの締約国内においても生じなかったものとさ

れる旨定めています（日米租税条約11⑦）。

　この日米条約型の利子条項では、恒久的施設の所在地国の課税権が優先されることになりますので、居住地国と第三国との間の二重課税は回避されることになります。

　なお、この日米条約型の利子条項は、日米租税条約、日蘭租税条約及び日豪租税条約など最近行われた条約改正で採用されていますが、大部分の条約はOECDモデル条約型の利子条項となっています。

(2) 事例における取扱い

　本事例の借入金利子の受領者である乙社は米国の居住者に該当しますので、その利子については日米租税条約の利子条項が適用されるところ、当該利子は甲社ドイツ支店の費用として計上され、また、甲社は米国に支店等の恒久的施設を有していませんので、当該借入金利子は日本及び米国のいずれの締約国内においても生じなかったものとされます。

　したがって、本事例の借入金利子は国内源泉所得には該当せず、源泉徴収の必要はないことになります。

　なお、当該借入金利子の所得源泉地は、甲社ドイツ支店の所在地であるドイツ国内になり、同国で課税されるものと考えられます。

関係法令通達

所得税法161条1項10号、162条1項、212条1項
所得税法施行令283条
所得税基本通達161-29
日米租税条約11条7項
OECDモデル条約11条5項
日蘭租税条約11条6項
日豪租税条約11条7項

Question.41
海外の駐在員事務所が賃借する事務機器等の賃借料に係る源泉徴収

内国法人甲社は、インドネシア、タイ及び香港にそれぞれ駐在員事務所を有し、現地の経済状況や流通関係などの各種情報の収集をしていますが、これら事務所で使用する事務機器や車両などはすべて現地のリース会社より賃借しています。

これら事務機器等の賃借料は、毎月本社が各駐在員事務所の現地費用の見積額として送金している金員のうちから支払われていますが、この賃借料について所得税の源泉徴収をする必要はありますか。

Answer. 1 インドネシアの駐在員事務所が支出する事務機器等の賃借料は、租税条約の債務者主義の定めと国内法の置換規定の適用により国内源泉所得に該当すると考えられますので、その支払の際に源泉徴収をする必要があります。なお、租税条約に関する届出書の提出があれば適用税率は10％となります。

また、納期限はその支払の日の属する月の翌月末日となります。

2 タイの駐在員事務所が支出する事務機器等の賃借料については、国内法の定めが適用されることになると考えられますので、源泉徴収の対象とはなりません。

3 香港の駐在員事務所が支出する事務機器等の賃借料は、「企業の利得」に該当すると考えられますが、国内事業によるものではないので源泉徴収の対象とはなりません。

▌解 説
1 国内法上の取扱い
（1）原則的取扱い

非居住者や外国法人が国内において業務を行う者から受ける機械・装置、車両及び運搬具、工具、器具及び備品の使用料で、当該業務に係るものは源泉徴収の対象となる国内源泉所得に該当し、これを支払う者は源泉徴収を要することとされています（所法161①十一ハ、212①、所令284）。

　すなわち、国内法では車両や備品等の使用料については、その使用場所（使用地）に所得源泉があるとする、いわゆる使用地主義が採用されていますので、その使用場所が国内でなければ、原則として国内源泉所得には該当せず源泉徴収の対象とはなりません。

　事例の場合、事務機器等の使用場所はいずれも国外ですから、その賃借料は原則として源泉徴収の対象とはなりません。

(2) 所得源泉地に関し租税条約に異なる定めがある場合の取扱い

　わが国が締結した租税条約において国内源泉所得につき所得税法161条の規定と異なる定めがある場合には、同条の規定にかかわらず、国内源泉所得はその条約の定めるところによることとされています（所法162①前段）。

　例えば、租税条約で定める使用料条項に債務者主義の定めがある場合には、国内法上の使用地主義により国外源泉所得とされる使用料であっても、その支払者がわが国の居住者であれば、その使用料の所得源泉地が置き換えられ所得税法161条1項11号に定める国内源泉所得に該当し、源泉徴収を要することになります。

(3) 国内源泉所得の支払が国外において行われる場合の源泉徴収義務

　国内源泉所得の支払が国外において行われる場合において、その支払をする者が国内に住所や事務所等を有するときは、その者が当該所得を国内において支払ったものとみなして源泉徴収をすることとされています。また、この場合の納期限はその支払の日の属する月の翌月末日となります（所法212②）。

2 租税条約上の取扱い

(1) インドネシアの駐在員事務所が支出する事務機器等の賃借料の取扱い

イ 日本インドネシア租税条約12条（使用料条項）は、使用料の範囲に産業上、商業上若しくは学術上の設備の使用料を含め、その使用料が生じた締約国においても10％の限度税率により課税できる旨定めています（同条②③）。

また、そこでいう「設備」には、国内法上の機械・装置、車両及び運搬具、工具、器具及び備品が含まれると一般に解されています。

ロ 次に、同条は、原則として使用料の支払者の居住地国に所得源泉があるものとする債務者主義を定めていますが、その例外として「使用料の支払者（締約国の居住者であるかないかを問いません）が一方の締約国内に恒久的施設を有し、その使用料を支払う債務が当該恒久的施設について生じ、かつ、その使用料を当該恒久的施設が負担するときは、その使用料は、当該恒久的施設が存在する締約国内において生じたものとする」旨の例外規定を定めています（同条⑤）。

ハ 本事例では、甲社はインドネシア国内に駐在員事務所を有していますが、当該事務所は恒久的施設には該当しないと認められますので、上記ロの例外規定は適用されず債務者主義が適用されますので、事務機器等がインドネシア国内で使用されたとしても、その賃借料の所得源泉地は甲社が居住者とされる日本国内となります。

したがって、甲社は、当該賃借料を支払う際に源泉徴収をする必要があります。

なお、租税条約に関する届出書の提出があれば適用税率は10％となり、また、納期限はその支払の日の属する月の翌月末日となります。

(2) タイの駐在員事務所が支出する事務機器等の賃借料の取扱い

日タイ租税条約では、設備の使用料は「企業の利得」に含まれず（7条8項）、また、使用料条項（12条）の適用対象となる「使用料」にも含ま

れませんので、同条約20条の明示なき所得条項の適用対象となります。

同条項は明示なき所得について源泉地国課税を定めていますので、本事例の事務機器等の賃借料は国内法の定めによることになりますが、当該賃借料の使用地は国内ではありませんので国内源泉所得には該当せず、わが国では課税されませんので源泉徴収の対象とはなりません。

(3) 香港の駐在員事務所が支出する事務機器等の賃借料の取扱い

日本と香港特別行政区との間の租税協定では、設備の使用料は、使用料条項には含まれず「企業の利得」に該当し、国内の恒久的施設を通じて事業を行わない限り課税されませんので、香港の駐在員事務所の事務機器等の賃借料は源泉徴収の対象とはなりません（同協定7、12）。

関係法令通達

所得税法161条1項、162条1項、212条1項・2項
所得税法施行令284条
日タイ租税条約7条8項、12条、20条
日本インドネシア租税条約12条
日本香港特別行政区租税協定7条、12条

Question.42
海外の建築工事現場で使用する工事用作業車の賃借料に係る源泉徴収

建設業を営む内国法人甲社は、ベトナムでのビルの建築工事を請け負いましたが、その工事現場で使用するブルドーザーやパワーショベルなどの工事用の特殊作業車を、シンガポール法人A社から賃借することとしました。

甲社はシンガポール国内に支店等の恒久的施設を有していませんので、上記の賃借料は、甲社の国内本店が直接A社へ送金することになりますが、

この賃借料に係る源泉徴収はどのようになりますか。なお、A社もわが国には恒久的施設を有していません。

Answer. 甲社が支払う賃借料は、租税条約の債務者主義の定めと国内法の置換規定の適用により国内源泉所得に該当すると考えられますので、当該賃借料を支払う際、源泉徴収をする必要があります。なお、租税条約に関する届出書の提出があれば適用税率は10％となります。

解 説

1 国内法による取扱い

(1) 原則的取扱い

非居住者や外国法人が国内において業務を行う者から受ける機械・装置、車両及び運搬具、工具、器具及び備品の使用料で、当該業務に係るものは源泉徴収の対象となる国内源泉所得に該当し、これを支払う者は源泉徴収を要することとされています（所法161①十一ハ、212①、所令284）。

すなわち、国内法では機械・装置等の使用料については、使用地主義が採用されており、その使用場所が国内でなければ原則として国内源泉所得には該当せず、源泉徴収の対象とはなりません。

事例の場合、ブルドーザー等の使用場所はヴェトナム国内となりますので、その賃借料は、原則として国内源泉所得には該当せず源泉徴収の対象とはなりません。

(2) 所得源泉地に関し租税条約に異なる定めがある場合の取扱い

わが国が締結した租税条約において、国内源泉所得につき所得税法161条の規定と異なる定めがある場合には、国内源泉所得は、その条約の定めるところによることとされ、所得源泉地が置き換えられることとされています（所法162①前段）。

例えば、租税条約で定める使用料条項に債務者主義の定めがある場合に

は、国内法上の使用地主義により国外源泉所得とされる使用料であっても、その支払者がわが国の居住者であれば、その使用料の所得源泉地が置き換えられ所得税法 161 条 1 項 11 号に定める国内源泉所得に該当し、源泉徴収を要することになります。

2 租税条約による取扱い

(1) 日本シンガポール租税条約 12 条（使用料条項）は、使用料の範囲に設備の使用料を含め、その使用料が生じた締約国においても 10％の限度税率により課税できる旨定めています（同条②③）。

　　また、同条は、使用料の所得源泉地につき原則として債務者主義を定めていますが、その例外として「使用料の支払者（締約国の居住者であるかないかを問いません）が一方の締約国内に恒久的施設を有する場合において、その使用料を支払う債務が当該恒久的施設について生じ、かつ、その使用料を当該恒久的施設が負担するときは、その使用料は、当該恒久的施設が存在する締約国内において生じたものとする」旨の例外規定を定めています（同条④）。

(2) 本事例では、支払者である甲社はシンガポール国内に支店等の恒久的施設を有していませんので、上記(1)の例外規定は適用されず債務者主義が適用されますので、ブルドーザー等の特殊作業車がベトナム国内で使用されたとしても、その賃借料の所得源泉地は甲社が居住者とされる日本国内ということになります。

　　したがって、甲社は、当該賃借料を支払う際に源泉徴収をする必要があります。この場合、租税条約に関する届出書の提出があれば適用税率は 10％ となります。

　　なお、仮にベトナムとシンガポール間に上記(1)と同じ内容の租税条約が締結されている場合で、かつ、建設作業現場が恒久的施設に該当する場合には、上記(1)の例外規定の適用により当該賃借料はベトナム源泉の所得として、同国にも課税権が生じる可能性があるので留意する必

要があります。

関係法令通達
所得税法 161 条 1 項、162 条 1 項、212 条 1 項
所得税法施行令 284 条
日本シンガポール租税条約 12 条

Question.43
海外の美術館に支払う絵画等の使用料に係る源泉徴収

　国内の甲美術館は、フランス及びイタリアの各美術館が所蔵している中世の絵画や美術工芸品（以下「絵画等」といいます）を借り受け、国内で展覧会を開催する予定です。
　甲美術館がこれら各美術館に支払う絵画等の賃借料について源泉徴収は必要ですか。
　なお、これら絵画等はいずれも著作者の死後 50 年を経過しており、また、各美術館はいずれも日本国内に恒久的施設は有していません。

Answer.　フランスの美術館に支払う賃借料は企業の利得に該当し、日仏租税条約 7 条の事業所得条項が適用されると考えられますので免税となります。
　イタリアの美術館に支払う賃借料は「設備」の使用料に該当し、日伊租税条約 12 条の使用料条項が適用されると考えられますので、同条項で定める限度税率 10% により源泉徴収が必要になります。
　なお、いずれの場合も租税条約に関する届出書の提出が必要です。

■解説

1 国内法による取扱い

　国内において業務を行う者が、非居住者又は外国法人（以下「非居住者等」といいます）に支払う絵画等の著作権（複製権、展示権、貸与権等）並びに機械・装置、車両及び運搬具、工具、器具及び備品の使用料で当該業務に係るものは、いずれも源泉徴収の対象となる国内源泉所得に該当します（所法161①十一ロ及びハ、所令284①）。

　また、ここでいう「備品」には、絵画等や古代の遺物等も含まれることとされていますので（所基通161-39）、国内法上は、絵画等の賃借料はそれが著作権の使用料に該当するか「備品」の使用料に該当するかにかかわらず、源泉徴収の対象となる国内源泉所得に該当しますので、これを非居住者等に対し支払う者はその支払の際に20％（復興特別所得税と併せて20.42％）の税率により源泉徴収を要することになります（所法212①）。

2 租税条約による取扱い

(1) 絵画等の賃借料の区分

　わが国が締結した各国との間の租税条約では、著作権の使用料と備品の使用料とでは、その課税の範囲や取扱いが異なっています。

　絵画等の使用料が著作権の使用料に該当するか、あるいは、備品の使用料に該当するかの判断は、おおむね次の基準より行うことになるものと考えられます。

　　イ　著作権が消滅している絵画等の賃借料

　　　美術の著作物の著作権の保護期間は、原則として著作者の死後50年とされていますが（著作権法51②）、この保護期間が経過している絵画等の賃借料は、その貸主が著作者（著作権者を含みます）あるいは著作者から譲渡を受けた現所蔵者か否かにかかわらず、その絵画の所有権に基づくものとして備品の使用料に該当するものと認められます。

ロ　著作権がある絵画等の賃借料

　　著作権の保護期間が経過していない絵画等の賃借料は、その貸主が著作者である場合には著作権の使用料に該当しますが、その貸主が美術館等の絵画等の現所蔵者である場合には、その原著作物の展示（美術展）に関し著作者の許諾を要しないこととされていることなどから（著作権法45）、所有権に基づく借用の対価、すなわち、備品の使用料に該当するものと認められます。

(2) 著作権の使用料に該当する場合の取扱い

　各国との間の租税条約では、著作権の使用料に関する取扱いは次に大別されます。

　イ　特許権や商標権など、工業的使用料と区別せず免税とするもの（米国、英国など）

　ロ　特許権や商標権など、工業的使用料と区別しないが制限税率によるもの（イタリア、カナダなど）

　ハ　著作権、出版権及び著作隣接権などの文化的使用料と特許権及び商標権などの工業的使用料を区分して、文化的使用料は免税とし、工業的使用料は制限税率によるもの（ハンガリー、ポーランドなど）

(3) 備品の使用料に該当する場合の取扱い

　各国との間の租税条約で定める使用料条項を概観すると、「産業上、商業上若しくは学術上の設備」の使用料を、特許権や著作権等の使用料と同様に使用料条項に含めて規定している条約と、同条項には含めていない条約とに区分されます。

　次に、当該設備を含めて規定する条約では、いずれも「産業上、商業上若しくは学術上の設備」の意義や範囲について定義規定を置いていませんが、そこでいう「設備」（英文で「equipment」）には、国内法上の機械・装置、車両及び運搬具、工具、器具及び備品が含まれると解されています。

　したがって、絵画等の使用料は租税条約で定める「設備」の使用料に該当することになりますが、この「設備」の使用料に関する租税条約上の規

定振りと課税関係は次に大別されています。

　イ　設備の使用料を使用料条項に含めて規定するもの（イタリア、カナダ、韓国など）

　　　使用料条項に定める限度税率により源泉徴収を要します。

　ロ　設備の使用料を使用料条項から除外しているもの（米国、英国、フランスなど）

　　　事業所得条項が適用され、国内に恒久的施設がなければ免税となります。

　ハ　設備の使用料を使用料条項から除外し、かつ、「産業上商業上の利得」からも除外しているもの（タイ）

　　　いわゆる「明示なき所得」として取り扱われることになりますが、タイとの租税条約では明示なき所得条項で源泉地国課税としていますので、国内法により課税されることになるものと考えられます。

(4) 本事例の取扱い

　イ　フランスの美術館に支払う賃借料

　　　フランスの美術館に支払う賃借料は「設備」の使用料に該当します。

　　　日仏租税条約12条（使用料条項）には設備の使用料は含まれていませんので、当該賃借料は企業の利得として同条約7条（事業所得条項）が適用されることになりますが、同美術館は国内に恒久的施設を有していませんので、わが国では免税となります。

　ロ　イタリアの美術館に支払う賃借料

　　　イタリアの美術館に支払う賃借料も「設備」の使用料に該当します。

　　　日伊租税条約12条（使用料条項）には設備の使用料が含まれており、かつ、その使用料の所得源泉地は日本国内となりますので、当該使用料は国内源泉所得に該当し限度税率10％により課税されることになります。

　　　なお、海外の美術館が国の機関で、その美術品が当該国に帰属するような場合には、その賃借料は国際法上のいわゆる「主権免税」などにより免税となる場合があるので留意する必要があります。

---関係法令通達---
所得税法 161 条 1 項、212 条 1 項
所得税法施行令 284 条 1 項
所得税基本通達 161-39
著作権法 45 条、51 条 2 項
日仏租税条約 7 条、12 条
日伊租税条約 12 条

Question.44
海外のスポーツ選手に支払う肖像の対価に係る源泉徴収

　内国法人甲社は、自社の広告宣伝用の広告物やカレンダーに、海外の有名スポーツ選手Ａの写真や氏名を掲載し、宣伝活動に使用することを予定しています。
　この写真や氏名の使用の対価として、カメラマンに支払う写真の使用料とは別に、Ａに対しいわゆる肖像の利用の対価として一時金を支払うことにしていますが、この一時金は源泉徴収の対象となりますか。
　なお、使用する写真は、Ａが過去に海外で行った試合中の様子を撮影したもので、新たに国内で撮影するものではありません。

Answer.　Ａに対し支払われる肖像の利用の対価は、人的役務の提供の対価及び特許権や著作権等の使用料のいずれにも該当しないと考えられますので、源泉徴収の対象とはなりません。

解説

　個人の肖像や氏名の保護に関しては民法上明確に定められた規定はありませんが、従来から無断で自己の肖像写真を撮られたり、勝手に氏名を使用されたりすることによる精神的苦痛からの保護等を目的として、肖像や

氏名には人格権としての肖像権が認められてきています。

　また、肖像権とは別にそれに類する権利として、名声や人気を獲得した芸能人やスポーツ選手が自己の肖像や氏名などが持つ経済的価値を独占的に使用することができる財産的権利として「パブリシティ権」があります。この権利についても法律上明確に定められた規定はありませんが、芸能人等の肖像写真が無断で使用された損害賠償事件の裁判（最高裁平成24.2.2判決）などを通じて認められてきた権利といわれています。

　これら権利は、いずれも所得税法161条1項11号イ及びロに定める特許権や商標権等の工業所有権及び著作権や著作隣接権等には該当しないものと認められますので、その使用の対価は源泉徴収の対象となる国内源泉取得には該当しないことになります。

　そうすると、Aに対し支払われる肖像の利用の対価は、同号イ及びロに定める国内源泉所得には該当せず、また、Aは国内で役務の提供を行っていませんので同項12号イに定める国内源泉所得にも該当しませんので、源泉徴収の対象とはなりません。

　ただし、有名な芸能人やスポーツ選手の「氏名」や「肖像」についても商標登録が可能であると考えられますので、登録された商標の使用の対価を支払う場合には源泉徴収の対象となる場合がありますので留意する必要があります。

関係法令通達

　所得税法161条1項11号・12号

参考文献等　｜　裁決等▶最高裁平成24.2.2判決

Question.45
外国法人が所有する特許権の侵害により支払う損害賠償金に係る源泉徴収

内国法人甲社は、イスラエル法人A社が日本国内において有する鉱物探査機器の製造技術に関する特許権を侵害したとして損害賠償請求訴訟を提起されていましたが、このたび、損害賠償金として100万ドルを支払うことで和解が成立しました。

A社に支払う損害賠償金の額は、特許権を侵害したときから現在までに特許侵害となった探査機器の販売量等を基準として算定されています。

この損害賠償金について、源泉徴収の必要はありますか。

Answer. A社に支払う損害賠償金は特許権の使用料に該当するものと認められますので、10%の限度税率により源泉徴収をする必要があります。

なお、限度税率の適用を受けるためには租税条約に関する届出書の提出が必要です。

解 説
1 国内法による取扱い
(1) 外国法人が国内において事業を行う者から支払を受ける特許権や著作権などの使用料は、国内源泉所得に該当し源泉徴収の対象とされていますが（所法161①十一イ・ロ、212①）、そこでいう「使用料」には、それら権利の対価として支払われるものばかりでなく、その対価に代わる性質を有する損害賠償金その他これに類する和解金、解決金のほか、特許権や著作権の使用料の支払が遅延したことに基づき支払われる遅延利息で、これら対価に代わる性質を有するものも含まれることとされています（所基通161-46）。

(2) 本事例の損害賠償金は、当初から特許権の使用許諾契約を締結して支

払う使用料と何らその性質が変わるものではないと認められますので、上記(1)の特許権の使用料に該当し20％（復興特別所得税と併せて20.42％）の税率により源泉徴収をする必要があります。

2 租税条約による取扱い

(1) 日本イスラエル租税条約12条は、特許権等の使用料については当該使用料が生じた源泉地国においても限度税率（10％）により課税できる旨を定めるとともに（同条②）、当該使用料については、原則として支払者の居住地国に所得源泉があるものとする債務者主義を定めています（同条④）。

(2) 上記使用料の範囲に、特許権等の使用料に代わる性質を有する損害賠償金が含まれるか否に関し、同条約は「この条約の適用上、定義されていない用語は、条約の適用を受ける租税に関する締約国の法令における当該用語の意義を有するものとする」旨定めていますので（同条約3②）、本事例の損害賠償金も同条約上の使用料に該当することになり、限度税率（10％）により課税されることになります。

関係法令通達

所得税法161条1項11号、212条1項
所得税基本通達161-46
日本イスラエル租税条約3条2項、12条

Question.46
外国法人との技術援助契約の解除に伴う損害賠償金に係る源泉徴収

内国法人甲社は、ドイツ法人Ａ社と精密部品の加工技術等に関する技術援助契約を締結しましたが、その後当該部品の加工等が国内の既存技術で

できる見通しがついたことなどから、A社との間の技術援助契約を解除することにしました。

A社は契約解除に当たり、賠償金10万ユーロを支払うよう請求していますが、この賠償金を支払った場合に源泉徴収をする必要はありますか。

なお、甲社は加工技術等の開示は受けておらず、また、当該賠償金は、技術援助契約が成立することを前提にA社がその契約発効前に加工技術等に関する資料や図面を準備するために要した実費相当額です。

***

Answer. 本件の賠償金は、工業所有権等の使用料に代わる性質を有する損害賠償金には該当せず、当該使用料には該当しないと認められますので、源泉徴収の必要はないと考えられます。

▎解 説

1 非居住者や外国法人が国内において事業を行う者から支払を受ける特許権や商標権などの工業所有権その他の技術に関する権利、特別の技術による生産方式若しくはこれらに準ずるものの使用料は、国内源泉所得に該当し源泉徴収の対象とされています（所法161①十一イ、212①）。

2 上記1でいう「特別の技術による生産方式若しくはこれらに準ずるもの」には独自の考案又は方法を用いた生産方式やノウハウなども含まれることとされ、また、これらを含む工業所有権等の使用料とは、その工業所有権等の実施、使用、採用、提供若しくは伝授又はそれら権利等に係る実施権若しくは使用権の設定、許諾につき支払を受ける対価の一切をいうこととされています（所基通161-34、161-35）。

3 さらに、これら工業所有権等の使用料には、それら権利等の対価として支払われるものばかりでなく、それら対価に代わる性質を有する損害賠償金その他これに類する和解金なども含まれることとされています（所基通161-46）。

4 本事例では、甲社は技術援助契約を締結したもののA社が保有する加

工技術等の提供や伝授あるいは開示を一切受けておらず、また、その契約解除による賠償金の額が当該契約発効前の準備に要する実費程度の額であることを併せ考慮すると、本件の賠償金は、工業所有権等の使用料に代わる性質を有する損害賠償金には該当せず、当該使用料には該当しないと認められますので、源泉徴収の必要はないと考えられます。

関係法令通達

所得税法161条1項11号イ、212条1項
所得税基本通達161-34、161-35、161-46

Question.47
特許権のクロスライセンス契約を締結した場合の源泉徴収

内国法人甲社は、米国で特許権を取得した医療用撮影機器を製造し米国で販売しています。また、カナダ法人A社も米国において類似の特許権を有し、米国内で同様の医療用撮影機器の製造販売を行っています。

甲社の米国内における当該機器の販売はA社の特許権を侵害しているとして、同社から特許権侵害訴訟を提起されましたが、その訴訟の過程で「甲社はA社との間で相互に保有する特許権に関しクロスライセンス契約を締結し、同社に対し1億円のライセンス料を支払う」旨の和解が成立しました。

上記和解によるクロスライセンス契約に基づく特許権の使用料に係る源泉徴収の範囲はどのようになりますか。

Answer. 甲社がA社に支払う使用料については、国内法による所得源泉地の置換規定により国内源泉所得に該当するものと認められますので、限度税率10%により源泉徴収をする必要があります。

源泉徴収の対象となる国内源泉所得の範囲は、甲社とA社との

クロスライセンス契約に基づき支払うことになる1億円のライセンス料と考えられます。

なお、限度税率の適用を受けるためには租税条約に関する届出書の提出が必要です。

▍解 説
1 国内法による取扱い

(1) 非居住者又は外国法人が国内において業務を行う者から受ける特許権の使用料又はその譲渡による対価で当該業務に係るものは所得税法161条1項11号に定める国内源泉所得に該当し、源泉徴収の対象とされています（所法212①）。

また、わが国が締結した租税条約において国内源泉所得につき同条の規定と異なる定めがある場合には、同条の規定にかかわらず、国内源泉所得はその条約の定めるところによることとされています（所法162①前段）。

(2) 上記(1)で源泉徴収の対象となる国内源泉所得は特許権の使用料又はその譲渡による対価とされていますから、特許権が無償で使用され又は無償で譲渡される場合には使用料又は譲渡による対価は生じないので、これら無償使用や無償譲渡による所得は所得税法161条1項11号に定める国内源泉所得には該当しないものと考えられます。

同様に、国内にある土地等の譲渡がされた場合、源泉徴収の対象となる同項5号で定める国内源泉所得は、土地等の譲渡による対価とされていますので、その譲渡が無償で行われた場合にはこれに該当せず、同項3号の資産の譲渡により生ずる所得あるいは贈与に該当するものと考えられます。

なお、外国法人の土地等の無償譲渡による所得は、法人税法上もその譲渡者の収益の額に算入され、国内源泉所得に含まれています（法法22②、138①三、141）。

(3) ところで、クロスライセンス契約とは特許権等の相互実施許諾契約をいい、無償契約と有償契約とがあります。

　「無償契約」とは、契約当事者が保有する特許権等の資産価値が等価の場合に、双方が保有する特許権等を相互に実施許諾し、かつ、相互に実施料の支払を行わないことを約する契約で、その許諾した特許権等に係る使用料の支払債務は、相互に最初から発生せず、また、現実の支払行為も生じないものとされています。

　「有償契約」とは、契約当事者が保有する特許権等の資産価値に差額がある場合に、双方が保有する特許権等を相互に実施許諾し、その差額を実施料又はバランス調整金等として支払うことを約する契約で、その許諾した特許権等に係る使用料の支払債務はその差額についてのみ生ずるものとされています。

(4) 上記の無償又は有償のクロスライセンス契約が締結され使用料が支払われない場合や差額のみが支払われる場合に、相互に無償として支払われないこととした特許権等の資産価値に相当する部分について、その資産価値に相当する使用料の支払が相互にあったものとみなして源泉徴収義務を課すことができるか否か問題があります。

　これは、無償又は有償によるクロスライセンス契約を税務的に考察し、相互に有する特許権等がそれぞれ有償で実施許諾され、その有償の使用料のうち資産価値が等価となる部分を相殺しているとの事実認定を行い、その相殺をもって使用料の支払があったものと認定して源泉徴収義務を課すことができるか否かの問題です。

(5) 一般に、源泉所得税の徴収義務ないし課税要件は、私法上の支払債務の存在を前提とし、その支払債務の現実の支払（債務の消滅）を要件としているものと認められますので、特許権等の使用料や譲渡対価についても、有償による使用料又は譲渡の対価が該当し、使用料や譲渡対価が支払われない場合には源泉徴収義務は生じないものと認めるのが相当であり、少なくとも所得税法上の源泉徴収義務に関しては、無償によるク

ロスライセンス契約等を税務的に考察し源泉徴収義務を課すことは消極に解すべきではないかと考えられます。

なお、実務上も、無償によるクロスライセンス契約については、使用料の時価が算定できないこと等もあり源泉徴収義務を課していないのが実情ではないかと考えられます。

(6) そうすると、本事例で源泉徴収の対象となる使用料の範囲は、甲社とA社とのクロスライセンス契約に基づき差額として支払われる1億円のライセンス料とするのが相当と考えられます。

2 租税条約による取扱い

日本カナダ租税条約12条では、特許権等の使用料については当該料金が生じた源泉地国においても10％の限度税率により課税できる旨定め（同条②）、また、当該使用料については、原則として支払者の居住地国に所得源泉があるものとする債務者主義を定めています（同条⑤）。

したがって、甲社がA社に支払う使用料については、国内法による所得源泉地の置換規定により国内源泉所得に該当することになりますので、限度税率10％により源泉徴収をする必要があります。

なお、限度税率の適用を受けるためには租税条約に関する届出書の提出が必要です。

関係法令通達

所得税法161条1項3号・5号・11号、162条1項、212条1項
法人税法22条2項、138条1項3号、141条
日本カナダ租税条約12条

Question.48 海外出向社員に対し出国後に支払う給与等の源泉徴収

内国法人甲社の使用人に対する給与等については、前月21日から当月20日までを計算期間として毎月25日に給与が支給され、また、次の支給対象期間に係る賞与がそれぞれ6月5日と12月10日に支給されることとされています。

① 毎年6月5日支給の賞与　　　前年10月1日～当年3月31日
② 毎年12月10日支給の賞与　　当年4月1日～当年9月30日

使用人Aは、平成29年9月に米国支店へ3年間の出向を命ぜられ同年9月15日に米国に向け出国しました。

Aの出向期間中の給与等はAの国内銀行口座に振り込むこととされていますが、この場合、出国後の平成29年9月25日に支給される9月分の給与及び同年12月10日に支給される上記②の支給対象期間に係る賞与の源泉徴収はどのようになりますか。

Answer. 平成29年9月25日に支給される9月分の給与は、その総額が国内源泉所得には該当しないものとして取り扱われますので課税されませんが、同年12月10日に支給される賞与うち国内勤務期間に対応する部分の金額は、国内源泉所得として20%（復興特別所得税と併せて20.42%）の税率により課税されることになります。

（注）平成25年1月1日から平成49年12月31日までの間に生ずる給与等について、所得税法等で定める税率により所得税が徴収される場合には、復興特別所得税が併せて徴収されることになります。詳細については、⑥復興特別所得税の **Q60** を参照してください。

▍解 説

1 　国外で継続して1年以上勤務する目的で出国する者は、出国の日までが居住者、出国の日の翌日から非居住者に該当することになりますので、Aは平成29年9月15日までが居住者、同年9月16日からは非居住者に該当することになります（所令15、所基通3-3）。

2 　国内法上、居住者期間中に収入すべき時期が到来する給与等は、その勤務場所にかかわらず居住者に対する給与所得として課税されます（所法28、所基通36-9）。

　これに対し、非居住者期間中に収入すべき時期が到来する給与等については、国内において行う勤務に基因するものが国内源泉所得とされていますので、その勤務が国内及び国外の双方にわたって行われたときは、その給与等の総額のうち国内勤務に係る部分の金額が国内源泉所得として課税されます。また、この場合の国内源泉所得は、原則として次の算式により計算されることとされています（所法161①十二イ、所基通161-41）。

$$国内源泉所得 = 給与等の総額 \times \frac{国内において行った勤務の期間}{給与等の総額の計算の基礎となった期間}$$

3 　給与等の計算期間の中途で非居住者となった者の給与等については、上記2により実際の勤務日数等により按分して国内源泉所得を計算するのが原則ですが、当該給与等の計算期間が1か月以下であるものについては、事務の簡素化の観点などから、その全額が国内勤務に対応するものである場合を除き、その総額を国内源泉所得に該当しないものとして取り扱って差し支えないこととしています（所基通212-5）。

4 　本事例についてみると、平成29年9月25日に支払われる9月分の給与の計算期間は1か月以下であり、かつ、その計算期間に含まれる国内勤務の期間は出国の日までであり、その全額が国内勤務に対応するものではないと認められますので、その総額が国内源泉所得には該当しない

ものとして課税されないことになります。

　これに対し、同年12月10日に支給される賞与の支給対象期間は6か月であり、また、その期間にはAの出国までの国内勤務期間が含まれていますので、その賞与のうち国内勤務期間に対応する部分の金額は国内源泉所得として20％（復興特別所得税と併せて20.42％）の税率により課税されることになります。

　なお、上記の概要を時系列でまとめると、以下のとおりとなります。

【概　要】

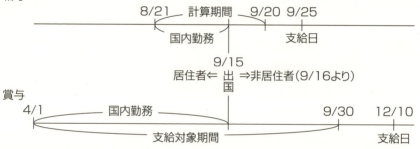

```
┌─関係法令通達─────────────────────┐
│　所得税法28条、161条1項12号イ                    │
│　所得税法施行令15条                              │
│　所得税基本通達3-3、36-9、161-41、212-5          │
└─────────────────────────────┘
```

Question.49
賞与の支給対象期間中に海外勤務の期間がある者に対し、同人が海外出向により出国し非居住者となった後に支給する当該支給対象期間に係る賞与の源泉徴収

　内国法人甲社の使用人に対する賞与の支給対象期間は次のとおりとなっています。

① 毎年6月25日支給の賞与　　前年10月1日～当年3月31日
② 毎年12月25日支給の賞与　　当年4月1日～当年9月30日

使用人乙は、上記②の賞与の支給対象期間中の当年6月1日から7月25日までの間、中国にある当社の関連会社A社に出張していましたが、その後、乙は3年間の予定でA社に出向することになり、当年10月5日に出国しました。

甲社は、12月25日に上記②の支給対象期間に係る乙の賞与200万円を同人の国内銀行口座に振り込みますが、この賞与に対する源泉徴収はどのようになりますか。

Answer.　乙に支給する賞与うち、同人がA社に出張していた期間に対応する部分の金額（支給対象期間のうち国外出張期間に対応する部分の金額）を控除した金額は国内源泉所得に該当しますので、20％（復興特別所得税と併せて20.42％）の税率により源泉徴収をする必要があると考えられます。

乙がA社に出張していた期間に対応する部分の金額は、国内源泉所得には該当しないと認められますので、課税の対象とはならないものと考えられます。

(注)　平成25年1月1日から平成49年12月31日までの間に生ずる給与等について、所得税法等で定める税率により所得税が徴収される場合には、復興特別所得税が併せて徴収されることになります。詳細については、⑥復興特別所得税の **Q60** を参照してください。

■解 説

1　国外で継続して1年以上勤務する目的で出国する者は出国の日の翌日から非居住者に該当することになりますので、乙は、10月6日以後は非居住者に該当することになります（所令15、所基通3-3）。

2 　非居住者に対する給与等（非居住者期間中に収入すべき時期が到来する給与等）で、その者の国内において行う勤務に基因するものは国内源泉所得に該当し、また、その勤務が国内及び国外の双方にわたって行われたときは、その給与等の総額のうち国内勤務に係る部分の金額が国内源泉所得に該当し課税されることになりますが、その場合の国内源泉所得は、原則として次の算式により計算されることとされています（所法161①十二イ、所基通161-41）。

$$国内源泉所得 = 給与等の総額 \times \frac{国内において行った勤務の期間}{給与等の総額の計算の基礎となった期間}$$

3 　上記2の算式中「国内において行った勤務の期間」については、実際に国内で行った勤務をいうものと認められますので、給与等の支給対象期間中に居住者としての出張等で国外勤務の期間がある場合には、その期間は上記の期間には含まれず、その国外勤務の期間に対応する部分の金額は国内源泉所得には該当せず、わが国では課税されないことになるものと考えられます。

4 　本事例についてみると、12月25日に乙に支給される賞与の支給対象期間はすべて乙が居住者であった期間に含まれていますが、その期間中にA社に出張していた期間は「国内において行った勤務の期間」には含まれないことになりますので、その賞与のうちA社に出張していた期間に対応する部分の金額は、国内源泉所得には該当せず課税対象とはならないと考えられます。

関係法令通達
所得税法161条1項12号イ
所得税法施行令15条
所得税基本通達3-3、161-41

Question.50
海外出向社員に対し帰国後に支払う給与等の源泉徴収

内国法人甲社の使用人でタイの子会社に出向していた従業員Aは、このたび5年間の出向期間が満了し本社勤務となり、本年6月1日に帰国しました。

同人に対しては、その帰国後の6月5日に前年10月1日から本年3月31日までの支給対象期間に係る賞与が、また、6月25日に前月21日から当月20日までの計算期間に係る給与がそれぞれの支給日に支払われますが、これら給与等に係る源泉徴収はどのようになりますか。

Answer. Aに対し支給される給与等については、その計算期間に国外勤務の期間が含まれていたとしても、その全額が居住者に対する給与等としてわが国で課税されることになります。

▌解 説

1 海外出向社員が国外勤務を終え帰国する場合には、その帰国の日からわが国の居住者に該当するものと考えられますので、Aは5月31日までがタイの居住者、6月1日からはわが国の居住者に該当することになります（所令14、所基通3-3）。

2 国内法上、居住者期間中に収入すべき時期が到来する給与等は、その勤務場所にかかわらず居住者に対す給与所得として課税されます（所法28、所基通36-9、212-5）。

Aに対し支給される賞与及び給与は、いずれも同人が帰国後居住者となった後に収入すべき時期（支給日）が到来しますので、仮にその給与等の計算期間に国外勤務期間が含まれていたとしても、その全額が居住者に対する給与等として、わが国で課税されることになります。

なお、仮にAに支給される給与等について、タイ国内で勤務した期間に対応する部分の金額が、タイの国内法によりわが国と同様に課税され

る場合には、その課税された税額は、わが国で課税されるAの所得税の額から控除されるものと考えられます（所法95）。

関係法令通達

所得税法 28 条、95 条
所得税法施行令 14 条
所得税基本通達 3-3、36-9、212-5

Question.51
海外出向社員が一時帰国した場合に支払う給与等の源泉徴収

内国法人甲社は、中国の関連子会社乙社に従業員Aを5年間の予定で出向させています。

Aに対する給与等については、従来Aに対し支給していた給与額を乙社で支給すると中国人従業員との間に給与格差が生ずることになりますので、中国人従業員と同程度の金額については乙社が現地通貨で支払い、残りの給与及び賞与については従来と同様、甲社がAの国内銀行口座へ振り込む方法により支払っています。

このたび、Aは仕事の都合により2か月ほど国内で勤務することとなり帰国しましたが、この帰国期間中の勤務に対応する給与等についての源泉徴収はどのようになりますか。

なお、Aは、国内勤務終了後、引き続き乙社で勤務するため再度中国へ出国することになっています。

Answer. 甲社が国内でAに支払う同人の国内勤務に基因する部分の給与等については、その給与等が甲社の支払うべき給与等に該当し同社の損金として計上されるものであれば、国内法により課税され20％（復興特別所得税と併せて20.42％）の税率により源泉徴収

されることになるものと考えられます。

その給与等が、乙社の支払うべき給与等に該当し同社の損金に計上されるものであれば、租税条約による短期滞在者免税条項が適用され、免税になるものと考えられます。

乙社が中国でＡに支払う現地通貨の給与等は、乙社の支払うべき給与等に該当し、同社の損金に計上されるものと認められますので、上記同様に免税になるものと考えられます。

なお、免税となる場合には、いずれも租税条約に関する届出書の提出が必要となります。

（注） 平成25年1月1日から平成49年12月31日までの間に生ずる給与等について、所得税法等で定める税率により所得税が徴収される場合には、復興特別所得税が併せて徴収されることになります。詳細については、⑥復興特別所得税の **Q60** を参照してください。

▍解 説

1 国内法上の取扱い

(1) 国外で継続して1年以上勤務する目的で出国する者は、国内に住所又は居所を有しない者と推定され出国の日の翌日から非居住者に該当します。また、その非居住者が国外に居所を有したまま一時的に帰国する場合でも、その者は引き続き国内に住所又は居所を有しない者として、その帰国期間中も非居住者に該当するものと考えられます（所法2①三・五、所令15、所基通2-2、3-3）。

(2) 非居住者に対する給与等で、その者の国内において行う勤務に基因するものは国内源泉所得に該当し、それが国内で支払われる場合にはその支払う金額は源泉徴収の方法により、国外で支払われる場合で源泉徴収によらない金額は申告納税の方法により、それぞれ課税されることになります（所法161①十二イ、164②、169、170、172、212①②）。

したがって、Aに支給される同人の国内勤務（帰国期間中の勤務）に基因する給与等については、甲社が国内で支払う部分は源泉徴収の方法により、乙社が中国で支払う部分は申告納税の方法によりそれぞれ20％（復興特別所得税と併せて20.42％）の税率により課税されることになります。

(3)　ところで、居住者が給与等の計算期間の中途で非居住者となった場合、その非居住者となった日後に支払われる当該計算期間の給与等については、当該計算期間が1か月以下であり、かつ、その給与等の全額が国内において行う勤務に対応するものでない場合には、その総額を国内源泉所得には該当しないものとして取り扱っています（所基通212-5）。

　　この取扱いが本事例のような場合に準用されるか否かについては、①Aは国内勤務期間中も引き続き非居住者に該当する者であり、居住者から非居住者になった者ではないこと及び②実務上、外国籍の非居住者が国内勤務等により取得する給与や報酬等については、その国内勤務期間の長短によって課否の判定は行っていないこと等から判断し、その準用は消極に解すべきではないかと考えられます。

2　租税条約による取扱い

(1)　日中租税条約では、中国の居住者である個人が日本国内で行う勤務について取得する給与等については、わが国でも課税できることとされていますが、次の各要件を満たす場合には課税が免除されることとされています（同条約15①②）。

　①　給与等の受領者が当該年を通じ合計183日を超えない期間日本国内に滞在すること

　②　給与等が中国の雇用者又はこれに代わる者から支払われるものであること

　③　給与等が雇用者の日本国内に有する恒久的施設によって負担されないこと

(2) 海外子会社への出向者が一時的に国内で勤務したことに基因して受領する給与等については、上記(1)の①の要件は満たすことになり、また、海外子会社が国内に事務所等の恒久的施設を有しない場合には上記(1)の③の要件も満たすことになると認められますので、本事例の場合に、租税条約上免税となるか否かは、当該出向社員に支払われる給与等が上記(1)の②の「中国の雇用者又はこれに代わる者から支払われるものであるか」否かにより判断されることになります。

(3) ところで、一般に出向とは、自社の使用人をその雇用関係を継続したまま、相当の期間にわたって他の企業（主に子会社や関連会社等）に派遣し、その派遣先の指揮命令の下で業務に従事させることをいいますから、出向社員は、その出向元との雇用関係が維持されると同時に、出向先との雇用関係も成立するという関係にあります。

したがって、出向元が出向者に支給する給与等が、出向元と出向者との間の雇用契約に基づき出向元が支払うべき給与等（出向元の債務に帰属する給与等）であると認められる場合には、上記(1)の②の要件は満たさず国内法により課税されることになるものと考えられます。

これに対し、当該給与等が、出向先と出向者との間の雇用契約に基づき出向先が支払うべき給与等（出向先の債務に帰属する給与等）であり、出向元が代わって支払っていると認められる場合には、当該給与等は上記(1)の②の要件を満たすことになり免税になるものと考えられます。

(4) 本事例で甲社が国内でAに支払う給与等のうち、同人の国内勤務に基因する部分の金額については、その給与等が甲社の支払うべき給与等に該当し同社の損金として計上されるものであれば、上記(1)の②の要件は満たさず国内法により課税され、20％（復興特別所得税と併せて20.42％）の税率により源泉徴収されることになるものと考えられます。

その給与等が、乙社の支払うべき給与等に該当し同社の損金に計上されるものであれば（乙社の支払うべき給与等の立替払であれば）、上記(1)の②の要件を満たすことになり免税になるものと考えられます。

なお、乙社が中国でAに支払う現地通貨の給与等は、乙社の支払うべき給与等に該当し同社の損金に計上されるものと認められますので、同人の国内勤務に起因する部分の金額は、上記同様免税になるものと考えられます。

```
┌ 関係法令通達 ──────────────────────────
│  所得税法2条1項3号・5号、161条1項12号イ、164条2項、
│  169条、170条、172条、212条1項・2項
│  所得税法施行令15条
│  所得税基本通達2-2、3-3、212-5
│  日中租税条約15条1項・2項
```

Question.52
海外で工場長として勤務する常務取締役の報酬に係る源泉徴収

内国法人甲社は、今般タイに部品製造工場を新設することとなり、その工場の計画当初から現地当局者等との交渉責任者であった常務取締役Aを、工場長として3年間ほど現地で勤務させることとしました。

Aには、この工場での生産活動が軌道に乗るまでは工場長としての職務に専念させるため、国内での取締役会への出席など他の業務等は要しないこととしています。

Aに対する役員報酬や賞与は、従来と同様、同人の国内銀行口座へ振り込むこととしていますが、この報酬や賞与について源泉徴収は必要ですか。

Answer. Aは常務取締役ではありますが、タイの工場長としての職制上の地位を有し、かつ、当該工場長として常時勤務しているものと認められますので、同人に支給する役員報酬や賞与は国内源泉所

得には該当せず、わが国では課税されないものと考えられます。

▎解 説

1　国外で継続して１年以上勤務する目的で出国する者は出国の日の翌日から非居住者に該当することになりますので、Aは出国の日の翌日から非居住者に該当することになります（所令15、所基通3-3）。

2　非居住者の国外勤務に基づく給与等は国内源泉所得には該当せず、わが国では原則として課税されないこととなりますが、企業経営を行う役員については、使用者の指揮命令に従い一定の勤務場所で役務を提供するという概念がなく、国外で行う勤務が国内勤務の一環として行われているかどうかの判定もできないこと等から、内国法人の役員である非居住者については、国外において行う勤務か否かにかかわらず、原則としてその報酬は国内源泉所得に該当することになります（所法161①十二イ）。

3　しかし、その役員としての勤務を行う者が、同時にその内国法人の使用人として常時勤務を行う場合のその役員としての勤務に対する報酬は、上記２の例外として国内源泉所得には該当しないものとされています（所令285①一カッコ書）。

　また、ここでいう「内国法人の使用人として常時勤務を行う役員」とは、国外において使用人としての職制上の地位を有し、かつ、現実に常時使用人としての職務を遂行している役員をいうものと解されています。

4　ところで、上記基準に該当する役員であっても常務取締役は、法人税法上のいわゆる「使用人兼務役員」には該当しないこととされていますので（法法34⑤、法令71①）、所得税法上でも上記３の「内国法人の使用人として常時勤務を行う役員」には該当しないのではないかという疑問が生じます。

　しかし、所得税法では法人税法上の「使用人兼務役員」の意義や範囲を準用あるいは引用しているわけではなく、独自に「役員としての勤務

を行う者が同時にその内国法人の使用人として常時勤務を行う場合の当該役員」と別途定義していますので、法人税法上の「使用人兼務役員」と同義に解する必要はないものと考えられます。

したがって、上記要件を満たす者は常務取締役であっても「内国法人の使用人として常時勤務を行う役員」に該当することになりますので、その役員に支給される報酬や賞与は国内源泉所得には該当しないことになります。

なお付言すれば、所得税法では法人の「役員」の意義については定義していませんので、その意義や範囲は法人税法上の「役員」と同一と解するのが相当と認められますので、法人税法上のいわゆるみなし役員も所得税法上の「役員」に含まれることになります（法法２十五、法令７）。

5　本件事例の場合、Ａは甲社の常務取締役ではありますが、タイ工場の工場長（使用人）としての職制上の地位を有し、かつ、国内での取締役会等への出席など取締役としての企業経営には参画せず、工場長としての職務に専念しているものと認められますので、Ａに対する役員報酬や賞与は国内源泉所得には該当せずわが国では課税されないものと考えられます。

なお、日タイ租税条約では、タイの居住者が内国法人の役員の資格で取得する役員報酬については、日本で課税することができる旨定めていますが（同条約15）、Ａに対する役員報酬や賞与は国内法上課税されないことになりますので、この国内法上の取扱いが適用されることになります。

関係法令通達

所得税法161条1項12号イ
所得税法施行令15条、285条1項1号
所得税基本通達3-3
法人税法2条15号、34条5項
法人税法施行令7条、71条1項
日タイ租税条約15条

Question.53
香港支店で勤務する代表取締役の報酬に係る源泉徴収

　内国法人甲社は、電子部品の輸出販売を業としています。このたび、東南アジア方面への販売を強化することとなり、その活動拠点として香港支店を設置し、代表取締役Aが直接、その支店の営業活動等を指揮することとなり3年間の予定で出国しました。

　Aが香港支店で業務に従事する間、国内での甲社の業務運営は専務取締役が行い、重要な事項は電話やメールでAの指示を仰ぐこととしています。

　Aに対する報酬については、香港での生活費を賄う部分の金額は香港支店で支払い、残りの報酬は従来と同様、Aの国内銀行口座へ振り込む方法により支払うこととしています。

　甲社がAに支給するこれら報酬についての源泉徴収はどのようになりますか。

Answer.　Aに支給される報酬については、香港支店で支払う部分を含めその全額が国内源泉所得に該当すると認められますので、20%（復興特別所得税と併せて20.42%）の税率により源泉徴収をする必要があります。

なお、香港支店で支払われる報酬に係る源泉所得税の納付期限は、徴収の日の翌月末日となります。

（注）　平成25年1月1日から平成49年12月31日までの間に生ずる報酬について、所得税法等で定める税率により所得税が徴収される場合には、復興特別所得税が併せて徴収されることになります。詳細については、⑥復興特別所得税の **Q60** を参照してください。

▍解 説
1　国内法による取扱い
⑴　国外で継続して1年以上勤務する目的で出国する者は、出国の日の翌日から非居住者に該当することになります（所令15、所基通3-3）。

　Aの香港支店での勤務が、日本本社と香港支店との間を常に往復しているような状況になく常時香港に居住してその業務を行っている状況であれば、Aは出国の日の翌日から非居住者に該当することになります。

⑵　非居住者の国外勤務に基づく給与等は、国内源泉所得には該当せず原則として課税されませんが、企業経営を行う内国法人の役員である非居住者の報酬等については、国外において行う勤務か否かにかかわらず、国内源泉所得に該当し課税されることとされています（所法161①十二イ）。

⑶　しかし、その役員としての勤務を行う者が、同時にその内国法人の使用人として常時勤務を行う場合のその役員としての勤務に対する報酬は、上記⑵の例外として、国内源泉所得には該当しないものとされています（所令285①一カッコ書）。

　また、ここでいう「内国法人の使用人として常時勤務を行う役員」とは、使用人としての職制上の地位を有し、かつ、現実に常時使用人としての職務を遂行している役員をいうものと解されています。

⑷　ところで、企業経営の意思決定を行う代表取締役が使用人としての職

制上の地位を有し、かつ、常時その使用人としての業務を行うことは通常あり得ず、上記(3)の「内国法人の使用人として常時勤務を行う役員」には該当しないと認められますので、当該代表取締役に支払われる報酬は、その勤務場所にかかわらず全額が国内源泉所得に該当することになります。

(5) 本事例の場合、Aは、香港支店で業務に従事する傍ら甲社の重要事項に係る意思決定を行っていることからも「内国法人の使用人として常時勤務を行う役員」には該当しないと認められますので、同人に対する報酬については、香港支店で支払う部分を含めその全額が国内源泉所得に該当することになり、20％（復興特別所得税と併せて20.42％）の税率により源泉徴収をする必要があります。

なお、香港支店で支払われる報酬は国外払ですが、甲社の本店が国内にありますので国内払とみなされ源泉徴収の対象となります。また、その納付期限は徴収の日の翌月末日となります（所法212②）。

2 租税条約による取扱い

日本と香港特別行政区との間の租税協定では、香港の居住者が内国法人の役員の資格で取得する役員報酬に対しては、日本で課税することができる旨定めていますので（同協定15）、Aに支給される役員報酬については国内法により課税されることになります。

関係法令通達

所得税法161条1項12号イ、212条2項
所得税法施行令15条、285条1項1号
所得税基本通達3-3
日本香港特別行政区租税協定15条

Question.54
韓国に派遣した役員に支給する報酬に係る源泉徴収

内国法人甲社は、取締役乙を３年間の予定で韓国の子会社Ａ社へ派遣しています。

Ａ社は、韓国に新たに支店等を設置して営業活動を行う代わりに、甲社と同業種である韓国の既存会社を買収したもので、その実態は内国法人の支店等と何ら異なるものではなく、かつ、乙のＡ社における勤務は甲社の命令に基づくものであり、Ａ社の人事権や経営権は一切甲社が掌握しており、その役員の任免や営業方針などの重要事項は、その都度甲社の決定に基づいて行われています。

甲社が乙に対し国内で支給する役員報酬について、源泉徴収は必要ですか。

Answer. 乙に対し支給される役員報酬は、内国法人である甲社の役員としての勤務に対する報酬に該当するものと認められますので、国内源泉所得に該当し、20％（復興特別所得税と併せて20.42％）の税率により源泉徴収をする必要があります。

(注) 平成25年1月1日から平成49年12月31日までの間に生ずる報酬について、所得税法等で定める税率により所得税が徴収される場合には、復興特別所得税が併せて徴収されることになります。詳細については、⑥復興特別所得税の **Q60** を参照してください。

■解説
1　国内法による取扱い

(1) 非居住者が内国法人の役員として国外において行う勤務に対する報酬を受ける場合には、その報酬は、原則として源泉徴収の対象となる国内源泉所得に該当し所得税が課税されますが（所法161①十二イ）、その役

員としての勤務を行う者が、同時にその内国法人の使用人として常時勤務を行う場合のその役員としての勤務に対する報酬は、国内源泉所得には該当しないものとされています（所令285①一カッコ書）。

(2) 上記カッコ書の定めは、例えば、その役員が内国法人の海外支店長として常時その支店に勤務するような場合のその勤務に対する報酬については、国内源泉所得には該当しないとしたものであって、非居住者である内国法人の役員が、その内国法人の非常勤取締役として海外で情報の収集等を行っているにすぎない場合あるいは海外の子会社等別法人に常時勤務する場合に、その内国法人から受ける報酬についてまで国内源泉所得に該当しないとしたものではないとされています（所基通161-42）。

(3) ただし、外国の子会社等に常時勤務する場合であっても、その外国に支店を設置することが、その外国の法令上又は政策上の理由に基づく種々の制約があって、その設置が認められないような場合においてやむなく子会社等を設立したようなときに、その子会社等の実態が内国法人の支店や出張所と異ならないものであり、かつ、その役員の子会社等における勤務が内国法人の命令に基づくものであって、その内国法人の使用人としての勤務であると認められる場合には、その役員の勤務は、上記(2)の海外支店の長としての勤務と同様に取り扱うこととされています（所基通161-43）。

(4) 本事例の場合には、韓国に子会社を設立した事情が、上記(3)の外国の法令上又は政策上の特殊事情に基づくものとは認められませんので、乙の勤務が甲社の命令に基づくものであり、また、A社の営業方針などの重要事項の決定が甲社により行われているとしても、乙の勤務は、あくまで別法人であるA社に対し行われるものであり、甲社の使用人として常時勤務を行う場合には該当しないと認められますので、その報酬は、甲社の役員としての勤務に対するものとして国内源泉所得に該当し20％（復興特別所得税と併せて20.42％）の税率により源泉徴収をする必要があります。

2 租税条約による取扱い

日韓租税条約では、韓国の居住者が内国法人の役員の資格で取得する役員報酬については、日本で課税することができることとされていますので（同条約16）、乙に支給される役員報酬については国内法により課税されることになります。

関係法令通達

所得税法161条1項12号イ
所得税法施行令285条1項
所得税基本通達161-42、161-43
日韓租税条約16条

Question.55
ワンマンカンパニーが支払う使用人給与に係る短期滞在者免税と所得税控除

内国法人甲社は、わが国に恒久的施設を有しないイタリア法人A社（イタリアの居住者である芸能人Bが100％出資する法人）との契約により、わが国でBのコンサートを開催しその公演代金をA社に支払いました。

A社は、甲社から支払を受けた上記コンサートの公演代金の中から、当該公演のために来日したスタッフ（A社の使用人で非居住者に該当します）の給与を国外で支払い、わが国の法人税申告に当たり、当該スタッフ給与を損金の額に算入していますが、このスタッフ給与について短期滞在者免税の規定は適用されますか。また、A社の法人税申告に係る所得税控除の対象はどのようになりますか。

Answer. 1 A社が支払うスタッフ給与については、同社の法人税に係る

所得金額の計算上損金の額に算入しても短期滞在者免税が適用されると考えられます。
　なお、当該スタッフ給与について、A社が公演代金を受領する日の前日までに「租税条約に関する届出書」の提出手続を行えば、甲社が支払う公演代金のうち、当該給与に相当する部分の金額については源泉徴収を要しないこととされます。
2　A社の法人税申告に係る所得税控除の対象は、スタッフ給与につき短期滞在者免税の手続をしている場合には、公演代金につき源泉徴収された金額（スタッフ給与に対応する税額を控除した金額）となり、その手続をしていない場合には、公演代金につき源泉徴収された金額から、スタッフ給与につき源泉徴収されたものとみなされる税額を控除した金額と認められますので、いずれの場合も同額になるものと考えられます。

▍解 説
1　国内法による取扱い
(1) 芸能人の人的役務の提供事業の対価
　イ　国内において、芸能人の人的役務の提供を主たる内容とする事業（以下「人的役務の提供事業」といいます）を行う外国法人が支払を受ける当該事業の対価は、国内源泉所得に該当し、これを支払う者は源泉徴収を要することとされています（所法161①六、212①、所令282一）。
　ロ　甲社がA社に支払う公演代金は、上記の人的役務の提供事業の対価に該当しますので、甲社はその支払の際20%（復興特別所得税と併せて20.42%）の税率により源泉徴収をする必要があります。
(2) 人的役務の提供の対価
　イ　非居住者が国内において行う勤務その他人的役務の提供に基因して支払を受ける給与や賃金並びに報酬等（芸能人などの自由職業者の報酬も含まれます）は国内源泉所得に該当し、それが国内で支払われる場

合及び国外で支払われる場合でその支払者が国内に事務所等を有する場合には当該支払部分の金額は源泉徴収の方法により、国外で支払われる場合で源泉徴収によらない部分の金額は申告納税の方法により、それぞれ課税されることになります（所法161①十二、169、170、172、212①②）。

　ロ　A社が国外で支払うスタッフ給与は国内源泉所得に該当しますが、その支払は国外で行われていますので、申告納税により課税されることになります。

(3) 人的役務の提供による給与等に係る源泉徴収の特例

　国内において上記(1)の人的役務の提供事業を行う非居住者又は外国法人が、その事業の対価につき所得税を徴収された場合には、当該所得税を徴収された対価のうちから当該事業のために人的役務を提供する非居住者に対してその人的役務の提供につき支払う給与又は報酬等について、その支払の際、所得税法212条1項の規定による所得税の徴収が行われたものとみなされます（所法215）。

　また、この規定により所得税の徴収が行われたものとみなされる場合には、当該所得税の額につき併せて徴収すべき復興特別所得税の徴収も行われたものとみなされます（復興財源確保法28④）。

　したがって、甲社がA社に支払う公演代金につき源泉徴収をした場合には、その対価のうちから支払われるスタッフ給与については、その支払の際、所得税及び復興特別所得税の徴収が行われたものとみなされ、当該スタッフは申告納税をする必要はないものと考えられます。

(4) 外国法人に対する法人税の課税と所得税額の控除

　イ　外国法人は、国内において行う人的役務の提供事業の対価を取得する場合には、国内に恒久的施設があるか否かにかかわらず当該対価について法人税を納める義務があり（法法4③、9①、138①四、141）、また、この法人税の計算上、課税対象とされる国内源泉所得につき所得税法の規定により所得税が課される場合には、その所得税の額は法

人税の額から控除されることとされています（法法68、144）。

(注) 平成26年度の税制改正により外国法人等に対する課税原則が総合主義から帰属主義に見直されたことに伴い、国内源泉所得の範囲等が改正され外国法人の平成28年4月1日以後に開始する事業年度の法人税について適用されています（法法138①、141、改正法附則25）。

　この改正では、外国法人の恒久的施設帰属所得の計算上、その本店等との間の内部取引（内部利子や内部使用料など）による費用計上が認められることとされましたが、この内部取引による費用計上については『内部取引から所得が生ずる旨を定める租税条約以外の租税条約（2010年改訂前のOECDモデル条約第7条の事業所得条項を定める条約（「旧7条型条約」）をいいます。）』の適用があるときには、本店等との間の利子や工業所有権等の使用料、無形固定資産の使用料などの内部取引の費用計上は認められないこととされています（法法139②、同令183・184）。

　平成30年1月1日現在発効している「旧7条型条約」以外の条約には、日英条約、日独条約及びスロベニア条約があり、同日以後に効力が生ずる予定の条約としてベルギー条約やエストニア条約などがあります。

　なお、国内に恒久的施設を有しない外国法人の人的役務の提供事業の対価に係る国内源泉所得の範囲や課税方法等は従前どおりであり（法法138①、142の10、同令190）、また、内部取引による内部利子や内部使用料などが費用計上されても、その利子や使用料について源泉徴収義務は生じないこととされています。

ロ　上記イの法人税の額から控除される所得税の額のうちに、所得税法で定める人的役務の提供事業の対価につき源泉徴収された所得税がある場合には、その額のうち、同法215条の規定により源泉徴収が行われたものとみなされる人的役務の提供による給与等に対応する部分の金額は除くこととされています（法法144）。

　したがって、甲社がＡ社に支払う公演代金につき源泉徴収がされる場合には、当該代金に係るＡ社の法人税申告に際し控除される所得税

額は、その公演代金につき源泉徴収された税額から、スタッフ給与につき源泉徴収が行われたものとみなされる税額を控除した金額とされることになります。

2 租税条約による取扱い

(1) 芸能人の人的役務の提供事業の対価

　日伊租税条約では、芸能人の人的役務の提供事業の対価は企業の利得に該当し、締約国内に恒久的施設を有しない場合には、当該締約国において原則として免税とされますが、その役務を提供する芸能人が直接又は間接に当該役務提供事業を行う企業を支配しているときは（この役務提供を行う芸能人により直接又は間接に支配されている企業を一般にワンマンカンパニーといいます）、その人的役務の提供事業の対価に対しては役務提供地国において課税できることとされています（同条約7、17(2)）。

　A社は芸能人Bが100％出資する法人で上記ワンマンカンパニーに該当すると認められますので、甲社がA社に支払う公演代金についてはわが国に課税権が生ずることになり、国内法の定めにより課税されることになります。

(2) 人的役務の提供の対価

　イ　日伊租税条約では、芸能人等の人的役務の提供事業のために人的役務を提供する者が取得する給与や報酬等は、自由職業者所得又は給与所得に区分され、このうち自由職業者所得については、固定的施設を有しない場合には源泉地国では免税とされ（同条約14）、給与所得については、給与所得条項や短期滞在者免税条項（同条約15）が適用されることになりますが、これら所得に該当するものであっても芸能人が受ける人的役務の対価については、上記各条項の適用はなく、その役務提供が行われる源泉地国で課税できることとされています（同条約17(1)）。

　ロ　人的役務の提供の対価が芸能人等以外の者に対する給与所得である

場合には、同条約の短期滞在者免税条項が適用されますが、同条項では、①給与等の受領者の国内滞在期間が課税年度を通じ合計183日以内であること、②給与等が国内の居住者でない雇用者又はこれに代わる者から支払われるものであること及び③給与等が国内にある恒久的施設によって負担されない（費用として計上されない）ことの各要件を満たす場合にのみ、わが国での課税が免除されることとされています。

ハ　上記ロの短期滞在者免税の適用に関し、わが国に恒久的施設を有しない外国法人が、人的役務の提供事業の対価に係る法人税の申告において、その対価のうちから支払う使用人の給与等を損金の額に算入した場合には、その給与等は上記ロの③の要件を満たさず、短期滞在者免税が適用されないのではないかという問題があります。

　これについては、租税条約の適用は文理解釈を基本とすべきであり、かつ、租税条約では恒久的施設（いわゆる「みなし恒久的施設」を含みます）の範囲を明記しているので、その外国法人が条約に定める恒久的施設を実際に有しない以上、恒久的施設が負担する給与もないと解するのが相当であり、したがって、わが国に恒久的施設を有しない外国法人が芸能人等の役務提供事業の対価に係る法人税の申告に際し、当該対価のうちから支払われる給与等を損金の額に算入しても、当該給与等については短期滞在者免税の適用があると解されています。

ニ　そうすると、A社が支払うスタッフ給与については、同社の法人税に係る所得金額の計算上損金の額に算入されても短期滞在者免税が適用されることになります。

　なお、このような短期滞在者免税の適用がある給与等については、外国法人が人的役務の提供事業の対価を受領する日の前日までに「租税条約に関する届出書」の提出手続を行うことにより、外国法人が支払を受ける当該対価のうち、当該給与等に相当する部分の金額については源泉徴収を要しないこととされています（実特法省令4④⑤）。

(3) 法人税の額から控除される所得税

上記１の(4)のとおり、法人税の額から控除される所得税のうちに、人的役務の提供事業の対価につき源泉徴収された所得税がある場合には、その所得税のうち、所得税法215条の規定により源泉徴収が行われたものとみなされる給与等に対応する部分の税額は控除額から除くこととされています。

　この場合、当該対価のうちから支払われる給与等に短期滞在者免税の適用がある場合には、「租税条約に関する届出書」の提出手続を行うことにより、人的役務の提供事業の対価につき源泉徴収される所得税は、その給与等に対応する税額を控除した金額とされていますので、法人税の額から控除される所得税はその控除後の税額ということになります。

　ところで、短期滞在者免税の適用要件を満たしている給与等について、上記手続をしない場合には免税の適用は受けられないことになりますが、当該給与等には、所得税法215条の適用があるものと認められますので、法人税の額から控除される所得税は、給与等に対応する部分の税額を控除した税額になるものと考えられます。

　なお、この場合に、法人税から控除されない給与等に対応する部分の税額は、別途「租税条約に関する届出書」を添付した還付請求書を提出して、直接本人が還付を受けることになるものと考えられます。

　そうすると、Ａ社の法人税申告に係る所得税控除の対象は、スタッフ給与につき短期滞在者免税の手続をしている場合には、公演代金につき源泉徴収された金額（スタッフ給与に対応する税額を控除した金額）となり、その手続をしていない場合には、公演代金につき源泉徴収された金額から、スタッフ給与につき源泉徴収されたものとみなされる税額を控除した金額となりますので、いずれの場合も同額になるものと考えられます。

　なお付言するならば、芸能人の人的役務の提供事業の対価のうちから支払われる芸能人の役務提供の対価があるときは、その役務提供の対価について課される所得税については源泉徴収がされたものとみなされますので、その所得税相当額は、スタッフ給与と同様、所得税額控除の対象には

ならないと考えられます。

関係法令通達

所得税法161条1項6号・12号、169条、170条、172条・212条1項・2項、215条
所得税法施行令282条1号
法人税法4条3項、9条1項、68条、138条1項、139条2項、141条、142条の10、144条
法人税法施行令183条、184条、190条
平成26年改正法附則25、復興財源確保法28条4項、実特法省令4条4項・5項
日伊租税条約7条、14条、15条、17条(1)(2)

Question.56
台湾の居住者に支払われる給与の課税と短期滞在者免税の適用

　台湾法人甲社の従業員Aは、平成29年4月1日から4か月間の予定で同社の日本支店での管理業務や技術指導等を命ぜられ、同日入国しました。

　Aに支払う給与は引き続き甲社が台湾にある同人の銀行口座に振り込み、また、国内での滞在に要する費用（出張旅費や居住費）も甲社が同人の銀行口座に直接振り込むこととしています。

　この場合、Aの国内滞在期間中の勤務に基因して支払われる給与の課税はどのようになりますか。

Answer.　Aの国内滞在期間中の勤務に基因する給与については、その支払時に所得税（税率は復興特別所得税と併せて20.42％）が源泉徴収されますが（納期限はその徴収の日の属する月の翌月末日まで

となります)、同人の判定期間における国内滞在期間が183日を超えないこと及びその給与が甲社の日本支店の費用として計上されないことなど、短期滞在者免税要件を満たすことが事後的に確定した場合には、その源泉徴収された所得税等の還付を請求することができると考えられます。

▍解 説
1 所得税法による取扱い
(1) 国内において4か月間勤務する予定で来日する外国の居住者は、わが国の非居住者に該当することになります(所法2①三・五、所令14)。

　非居住者が国内において行う勤務に基因して取得する給与等は国内源泉所得に該当し、その者の国内勤務の期間や日数にかかわらず課税されることになりますが、この場合、当該給与等が国内で支払われる場合及び国外で支払われる場合でその支払者が国内に支店等を有する場合には、その支払は国内で行われたものとみなされ(以下「みなし国内払」といいます)、いずれも源泉徴収の方法により、また、国外で支払われる場合で源泉徴収によらないときは申告納税の方法により、それぞれ課税されることとされています(所法161①十二、172、212①②)。

　なお、みなし国内払が適用される場合の源泉徴収された所得税の納期限は、その徴収の日の属する月の翌月末日までとされています。

(2) Aに対する給与は台湾で支払われていますが、甲社は国内に支店等を有していますので、Aに支払うべき給与等については、その支払時に税率20%(復興特別所得税と併せて20.42%)を適用して源泉徴収を行い、その徴収の日の属する月の翌月末日までに納付する必要があります(所法212①②)。

2 日台租税取決めによる取扱い
(1) 従来、日本と台湾との間には、所得に関する二重課税の回避や脱税の

防止などを目的とした租税協定はありませんでしたが、平成27年11月に、公益財団法人交流協会（日本側）と亜東関係協会（台湾側）との間で「所得に対する租税に関する二重課税の回避及び脱税の防止のための公益財団法人交流協会と亜東関係協会との間の取決め」（以下「日台租税取決め」といいます）が署名されました。

　この取決めは、わが国が各国との間で締結している多くの租税条約と同様、所得が生じる地域（源泉地）での課税の制限、課税上の問題の解決、税務上の協力関係などについて定める内容となっていますが、あくまで民間での取決めに過ぎず、法的効力を有するものではありません。

(2)　上記(1)の日台租税取決めでは、台湾の居住者が日本国内において行う勤務について取得する給与等に対しては、日本において租税を課することができる旨定めていますが、その例外として、次の(a)から(c)までの各要件を満たす場合には、台湾においてのみ租税を課することができる旨定めています（日台租税取決め15①②）。

(a)　当該暦年において開始し、又は終了するいずれの12か月の期間においても、報酬の受領者が当該他方の地域内に滞在する期間が合計183日を超えないこと。

(b)　報酬が当該他方の地域の居住者でない雇用者又はこれに代わる者から支払われるものであること。

(c)　報酬が当該他方の地域内に雇用者が有する恒久的施設又は固定的施設によって負担されるものでないこと。

3　所得相互免除法による取扱い

(1)　上記2のとおり、「日台租税取決め」は民間での取決めに過ぎず、法的効力を有するものではないことから、このような取決めの内容に法的効力を与えるため、平成28年3月に、従来の「外国人等の国際運輸業に係る所得に対する相互主義による所得税等の非課税に関する法律」を改正し、その題名を「外国居住者等の所得に対する相互主義による所得

税等の非課税等に関する法律（以下、「所得相互免除法」といいます）」と改名した上で、新たに「日台租税取決め」などの内容に沿った軽減・免除の規定等を追加して規定し、この「所得相互免除法」を通じ「日台租税取決め」の内容に国内法上の効力を生じさせることとされました。

　この「所得相互免除法」は、所得税法や法人税法などの特例法となりますので、それら税法に優先して適用されますが、この免除法に規定されていない事項については、所得税法や法人税法などの規定が適用されることになります。

　なお、平成29年1月1日現在、「所得相互免除法」が適用される対象地域としては台湾のみが指定され、源泉徴収に関しては同日以降に支払うべき対価等について適用されることとされています（所得相互免除法2三、同法令2、同附則1）。

(2)　所得相互免除法では、非居住者が支払を受ける所得税法161条1項12号イに該当する給与等については、当該給与等が源泉徴収の規定の適用を受けるか否かにより、それぞれ次のように取り扱うこととしています。

　イ　給与等について源泉徴収の規定の適用を受けない場合

　　　給与等が国外で支払われる場合（みなし国内払にも該当しない場合）で、源泉徴収の規定の適用を受けない場合には、その給与等の受給者は、その年中に支払を受けた当該給与等について翌年の3月15日（同日前に国内に居所を有しないこととなる場合には、その有しないこととなる日）までに準確定申告を行い、一旦、所得税及び復興特別所得税（税率は復興特別所得税と併せて20.42%）を納付しますが（所法172）、次に掲げる各要件（以下「短期滞在者免税要件」といいます）を満たすときは所得税を課さないこととされていますので、その受給者は、これら要件を満たすこととなった日から4か月以内に更正の請求を行い、納付税額の還付を求めることができることとされています（所得相互免除法21②、23①、24）。

① 判定期間（その年の1月1日から12月31日までのいずれかの日において開始し、又は終了する12月の期間をいいます）のすべてにおいて当該非居住者の国内における滞在期間が183日を超えないこと。
② 当該給与等が非居住者又は外国法人から支払われるものであること。
③ 当該給与等が非居住者又は外国法人の国内事業所等を通じて行う事業に係るものでないこと（国内事業所等が負担しないこと）。
　（注）　①の国内における滞在期間の計算は、国税通則法で定める計算（初日不算入の原則）によらず、物理的な滞在日数の合計によるべきものとされていますので、入国日や出国日を加えて計算することになります。

ロ　給与等について源泉徴収の規定の適用を受ける場合
　A　租税条約が締結されている相手国の居住者がわが国で稼得する給与等について、源泉徴収の規定の適用を受ける場合（給与等が国内で支払われる場合及び国外で支払われる場合でみなし国内払に該当する場合）に、その租税条約の給与所得条項で定める短期滞在者免税の適用を受けようとするときは、原則として、その入国の日以後最初にその支払を受ける日の前日までに、給与等の支払者（源泉徴収義務者）を経由して「租税条約に関する届出書」を提出することにより、その支払段階で源泉所得税の免除を受けることができることとされています（実特法省令4③）。
　　　なお、当該給与等について事後的に短期滞在者免税の適用要件を満たさないことが判明した場合には、遡って源泉徴収をすることとされています。
　B　上記Aに対し、所得相互免除法では、源泉徴収の規定の適用を受ける給与等について源泉所得税を軽減・免除する規定は見当たらないので、当該給与等については、利子や使用料などとは異なり「外

国居住者等相互免除法に関する届出書」を提出してその支払段階で源泉所得税の免除を受けることができず、所得税法等の定めにより所得税及び復興特別所得税（税率は復興特別所得税と併せて20.42％）が源泉徴収されますが、上記イの①～③の「短期滞在者免税要件」を満たすことが事後的に確定した場合には、その要件を満たすことが確定した日以後に、その源泉徴収された所得税等の還付を請求できることとされています（所得相互免除法22、23①、25）。

C　本事例のAの国内勤務に基因する給与については、その支払段階で源泉所得税の免除の適用を受けることができず、その支払時に所得税及び復興特別所得税（税率は復興特別所得税と併せて20.42％）が源泉徴収されますが（納期限は、その徴収の日の属する月の翌月末日まで）、事後的に「短期滞在者免税要件」を満たすことが確定した場合には、その要件を満たすことが確定した日以後にその源泉徴収された所得税等の還付を請求し、その還付を受けることができることになるものと考えられます。

　なお、台湾居住者等に対し、平成28年12月31日までに支払うべき給与等については、所得相互免除法の適用がありませんので、所得税法の定めにより課税されます。

関係法令通達

所得税法2条1項3号・5号、161条1項12号、172条、212条1項・2項
所得税法施行令14条
所得相互免除法2条3号、21条2項、22条、23条1項、24条、25条
所得相互免除法施行令2条
所得相互免除法附則1条
実特省令4条3項
日台租税取決め15条1項・2項

Question.57
フィリピンの永住権を取得して出国した退職公務員の退職年金に係る源泉徴収

　甲共済組合は、公務員を退職した者に対する退職年金の支給を行っています。このたび、すでに退職年金の支給を受けている退職公務員Aが、夫婦でフィリピンの永住権を取得して同国で永住するため出国することになったので、今後は、Aに対する退職年金をフィリピンにある同人の銀行口座に送金することになりました。この退職年金についてわが国で源泉徴収をする必要はありますか。

Answer.　甲共済組合がAに支払う退職年金については、国内法の定めにより源泉徴収をする必要があると考えられます。

■解　説
1　国内法による取扱い

　外国の国籍を取得し又は永住する許可を受けて、当該外国に永住する目的で出国する者は非居住者に該当するものと認められます（所法2①三・五、所令15）。

　また、非居住者が支払を受ける所得税法35条3項に規定する公的年金等は、源泉徴収の対象となる国内源泉所得に該当し所得税が課税されます（所法161①十二ロ）。

　Aに支払われる退職年金は、同項に規定する公的年金等に該当すると認められますので、その支払の際に源泉徴収をする必要があります（所法212①、213①）。

2　租税条約による取扱い

(1)　日本フィリピン租税条約では、過去の勤務につき支払われる退職年金や保険年金については、原則として居住地国のみで課税されることとさ

れています（同条約18）。

(2)　上記(1)の原則に対し、日本の政府や日本の地方公共団体に提供された役務につき、日本若しくは日本の地方公共団体によって支払われ又は日本若しくは日本の地方公共団体が拠出した基金から支払われる退職年金に対しては、わが国においてのみ租税を課すことができることとされています（同条約19(2)(a)）。

　　また、上記の「日本若しくは日本の地方公共団体が拠出した基金」とは、その基金の全額を国や地方公共団体が拠出したものには限定されず、その一部の資金を拠出している場合も含まれるものと解されますので、例えば地方公務員共済組合などが設立した基金で、その基金に地方公共団体が資金を拠出しているものは、ここでいう地方公共団体が拠出した基金に該当するものと考えられます。

(3)　しかし、上記(2)の例外として、その支払を受ける者がフィリピンの居住者であり、かつ、フィリピンの国民である場合には、その退職年金に対しては、原則どおりフィリピンにおいてのみ租税を課すことができることとされています（同条約19(2)(b)）。

　　そして、ここでいう「フィリピンの国民」とはフィリピンの市民権を有するすべての個人をいいますので（同条約3(1)(h)）、フィリピンの永住権を取得したのみでは、ここでいうフィリピンの国民には該当しないことになります。

(4)　Aはフィリピンの永住権は取得していますが、市民権を取得していませんので同国の国民には該当しないことになります。したがって、甲共済組合が同人に支払う退職年金については、上記(2)の定めによりわが国で課税されることになりますので、国内法の定めにより源泉徴収をする必要があります。

┌─ 関係法令通達 ─────────────────────────
│　所得税法2条1項3号・5号、35条3項、161条1項12号ロ、
│　212条1項、213条1項
│　所得税法施行令15条
│　日本フィリピン租税条約3条(1)、18条、19条(2)
└────────────────────────────────

Question.58
海外勤務期間中に定年退職する者に支払われる退職金に係る源泉徴収

　内国法人甲社のタイ工場に勤務する工場長のAは、本年3月31日をもって同社を定年退職することになりましたが、日本には帰国せず引き続き現地の関連会社に顧問として勤務することとなっています。

　Aの国内での勤務期間は32年間で、タイでの勤務期間は6年間となりますが、この場合に、甲社がAの定年退職に際し支給する退職金に係る源泉徴収はどのようになりますか。

　なお、退職金は甲社本店からAの国内銀行口座に直接振り込むことになっています。

Answer.　甲社がAに支払う退職金のうち、同人の国内での勤務期間に対応する部分の金額について、その支払の際20%（復興特別所得税と併せて20.42%）の税率により源泉徴収をする必要があると考えられます。

　なお、Aは、上記により源泉徴収された税額が当該退職金を居住者に対する支払とみなして計算した税額を超える場合には、確定申告により、その超える部分の税額の還付を受けることを選択することができます。

（注）　平成25年1月1日から平成49年12月31日までの間に

生ずる退職金について、所得税法等で定める税率により所得税が徴収される場合には、復興特別所得税が併せて徴収されることになります。詳細については、⑥復興特別所得税の **Q60** を参照してください。

▌解 説

1 国内法による取扱い

(1) Aは定年退職後も引き続きタイに居住していますので、わが国の非居住者（タイの居住者）に該当することになります（所法２①三・五）。

　非居住者に対する退職手当等（非居住者期間中に収入すべき時期が到来する退職手当等）で、その者が居住者であった期間に行った勤務に基因するものは国内源泉所得に該当し、20％（復興特別所得税と併せて20.42％）の税率による源泉分離課税又は申告分離課税により課税されることになります。また、その勤務が国内及び国外の双方にわたって行われたときは、その退職手当等の額のうち居住者であった期間に行った勤務に基因する部分の金額が国内源泉所得に該当することとされ、その所得は、原則として次の算式により計算されることとされています（所法161①十二ハ、164②、169、170、172、212、213、所基通161-41）。

$$国内源泉所得 = 退職手当等の額 \times \frac{Ⓐのうち居住者としての勤務期間}{退職手当等の計算の基礎となった期間Ⓐ}$$

（注１）上記算式中の分母及び分子の期間は、実務上それぞれの期間の日数により計算されているものと考えられます。

（注２）退職手当等の受給者が内国法人の役員として勤務（当該役員としての勤務を行う者が同時にその内国法人の使用人として常時勤務を行う場合の当該役員としての勤務は除かれます）した場合には、国内源泉所得は

その役員が居住者であった期間に行った勤務に基因する部分の金額のほか、当該役員が内国法人の役員として国外において行う勤務で非居住者であった期間に行った勤務に基因するものも含まれることになりますので、上記算式の分子には、その役員が非居住者であった期間に行った勤務等の期間が含まれることになります（所令285①③）。

(2) ところで、海外で長年勤務した者が帰国しその帰国後に退職した場合には、居住者に対する退職金として、退職所得控除や２分の１課税の適用が受けられるのに対し、日本国内で長年居住者として勤務していた者が、たまたま退職金の支給を受ける前に海外勤務となり、非居住者期間中に退職金の支給を受ける場合には、上記(1)のとおり退職所得控除等の適用は受けられず、20％の税率により源泉分離課税等が行われることから、これら両者間に税負担の不公平が生ずる場合があります。

このため、非居住者の税負担を軽減し、居住者との負担の調整を図る観点から、非居住者が支払を受ける退職手当等については、その支払の際、一旦源泉徴収により課税されますが、本人の選択により、その年中に支払を受ける退職手当等の総額を居住者として受給したものとみなして、居住者と同様の課税を受けることができる、いわゆる「退職所得についての選択課税」の制度が採用されています（所法171、172、173）。

具体的には、非居住者がその退職に基づいてその年中に支払を受けた退職手当等の総額を居住者に対するものとみなして計算した税額が、その退職手当等につき源泉徴収された税額より少ない場合には、その退職手当等の支払を受けた翌年１月１日（同日前にその年中の退職所得の総額が確定した時は、その確定した日）以後に、税務署長に対し確定申告書を提出してその差額の還付を受けるものです。

(3) 本事例についてみると、Aに対する退職金は甲社本店から同人の国内銀行口座に直接振り込まれていますので、甲社はその支払の際、当該退職金の額のうち同人が居住者であった期間に行った勤務に基因する部分の金額として、上記(1)の算式により計算した金額を国内源泉所得として

20％（復興特別所得税と併せて20.42％）の税率により源泉徴収をする必要があります。

なお、Aは、この源泉徴収された税額がその退職手当等を居住者に対するものとみなして計算した税額を超える場合には、確定申告により、その超える部分の税額の還付を受けることができます。

2　租税条約による取扱い

わが国が締結した租税条約には、退職手当等に関する定めを置くものは見あたりませんが、使用人に対する退職手当等については原則として給与所得条項が、また、役員に対する退職手当等については同じく役員報酬条項がそれぞれ適用され、退職年金条項やその他所得条項（明示なき所得条項）は適用されないと解されています。

日タイ租税条約の給与所得条項では、タイの居住者が日本において提供する人的役務について取得する報酬又は所得に対しては、日本において租税を課すことができる旨定めていますので、Aに支給される退職手当等のうち国内での勤務期間に対応する部分の金額については、国内法により課税されることになります（同条約14①）。

関係法令通達

所得税法2条1項3号・5号・161条1項12号ハ、164条2項、169条～173条、212条、213条
所得税法施行令285条1項・3項
所得税基本通達161-41
日タイ租税条約14条1項

Question.59
オランダ法人に対する匿名組合契約の利益の分配に係る源泉徴収

内国法人甲社は、同社を営業者とし、内国法人乙社及びオランダ法人丙社を出資者として、不動産投資事業を目的とする匿名組合契約をそれぞれの出資者と締結しました。

この匿名組合契約では、出資者に分配される営業の利益又は損失は、各計算期間の確定した決算に基づき計算され支払われる旨が約定されています。

この匿名組合契約に基づき、甲社が支払う利益の分配に係る源泉徴収はどのようになりますか。

Answer. 乙社に対する利益の分配については、20%（復興特別所得税と併せて20.42%）の税率により源泉徴収をする必要があるものと考えられます。

丙社に支払われる利益の分配についても同様に20.42%の税率により源泉徴収をする必要があるものと考えられます。

（注）　平成25年1月1日から平成49年12月31日までの間に生ずる利益の分配について、所得税法等で定める税率により所得税が徴収される場合には、復興特別所得税が併せて徴収されることになります。詳細については、6復興特別所得税の **Q60** を参照してください。

■解 説
1　国内法の取扱い

(1)　「匿名組合契約」とは、当事者の一方が相手方の事業のために出資をし、相手方がその事業から生ずる利益を分配することを約する契約をいいます（商法535、所法161①十六、所令288、298⑧、327）。

この匿名組合契約に基づき営まれる組合事業に係る所得は、匿名組合

員である出資者には直接帰属せず営業者に帰属することになり、匿名組合員は当該事業から生ずる利益の分配を受ける権利を有することになります。

また、居住者である匿名組合員が営業者から受ける利益の分配に係る所得は、原則として雑所得に該当しますが、その匿名組合員がその組合事業の重要な業務執行の決定を行っている場合など、単なる出資者としてではなく、営業者とともに経営しているものと認められる場合には、営業者の営業の内容に従い事業所得又はその他の各種所得に区分されます（商法536、538、所基通36・37共-21）。

(2) 国内で営まれる匿名組合事業の利益の分配は国内源泉所得に該当し（所法161①十六）、非居住者又は外国法人に対し国内においてその利益の分配をする者は、20％（復興特別所得税と併せて20.42％）の税率により源泉徴収をする義務があります（所法212①、213①）。

また、内国法人又は居住者に対し国内において匿名組合事業の利益の分配をする者も同様に20.42％の税率により源泉徴収をする義務があります（所法174、210、211、212③、213②）。

なお、ここでいう「利益の分配」には、出資の払戻しとして支払われるものは除かれます。

2 租税条約による取扱い

(1) 旧日本オランダ租税条約による取扱い

旧日本オランダ租税条約（昭和45年10月23日付条約第21号）では、オランダの居住者が支払を受ける匿名組合事業の利益の分配による所得は、同条約8条（事業所得条項）の適用対象となる企業の利得には該当せず、同条約の他の条項で定める所得のいずれにも該当しない、いわゆる「明示なき所得」として取り扱われていました。

この「明示なき所得」の課税権の範囲を定めた同条約23条は、「一方の居住者の所得で前諸条に明文の規定がないものに対しては、当該一方の国

においてのみ租税を課することができる」と規定し、居住地国のみに課税権を認めていましたので、匿名組合事業の利益の分配による所得については、源泉地国であるわが国では課税されないこととされていました（租税条約に関する届出書の提出が要件とされます）。

(2) 新日本オランダ租税条約による取扱い

新日本オランダ租税条約（平成23年12月29日発効）では、その議定書9で「条約のいかなる規定も、日本国が、匿名組合契約又はこれに類する契約に基づいて取得される所得及び収益に対して、日本国の法令に従って源泉課税することを妨げるものではない」と規定していますので、匿名組合事業の利益の分配による所得は、わが国の国内法に従って課税されることになります。

関係法令通達

所得税法161条1項16号、174条、210条、211条、212条、213条
所得税法施行令288条、298条8項、327条
所得税基本通達36・37共-21
商法535条、536条、538条
旧日本オランダ租税条約8条、23条
新日本オランダ租税条約30条、同議定書9条

6 復興特別所得税

Question.60
非居住者及び外国法人に係る復興特別所得税の源泉徴収

非居住者及び外国法人（以下「非居住者等」といいます）に対し課される国内源泉所得にも、復興特別所得税の源泉徴収は適用されるのでしょうか。適用される場合の課税範囲や課税方法はどのようになりますか。

Answer.　居住者や内国法人に限らず、非居住者等の国内源泉所得に対しても復興特別所得税が課税され源泉徴収の対象となります。この場合の課税範囲等は、非居住者については平成25年から平成49年までの各年分の所得に係る基準所得税額を、外国法人については平成25年1月1日から平成49年12月31日までの間に生ずる所得に係る基準所得税額を対象として課税されることとされています。

　ただし、当該所得に対し課される所得税について、租税条約や所得相互免除法の規定により所得税法及び租税特別措置法に規定する税率以下の限度税率が適用される場合や免税となる場合には、復興特別所得税は課税されないこととされています。

　源泉徴収の時期は、非居住者等に対する国内源泉所得の支払の際に源泉徴収される所得税に併せ源泉徴収されることになり、また、源泉徴収税額は、課税対象となる国内源泉所得の金額等に所得税率と復興特別所得税の税率（2.1％）との合計税率を乗じた次の算式により計算されることとなります。

> 源泉徴収すべき所得税及び復興特別所得税の額
> ＝国内源泉所得の金額等×合計税率

なお、上記算式中の「合計税率」は、所得税率×102.1%で算出されますので、仮に所得税率が20%の場合には、20.42%（20%×102.1%）になるものと考えられます。

▌解 説

1 復興特別所得税の源泉徴収の範囲等

(1) 平成25年1月1日から「東日本大震災からの復興のための施策を実施するために必要な財源の確保に関する特別措置法」（以下「復興財源確保法」といいます）が施行されることに伴い、同日から平成49年12月31日までの間に生ずる所得で、所得税法及び租税特別措置法の規定により所得税が源泉徴収される所得の支払の際には、復興特別所得税を併せて源泉徴収することとされています（復興財源確保法8②、28①）。

この場合の具体的な課税範囲は、居住者又は非居住者については平成25年から平成49年までの各年分の所得（これら各年度に収入すべき時期が到来する所得）に係る基準所得税額を、内国法人又は外国法人については平成25年1月1日から平成49年12月31日までの間に生ずる所得（これらの期間に収入すべき時期が到来する所得）に係る基準所得税額を対象として課税されることとされています（復興財源確保法9、10）。

また、復興特別所得税は、次の各規定により所得税を徴収して納付する際に、併せて源泉徴収することとされていますので（復興財源確保法28①）、非居住者等に対する国内源泉所得につき所得税が源泉徴収される際には、併せて復興特別所得税も源泉徴収されることになります。

イ 所得税法の定めによる源泉徴収

所得税法第4編（源泉徴収）第1章（利子所得及び配当所得に係る源泉徴収）から第6章（源泉徴収に係る所得税の納期の特例）

これら定めのうち第5章は、非居住者又は法人（外国法人及び内国法人）の所得に係る源泉徴収の定めとなります。

ロ 租税特別措置法の定めによる源泉徴収

① 3条の3第3項：国外で発行された公社債等の利子所得の分離課税等

② 6条2項（同条11項において準用する場合を含む）：民間国外債等の利子の課税の特例

③ 8条の3第3項：国外で発行された投資信託等に係る配当所得の分離課税等

④ 9条の2第2項：国外で発行された株式の配当所得の源泉徴収等の特例

⑤ 9条の3の2第1項：上場株式等の配当等に係る源泉徴収義務の特例

⑥ 37条の11の4第1項：特定口座内保管上場株式等の譲渡による源泉徴収の特例

⑦ 37条の14の2第8項：未成年者口座内の少額上場株式等に係る譲渡所得等の非課税

⑧ 41条の9第3項：懸賞金付定期預金等の懸賞金等の分離課税等

⑨ 41条の12第3項：償還差益等に係る分離課税等

⑩ 41条の12の2第2項から第4項：割引債の差益金額に係る源泉徴収等の特例

⑪ 41条の22第1項：免税芸能法人等が支払う芸能法人等の報酬に係る源泉徴収の特例

(2) 次に、非居住者等に対する支払のうち、租税条約の規定により所得税法及び租税特別措置法に規定する税率以下の限度税率が適用される場合には、復興特別所得税は課税されないこととされています（復興財源確保法33⑨）。

　したがって、所得税法等で定める税率の方が租税条約で定める限度税率（利子や使用料に係る制限税率）より低いため、所得税法等による税率を適用するものについては、復興特別所得税を併せて源泉徴収する必要がありますが、利子や使用料など所得税法等の税率の方が租税条約に定

める限度税率より高いため、租税条約に定める限度税率が適用される場合（租税条約に関する届出書の提出が必要）には、復興特別所得税を源泉徴収する必要はないことになります。

なお、租税条約の適用により免税となる所得についても同様に、復興特別所得税を源泉徴収する必要はないこととされています（同法33⑨）。

(3) また、平成27年11月に署名された「所得に対する租税に関する二重課税の回避及び脱税の防止のための公益財団法人交流協会（日本側）と亜東関係協会（台湾側）との間の取決め」の内容に法的効力を与えるため、所得税法や法人税法などの特例法として平成28年3月に改正された「外国居住者等の所得に対する相互主義による所得税等の非課税等に関する法律（所得相互免除法といいます）」の規定の適用により、台湾居住者に支払われる利子や使用料などに制限税率が適用される場合にも、復興特別所得税の源泉徴収は要しないこととされています（復興財源確保法33④）。

2　復興特別所得税の計算方法等

　復興特別所得税は、非居住者等に対する国内源泉所得の支払の際に源泉徴収される所得税に併せて源泉徴収し、その所得税と併せて納付することとされ、その税率は源泉徴収すべき所得税の額の2.1％相当額とされていますので（復興財源確保法28②）、実務上これら税額は、所得税の課税対象となる国内源泉所得の金額等に所得税率と復興特別所得税の税率(2.1％)との合計税率を乗じて計算されることになり、その具体的な算式は次のとおりとされます。

> 源泉徴収すべき所得税及び復興特別所得税の額
> ＝国内源泉所得の金額等×合計税率

　上記算式中の「合計税率」は、所得税率×102.1％で算出されますので、所得税率が20％の場合には、20.42％（20％×102.1％）になります。

また、所得税及び復興特別所得税の額を支払者が負担することとした場合の税引手取額による税額の計算（いわゆるグロスアップ計算）は、次のようになるものと考えられます。

▶（例）国内法による適用税率が20%で税引手取額が100万円の場合

---

① 支払金額の計算

　支払金額＝税引手取額÷（1－合計税率）により計算されます。

　支払金額＝1,000,000円÷（1－0.2042）＝1,256,597.134となりますが、1円未満の端数は切り捨てとなるので、支払金額は1,256,597円となります。

② 所得税及び復興特別所得税の合計額の計算

　所得税及び復興特別所得税の合計額＝支払金額×合計税率により計算されます。

　所得税及び復興特別所得税の合計額＝1,256,597円×0.2042＝256,597.107となりますが、1円未満の端数は切り捨てとなるので、合計税額は256,597円となります。

③ 以上の結果、税引手取額は1,000,000円（1,256,597円－256,597円）となります。

3　復興特別所得税額の法人税からの控除

　内国法人が各事業年度又は各連結事業年度において取得する預貯金利子や剰余金の配当等あるいは公社債の利子等に係る所得につき課される復興特別所得税の額は、法人税法の規定の適用については、当該各事業年度又は各連結事業年度における当該所得に係る同法68条1項（所得税額の控除）又は81条の14第1項（連結事業年度における所得税額の控除）に規定する所得税の額とみなされ、法人税の額から控除されることとされています（復興財源確保法33②）。

4　復興特別所得税額が源泉徴収されたものとみなされる場合

　国内において所得税法161条1項6号に規定する人的役務の提供を主た

る内容とする事業を行う非居住者又は外国法人がその事業の対価につき所得税を徴収された場合には、その徴収された対価のうちから当該事業のために人的役務を提供する非居住者に対して、その人的役務の提供につき支払う同条１項12号のイ又はハに掲げる給与又は報酬について、その支払の際、所得税の徴収が行われたものとみなされますが（所法215）、この規定により所得税の徴収が行われたものとみなされる場合には、当該所得税の額につき併せて徴収すべき復興特別所得税の徴収が行われたものとみなされます（復興財源確保法28④）。

関係法令通達

所得税法161条１項６号、215条
復興財源確保法８条２項、９条、10条、28条１項・２項・４項、33条４項・９項

第Ⅲ章

資産課税
編

1. 相続税
2. 贈与税
3. 譲渡所得

1 相続税

1-1 申告・納税義務

Question.1
相続税の納税義務者

相続税は、相続人の国籍や住所地などで納税義務が異なるのでしょうか。

Answer. 相続税の納税義務者は、原則として、相続又は遺贈（死因贈与を含みます）により財産を取得した個人となります。その個人の国籍や住所地によって納税義務の成立が左右されるものではありませんが、相続又は遺贈により財産を取得した時において、その個人が日本国内に住所を有しているかどうかなどによって、取得したすべての財産あるいは日本国内にある財産のみとするなど納税義務者の区分によって課税財産の範囲が異なります。

■解 説

相続税の納税義務者は、次のとおりに区分されます（相法1の3）。

1 居住無制限納税義務者

相続や遺贈で財産を取得した個人で、その財産を取得した時に日本国内に住所を有している人（その人が一時居住者である場合には、被相続人が一時居住被相続人又は非居住被相続人である場合を除きます）をいいます。

（注）「一時居住者」とは、相続開始の時に在留資格（出入国管理及び難民認定法別表第一（在留資格）上欄の在留資格をいいます。以下同じです）を有する個人で、その相続の開始前15年以内に日本国内に住所を有していた期間の合計が10年以下の人をいいます。

「一時居住被相続人」とは、相続開始の時に在留資格を有し、かつ、日本国内に住所を有していた被相続人で、その相続の開始前15年以内に日本国内に住所を有していた期間の合計が10年以下の人をいいます。

「非居住被相続人」とは、相続開始の時に日本国内に住所を有していなかった被相続人で、①相続の開始前10年以内に日本国内に住所を有していたことがある人のうち、その相続の開始前15年以内に日本国内に住所を有していた期間の合計が10年以下の人（その期間引き続き日本国籍を有していなかった人に限ります）又は、②その相続の開始前10年以内に日本国内に住所を有していたことがない人をいいます。

平成27年7月1日以降に「国外転出時課税の納税猶予の特例」の適用を受けていたときは、取扱いが異なる場合があります。

2　非居住無制限納税義務者

相続や遺贈で財産を取得した個人で、その財産を取得した時に日本国内に住所を有しない次に掲げる人です。

イ　財産を取得した時に日本国籍を有している個人の場合は、次のいずれかの人

(イ)　相続の開始前10年以内に日本に住所を有していたことがある人

(ロ)　相続の開始前10年以内に日本に住所を有していたことがない人（被相続人が一時居住被相続人又は非居住被相続人である場合を除きます）

ロ　財産を取得した時に日本国籍を有していない個人（被相続人が一時居住被相続人、非居住被相続人又は非居住外国人である場合を除きます）

(注)　「非居住外国人」とは、平成29年4月1日から相続又は遺贈の時まで引き続き日本国内に住所を有しない個人で日本国籍を有しない人をいいます。

平成27年7月1日以降に「国外転出時課税の納税猶予の特例」の適用を受けていたときは、取扱いが異なる場合があります。

3　居住制限納税義務者

相続や遺贈で日本国内にある財産を取得した個人で、その財産を取得した時に日本国内に住所を有している人（上記1に掲げる人を除きます）をいいます。

4　非居住制限納税義務者

相続や遺贈で日本国内にある財産を取得した個人で、その財産を取得した時に日本国内に住所を有しない人（上記2に掲げる人を除きます）をいいます。

5　特定納税義務者

上記1から3のいずれにも該当しない個人で贈与により相続時精算課税の適用を受ける財産を取得した人をいいます。

そして、納税義務者の区分によって、次のとおり課税財産の範囲が異なることになります。

　　イ　居住無制限納税義務者
　　　　　国内財産、国外財産、相続時精算課税適用財産
　　ロ　非居住無制限納税義務者
　　　　　国内財産、国外財産、相続時精算課税適用財産
　　ハ　居住制限納税義務者
　　　　　国内財産、相続時精算課税適用財産
　　ニ　非居住制限納税義務者
　　　　　国内財産、相続時精算課税適用財産
　　ホ　特定納税義務者
　　　　　相続時精算課税適用財産

関係法令通達
相続税法1条の3、1条の2
相続税法基本通達1の3・1の4共-3

Question.2 父が死亡した後、間もなく母も死亡した場合の相続税の申告

父が死亡し、その後間もなく母も亡くなりましたが、母の死亡時においては父の遺産は未分割でありました。その後、相続人である子供2名が、父の遺産について、母の取得分を零とする遺産分割を行った場合、父の相続に係る相続税の申告はどのように行うのでしょうか。

Answer. 父の相続に係る相続税の申告期限までに、母の取得分を零とする遺産分割が行われている場合は、父の相続に係る相続税の申告は子供2人で行うことになり、未分割の場合は法定相続分（母2分の1、子供各4分の1）で父の遺産を取得したものとして、子供2名が父の相続に係る相続税の申告を行うことになります。

解説

父の相続に係る相続税の申告期限までに、父の遺産について母の取得分を零とする遺産分割が行われている場合は、父の相続に係る相続税の申告は子供2人で行うことになりますが、未分割の場合は法定相続分（母2分の1、子供各4分の1）で父の遺産を取得したものとして、母（具体的には、母の相続人としての子供2名）と子供2名が父の相続に係る相続税の申告を行うことになります。

なお、父の相続に係る相続税の申告期限後に子供2名で遺産分割した結果、母の税額（配偶者に対する相続税額の軽減の適用を受ける場合はその税額軽減後の税額）が当初の税額より減少した場合は、4か月以内に更正の請求をすることができます。

また、母の相続に係る相続税の申告期限までに、父の遺産について母の取得分を零とする遺産分割が行われており、母に固有の財産が無い場合には、子供2名は母の相続に係る相続税の申告は要しません。

> **関係法令通達**
> 相続税法27条1項・2項、32条1号、55条
> 相続税法施行令6条
> 相続税法施行規則14条
> 相続税法基本通達19の2-5

Question.3
死亡した相続人が提出すべきであった相続税の申告書の提出先

祖父が亡くなり、相続人である父は、祖母とその遺産の2分の1ずつを相続しましたが、その相続税の申告書の提出期限前に交通事故で亡くなりました。

父の相続人は、祖父の相続に係る相続税の申告書をどちらの税務署長に提出すればよいのでしょうか。

Answer. 相続税法附則3条では、当分の間、相続等により財産を取得した者の被相続人の死亡時の住所地が日本国内にある場合においては、被相続人の死亡の時における住所地を、その相続税に係る納税地としています。

■解 説

相続又は遺贈（以下「相続等」といいます）により財産を取得し、相続税の申告書を提出すべき者がその申告書の提出期限前にその申告書を提出しないで死亡した場合においては、その者の相続人（包括受遺者を含みます）は、その相続の開始があったことを知った日の翌日から10か月以内（その者がこの期間内に納税管理人の届出をしないで国内に住所及び居所を有しないこととなるときは、その住所及び居所を有しないこととなる日まで）に、その死亡した者に係る相続税の申告書をその死亡した者の納税地の所轄税務

署長に提出しなければなりません（相法27②）。

　相続税の申告書の提出先は、本来、日本国内に住所を有する者についてはその者の住所地の所轄税務署長、日本国内に住所を有しない者については、原則として、その者が定めた納税地の所轄税務署長となっています。また、相続等により財産を取得した者が死亡した場合には、その死亡した者の死亡当時の納税地をもってその納税地とすることとされています（相法62）。

　しかし、被相続人の遺産は通常その住所地を中心として所在するのに対し、各相続人の住所地はまちまちである場合が多く、各相続人がそれぞれ異なる税務署長に申告書を提出しなければならないとすると、納税者の立場からも、また課税上の立場から種々の支障が予想されます。そこで、当分の間、相続等により財産を取得した者の被相続人の死亡時の住所地が日本国内にある場合においては、被相続人の死亡の時における住所地が、その相続税に係る納税地となります。

　したがって、父の相続人は、原則として、父が亡くなった日の翌日から10か月以内に、父の氏名及び死亡当時の住所等一定の事項を記載した祖父の相続に係る相続税の申告書を、祖父の死亡時の住所地を所轄する税務署長に提出すればよいことになります。

関係法令通達
　相続税法27条2項、62条
　相続税法附則3条

Question.4
共同相続人のうちに行方不明者がいる場合の相続税の申告

相続税の申告が必要になりましたが、相続人の1人が5年ほど前に家を出て、現在、その消息がわかりません。遺言がないので協議分割を行おうと考えていますが、このように共同相続人のうちに行方不明者がいる場合、どのように遺産分割し、相続税の申告をどのように行うのでしょうか。

Answer. 共同相続人が利害関係人として、家庭裁判所に財産管理人の選任を請求し、その財産管理人は、家庭裁判所の許可を得たうえで分割の協議に参加することができますので、相続税の申告はその分割内容に基づいて行うことになります。財産管理人を選任しない場合は、相続財産は未分割の状態ですから、行方不明者を除く相続人は、民法上の法定相続分により相続税の申告を行うことになります。

また、行方不明者の相続税の申告は、税務署長の決定を待つか、財産管理人が行方不明者の代わりに相続税の申告をすることになります。

解 説

いわゆる不在者については、民法上において、「不在者の財産管理」(民法25)と「失踪宣告」(民法30)の制度があります。

失踪宣告は、不在者の生死が7年間不明であるときに、利害関係人が家庭裁判所に請求をすることにより、一定の条件のもとに不在者を死亡したとみなす制度ですが、本問では行方不明になってから約5年間ということですので、失踪宣告の申立てをすることができません。

したがって、このような場合には、他の共同相続人が利害関係人として、家庭裁判所に財産管理人の選任を請求することができます。そして、不在者の財産管理人は、家庭裁判所の許可を得たうえで分割の協議に参加する

ことができます（民法28）から、相続税の申告はその分割内容に基づいて行うことになります。財産管理人を選任しない場合は、相続財産は未分割の状態ですから、行方不明者を除く相続人は、民法上の法定相続分により相続税の申告を行うこととなります。

　また、相続税の申告書の提出期限は、相続開始を知った日の翌日から起算して10か月を経過する日となっていますので、行方不明者が被相続人の死亡の事実を知らない場合には、その行方不明者については、相続税の申告期限が到来しないこととなります。このような場合、税務署長は、被相続人の死亡した日の翌日から起算して10か月を経過したときは、行方不明者の相続税の申告書の提出期限前であっても、その者の相続税の課税価格及び税額を決定することができることとされています（相法35②一）。

　したがって、本問の場合、行方不明者の相続税の申告は、税務署長の決定を待つか、財産管理人が行方不明者の代わりに、相続税の申告をすればよいということになります。

───関係法令通達───
　相続税法27条1項、35条2項1号、55条

Question.5
退職手当金等の支給が相続税の申告期限後に確定した場合

　相続税の申告後に被相続人に係る死亡退職手当金等の支給が確定した場合、修正申告書はいつまでに提出することになりますか。

Answer.　被相続人に支給されるべきであった退職手当金等の額が、被相続人の死亡後3年以内に確定した場合は、その支給額が確定した後速やかに修正申告書を提出することとなります。

　　なお、相続税法上、退職手当金等として課税対象となるのは、

被相続人の死亡後3年以内に支給が確定したものに限られていますから、3年を経過した後にその支給が確定したものについては、所得税の課税関係となります。

▌解 説

　被相続人に支給されるべきであった退職手当金等の額が、被相続人の死亡後3年以内に確定した場合は、相続税の課税価格に算入されますが、本問のように相続税の申告期限までに支給額が確定しなかったため、当初の申告の課税価格に含めて申告することができなかった場合は、その支給額が確定した後に修正申告をすることになります。この場合、修正申告書の提出期限については特に規定がありませんので、支給額が確定した後速やかに提出することとなります。

　次に、この修正申告により納付すべき相続税額に係る延滞税の計算については、相続税の法定納期限の翌日からその修正申告書の提出があった日までの期間は、延滞税の額の計算の基礎となる期間に算入されないこととされています。また、その退職手当金等が当初申告の課税価格に算入されなかったことについては、正当な理由があると認められますので、過少申告加算税は賦課されないものと考えられます（通則法65④）。

　ただし、退職手当金等の支給額が確定した後、速やかに修正申告書が提出されていない場合には、相続税の更正がなされ、延滞税及び加算税が課せられることがありますので注意が必要です。

┏ 関係法令通達 ━
　相続税法3条1項2号、5条2項
　相続税法基本通達3-30、3-31
　国税通則法65条4項

Question.6
遺留分の減殺請求があった場合の相続税の申告

相続人であるAは、Bに対する遺贈を不当として遺留分の減殺請求をしましたが、Bが請求に応じないため家庭裁判所に遺産分割の調停の申立てをしました。家庭裁判所は、申立人Aの請求をほぼ認め「BはAに対し2,500万円を支払うよう」審判がありました。この場合の課税関係はどのようになりますか。

Answer. AがBから取り戻した2,500万円は、相続により取得した財産となりますからAは修正申告をすることになり、反面、減殺されたBについては、申告に係る相続税額が過大となりますから、遺留分の減殺請求に基づき返還すべき額が確定したことを知った日の翌日から起算して4か月以内に更正の請求をすることができます。

解説

遺留分の減殺請求（民法1031）によってAがBから取り戻した2,500万円は、相続により取得した財産となりますから、Aは修正申告をすることになります。この場合、修正申告による延滞税については、相続税の法定納期限の翌日からその修正申告書の提出があった日までの期間は、延滞税の額の計算の基礎となる期間に算入されないこととされています。

反面、減殺されたBについては、申告に係る相続税額が過大となりますから、遺留分の減殺請求に基づき返還すべき又は弁償すべき額が確定したことを知った日の翌日から起算して4か月以内に更正の請求をすることができます。

関係法令通達

相続税法31条1項、32条1項3号、51条2項

Question.7
外国に居住する者の特例適用のための印鑑証明

　小規模宅地等の特例等の適用要件の一つに、遺産分割協議が成立している場合には、印鑑証明書を添付した遺産分割協議書の写しを相続税の申告書に添付して提出しなければなりませんが、相続人が外国に居住している場合にはどのような書類を提出すればよいでしょうか。

Answer.　遺産分割協議書は、すべての共同相続人及び包括受遺者が自署し、自己の印（住所地の市区町村長が作成した印鑑証明書が添付されているものに限られます）を押しているものとされています。
　共同相続人及び包括受遺者の中に外国に居住している者がいる場合には、居住地国又は本国の公館が発行した署名証明書などの書類を印鑑証明書に代えて遺産分割協議書の写しに添付して提出することができます。

解　説

　配偶者の税額軽減（相法19の2）、小規模宅地等の特例（措法69の4）の適用を受けるためには、遺言書の写し又は遺産分割協議書の写し、その他一定の書類を相続税の申告書に添付して提出する必要があります。この場合の遺産分割協議書は、すべての共同相続人及び包括受遺者が自署し、自己の印（住所地の市区町村長が作成した印鑑証明書が添付されているものに限られます）を押しているものとされています。
　しかし、共同相続人及び包括受遺者の中に外国に居住している者がいる場合には、通常、その者の市区町村長が作成した印鑑証明書は発行されませんので相続税の申告書に添付することができません。このような場合には、不動産の相続登記の場合と同様に、次のような書類を印鑑証明書に代えて遺産分割協議書の写しに添付して提出することができます。

1 在外邦人の場合

① 居住地国の日本公館（領事館等）で印鑑証明書の発行を取り扱っている場合には、居住地国の日本公館が発行した印鑑証明書

② 居住地国の日本公館で印鑑証明書の発行を取り扱っていない場合には、居住地国の日本公館が発行した署名及び拇印証明書

署名及び拇印証明書は、その者が、居住地国の日本公館へ出向いて発行を受ける必要がありますが、日本公館が遠方にあるなどの場合には、居住地国の外国の公証人から遺産分割協議書のその者の署名について証明を得てこれを提出する方法によることもできます。

③ その者が日本に一時的に帰国している期間中に遺産分割協議が成立したような場合には、日本の公証人による遺産分割協議書のその者の署名についての証明

なお、遺産分割協議書やこれらの証明書が外国文字で表示されている場合には、その日本語訳文を記載した書面も添付することが望ましい。

2 外国人の場合

① その者の本国の官公署又は在日公館の外国官憲の発行した署名証明書

② その者が印鑑証明制度のある国に在住している場合には、その国の官公署の発行した印鑑証明書

なお、その者が日本に在住し、かつ、印鑑を使用している場合には、その者の居住地の市区町村長の発行した印鑑証明書。

関係法令通達
相続税法19条の2
租税特別措置法69条の4

1-2 課税財産

Question.8
代償分割の場合の相続税の課税価格

父の死亡により、相続人Aは、土地の全部を相続する代わりに、相続人B及びCに対して現金を支払うとする遺産分割協議を行うことにしました。

この場合、相続税の課税価格の計算はどのようになりますか。

Answer. 代償分割の方法により遺産の分割が行われた場合における相続税の課税価格の計算は、①代償財産の交付を受けた者については、相続又は遺贈により取得した現物の財産の価額と交付を受けた代償財産の価額との合計額、②代償財産を交付した者については、相続又は遺贈により取得した現物の財産の価額から交付した代償財産の価額を控除した金額、となります。

解説

遺産分割の方法には、現物分割、代償分割及び換価分割の方法があります。本問の場合は代償分割に該当し、Aは遺産を現物で取得する代わりに他の共同相続人B及びCに対し債務を負担することになります。

代償分割の方法により遺産の分割が行われた場合における相続税の課税価格の計算は、次のとおりとなります（相基通11の2-9）。

① 代償財産の交付を受けた者

　相続又は遺贈により取得した現物の財産の価額と交付を受けた代償財産の価額との合計額

② 代償財産を交付した者

　相続又は遺贈により取得した現物の財産の価額から交付した代償財産の価額を控除した金額

この場合の代償財産の価額は、代償分割の対象となった財産を現物で取

得した者が、他の共同相続人又は包括受遺者に対して負担した債務（以下「代償債務」といいます）の額の相続開始の時における相続税評価額になります。しかし、代償分割の対象となった財産が特定され、かつ、当該財産の代償分割の時における通常の取引価額を基として代償債務の額が決定されている場合のその代償財産の価額は、次の算式により計算した額となります（相基通11の2-10）。

$$代償債務の額 \times \frac{代償分割の対象となった財産の相続開始の時における相続税評価額}{代償分割の対象となった財産の代償分割の時において通常取引されると認められる価額}$$

なお、共同相続人及び包括受遺者の全員の協議に基づいて、代償財産の額を上記の算式に準じて又は合理的と認めらる方法によって計算し、申告することも認められます。

関係法令通達
相続税法基本通達11の2-9、11の2-10

Question.9
遺言書の内容と異なる遺産の分割をした場合の課税関係

　父は預金全額を相続人Ａに与えるとする遺言書を残して死亡しましたが、法定相続人間で話し合った結果、相続人Ａは預金の一部を相続するとする遺産の分割協議を行う予定です。
　このような場合、遺言書の内容と異なる遺産の分割があったとき、相続税の課税関係はどのようになりますか。

Answer.　相続人Ａが遺贈を事実上放棄したものと考えることができますが、遺贈の全部放棄をした後、遺産分割協議により預金の一部を取得したものとみても、又は、遺贈の目的物である預金の一部について遺贈を放棄したものとみても、相続税の課税関係は同じものと考えられ、したがって、相続人Ａは当該預金を相続又は遺贈により取得したことになります。

解　説

　遺言で、財産を無償で譲ることを「遺贈」といいますが、この遺贈の方式には「包括遺贈」と「特定遺贈」があります（民法964）。
　相続財産の全部又はその分数的部分ないし割合で遺贈することを包括遺贈といい、特定の具体的な財産を指定した遺贈を特定遺贈といいます。
　本問の「相続人Ａに預金全額を与える」とする遺言が特定遺贈であると断定することはできませんが、特定遺贈であるとして考えてみます。
　特定遺贈（債務免除を目的とするものを除きます）については、受遺者は、原則として遺言者の死亡後いつでも遺贈の放棄をすることができることとなっています（民法986）。特定遺贈の放棄をするためには、特別の手続を要せず、共同相続人等に対して意思表示することにより効力が生じます。遺贈の放棄がなされると、放棄は遺言者の死亡時にさかのぼって効力が生じます（民法986②）から、遺贈の目的物は、遺言に特別の指定がある場

合を除き、共同相続人に帰属することになります。また、遺贈の目的物が可分であれば、一部の放棄を禁ずる遺言の場合を除き、遺贈の一部放棄が可能であると考えられていますので、その部分について全部放棄の場合と同様の法律的効果を生ずることとなります。

　本問の場合、相続人Aが遺贈を事実上放棄したものと考えることができますが、遺贈の全部放棄をした後、遺産分割協議により預金の一部を取得したものとみても、又は、遺贈の目的物である預金の一部について遺贈を放棄したものとみても相続税の課税関係は同じものと考えます。

　したがって、相続人Aは、当該預金を相続又は遺贈により取得したことになります。

Question.10 未支給の国民年金を相続人が受け取った場合

　夫が死亡し、夫の国民年金の未支給分を国民年金法19条の規定により妻が請求して支給を受けました。

　妻が受け取った未支給分の国民年金の相続税の課税関係はどうなりますか。

Answer.　未支給の年金の請求権は、受給者の遺族が自己の固有の権利として取得するものと考えられますので、相続により取得したものとはなりません。また、厚生年金保険法の老齢厚生年金についても同様です。

解説

　国民年金の年金給付を受けている受給者が死亡した場合において、その死亡した者に支給すべきであった年金給付で、まだその者に支給されていないものがある場合は、一定の遺族がその未支給の年金の支給を請求する

ことができます（国民年金法19①）。

　この未支給の年金の支給の請求は、専ら受給者（被相続人）の収入に依拠していた遺族の生活保障を目的としており、支給の請求ができる遺族の範囲や順位は民法に規定する相続人の範囲や相続人の順序と異なる定めとなっています。つまり、未支給の年金の請求権は、受給者の遺族が自己の固有の権利として取得するものと考えられますので、相続により取得したものとはなりません（厚生年金保険法の老齢厚生年金も同様です）。

　なお、本問の場合、妻が請求し支給を受けた夫の未支給年金は、相続税の課税関係は生じませんが、所得税の一時所得に該当することとなります。

―関係法令通達―
　　所得税法34条1項
　　所得税基本通達34-2

Question.11
屋敷内に神の社等（庭内神し）がある場合の課税財産

　被相続人の自宅敷地内に稲荷大明神を祀った鳥居も建造されている祠がありますが、この祠や鳥居などの敷地となっている土地は相続税法上どのように取り扱われるのですか。

Answer.　祠や鳥居などの敷地及び鳥居は、祠と一体の物として相続税法12条1項2号の非課税財産となります。

■解 説

　一般に、屋敷内にある神の社や祠等といったご神体（不動尊、地蔵尊、道祖神、庚申塔、稲荷等で特定の者又は地域住民等の信仰の対象とされているもの）を祀り日常礼拝の用に供しているものを「庭内神し」といいます。

従来、「庭内神し」の敷地については、「庭内神し」とその敷地とは別個のものであり、相続税法12条1項2号の相続税の非課税規定の適用対象とはならないものと取り扱われてきました。

　しかし、国税庁では、平成24年7月に、①「庭内神し」の設備とその敷地、附属設備との位置関係やその設備の敷地への定着性その他それらの現況等といった外形や、②その設備及びその附属設備等の建立の経緯・目的、③現在の礼拝の態様等も踏まえたうえでのその設備及び附属設備等の機能の面から、その設備と社会通念上一体の物として日常礼拝の対象とされているといってよい程度に密接不可分の関係にある相当範囲の敷地や附属設備である場合には、その敷地及び附属設備は、その設備と一体の物として相続税法12条1項2号の相続税の非課税規定の適用対象となるものとして取り扱うことに改めました（平成24年7月「庭内神し」の敷地等に係る相続税法12条1項2号の相続税の非課税規定の取扱いの変更について）。

┏━**関係法令通達**━━━━━━━━━━━━━━━┓
　相続税法12条1項2号
┗━━━━━━━━━━━━━━━━━━━━━━┛

Question.12
株式の信用取引を行っていた者が決済前に死亡した場合の相続財産

　被相続人は、生前、株式の信用取引を行っていましたが、株式の空売りをしてその決済前に死亡しました。このような場合、相続税の課税価格の計算と、財産及び債務はどのようになりますか。また、買いを建てていた場合はどのようになりますか。

Answer.　信用取引により空売りした者が決済前に死亡した場合は、証券会社に担保として差し出している売付代金に相当する金額とその日歩の合計額を積極財産の額とし、借株の評価額を債務の額とし

ます。

　一方、信用取引により買いを建てていた者が決済前に死亡した場合は、買付けによる株式について上場株式の評価方法により評価した価額を積極財産の額とし、買付代金に相当する金額とその支払日歩の合計額を債務の額とします。

▎解　説

　信用取引により空売りした者が決済前に死亡した場合は、証券会社に担保として差し出している売付代金に相当する金額とその日歩（売り方金利）の合計額を積極財産の額とし、借株の評価額を債務の額（逆日歩の支払を要する場合には、その未払金額は債務となります）とします。この場合、「借株の評価額」は、課税時期（相続開始の日）におけるその株式の最終価格となります。

　また、信用取引により買いを建てていた者が決済前に死亡した場合は、買付けによる株式について、現物株と同様に上場株式の評価方法（課税時期の最終価格及び課税時期の属する月以前3か月間の最終価格の月平均額のうち最も低い額）により評価した価額を積極財産の額（逆日歩の受取りをする場合には、その未収金は債権となります）とし、買付代金に相当する金額とその支払日歩（買い方金利）の合計額を債務の額とします（評基通169）。

　なお、いずれの場合においても信用取引を行う際に証券会社に差し入れしている委託保証金は積極財産となります。

関係法令通達
　財産評価基本通達169

Question.13
未収家賃等の課税財産の範囲

次のような財産は、相続税の課税の対象となりますか。
① 被相続人が、不動産貸付けを行っている場合、相続開始時において受取期日が未到来の家賃
② 被相続人の所有していた株式の配当期待権

Answer. 相続開始時において受取期日（契約等で定められている日）が未到来である家賃については、その不動産を相続した相続人の不動産所得となりますので、相続税の課税の対象とはなりません。

配当金交付の基準日の翌日から配当金交付の効力が発生する日までの間に相続により株式を取得した場合には、配当期待権も同時に取得することになりますので、相続税の課税の対象となります。

解説

1 家賃について

家賃収入については、契約又は慣習により支払日が定められている場合には、その支払日が収入すべき時期とされています（所基通36-5）。

したがって、相続開始時において受取期日が未到来である家賃については、その不動産を相続した相続人の不動産所得となりますので、相続税の課税の対象とはなりません。

2 配当期待権について

「配当期待権」とは、配当金（中間配当金を含みます。以下同じ）交付の基準日の翌日から配当金交付の効力が発生する日までの間における配当金を受けることができる権利をいいますが、この間に相続により株式を取得した場合には、配当期待権も同時に取得することになりますので、相続税の課税の対象となります。

この場合において、配当期待権はその配当の基となる株式とは別に、課税時期後に受けると見込まれる予想配当金額からその金額について源泉徴収されるべき所得税の額に相当する金額を控除した金額によって評価します。

関係法令通達
　財産評価基本通達168(7)、193
　所得税基本通達36-5
　相続税法3条1項6号

Question.14
死亡後支給された給与、賞与及び死亡退職手当金

　会社役員である被相続人は、平成29年7月18日死亡しました。当社の給与支給日は、毎月25日と定めていますので、7月25日、被相続人に対する役員給与を妻に支給し、その後、8月23日の株主総会で、被相続人に対する役員賞与と死亡退職手当金の支給を決議し、9月10日、妻に対して全額支払いました。
　この場合、妻に支給された給与等は相続財産となるのでしょうか。

Answer.　相続開始日に支給期の到来していない給与、被相続人が受けるべきであった賞与で、その額が被相続人の死亡後に確定したもの（未収給与、未収賞与）は、本来の相続財産として計上することとなります。
　また、被相続人に支給されるべきであった退職手当金等で、その額がその死亡後3年以内に確定したもの（死亡退職手当金）は、相続人（相続を放棄した者及び相続権を失った者を含みません。以下同じです）が取得した場合には相続により、相続人以外の者が取

得した場合には遺贈により、それぞれ取得したものとみなされます。

▎解 説

　相続税法に規定する財産は、被相続人に帰属する金銭に見積もることのできる経済的価値のあるすべてのものが含まれます。

　したがって、相続開始日に支給期の到来していない給与、被相続人が受けるべきであった賞与で、その額が被相続人の死亡後に確定したもの（未収給与、未収賞与）は、本来の相続財産として計上することとなります。

　また、被相続人に支給されるべきであった退職手当金等で、その額がその死亡後3年以内に確定したもの（死亡退職手当金）は、相続人（相続を放棄した者及び相続権を失った者を含みません。以下同じです）が取得した場合には相続により、相続人以外の者が取得した場合には遺贈により、それぞれ取得したものとみなされます。

　なお、所得税においては、死亡した者に係る給与等（賞与を含みます）及び退職手当等で、その死亡後に支給期の到来するもの又は死亡後3年以内に支給が確定したもののうち、相続税法の規定により相続税の課税価格の計算の基礎に算入されるものについては非課税所得として、所得税は課税されません（所法9①十六、所基通9-17、相法3①二）が、被相続人の死亡後3年経過後に支給が確定した死亡退職手当金については、その受領者の一時所得として所得税が課税されます。

┌─ **関係法令通達** ─────────────
│　相続税法3条1項2号
│　相続税法基本通達3-32、3-33、11の2-1
│　所得税基本通達9-17、34-2
│　所得税法9条1項16号
└─────────────────────

Question.15
生命保険契約に関する権利

被相続人は、生前、次のような内容とする生命保険契約に係る生命保険料を負担していましたが、この生命保険に関して相続税の課税関係はどのようになりますか。

① 契約者・妻　　　　被保険者・妻
② 契約者・被相続人　被保険者・妻

Answer.　①については、保険契約者が被相続人以外の妻ですから、その生命保険契約に関する権利は妻が相続によって取得したものとみなされます（みなし相続財産）。

②については、保険契約者が被相続人ですから、その生命保険契約に関する権利はみなし相続財産ではなく、本来の相続財産として相続税の課税対象となります。

解説

相続開始の時において、まだ保険事故が発生していない生命保険契約（いわゆる「掛捨て保険」と称するものは除かれます）で、被相続人が保険料の全部又は一部を負担し、かつ、被相続人以外の者がその生命保険契約の契約者である場合には、その契約者について、その契約に関する権利のうち被相続人が負担した保険料の金額に対応する部分を被相続人から相続（契約者が相続人以外の場合は遺贈）により取得したものとみなされます（相法3①三）。

本問の①については、保険契約者が被相続人以外の妻ですから、その生命保険契約に関する権利は妻が相続によって取得したものとみなされます（みなし相続財産）。

②については、保険契約者が被相続人ですから、その生命保険契約に関する権利はみなし相続財産とはならず、本来の相続財産として相続税の課

税対象となります（相基通 3-36(1)）。

　なお、相続税の課税価格に算入される「生命保険契約に関する権利」の価額は、①、②とも相続開始の時における解約返戻金相当額によります（評基通 214）。

関係法令通達
　　相続税法 3 条 1 項 3 号
　　相続税法基本通達 3-36（1）
　　財産評価基本通達 214

Question.16
建物更生共済契約の権利を承継した場合の課税財産

　被相続人は、自己が所有する建物と妻が所有する建物について、それぞれの建物の共済を目的とする建物更生共済（10年満期、契約者は被相続人及び妻）に加入し、掛金は被相続人が全額負担していました。
　これらの共済掛金は、相続税法上どのような取扱いになりますか。

Answer.　建物の共済を目的とする建物更生共済契約に関する権利は、共済契約者の法定相続人に承継されますので、被相続人が所有する建物に対する共済契約に関する権利は本来の相続財産となります。
　また、妻が所有する建物に対する共済掛金を被相続人が負担していますが、相続税法上、建物更生共済契約に関する権利を相続により取得したものとみなす規定はないことから、妻が所有する建物の建物更生共済契約に関する権利を相続財産に含める必要はありません。

▮解 説

　建物の共済を目的とする建物更生共済契約に関する権利は、共済契約者の法定相続人に承継されますので、被相続人が所有する建物に対する共済契約に関する権利は本来の相続財産となり、その価額は相続開始時の解約返戻金相当額とするのが相当と思われます。

　また、妻が所有する建物に対する共済掛金を被相続人が負担していますが、相続税法上、契約者が建物更生共済契約に関する権利を相続により取得したものとみなす規定がないことから、妻が所有する建物の建物更生共済契約に関する権利を相続財産に含める必要はありません。この場合、被相続人はその掛金を支払った都度その掛金相当額を共済契約者である妻に贈与したこととなりますので、3年以内の贈与財産として課税価格に加算する必要が生ずることとなります。

---関係法令通達---
相続税法基本通達11の2-1

Question.17
交通事故に伴う損害保険金等

　交通事故により死亡した者の遺族が受け取る損害保険金等の相続税上の取扱いはどのようになりますか。

Answer.　対人賠償責任保険、無保険車傷害保険については、加害者から受ける損害賠償金と同様の性格を有していますので課税関係は生じません。

　　自損事故保険については、被相続人が保険料を負担していた場合についてみなし相続財産となります。

　　搭乗者傷害保険については、被相続人が保険料を負担していた

場合はみなし相続財産となります。

　車両保険については、被相続人が車両の所有者である場合は本来の相続財産（財産的損害に対する保険金は、通常の金銭債権が相続される場合と同様にその保険金請求権が相続財産となります）となります。

▌解　説

　被相続人の遺族が交通事故により受け取る損害保険金等の税務上の取扱いは、次のとおりになります。

1　人的損害（死亡保険金）
(1) 対人賠償責任保険（強制保険及び任意保険）
　加害者から受ける損害賠償金と同様の性格を有し、被相続人自身の賠償請求権と遺族固有の賠償請求権とを区別せずすべて課税関係が生じません。
(2) 自損事故保険（任意保険）
　被相続人が保険料を負担していた場合はみなし相続財産、被相続人及び受取人以外の者が保険料を負担していた場合は贈与とみなされ、受取人が保険料を負担していた場合は所得税の一時所得となります。
(3) 無保険車傷害保険（任意保険）
　上記（1）と同様となります。
(4) 搭乗者傷害保険（任意保険）
　被相続人が保険料を負担していた場合はみなし相続財産、被相続人及び受取人以外の者が保険料を負担していた場合は贈与とみなされ（契約者の損害賠償金に充てられることが明らかな部分の金額については課税関係は生じません）、受取人が保険料を負担していた場合は所得税の一時所得となります。

2　財産的損害（車両保険）
　被相続人が車両の所有者である場合は本来の相続財産（財産的損害に対する保険金は、通常の金銭債権が相続される場合と同様にその保険金請求権が相続財産となります）、被相続人及び受取人以外の者が車両の所有者である

場合は相続税及び所得税とも課税関係は生ぜず、受取人が車両の所有者である場合は相続税の課税関係は生ぜず所得税も非課税となります。

関係法令通達
相続税法3条1項1号、5条1項
相続税法施行令1条の5、1条の4
相続税法基本通達5-1、5-4、5-5
所得税法9条1項17号

Question.18
生命保険金の受取人

夫は、妻を受取人とする生命保険の契約をし保険料を負担していましたが、この度、夫が死亡し保険会社から死亡保険金が支払われることとなりました。

妻は、この死亡保険金を子供2人に均等に分けたいと考えています。この場合、相続税の課税関係はどのようになりますか。

Answer. 本問の生命保険金は、妻を受取人とする生命保険金で夫がその保険料を負担していたものですから、妻が相続又は遺贈により取得したものとみなされます。

したがって、この生命保険金を子供2人に分けた場合には、妻が生命保険金をいったん相続した後に子供2人に対して金銭の贈与があったとして子供2人に贈与税が課税されます。

しかしながら、妻が相続財産とみなされる生命保険金を相続し、その代わりに子供2人に対して金銭を交付する、いわゆる代償分割の方法を採用することにより相続税の中で課税関係を終わらせ

ることが可能と考えられます。

■解 説

　被相続人の死亡により生命保険金を受け取った場合、被相続人が当該保険金の保険料を負担していた場合には、その保険金の受取人が、当該保険金を被相続人から相続又は遺贈により取得したものとみなされます。

　この場合の保険金受取人とは、その保険契約に係る保険約款等の規定に基づいて保険事故の発生により保険金を受け取る権利を有する者、いわゆる保険契約上の保険金受取人をいいます（相法3①一、相基通3-11）。

　しかしながら、保険契約上の保険金受取人以外の者が現実に保険金を取得している場合において、保険金受取人の変更の手続がなされていなかったことにつきやむを得ない事情があると認められる場合など、現実に保険金を取得した者がその保険金を取得することについて相当な理由があると認められるときは、現実に保険金を取得した者を保険金受取人とするものとされています（相基通3-12）。この場合の保険金受取人の変更の手続がなされていなかったことにつきやむを得ない事情とは、被相続人が独人時代に父母を保険金受取人とする生命保険契約を締結していた場合において結婚後、保険金受取人を妻に変更しないまま死亡した場合などをいうものとされています。

　本問の生命保険金は、妻を受取人とする生命保険金で夫がその保険料を負担していたものですから、妻が相続又は遺贈により取得したものとみなされます。

　また、妻はこの生命保険金を子供2人に均等に分ける予定ですが、この生命保険金は当初から妻を受取人として保険契約がなされていますから、子供2人は、保険金を取得することに相当な理由がある場合には該当しないものと思われます。この生命保険金を子供2人に分けた場合には、妻が生命保険金をいったん相続した後に子供2人に対して金銭の贈与があったとして子供2人に贈与税が課税されます。

しかしながら、妻が相続財産とみなされる生命保険金を相続し、その代わりに子供2人に対して金銭を交付する、いわゆる代償分割の方法を採用することにより相続税の中で課税されることとなり、贈与税の課税は行われないものと考えます。

関係法令通達
相続税法3条1項1号
相続税法基本通達3-11、3-12

Question.19
相続を放棄した者が受け取った生命保険金、退職手当金等

夫が死亡しましたが、夫が生前多額の借入金を有していたことから、妻は家庭裁判所に相続放棄の申述を行いました。

しかしながら、妻は、夫が生前に保険料の全額を負担していた生命保険金と死亡退職手当金を受け取ることになっていますが、その場合の相続税の課税関係はどのようになりますか。

Answer. 相続税法では、相続を放棄した者（遺産分割協議で事実上相続の放棄をした者などは含まれません）が相続税法3条に規定する生命保険金、退職手当金等を取得した場合には、相続人以外の者が遺贈により取得したものとみなされます。

▍解 説

家庭裁判所に相続の放棄の申述を行い受理審判された相続人は、その相続についてはじめから相続人とならなかったものとみなされます（民法915ほか）から、相続税法では、相続を放棄した者（遺産分割協議で事実上相続の放棄をした者などは含まれません）が相続税法3条に規定する生命保

険金、退職手当金等を取得した場合には、相続人以外の者が遺贈により取得したものとみなされます。

本問の場合、妻は、生命保険金と死亡退職手当金を遺贈により取得したものとして相続税の課税が行われることとなります。

なお、相続を放棄した者が遺贈により財産を取得した場合の相続税の計算においては、基礎控除（相法15）、配偶者の相続税額の軽減（相法19の2）等の規定は適用されますが、次の規定は適用されません。

① 生命保険金等及び退職手当金等に係る非課税金額（相法12①五・六）
② 債務控除（相法13）
③ 相次相続控除（相法20）

なお、相続を放棄した者が現実に被相続人の葬式費用を負担した場合には、その負担額は、その者の遺贈によって取得した財産の価額から債務控除することができます。

関係法令通達

相続税法3条1項1号・2号、12条1項5号・6号、13条、15条、20条
相続税法基本通達3-1、3-3、12-8、12-10、13-1、20-1

Question.20
社団法人日本歯科医師会等から支払われた死亡共済金

夫は、東京都区内で歯科医院を開業していましたが、この度、夫が死亡し、社団法人日本歯科医師会及び社団法人東京都歯科医師会から死亡共済金が妻に支払われることとなりました。

この死亡共済金は、相続財産とみなされる生命保険金に該当するのでしょうか。

Answer. 社団法人日本歯科医師会及び社団法人東京都歯科医師会から支払われる死亡共済金は、相続税法3条に規定する生命保険金に該当しませんので、相続又は遺贈により取得したものとはなりません。

▌解 説

　死亡共済金については、社団法人日本歯科医師会及び社団法人東京都歯科医師会の各共済制度に基づいて福祉共済金として支給されるもので、国税庁では、「当該死亡共済金は、①会員の死亡、会員の指定する物件の火災または災害を給付原因とする福祉共済にかかわる給付金であること、②負担金が掛け捨てで各種共済を目的に一括して払い込まれていることからみて、生命保険契約に基づく保険金には該当しないものと認められるから、当該死亡共済金は、相続税法第3条に規定する生命保険契約に基づく保険金に該当しないものとして取り扱う」こととしている（直審(資)39昭和41年8月9日社団法人日本歯科医師会福祉共済部規程に基づき支給を受ける死亡共済金に対する相続税の取り扱いについて）。

　また、当該死亡共済金については、受給権は会員の指定した者（指定した者がいない場合は法定相続人）にありますので、本来の相続財産にも当たりません。

　したがって、当該死亡共済金は、相続又は遺贈により取得したものとはなりません。

　なお、当該死亡共済金は、偶発的な事由により受給権者に支給されるものであり、労務や役務の対価性はなく、資産の譲渡の対価としての性質も有していないから、受給者（妻）の所得税における一時所得に該当するものと考えます。

　この場合、一時所得については、「その収入を生じた原因に伴い直接要した金額を控除する」こととしていますが、当該共済の掛金は、掛け捨てであり、死亡、火災又は災害を対象としたものとしており個別に区分対応

することはできないものと考えますので、「その収入を生じた原因に伴い直接要した金額」は計算されないこととなります。

関係法令通達
相続税法3条1項1号
所得税法34条

Question.21
死亡退職手当金の受取人

　夫は、A社の役員をしていましたが、この度、夫が死亡しA社から妻に対して死亡退職金が支給されることとなりました。

　夫の遺産は、自宅とアパート1棟、多少の預金ですので、これらを妻が相続し、死亡退職金は妻と子供2人で均等に分ける予定です。この場合、相続税の課税関係と遺産の分割方法はどのようになりますか。

Answer.　本問の死亡退職金は、本来の相続財産ではないから遺産分割協議の対象にならず、受取人が妻と指定されているA社の死亡退職金は、その全額を妻が相続により取得したものとみなされ、相続税が課税されます。

　本問の場合、A社の死亡退職金を妻と子供2人で均等に分ける予定ですから、この死亡退職金を子供2人に分配した場合には、妻が死亡退職金全額をいったん相続した後に子供2人に対して金銭の贈与があったとして子供2人に贈与税が課税されます。

　しかしながら、妻が相続財産である居住用不動産等を相続し、その代わりに子供2人に対して金銭を交付する、いわゆる代償債務を負担するため死亡退職金の金銭を充てる方法が考えられます。この場合、代償分割として、子供2人が分配される死亡退職

金は遺産分割協議により妻からの代償財産の受入れとなりますので、子供2人は、死亡退職金の金銭を相続により取得したものとして相続税が課税され、贈与税の課税は行われません。

▎解 説

　被相続人の死亡後に支給が確定した死亡退職手当金等は本来の相続財産ではありませんが、被相続人の死亡後3年以内に支給が確定したものについては、その支給を受けた者が、相続人である場合には相続により、相続人以外の者である場合には遺贈により、それぞれ取得したものとみなされます（相法3①二）。

　この場合の「支給を受けた者」とは、それぞれ次に掲げる者をいいます（相基通3-25）。

(1)　退職給与規程等により、その支給を受ける者が具体的に定められている場合には、その規程等により支給を受けることとなる者
(2)　その支給を受ける者が具体的に定められていない場合、又は被相続人が退職給与規程等の適用を受けない者である場合
　①　相続税の申告書を提出する時、又は更正若しくは決定をする時までに、その死亡退職手当金等を現実に取得した者があるときは、その取得した者
　②　相続人全員の協議によりその支給を受ける者を定めたときは、その定められた者
　③　①及び②以外のときは、法定相続人の全員（各相続人は死亡退職手当金等を各人均等に取得したものとして取り扱われます）

　本問の死亡退職金は、本来の相続財産ではないから遺産分割協議の対象にならず、受取人が妻と指定されているA社の死亡退職金は、その全額を妻が相続により取得したものとみなされ、相続税が課税されます。

　本問の場合、A社の死亡退職金を妻と子供2人で均等に分ける予定であるから、この死亡退職金を子供2人に分配した場合には、妻が死亡退職

金全額をいったん相続した後に、子供2人に対して金銭の贈与があったとして子供2人に贈与税が課税されます。

しかしながら、妻が相続財産である居住用不動産等を相続し、その代わりに子供2人に対して金銭を交付する、いわゆる代償債務を負担するため死亡退職金の金銭を充てる方法が考えられます。この場合、代償分割として、子供2人が分配される死亡退職金は遺産分割協議により妻からの代償財産の受入れとなりますので、子供2人は、死亡退職金の金銭を相続により取得したものとして相続税が課税され、贈与税の課税は行われません。

関係法令通達
相続税法3条1項2号
相続税法基本通達3-25

Question.22
生命保険付ローンで不動産を取得していた場合の課税財産

被相続人は、住宅ローンで自宅を購入していましたが、この住宅ローンには次のような生命保険がついています。

契約者、受取人	銀行
被 保 険 者	被相続人
保 険 金 額	保険事故発生時の債務残額相当額
保険料負担者	銀行

この保険料の額は、実質的には被相続人の返済額に含まれていると思われますが、被相続人が完済前に死亡した場合には、住宅ローンの残債務が免除されることになりますが、相続税上どのように取り扱われますか。

Answer. 被相続人が生命保険付ローンで不動産を取得している場合、そのローンの完済前に被相続人が死亡したときは、死亡保険金は相

続税法3条1項1号に規定するみなし相続財産には該当しませんし、相続人に承継される債務もないものとして取り扱われます。

▌解 説

　被相続人が生命保険付ローンで不動産を取得している場合、そのローンの完済前に被相続人が死亡したときは、銀行等からの償還債務に関しては、相続の開始と同時にその償還債務は消滅したものと考えられます。

　したがって、死亡保険金は相続税法3条1項1号に規定するみなし相続財産には該当しませんし、また、相続人に承継される債務もないものとして取り扱われます。

　なお、被相続人及びその相続人について所得税の課税関係も生じないこととされています。

関係法令通達
相続税法3条1項1号
昭和44年5月官審（所）39

Question.23
業務上の死亡に伴う弔慰金等

　社員が工場で作業中の事故により死亡しました。これに伴い次のような金銭が遺族に支払われますが、それぞれ相続税の課税関係はどうなりますか。
　① 退職給与規程により支給される退職給与とは別のもので、役員会で協議して決定した特別弔慰金
　② 社員だけで運営されている互助会からの弔慰金
　③ 奉加帳により社員有志から贈られる遺児育英資金

Answer. 　①については、普通給与額の3年分相当額までの金額について

は弔慰金等として、それを超える金額については退職金として取り扱われます。②及び③については、雇用主からの弔慰金等ではありませんから、相続財産とはなりません。

▊解説

　弔慰金、花輪代、葬祭料等（以下「弔慰金等」といいます）として支給される金品は、相続人に対して支払われるものですから原則として相続財産とはなりません。

　しかし、弔慰金等という名目で相続人に支給されたものでも、実質上、退職金に代えて支払われたと認められる場合は、みなし相続財産である退職金として取り扱われ、相続税の課税価格に算入されます。

　また、雇用主等から受ける弔慰金等が実質退職金に該当するものでない場合には、使用人の死亡が業務上の死亡の場合は普通給与（俸給、給料、賃金、扶養手当、勤務地手当の合計額をいいます）の3年分相当額まで、業務上の死亡でない場合は普通給与の半年分相当額までが弔慰金等として取り扱われ、それを超える金額は退職金に該当するものとして取り扱われます。

　この3年分相当額又は半年分相当額の判定は、弔慰金等として支給された雇用主ごとの金品の額により行います。

　なお、相続税法基本通達3-23（退職手当金に該当しないもの）に掲げる弔慰金等については、その全額が弔慰金等として認められ、相続税は課税されません。

　本問の場合、①については、退職金に代えて支払われたものとは認められませんので、普通給与額の3年分相当額までの金額については弔慰金等として、それを超える金額については退職金として取り扱われます。②及び③については、雇用主より弔慰金等として支給された金品ではなく、退職金でもありませんから、相続財産とはなりません。

- 関係法令通達
相続税法基本通達 3-18、3-20、3-23

Question.24
国外に所有している財産の評価

　被相続人の遺産の中に米国ハワイ州に所在する別荘がありますが、この別荘は、相続税の財産としてどのように計算したらよいのでしょうか。

　なお、相続人は、いずれも日本に居住しています。

　また、この別荘について、日本の相続税に相当する税金が米国において課せられました。この場合の納付した税金について、日本の相続税計算上の取扱いはどのようになりますか。

Answer.　国外に所在する財産についても、財産評価基本通達に定める評価方法により評価しますが、この通達の定めによって評価することができない財産については、この通達に定める評価方法に準じて、又は売買実例価額、精通者意見価格等を参酌して評価します。ただし、この通達の定めによって評価することができない財産については、課税上弊害がない限り、その財産の取得価額を基にその財産が所在する地域若しくは国におけるその財産と同一種類の財産の一般的な価格動向に基づき時点修正して求めた価額、又は、課税時期後にその財産を譲渡した場合における譲渡価額を基に課税時期現在の価額として算出した価額により評価することができます。

　米国で納めた日本の相続税に相当する税額については、相続人各人の相続税額の計算上控除（外国税額控除）されます。この控除される金額は、贈与税額等の諸控除を控除した後の日本国の相続税額に、相続又は遺贈により取得した財産の課税価格の計算の

基礎に算入された部分の価額に対する相続又は遺贈により取得した外国にある財産の価額の割合を乗じた金額です。なお、米国で納めた日本の相続税に相当する税額がこの算式により計算した金額を超えるときは、その超える部分の金額は控除されないこととなります。

▌解 説

　本問の場合、相続人は、全員日本国内に住所を有していますので、相続税法においては居住無制限納税義務者に当たり、相続又は遺贈で取得した財産全部が相続税の課税対象となります（相法1の3一、1の2①）から、ハワイに所在する別荘も相続税の課税対象となります。

　国外に所在する財産についても、財産評価基本通達に定める評価方法により評価しますが、この通達の定めによって評価することができない財産については、この通達に定める評価方法に準じて、又は売買実例価額、精通者意見価格等を参酌して評価します。ただし、この通達の定めによって評価することができない財産については、課税上弊害がない限り、その財産の取得価額を基にその財産が所在する地域若しくは国におけるその財産と同一種類の財産の一般的な価格動向に基づき時点修正して求めた価額、又は、課税時期後にその財産を譲渡した場合における譲渡価額を基に課税時期現在の価額として算出した価額により評価することができます（評基通5-2）。

　この場合、邦貨への換算については、原則として納税義務者の取引金融機関が公表する課税時期における最終の為替相場のうち対顧客直物電信買相場（ＴＴＢ）又はこれに準ずる為替相場によることとなります。なお、課税時期が取引金融機関等の休日に当たりその金融機関等の為替相場が公表されていない場合には、課税時期前のその相場のうち課税時期に最も近い日のその相場によることとされています（評基通4-3）。

次に、米国で納めた日本の相続税に相当する税額については、相続人各人の相続税額の計算上控除（外国税額控除）されますが、次の算式により計算した金額を超えるときは、その超える部分の金額は控除されないこととなります（相法20の2）。

【算 式】

$$\text{贈与税額等の諸控除を控除した後の日本国の相続税額} \times \frac{\text{相続又は遺贈により取得した外国にある財産の価額}}{\text{相続又は遺贈により取得した財産の課税価格の計算の基礎に算入された部分の価額}}$$

この場合、被相続人を特定贈与者とする相続時精算課税の適用を受ける財産に係る贈与税額は控除できません。また、相続又は遺贈により取得した外国にある財産の価額は、その財産の合計額からその財産に係る債務の金額を控除した額をいい、課税価格計算の基礎に算入された部分とは、債務控除後の金額をいいます（相基通20の2-2）。

また、上記の控除額を計算する場合には、外国の法令により課税された日本の相続税に相当する税額を邦貨に換算する必要があります。この場合換算については、原則として、その外国の法令により納付すべき日とされている日の対顧客直物電信売相場（ＴＴＳ）によることになります。ただし、送金が著しく遅延して行われる場合を除き、国内から送金する日の対顧客直物電信売相場によることもできることとされています（相基通20の2-1）。

> **関係法令通達**
> 相続税法1条の3第1号、2条1項、20条の2
> 財産評価基本通達4-3、5-2
> 相続税法基本通達20の2-1、20の2-2

Question.25
居住用建物の建替え中に相続が開始した場合の小規模宅地等

両親は、父所有の土地・建物に居住していましたが、建物が老朽化したため建て替えることとしました。父がその建築途中に死亡したため、その後、母が完成した建物と敷地を相続し、居住しています。

この場合に、建築中の建物の敷地について小規模宅地等の特例を適用することはできるでしょうか。

なお、建物の建築期間中は、両親は他に所有するマンションに居住していました。

Answer. 小規模宅地等の特例を受けることができる宅地等は、原則として、相続開始の直前において被相続人又は被相続人と生計を一にする親族（以下「被相続人等」といいます）の居住の用に供されていたものに限られます。

ただし、居住用建物の建築中の場合、相続開始直前における被相続人等の建築中の建物に係る居住の準備行為の状況からみて、その建物を速やかに被相続人等の居住の用に供することが確実であったと認められるときには、その敷地については被相続人等の居住の用に供されていた宅地等として取り扱われます。

■解 説

被相続人又は被相続人と生計を一にする親族（以下「被相続人等」とい

います）の居住の用に供されていた建物の敷地のうち、小規模宅地等の特例（措法69の4）を受けることができる宅地等は、原則として、相続開始の直前において被相続人等の居住の用に供されていたものに限られます。

ただし、居住用建物の建築中の場合、相続開始直前における被相続人等の建築中の建物に係る居住の準備行為の状況からみて、その建物を速やかに被相続人等の居住の用に供することが確実であったと認められるときには、その敷地については被相続人等の居住の用に供されていた宅地等として取り扱われています。

なお、次の要件を満たす場合には、速やかに被相続人等の居住の用に供することが確実であったものとして、この特例を適用することができます。
(1) 建築中の建物は、被相続人又は被相続人の親族の所有に係るものであること
(2) 建築中の建物は、被相続人等の居住の用に供されると認められるものであること
(3) 原則として、相続税の申告期限までに、被相続人又は被相続人の親族の所有に係る建築中の建物を次に掲げる被相続人の親族が居住の用に供していること
　① その建物又はその建物の敷地を取得した親族
　② 被相続人と生計を一にしていた親族
(4) 相続開始の直前において現に被相続人等が居住の用に供していた建物（被相続人等の居住用建物の建築中だけの仮住まいである建物その他一時的な目的で入居したと認められる建物を除きます）を所有していないこと

本問の場合、相続開始直前における居住の準備行為の状況は不明ですが、上記(1)から(3)までの要件を満たしていると考えられますので、(4)の要件、すなわち、建物の建築期間中に居住していたマンションが建築期間中だけの仮住まいということであれば、建築中の建物の敷地については居住用宅地等に該当することとなり、また、被相続人の配偶者がその敷地を取得していますので、特定居住用宅地等として小規模宅地等の特例を適用するこ

とができます。

> **関係法令通達**
> 租税特別措置法69条の4
> 租税特別措置法（相続税取扱）通達69の4-5、69の4-8

Question.26
老人ホーム入所により空き家となった建物の小規模宅地等

　父は、昨年、居住していた自宅を離れて老人ホームに入所しましたが、自宅に戻ることなく死亡しました。
　父が老人ホームに入所する前に居住していた建物は、老人ホーム入所後から相続開始直前まで空き家になっていましたが、小規模宅地等の特例は適用できるのでしょうか。

Answer.　小規模宅地等の特例における「被相続人等の居住の用に供されていた宅地等」に当たるかどうかは、その者の日常生活の状況、その建物への入居目的、建物の構造及び設備の状況、生活の拠点となるべき他の建物の有無その他の事実を総合勘案して判定することになります。
　本問の場合、老人ホーム入所後にその建物を他の者の居住の用などに供していないこと、老人ホームは被相続人又はその親族によって所有権が取得され、あるいは終身利用権が取得されていないことなどの諸事情を総合勘案すれば、被相続人が居住していた建物の敷地は、相続開始の直前においてもなお被相続人の居住の用に供されていた宅地等に該当するものとして差し支えないものと考えます。

▌解説

　小規模宅地等の特例における「被相続人等の居住の用に供されていた宅地等」に当たるかどうかは、基本的には、被相続人等が、その宅地等の上に存する建物に生活の拠点を置いていたかどうかにより判定すべきものと考えられます。

　具体的な判定に当たっては、その者の日常生活の状況、その建物への入居目的、建物の構造及び設備の状況、生活の拠点となるべき他の建物の有無その他の事実を総合勘案して判定することになります。

　ところで、被相続人が居住していた建物を離れて老人ホームに入所したような場合には、一般的には、入所に伴い被相続人の生活の拠点も移転したものと考えられます。

　しかし、個々の事例の中には、被相続人の身体上又は精神上の理由により介護を受ける必要があるため、居住していた建物を離れて、老人ホームに入所しているものの、被相続人本人がその建物（自宅）での生活を望んでいるため、いつでも居住できるように建物の維持管理がなされている場合があります。このような場合については、諸事情を総合勘案すれば、病気治療のため病院に入院した場合と同様に一時的な状況にあるものと考えられ、一律に生活の拠点を移転したものとみるのは実情にそぐわない面があります。

　そこで、被相続人が、老人ホームに入所したため、相続開始の直後においても、それまで居住していた建物を離れていた場合において、次に掲げる状況が客観的に認められるときには、被相続人が居住していた建物の敷地は、相続開始の直前においてもなお被相続人の居住の用に供されていた宅地等に該当するものとして差し支えないものと考えられます。

① 被相続人の身体又は精神上の理由により介護を受ける必要があるため、老人ホームへ入所することとなったものと認められること

② 被相続人がいつでも生活できるようその建物の維持管理が行われていたこと

③ 入所後、新たにその建物を他の者の居住の用その他の用に供していた事実がないこと
④ その老人ホームは、被相続人が入所するために被相続人又はその親族によって所有権が取得され、あるいは終身利用権が取得されたものでないこと
　(注1)　上記①について、特別養護老人ホームの入所者については、その施設の性格を踏まえれば、介護を受ける必要がある者に当たるものとして差し支えないものと考えられます。
　　　なお、その他の老人ホームの入所者については、入所時の状況に基づき判断します。
　(注2)　上記②の「被相続人がいつでも生活できるよう建物の維持管理が行われていた」とは、その建物に被相続人の起居に通常必要な動産等が保管されるとともに、その建物及びその建物及び敷地が起居可能なように維持管理されていることをいいます。

関係法令通達
租税特別措置法69条の4第1項、3項2号、
租税特別措置法施行令40条の2第6項

Question.27
外国に所在する土地に対する小規模宅地等の特例の適用

　父は長い間米国に居を移し生活していましたが、そのまま米国において死亡しました。父の財産は、米国所在の土地、建物と預貯金で、相続人は子供1人です。この場合、米国にある父所有の土地について、小規模宅地等の特例の適用はできるのでしょうか。
　なお、相続人はこの10年間日本において妻とともに社宅に居住しています。

Answer. 被相続人の配偶者及び民法第5編第2章の規定による相続人（相続の放棄があった場合には、その放棄がなかったものとした場合における相続人）である同居親族がいない場合については、被相続人の居住の用に供されていた宅地等で、①相続開始前3年以内に日本国内にある本人又はその者の配偶者が所有する家屋（相続開始の直前において被相続人の居住の用に供されていた家屋を除きます）に居住したことがないこと、②相続開始時から申告期限までその宅地等を保有していること（居住要件はありません）、③取得者が制限納税義務者である場合には日本国籍を有する者であること、これらの要件をすべて満たしている同居親族以外の親族が取得したものに限り特定居住用宅地等に該当します。

また、小規模宅地等の特例の適用に当たってはその所在地については何ら規定されていませんので、外国に所在する土地等であっても小規模宅地等の特例を適用することができるものと考えられます。

解説

小規模宅地等の特例の対象となる居住用宅地等とは、相続開始直前において、被相続人又は被相続人と生計を一にする親族が「居住の用に供していた建物の敷地」をいいます。そして、この居住用宅地等のうち配偶者又は一定の要件を満たす親族の取得したものが特定居住用宅地等（減額割合80％）となります。

ご質問のように、被相続人の配偶者及び民法第5編第2章の規定による相続人（相続の放棄があった場合には、その放棄がなかったものとした場合における相続人）である同居親族がいない場合については、被相続人の居住の用に供されていた宅地等で、次の要件をすべて満たしている同居親族以外の親族が取得したものに限り特定居住用宅地等に該当します。

① 相続開始前3年以内に日本国内にある本人又はその者が所

有する家屋（相続開始の直前において被相続人の居住の用に供されていた家屋を除きます）に居住したことがないこと
②　相続開始時から申告期限までその宅地等を保有していること（居住要件はありません）
③　取得者が制限納税義務者である場合には日本国籍を有する者であること

また、被相続人の居住の用に供していた宅地が日本国外に所在していますが、小規模宅地等の特例の適用に当たってはその所在地については何ら規定されていませんので、外国に所在する土地等であっても小規模宅地等の特例を適用することができるものと考えられます。

本問の場合、相続人が相続により取得した米国所在の土地については、居住用宅地等として小規模宅地等の特例を適用することができますし、また、相続人は居住無制限納税義務者に当たりますので、上述の①及び②の要件を満たす場合には、特定居住用宅地等として80％の減額対象とすることができます。

なお、資産の所在地が米国の場合、被相続人の住所、財産の所在等により米国において日本の相続税に相当する税金が課税される場合がありますが、課税された場合には日本において外国税額控除ができます。

── 関係法令通達 ──
租税特別措置法69条の4第3項2号ロ
租税特別措置法施行規則23条の2第3項

Question.28
土地又は建物を「特定同族会社」に使用貸借により貸し付けている場合の小規模宅地等

被相続人Aは、所有する土地又は建物を同族会社甲（被相続人の出資

85%）に対して次のように貸し付けていました。Aが所有する宅地について、小規模宅地等の特定同族会社事業用宅地等として80％の減額又は貸付事業用宅地等としての50％の減額は受けられるでしょうか。

(1) Aが所有する宅地を同族会社甲に使用貸借により貸し付けて、甲社はその宅地の上に建物を建築し、会社の店舗として利用している。

(2) Aが所有する土地・建物を同族会社甲に使用貸借により貸し付け、甲社が店舗として利用している。

Answer. 被相続人又は被相続人と生計を一にしていた被相続人の親族（以下「被相続人等」といいます）の事業の用に供されていた宅地等で小規模宅地等の特例の対象となるものは、①特定事業用宅地等（80％の減額対象）、②特定同族会社事業用宅地等（80％の減額対象）、③貸付事業用宅地等（50％の減額対象）に限られます。

本問の場合、(1)は使用貸借により土地を貸し付け、(2)は使用貸借により建物を貸し付けていますので、相当の対価を得て継続的に貸し付けていないこととなり、上記①ないし③のいずれの事業用宅地等にも該当しませんから、(1)及び(2)のいずれの場合も小規模宅地等の特例を適用することはできません。

■解説

被相続人又は被相続人と生計を一にしていた被相続人の親族（以下「被相続人等」といいます）の事業の用に供されていた宅地等で小規模宅地等の特例の対象となるものは、①特定事業用宅地等（80％の減額対象）、②特定同族会社事業用宅地等（80％の減額対象）、③貸付事業用宅地等（50％の減額対象）に限られます。

この場合の①の特定事業用宅地等とは、被相続人等の事業（不動産貸付業、駐車場業、自転車駐車場業及び準事業（事業と称するに至らない不動産の貸付けその他これに類する行為で相当の対価を得て継続的に行うものをいいま

す。(以下、これらの事業を「貸付事業」といいます)は除かれます)の用に供されていた宅地等で一定の要件を満たすものをいい、②の特定同族会社事業用宅地等とは、被相続人及び被相続人と特別の関係がある者が主宰する法人(相続開始直前にこれらの者が株式等の過半数を所有する法人をいいます)の事業(貸付事業は除かれます)の用に供されていた宅地等で、その宅地等を取得した被相続人の親族(申告期限においてその法人の役員(清算人は除きます)である者に限られます)が相続開始時から申告期限まで引き続きその宅地等を所有し、かつ、その法人の事業の用に供されている場合のその宅地等をいい、③の貸付事業用宅地等とは、被相続人等の事業(貸付事業に限ります)の用に供されていた宅地等で、貸付事業を承継し、又は継続する被相続人の親族が取得したもののうち特定同族会社事業用宅地等に該当しないものをいいます。

　本問の場合、(1)は使用貸借により土地を貸し付け、(2)は使用貸借により建物を貸し付けていますので、相当の対価を得て継続的に貸し付けていないこととなり、上記①ないし③のいずれの事業用宅地等にも該当しませんから、(1)及び(2)のいずれの場合も小規模宅地等の特例を適用することはできません。

┏━ 関係法令通達 ━━━━━━━━━━━━━━━━━━━━━
┃　租税特別措置法69条の4第1項、3項1号・3号・4号
┃　租税特別措置法施行令40条の2第1項・4項
┃　租税特別措置法施行規則23条の2第4項
┗━━━━━━━━━━━━━━━━━━━━━━━━━━━━

Question.29
厚生年金保険法に基づく遺族年金等の課税関係

　厚生年金保険法に基づいて支給を受ける遺族年金と、厚生年金基金から支給される死亡一時金の相続税の課税関係はどのようになりますか。

Answer. 厚生年金保険法に基づく遺族年金は、同法に非課税規定が設けられていますので（厚生年金保険法41②）、相続税は課税されません。

厚生年金基金から支給を受ける死亡一時金についても、遺族年金と同様の理由により相続税は課税されません（厚生年金保険法136）。

■解説
1 厚生年金保険法に基づく遺族年金の受給権について

遺族年金を受ける権利は、法律等の規定により相続人等が原始的に取得するものですが、相続税法上は、その経済的実質に着目して、これを「契約に基づかない定期金に関する権利」として相続財産とみなしています。しかし、厚生年金保険法に基づく遺族年金は、同法に非課税規定が設けられていますので（厚生年金保険法41②）、相続税は課税されません。また、厚生年金保険法に基づく遺族年金と同様、相続税が課税されない遺族年金には、国家公務員共済組合法の規定による遺族年金、地方公務員等共済組合法の規定による遺族年金等があります。

2 厚生年金基金から支給を受ける死亡一時金について

企業によっては厚生年金基金を設立し、従業員が死亡した場合には死亡一時金を支給しているところもあります。この死亡一時金も、遺族年金の受給権と同様の理由により相続税は課税されません（厚生年金保険法136）。

関係法令通達
相続税法3条1項6号
相続税法基本通達3-46

Question.30
国等に対し相続財産を贈与した場合

父の死亡により取得した生命保険金を地方公共団体に寄附したいと考えていますが、相続税の課税関係はどうなりますか。

Answer. 相続又は遺贈により財産を取得した者が、その財産（相続等財産）を国、地方公共団体又は一定の公益法人等に贈与をした場合、①その贈与が相続税の申告期限までに行われること、②その贈与により、贈与者又は贈与者の親族等の相続税又は贈与税の負担が不当に減少する結果になると認められる場合に該当しないこと、③相続税の申告書に非課税規定の適用を受けようとする旨及び贈与した財産の明細を記載すること、④相続税の申告書に公益法人等の贈与を受けた旨等を記載した書類又は主務官庁等の証明書を添付すること、これらの要件を満たすときには、その贈与をした相続等財産は相続税が非課税となります。

■解 説

相続又は遺贈により財産を取得した者が、その財産（相続等財産）を国、地方公共団体又は一定の公益法人等に贈与（措法70①）をした場合で、一定の要件を満たすときには、その贈与をした相続等財産は相続税が非課税となります。

この場合の「一定の要件」とは、次のものをいいます。

① その贈与が相続税の申告期限までに行われること
② その贈与により、贈与者又は贈与者の親族等の相続税又は贈与税の負担が不当に減少する結果になると認められる場合に該当しないこと
③ 相続税の申告書に、非課税規定の適用を受けようとする旨及び贈与した財産の明細を記載すること
④ 相続税の申告書に公益法人等の贈与を受けた旨等を記載した書類又

は主務官庁等の証明書を添付すること

また、この非課税規定が適用される「相続又は遺贈により取得した財産」には、本問の生命保険金のほか死亡退職金など相続税法3条等の規定により相続又は遺贈により取得したものとみなされる財産が含まれます。

なお、相続人の取得した生命保険金又は死亡退職手当金等の非課税金額の計算は、受け取った生命保険金等の金額から国等に贈与した金額を控除した後の金額を基礎とします。

関係法令通達

租税特別措置法70条1項
租税特別措置法（相続税取扱）通達70-1-5
相続税法12条1項5号・6号
相続税法基本通達12-9、12-10

Question.31
公益法人が寄附を受けた相続等財産を換価した場合

相続により取得したマンションを、相続税の申告期限までに公益法人に贈与したところ、公益法人は、直ちにそのマンションを他に譲渡し、その譲渡代金を公益法人の基本財産に繰り入れました。

このような場合にも、相続税の非課税は適用になりますか。

Answer. 公益法人にあっては、その基本財産は法人格の主体をなすもので法人の存立そのものですから、公益法人が贈与があった日から2年を経過した日までに、贈与財産を譲渡し、その譲渡代金を公益法人の基本財産に繰り入れ、公益法人の目的事業のために充てれば、贈与財産は、公益を目的とする事業の用に供されているものとして取り扱われますので租税特別措置法70条の規定の適用

を受けることができます。

■解 説

　国等に対して相続等財産を贈与した場合等の相続税の非課税等の規定は、公益法人が贈与があった日から2年を経過した日までに、贈与により取得した財産（贈与財産）を、公益を目的とする事業の用に供していなければ適用されませんが、贈与財産が贈与時のままでその用に供されているかどうかは問わないものとされています。

　本問の場合、公益法人の基本財産とは、公益事業を遂行する上で基本的に必要な財産で、その財産なくしては公益事業を遂行することができないものをいい、公益法人にあっては、その基本財産は法人格の主体をなすもので法人の存立そのものですから、公益法人が贈与財産を譲渡し、その譲渡代金を公益法人の基本財産に繰り入れ、公益法人の目的事業のために充てれば、贈与財産は、公益を目的とする事業の用に供されているものとして取り扱われますので、租税特別措置法70条の規定の適用を受けることができます。

　なお、相続人が、マンションを譲渡して、その譲渡代金を公益法人に寄附した場合には、相続又は遺贈により取得した財産を贈与したことになりませんので、同条の規定の適用はありません（租税特別措置法70条の制度の概要については **Q30** を参照してください）。

―関係法令通達―
　租税特別措置法70条1項
　租税特別措置法（相続税取扱）通達70-1-13

1-3 債務控除

Question.32
過年分の所得税の修正申告等に係る未納公租公課の債務控除

被相続人の生前の所得税について、税務署から申告漏れの指摘を受けましたので、相続人たちが次の期限後申告書及び修正申告書を平成29年8月に提出し、同時に納付しました。相続人たちが納付した所得税及び住民税（附帯税等を含み、以下「所得税等」といいます）は、相続税の計算に当たり債務控除の対象となりますか。

なお、被相続人は、平成29年2月に死亡しており、相続人はすべて日本国内に居住しています。

① 平成29年分の準確定申告書に係る所得税等
② 平成28年分の準確定申告書に係る所得税等
③ 平成27年分の修正申告書に係る所得税等

Answer. 被相続人に係る所得税等は、債務として控除することができますが、相続人の責めに帰すべき事由により納付し、又は徴収されることとなった延滞税、加算税、延滞金及び加算金は債務控除の対象とはなりません。

解説

相続税法上、控除の対象とされる債務は、被相続人の債務で同人の死亡の際現に存在し、かつ、確実と認められるものに限られています。公租公課については、これらのほか、被相続人の死亡後に相続税の納税義務者が納付し、又は徴収されることとなった被相続人に係る所得税等も債務として控除することができますが、相続人の責めに帰すべき事由により納付し、又は徴収されることとなった延滞税、加算税、延滞金及び加算金は債務控除の対象とはなりません。

本問の場合は、次のようになります。

1　平成29年分の準確定申告に係る所得税等

　所得税は債務控除の対象となりますが、延滞税及び無申告加算税については、準確定申告に係るものであり、相続人の責めに帰すべき事由により納付したものとなりますから、債務控除の対象とはなりません。なお、この申告に係る住民税は、被相続人がその賦課期日である平成30年1月1日現在においてすでに死亡していますので課税されません。

2　平成28年分の準確定申告に係る所得税等

　所得税及び住民税は債務控除の対象となりますが、延滞税、無申告加算税、延滞金及び不申告加算金は、上記1と同様に、準確定申告に係るものであり、相続人の責めに帰すべき事由により納付したものとなりますから、債務控除の対象とはなりません。

3　平成27年分の修正申告に係る所得税等

　所得税及び住民税は債務控除の対象となります。また、過少申告加算税、過少申告加算金及び被相続人が死亡した日までに対応する部分の延滞税、延滞金についても同様です。

　（注）「延滞金」、「過少申告加算金」又は「不申告加算金」は、それぞれ国税でいう「延滞税」、「過少申告加算税」及び「無申告加算税」に対応する地方税の用語です。

関係法令通達
　相続税法13条1項、14条
　相続税法施行令3条

Question.33
相続人が保証債務を履行した場合の債務控除

被相続人は、生前に友人の借入金の保証をしていたところ、その友人が事業に失敗したため債権者より保証債務の履行を請求されていましたが、その履行をしないまま死亡しました。

このため、相続人は、相続税の申告期限までに当該保証債務を履行した場合、相続税の課税価格の計算上、その返済金額（保証債務）について債務控除できますか。

Answer. 保証債務については、相続開始時において保証人がその債務を履行しなければならない場合で、かつ、主たる債務者に求償しても返済を受けられる見込みがない場合には、その部分の金額に限り債務として控除することができます。

解 説

保証債務については、原則として相続税の課税価格の計算上債務控除の対象にはなりませんが、相続開始時において主たる債務者が資力喪失等の理由で弁済不能の状態にあるため、保証人がその債務を履行しなければならない場合で、かつ、主たる債務者に求償しても返済を受けられる見込みがない場合には、その部分の金額に限り債務として控除することができます。

本問の場合、友人が弁済不能の状態にあり、保証債務の履行をしなければならず、かつ、友人に求償しても返還される見込みがない場合には、債務として控除することができます。

― 関係法令通達 ―
相続税法基本通達 14-3

Question.34
葬式費用の範囲

債務控除の対象となる被相続人に係る葬式費用とは、どのような費用をいうのですか。

Answer. 葬式とは、一般的には死者を葬る儀式をいうものとされ、宗教や地域的習慣によりその様式が異なることから、相続税法基本通達において葬式費用の範囲について示しています。

解 説

債務控除の対象となる葬式費用の金額は、一般的に相続人が負担した次に掲げる金額の範囲内のものとされています（相基通13-4）。

⑴　葬式若しくは葬送に際し、又はこれらの前において埋葬、火葬、納骨又は遺がい若しくは遺骨の回送その他に要した費用（仮葬式と本葬式とを行うものにあってはその両者の費用）

⑵　葬式に際し、施与した金品で、被相続人の職業、財産その他の事情に照らして相当程度と認められるものに要した費用（寺院等に対する読経料、御布施、戒名料等がこれに当たります）

⑶　⑴ないし⑵に掲げるもののほか、葬式の前後に生じた出費で通常葬式に伴うものと認められるもの（死亡広告費用、会葬御礼に要する費用、お通夜の費用、飲食等に要した費用がこれに当たります）

⑷　死体の捜索又は死体若しくは遺骨の運搬に要した費用

したがって、次に掲げるような費用は、葬式費用とはなりません（相基通13-5）。

① 香典返戻費用

② 墓碑及び墓地の買入費並びに墓地の借入料

③ 初七日費用等法会に要する費用

④ 医学上又は裁判上の特別の処置に要した費用

⑤　遠隔地から葬式に参列するための親族の交通費等
⑥　葬式に際して支払った親族の喪服借用料

> **関係法令通達**
> 相続税法基本通達 13-4、13-5

2 贈与税

2-1 申告・納税義務

Question.35
外国に居住している者が現金の送金を受けたときの贈与税

　日本に住所を有する父は、数年前に日本から米国に移り住んだ長男（日本国籍）に日本円で1,000万円を贈与するために、米国内にあるＡ銀行の長男名義の口座に送金しました。

　この場合、米国にいる長男に日本の贈与税が課税されるのでしょうか。

Answer.　長男（日本国籍）は贈与前10年以内に日本に住所を有していたので、非居住無制限納税義務者となりますので、取得したすべての財産について日本の贈与税が課税されることになります。

▌解 説

　日本の贈与税は、贈与を受けた者（以下「受贈者」といいます）が納税義務者となりますが、相続税の納税義務者の場合（1-1Q1）と同様に、財産の贈与を受けた時に受贈者及び贈与者が日本国内に住所を有するか否かなどによって、次のように区分され贈与税の課税財産の範囲が異なります（相法1の4）。

　イ　居住無制限納税義務者

　　　贈与により取得した財産の所在にかかわらず、すべての受贈財産に対して贈与税が課税されます。

　ロ　非居住無制限納税義務者

　　　贈与により取得した財産の所在にかかわらず、すべての受贈財産に対して贈与税が課税されます。

　ハ　居住制限納税義務者

　　　贈与により取得した財産のうち日本国内にある財産についてのみ、

贈与税が課税されます。
ニ　非居住制限納税義務者
　　贈与により取得した財産のうち、日本国内にある財産についてのみ贈与税が課税されます。
　本問の場合、長男は非居住無制限納税義務者になりますので、父から贈与を受けた1,000万円について日本の贈与税が課税されることになります。

関係法令通達
相続税法1条の4、2条の2

Question.36
遺産分割のやり直しと贈与税

　3年前に父が死亡し、その遺産について相続人において遺産分割を行いました。ところが、相続登記を行う前に、相続人の一部から遺産分割のやり直しを求められましたので、再度遺産分割の協議を行った場合には税務上問題が生ずるのでしょうか。

Answer.　いったん有効に遺産分割協議が成立し、分割により共同相続人等に帰属した財産をその分割のやり直しとして再配分した場合は、その再配分により取得した財産は贈与等に該当するものとして贈与税が課税されます。

解説

　被相続人に帰属していた遺産は相続の開始によって共同相続人等による合有又は抽象的な共有の状態になるものと考えられていますが、遺産の分割は、このような状態にある財産を共同相続人等の各人に具体的に特定の財産として帰属させる行為ということができます。

ところで、民法上、共同相続人は、被相続人が遺言で禁じた場合を除き、いつでも、その協議で遺産の分割をすることができることとされていますが、いったん有効に遺産分割協議が成立し、分割により共同相続人等に帰属した財産をその分割のやり直しとして再配分した場合は、その再配分により取得した財産は、相続登記の有無に関係なく、税務上遺産分割以外の原因により取得したものとして取り扱われます。

　本問の場合、相続人は、当初行った遺産分割協議に瑕疵があったことなどにより改めて遺産分割の協議を行ったものではなく、単に遺産分割のやり直しと考えられるので、再配分により取得した財産は贈与等に該当するものとして課税されるものと考えます。

関係法令通達
　相続税法基本通達19の2-8

2-2 課税財産

Question.37
有利な金額による第三者割当増資

　A社は、株主割当増資を計画していましたが、株主の資金繰りの都合等から株主以外の第三者に出資を求めることとなりました。A社の1株当たりの時価は、1,200円（増資後の相続税評価額900円）ですが500円で発行しようと考えています。

　この場合の課税関係はどのようになりますか。

Answer.　新株の発行を引き受けた者がその同族会社の株主の親族等である場合には、原則として、その新株に係る引受権を同族会社の株主から贈与されたものとして取り扱われます。

■解 説

　株式の発行法人が同族会社であり、有利な発行価額による新株の発行をする場合において、その新株に係る引受権（以下「募集株式引受権」といいます）を与えられた者が、その同族会社の株主（以下「旧株主」といいます）の親族等である場合には、所得税の給与所得又は退職所得として課税されるものを除き、募集株式引受権を旧株主から贈与されたものとして取り扱われます。

　この場合、贈与税の課税対象となる募集株式引受権の価額は、増資後の株式の相続税評価額相当額からその新株式1株について払い込むべき金額（本問の場合は500円）を控除した金額により評価することとなります。

　本問の場合、A社が同族会社で、かつ、募集株式引受権を与えられた者が旧株主の親族等である場合には、1株当たり400円（900円－500円）が贈与税の課税対象となります。

関係法令通達

相続税法9条、相続税法基本通達9-4
財産評価基本通達190
---

②-3 配偶者控除

Question.38
離婚を前提とした財産分与

　妻は、夫と協議離婚をすることとなりましたが、これまで夫婦で居住していた夫名義の土地建物を慰謝料並びに財産分与として、戸籍の除籍手続をする前に妻名義にしてしまいました。

　この場合、贈与税が課税されるのでしょうか。

Answer.　土地建物の名義変更が離婚に伴う財産分与と認められ、その後、速やかに除籍手続が行われている場合には、たとえ除籍手続前に名義を変更したとしても贈与税は課税されません。

▌解 説

　離婚に伴う財産の分与、慰謝料の支払は、原則として贈与税は課税されません。

　本問の場合、戸籍の除籍手続前に名義を変更されていますので財産分与とは認められず、贈与と認定されるということも考えられます。しかしながら、離婚の場合、現実には、戸籍の除籍手続前に離婚に伴う諸手続等を行うケースが多いものと思われますので、名義変更が婚姻中の夫婦の協力によって得た財産の額その他一切の事情を考慮してなされた離婚に伴う財産分与と認められ、その後、速やかに除籍手続が行われている場合には、たとえ除籍手続前に名義を変更したとしても贈与税が課税されることはないと考えられます。

なお、夫の譲渡所得関係について、居住用財産を譲渡した場合の特別控除等の適用については、戸籍の除籍手続前の名義変更ですので、特殊関係者である配偶者に対する譲渡として、特例の適用が受けられないように考えられますが、上記贈与税と同様に、その後、速やかに除籍する等離婚に伴う財産分与と認められれば、当該譲渡は、名義変更のときなされたのではなく、除籍した後にその効力が発生したものとなり、特殊関係者への譲渡とはなりませんので、当該特別控除等を適用することができるものと考えます。

―関係法令通達―
相続税法基本通達 9-8

Question.39
資産の低額譲受けと配偶者控除

夫は、夫婦が居住している土地及び建物（時価合計 5,000 万円）を 3,000 万円で妻（婚姻期間 20 年超）に譲りたいと考えています。

この場合、居住用土地建物の時価との差額について、贈与税の配偶者控除の適用を受けることができるでしょうか。

Answer. 低額譲受けによる経済的利益に相当する部分（時価との差額）は居住用不動産の一部であるとも解されますので、この場合は、経済的利益相当額についても贈与税の配偶者控除の適用を受けられます。

解 説

贈与税の配偶者控除が適用される財産は、居住用不動産又はその居住用不動産を取得するための金銭の贈与に限られていますので、本問の場合の

ように居住用不動産を売買により取得し、低額譲受けによる経済的利益相当額を贈与により取得したとみなされるときは、贈与されたものは居住用不動産を取得するための金銭でないことから、形式的には、適用はないと考えられますが、実質的には、低額譲受けによる経済的利益に相当する部分は居住用不動産の一部であるとも解されますので、この場合は、経済的利益相当額についても贈与税の配偶者控除の適用があるものと考えられます。

したがって、本問の場合、時価との差額2,000万円相当額について贈与税の配偶者控除の適用が受けられます。

また、この控除の適用を受けるには、贈与税の申告書に配偶者控除を受ける金額その他その控除に関する事項及び前年以前に同一の配偶者からの贈与につき、配偶者控除の規定の適用を受けていない旨の記載を行い、かつ、次に掲げる書類の添付が必要です（相規9）。

① 戸籍の謄本又は抄本及び戸籍の附票の写し（贈与を受けた日から10日を経過した日以後に作成されたもの）
② 贈与を受けた居住用不動産に関する登記事項証明書
③ 住民票の写し（贈与を受けた居住用不動産を居住の用に供した日以後に作成されたもの。ただし、戸籍の附票に記載された住所が、贈与を受けた居住用不動産の所在地と同一の場合は不要です）

関係法令通達
相続税法7条、21条の6
相続税法施行規則9条
平成元年3月国税庁長官通達直評5外1課共同

③ 譲渡所得

③-1 収入金額

Question.40
得意先の譲渡による所得区分

私は新聞販売店を営んでいますが、この度、店舗と得意先を譲り渡すことになりました。

この場合の課税関係はどのようになりますか。

Answer. 得意先の譲渡は一種の事業譲渡又は営業権の譲渡等と考えられますから、その所得は総合課税の譲渡所得となり、店舗とその敷地である土地建物等の譲渡による所得は分離課税の譲渡所得、事業用の器具備品等の譲渡による所得については、総合課税の譲渡所得になります。

解 説

事業主とその得意先との間で新聞の販売契約を結んでいる場合、一種の事業譲渡又は営業権の譲渡等と考えられますから、その所得は総合課税の譲渡所得となります。

なお、店舗とその敷地である土地建物等の譲渡による所得については、分離課税の譲渡所得となり、事業用の器具備品等の譲渡による所得については、総合課税の譲渡所得になります。ただし、器具備品等のうち取得価額が10万円未満の少額の減価償却資産（その者の業務の性質上、基本的に重要なもの（以下「少額重要資産」といいます）を除きます）、使用可能期間が1年未満の減価償却資産及び取得価額が20万円未満の減価償却資産で一括償却資産の必要経費算入を選択したもの（少額重要資産を除きます）の譲渡による所得は譲渡所得から除かれ、事業所得とされています。

一方、あなたから店舗と得意先を譲り受けた者の場合、得意先の譲受け

は、減価償却資産である営業権の取得と考えられますから、5年間の均等償却により、その償却費の額を必要経費に算入することとなります。

■関係法令通達
　所得税法33条1項・2項1号
　所得税法施行令6条8号ル、81条、120条1項4号、120条の2第1項4号、138条、139条
　所得税基本通達33-1の3
　租税特別措置法31条、32条
　減価償却資産の耐用年数等に関する省令別表第三

Question.41
閉鎖中の預託金会員制ゴルフ会員権の譲渡

　私は、預託金会員制ゴルフ会員権を所有していますが、ゴルフ場経営会社が経営不振に陥りゴルフ場は閉鎖されています。今後、開場が見込まれないので、損失を覚悟で、ゴルフ会員権をゴルフ会員権取引業者に譲渡するか、あるいはゴルフ場経営会社に預託金の返還請求をするか考えています。

　この場合の所得税の課税関係はどのようになりますか。

Answer.　ゴルフ場施設優先利用権が消滅した後の預託金会員制のゴルフ会員権の譲渡は、譲渡所得の基因となる資産の譲渡には該当しません。

　また、預託金の返還請求を行った場合の課税関係については、預託金の返還は資産の譲渡に該当しませんから、預託金の返還により差損が生じた場合には所得税の課税上何ら考慮されません。

■解説

譲渡所得に対する課税は、資産の値上がりにより、その資産の所有者に帰属する増加益を所得として、その資産が所有者の支配を離れて他に移転するのを機会にこれを清算して課税する趣旨であることから、譲渡所得の基因となる資産とは、棚卸資産、棚卸資産に準ずる資産、山林及び金銭債権以外の一切の資産をいい、その中には、借家権、又は行政官庁の許可、認可、割当て等により発生した事実上の権利も含まれます。

　預託金会員制のゴルフ会員権は、①ゴルフ場施設優先利用権、②預託金返還請求権及び③年会費納入等の義務という債権債務からなる契約上の地位を総称したものであって、このようなゴルフ会員権の譲渡は、預託金返還請求権、年会納入等の債務と併せてゴルフ場施設優先利用権、すなわち、ゴルフ場施設を一般の利用者に比して有利な条件で継続的に利用できるという事実上の権利を譲渡したものとして譲渡所得の基因となる資産の譲渡に該当するものと解されます。

　しかし、ゴルフ場施設優先利用権は、その行使の対象となるゴルフ場施設を利用できるということが前提とされており、ゴルフ場を所有（経営）する会社の破産等によってそのゴルフ場施設優先利用権が消滅した後の預託金会員制のゴルフ会員権の譲渡は、ゴルフ場経営会社に対する金銭債権である預託金返還請求権の譲渡となることから、譲渡所得の基因となる資産の譲渡には該当しないものと解されます。

　本問のゴルフ会員権の譲渡の場合には、ゴルフ会員権を譲渡した時点において、ゴルフ会員権に内包されていたゴルフ場施設優先利用権は既に消滅していると思われますから、当該ゴルフ会員権の譲渡は、ゴルフ場経営会社に対する金銭債権である預託金返還請求権を譲渡したものとして、譲渡所得の基因となる資産の譲渡には該当しないこととなります。

　したがって、ゴルフ会員権の譲渡により生じる損失は、不動産所得の金額、事業所得の金額、山林所得の金額又は譲渡所得の金額の計算上生じた損失のいずれにも該当しないことから、他の各種所得の金額との損益通算はできません。

また、本問の預託金の返還請求を行った場合の課税関係については、預託金の返還は資産の譲渡に該当しませんから、預託金の返還により差損が生じた場合には所得税の課税上何ら考慮されません。

> **関係法令通達**
> 　所得税法33条2項
> 　所得税基本通達33-1、33-6の2

Question.42
更生手続等が行われたゴルフ会員権を譲渡した場合の譲渡所得に係る取得費の計算

　ゴルフ場経営会社について、会社更生法による更生手続が行われ、預託金債権が全額切り捨てられましたが、このゴルフ場の優先的施設利用権については、更生手続後においても変更なく、そのまま存続するものとされました。この度、この優先的施設利用権のみとなったゴルフ会員権を譲渡することとなりましたが、この場合、譲渡所得の取得費はどのように計算するのでしょうか。

Answer.　優先的施設利用権が更生手続等の前後で変更なく存続し同一性を有していると認められる場合、その後に当該優先的施設利用権のみのゴルフ会員権を譲渡した際の譲渡所得の金額の計算において、収入金額から控除する取得費は、更生手続等前の預託金会員制ゴルフ会員権を取得したときの優先的施設利用権部分に相当する取得価額となります。

解説
　国税庁では、預託金会員制ゴルフ会員権について、契約上の地位であり、

優先的施設利用権と預託金返還請求権をその内容とする譲渡所得の基因となる資産（事実上の権利）として、ゴルフ会員権を巡る種々の方策の判定に当たって、そのゴルフ会員権がゴルフ会員権としての性質を有しているか（維持しているか）、という点を基本として取り扱ってきました。

このことから、自主再建型の再建が行われたゴルフクラブのゴルフ会員権を譲渡した際の譲渡所得の金額の計算において、当該譲渡による収入金額から控除する取得費は、①会社更生法に基づく更生計画による更生手続等により、預託金債権の一部のみを切り捨てられた場合には、切り捨てられた損失の金額は認識せず、取得価額から減額（付け替え）しないものと取り扱い、また、②預託金債権の全額を切り捨てられた場合には、更生手続等により取得した優先的施設利用権のみのゴルフ会員権の時価相当額として取り扱ってきました。

しかしながら、国税庁は、上記の②について、次のとおり取扱いを変更しました（平成24年8月「ゴルフ会員権の譲渡所得に係る取得費の取扱いについて」）。

預託金会員制ゴルフ会員権が会社更生法に基づく更生計画による更生手続等（会社更生法に基づく更生計画による更生手続と同等の法的効果を有する民事再生法に基づく再生計画による再生手続等を含みます）によって、預託金債権の全額を切り捨てられたことにより優先的施設利用権（年会費等納入義務等を含みます。以下同じです）のみのゴルフ会員権となったときであっても、当該更生手続等により優先的施設利用権が、次に掲げる状況その他の事情を総合勘案し、更生手続等の前後で変更なく存続し同一性を有していると認められる場合には、その後に当該優先的施設利用権のみのゴルフ会員権を譲渡した際の譲渡所得の金額の計算において、当該譲渡による収入金額から控除する取得費については、更生手続等前の預託金会員制ゴルフ会員権を取得したときの優先的施設利用権部分に相当する取得価額とします。

① 当該更生計画等の内容から、優先的施設利用権が会員の選択等にか

かわらず、当該更生手続等の前後で変更がなく存続することが明示的に定められていること。
② 当該更生手続等により優先的施設利用権のみのゴルフ会員権となるときに、新たに入会金の支払がなく、かつ、年会費等納入義務等を約束する新たな入会手続がとられていないこと。

当該取扱いによる取得費の計算については、次のとおりとなります。

＜事例１＞
　更生手続前のゴルフ会員権は、次のとおり新規募集に応じて取得したものです。
　　入会金　500万円
　　預託金　2,000万円
　預託金債権が全額切り捨てられていることから、取得価額から切り捨てられた預託金債権部分を控除して、更生手続により優先的施設利用権のみとなったゴルフ会員権の取得費を算出します。

| （預託金） | （入会金） | （預託金の全額切捨て分） | （取得費） |
| (2,000万円 ＋ 500万円) － 2,000万円 ＝ 500万円 ||||

＜事例２＞
　更生手続前のゴルフ会員権は、次のとおりゴルフ会員権取引業者から取得したものです。
　　ゴルフ会員権の購入価額　250万円
　　購入時に支払った名義書換料　100万円
　なお、このゴルフ会員権の新規募集時の入会金及び預託金は、次のとおりとなっています。
　　入会金　500万円
　　預託金　2,000万円

①まず、取得価額に含まれる優先的施設利用権に相当する部分の価額を会員募集時の預託金と入会金から按分して算出します。

なお、この算出した価額（優先的施設利用権に相当する部分の価額）が入会金の額を超える場合には、ゴルフ会員権の購入価額から預託金の額を控除した額となります。

$$\begin{pmatrix} \text{ゴルフ会員権} \\ \text{の購入価額} \end{pmatrix} \begin{pmatrix} \dfrac{\text{入会金}}{\text{預託金・入会金}} \end{pmatrix} \begin{pmatrix} \text{優先的施設利用権に} \\ \text{相当する部分の価額} \end{pmatrix}$$

$$250\,\text{万円} \times \dfrac{500\,\text{万円}}{(2{,}000\,\text{万円} + 500\,\text{万円})} = 50\,\text{万円}$$

②次に、①により算出された取得価額に含まれる優先的施設利用権に相当する部分の価額と購入時に支払った名義書換料から、更生手続により優先的施設利用権のみとなったゴルフ会員権の取得費を算出します。

$$50\,\text{万円} \;+\; 100\,\text{万円} \;=\; 150\,\text{万円}$$

（注意）
① 優先的施設利用権が更生手続の前後で変更なく同一性を有していると認められない場合には、更生手続により取得したゴルフ会員権の取得時の時価相当額になりますので、ご注意ください。
② 預託金債権の一部が切り捨てられたケースは、この事例には該当しません。

関係法令通達
所得税法38条

Question.43
外貨建て資産の譲渡と為替差損益

私は、ハワイに有していたマンションを譲渡し、その譲渡代金を外国通貨により受け取りました。このマンションを取得したときの費用や譲渡に要した費用についても外国通貨で支払っています。

この場合、譲渡所得の金額の計算において円換算はどのようにしたらよいのでしょうか。

また、当該マンションの保有期間中の為替差損益はどうなるのでしょうか。

Answer. 譲渡価額、取得費及び譲渡に要した費用については、原則、各取引日の対顧客直物電信売相場と対顧客直物電信買相場の仲値により円換算することになります。

また、為替差損益については、雑所得として区分計算する必要がなく、為替差損益を含む譲渡損益のすべてが譲渡所得として計算されることになります。

■解 説

外貨建取引（外国通貨で支払が行われる資産の販売及び購入、役務の提供、金銭の貸付け及び借入れその他の取引をいいます）の円換算については、その外貨建取引を行った時の外国為替の売買相場により換算することとされています。

この場合の円換算は、外貨建取引を計上すべき日（以下「取引日」といいます）における対顧客直物電信売相場（以下「電信売相場」といいます）と対顧客直物電信買相場（以下「電信買相場」といいます）の仲値（以下「電信売買相場の仲値」といいます）となります。

したがって、本問の場合、ハワイに所在するマンションの譲渡価額、取得費及び譲渡に要した費用については、各取引日の電信売買相場の仲値に

より円換算することになります。

なお、譲渡代金として受領した外国通貨をその受領した都度、直ちに売却して本邦通貨（円）として受け入れている場合には、電信買相場により円換算した金額を譲渡価額とし、また、本邦通貨により外国通貨を購入し直ちに資産の取得費用や譲渡に要した費用の支払に充てている場合には電信売相場により円換算した金額を取得費及び譲渡に要した費用とすることができます。

また、マンションの保有期間中の為替差損益については、外貨建取引における不動産の譲渡価額の邦貨換算額相当額が不動産の譲渡所得に係る収入金額として取り扱われることから、雑所得として区分計算する必要がなく、為替差損益を含む譲渡損益のすべてが譲渡所得として計算されることになります。

- 関係法令通達
    所得税法57条の3第1項
    所得税基本通達57の3-2

Question.44
外貨建て株式の譲渡と為替差損益

私は、外貨建てで取引をしている株式を譲渡しました。この株式の収入金額、取得費及び譲渡費用が外貨で表示されている場合の円換算はどのようにしたらよろしいでしょうか。

Answer.　株式の譲渡価額については対顧客直物電信買相場、取得価額については対顧客直物電信売相場により円換算することとなり、また、譲渡費用については対顧客直物電信売相場により円換算することとなります。

■解 説

　外貨建取引及び円換算の方法は、不動産の譲渡所得の計算が原則として対顧客直物電信売相場と対顧客直物電信買相場の仲値によって行われますが、株式の譲渡の場合は、不動産の場合と取扱いが異なります。

　外貨建てで取引された株式の譲渡所得の計算において、株式の譲渡代金が外貨で表示されているその金額を邦貨又は外貨で支払うこととされている場合のその譲渡代金を、外貨で表示されているその金額につき金融商品取引業者と株式を譲渡する者との間の外国証券の取引に関する外国証券取引口座約款において定められている約定日におけるその支払をする者の主要取引金融機関（その支払をする者がその外貨に係る対顧客直物電信買相場を公表している場合には、その支払をする者）のその外貨に係る対顧客直物電信買相場により邦貨に換算し、取得価額については、対顧客直物電信売相場により邦貨に換算することになります。

　したがって、本問の場合における株式の譲渡価額については対顧客直物電信買相場、取得価額については対顧客直物電信売相場により円換算することとなります。また、譲渡費用については対顧客直物電信売相場により円換算することとなります。

　また、株式の保有期間中の為替差損益については不動産の場合と同様に、雑所得として区分する必要はなく、為替差損益を含む譲渡損益のすべてを譲渡所得として計算することになります。

――関係法令通達――
　租税特別措置法所得税関係通達37の10・37の11共-6

Question.45
土地・建物の現物出資と債務の引き受けがあった場合

　私は、子の主宰する法人に対して、土地及び建物（土地の時価5,000万円、建物の時価3,000万円）を現物出資するとともに、その土地及び建物を購入するに当たって借り入れた債務の残り（4,000万円）を引き受けてもらい、この法人の株式（時価5,000万円）を取得しました。
　この場合の課税関係はどのようになりますか。

Answer. 　法人に対する現物出資は、資産の譲渡になり、現物出資をしたことによる譲渡収入金額は、原則として、取得した株式の時価（5,000万円）によりますが、株式を取得すると同時に債務4,000万円を引き受けてもらっていますので、その合計金額9,000万円が譲渡所得計算上の収入金額となります。

解　説

　法人に対する現物出資は、資産の譲渡になり、所得税の課税対象となります。現物出資をしたことによる譲渡収入金額は、原則として取得した株式の時価によりますが、本問の場合には株式を取得すると同時に債務4,000万円を引き受けてもらっていることから、その消滅した債務（経済的利益）を対価として土地及び建物を譲渡したことになるため、その引き受けてもらった債務も譲渡収入金額を構成することになります。

　したがって、あなたが取得した株式5,000万円と引き受けてもらった債務4,000万円との合計金額9,000万円が譲渡所得計算上の収入金額となります。

　なお、同族会社において時価より著しく低い価額での現物出資があった場合には、その現物出資をした個人からその資産に係る含み益相当分が他の株主に移転することになるため、他の株主（個人）は、現物出資により増加した株式の含み益相当分を贈与によって取得したものとみなされて贈

与税が課税される場合があります。

関係法令通達

所得税法 36 条 1 項・2 項
相続税法 9 条
相続税法基本通達 9-2 (2)

Question.46
代物弁済により土地を譲渡した場合の課税関係

　私は、私の主宰する同族会社から 5,000 万円を借り入れていましたが、この借入金元利合計額 5,500 万円を私の所有する土地で弁済しようと考えています。
　代物弁済の場合の課税関係はどのようになりますか。

Answer.　代物弁済により資産を譲渡したときは、原則として、その弁済で消滅した債務の額がその資産の譲渡収入金額となります。なお、代物弁済により譲渡する資産の時価とその弁済により消滅する債務の額とに差額がある場合には、その資産の時価が譲渡収入金額となります。

解 説

　代物弁済は、本来の給付に代えて他の財産の給付をなすことによって既存の債務を消滅させる有償契約である（民法 482）ことから、その代物弁済された資産が譲渡所得の基因となる資産であるときは、代物弁済をした時にその資産の譲渡があったものとして所得税が課税されることとなります。
　本問の場合、代物弁済により資産を譲渡したときは、その弁済で消滅した債務の額を対価としてその資産を譲渡したことになりますから、その消

滅した債務がその資産の譲渡収入金額となります。

　しかしながら、代物弁済により消滅した債務の額がその代物弁済により譲渡した資産の価額を大幅に超えることとなる場合には、その超える部分の金額について債権者がその弁済を求めないときは、その超える部分の金額についてはその債務を免除あるいは弁済が不能であると判断したものと考えられます。したがって、その差額について清算を行わない場合などの譲渡収入金額は、次のとおりとなります。

1　代物弁済により譲渡する土地の価額が消滅する債務の金額を超える場合

　本問の場合、代物弁済により譲渡する土地の価額を8,000万円と仮定しますと、一義的には、時価より低い価額の5,500万円で土地を譲渡したことになり、同族会社は時価との差額2,500万円について弁済者から経済的利益を受けることとなります。この経済的利益について、同族会社が清算金を交付した場合には代物弁済による譲渡収入金額は、消滅した債務の金額と交付された清算金の額との合計額となります。

　また、清算金の交付がない場合（清算金の額が時価との差額に満たない場合も含みます）は、弁済者がその清算金の交付請求権を放棄したことになりますので、代物弁済による譲渡収入金額は、消滅した債務の金額と弁済者に交付されるべき清算金の額（放棄した清算金の額）との合計額となります。したがって、この場合には清算金の交付の有無にかかわらず土地の価額（時価）8,000万円を収入金額として譲渡所得の申告を行うこととなります。

2　代物弁済により譲渡する土地の価額が消滅する債務の金額に満たない場合

　本問の場合、代物弁済により譲渡する土地の価額を4,000万円と仮定しますと、清算金を支払わないで残債務を消滅させる場合には、消滅する債務の金額5,500万円との差額1,500万円は同族会社から債務の免除を受けたこととなりますから、その債務免除額は原則として役員給与とされます。

したがって、4,000万円を譲渡所得の収入金額とし、1,500万円を給与所得の収入金額として課税を受けることとなります。

---関係法令通達---
　所得税法33条1項、36条2項
　所得税基本通達36-15（5）

Question.47
使用貸借に係る土地の譲渡収入金額の帰属

　私は、昭和33年に父所有の土地を無償で借り居宅を建築しましたが、その際、借地権相当額の利益を受けたとして贈与税が課税されました。
　この度、この家屋と土地を一括して第三者に売却することになりましたが、土地代金は父と私の間でどのように配分したらよいのでしょうか。

Answer.　使用貸借に係る土地の譲渡代金は、原則として土地の所有者に帰属すべきものとし、例外的に、借地権相当部分が土地の所有者と借地人のどちらに帰属すべきかは、当事者の選択に委ねることとしていますので、譲渡代金のうち、家屋及び借地権相当部分の代金を借地人の譲渡収入金額として譲渡所得の申告をしても差し支えないものと考えます。

▌解 説

　物を無償で貸借することを使用貸借といいますが（民法593）、土地を使用貸借によって借りた場合には、土地を有償で賃借した場合と異なり、借地人には借地権が発生しないこととされています。したがって、使用貸借に係る土地を譲渡した場合の譲渡代金は原則として土地の所有者に帰属するものと考えられます。

しかし、本問のように、土地の使用貸借の開始に当たって、借地権相当額の利益を受けたとして借地人に贈与税が課税されているような場合には、地主・借地人ともに借地権は借地人にあるものとして考え、その認識のもとに譲渡代金を配分する場合もあろうかと思います。

税務上も、そのような点を踏まえ、使用貸借に係る土地の譲渡代金は、原則として土地の所有者に帰属すべきものとし、例外的に、土地の使用貸借の開始に当たって、借地権相当額の利益を受けたものとして借地人に贈与税が課税されている場合には、譲渡代金のうち、借地権相当部分が土地の所有者と借地人のどちらに帰属すべきかは、当事者の選択に委ねることとしています。

したがって、本問の場合にも、譲渡代金のうち、家屋及び借地権相当部分の代金をあなたの譲渡収入金額とし、残りの代金を父の譲渡収入金額として譲渡所得の申告をしても差し支えないものと考えます。

Question.48
債務引受けを伴う財産分与

離婚に伴い夫婦が居住の用に供していた夫名義のマンションを妻へ財産分与することとなりました。財産分与の条件として、妻がこのマンションのローンの残債を引き受けることとなっています。

この場合の夫の課税関係はどのようになりますか。

Answer. 財産分与をした者は、その分与の時においてその時の時価によりその資産を譲渡したこととなりますから、財産分与をした者の譲渡所得の収入金額は、分与を受ける者がローンを引き受けても引き受けなくても分与財産の分与時の時価となります。

■解 説

　離婚があった場合、その夫婦の一方は相手方に対して財産の分与を請求することができます（民法768①）が、財産の分与として譲渡所得の基因となる資産の移転があった場合には、その資産の移転については財産分与義務の消滅という経済的利益（分与財産の分与時の時価）を対価とする資産の譲渡があったものとして譲渡所得の課税が行われます。つまり、分与をした者は、その分与時において、その時の時価によりその資産を譲渡したこととなります。

　ところで、財産分与をしようとする不動産にローンが残っている場合、分与を受ける者がそのローンを引き受けることを条件として財産分与がなされることがあります。この場合には、分与者は引き受けてもらった債務の消滅という経済的利益と財産分与義務の消滅という経済的利益（分与財産の分与時の時価と引き受けてもらった債務との差額）を享受することとなりますので、これらの合計額を譲渡収入金額として譲渡所得の課税が行われます。これらの合計額は分与財産の分与時の時価と同額になることから、財産分与をした者の収入金額は分与を受ける者がローンを引き受けても引き受けなくても分与財産の分与時の時価となります。

　次に、居住用財産を譲渡した場合の3,000万円の特別控除の適用について検討します。配偶者に対する譲渡については当該特別控除の適用はありませんので、夫婦の離婚に伴う財産分与について当該特別控除の適用があるか否か疑問が生じます。しかし、財産分与は離婚が成立した後になされるものであり、離婚成立により夫婦関係が終了することから、離婚に伴う財産分与は配偶者に対する譲渡には該当しません。したがって、本問の場合における財産分与について、3,000万円の特別控除の適用を受けることができます。

関係法令通達
所得税基本通達 33-1 の 4
租税特別措置法 35 条 1 項
租税特別措置法施行令 23 条 2 項、20 条の 3 第 1 項 1 号

Question.49
固定資産の譲渡の時期

　私は、平成 28 年 11 月に宅地を譲渡する契約を締結し、手付金として譲渡代金の一部を受け取りました。また、平成 29 年 3 月に所有権移転手続を行い、引渡しをするとともに残代金を受け取る予定です。
　この譲渡所得は、どの年分の所得になるでしょうか。

Answer.　譲渡所得の総収入金額の収入すべき時期は、原則として、譲渡所得の基因となる資産の引渡しがあった日によるものとされています。ただし、納税者の選択により当該資産の譲渡に関する契約の効力発生の日により総収入金額に算入することもできます。

■解 説

　譲渡所得の総収入金額の収入すべき時期は、原則として、譲渡所得の基因となる資産の引渡しがあった日によるものとされています（以下「引渡基準」といいます）。
　また、「資産の引渡しがあった日」とは、資産の譲渡の当事者間で行われる当該資産に係る支配の移転の事実（例えば、土地の譲渡の場合における所有権移転登記に必要な書類の交付等）に基づいて判定することとなりますが、原則として、譲渡代金の決済を了した日より後にはなりません。
　ただし、納税者の選択により当該資産の譲渡に関する契約の効力発生の日により総収入金額に算入することもできます（以下「契約基準」といい

ます)。

　本問の場合、原則として、引渡基準により平成29年分の譲渡所得として申告することとなります。ただし、あなたが契約基準により平成28年分の譲渡所得として申告する場合には、その申告も認められます。

> **関係法令通達**
> 所得税基本通達36-12

Question.50
未経過固定資産税の取扱い

　私は、本年7月に宅地を譲渡しましたが、この売買契約には売買代金の他に譲渡日から年末までの期間に対応する固定資産税（以下「未経過固定資産税」といいます）相当額の金銭を買主から受け取ることとなっています。
　私が受け取る未経過固定資産税相当額の金銭は課税上どのように取り扱われますか。

Answer.　未経過固定資産税相当額は、譲渡所得の総収入金額に算入されます。
　なお、都市計画税についても同様です。

解 説

　固定資産税は、その賦課期日である毎年1月1日において土地、家屋及び償却資産（以下、これらの資産を「固定資産」といいます）を所有する者に対しその固定資産の価格を課税標準としてその固定資産所在地の地方公共団体が課する税金であり、1月1日における固定資産の所有者が納税義務者となります（地方税法343、349、349の2、359）。
　不動産の売買においては、購入する者にも事実上固定資産税の負担を求

めるために未経過固定資産税相当額を売買代金とは別に授受しているのが実情のようです。

この未経過固定資産税相当額は、不動産の譲渡に際してその取引要素の一つとして約定されるのが一般的であり、その金額が譲渡時期、譲渡不動産の価値に応じて決定されることから譲渡する不動産の対価としての性質を有していること、また、不動産の購入者は、未経過固定資産税相当額を課税権者である地方公共団体に対して納付するのではなく、譲渡日から年末までの未経過期間において、固定資産税の負担なしに所有することができる不動産の購入対価の一部として購入先に対し支払うものであることなどから、未経過固定資産税相当額は譲渡所得の総収入金額に算入されます。

なお、都市計画税についても同様です。

- 関係法令通達
    所得税法33条、36条

Question.51
離婚を前提とした財産分与

夫は、妻と協議離婚をすることとなりましたが、これまで夫婦で居住していた夫名義の土地建物を慰謝料並びに財産分与として、戸籍の除籍手続をする前に妻名義にしてしまいました。

この場合、夫の課税関係はどのようになりますか。

Answer. 名義変更が婚姻中の夫婦の協力によって得た財産の額その他一切の事情を考慮してなされた離婚に伴う財産分与と認められ、その後、速やかに除籍手続が行われている場合には、当該財産分与による土地建物の移転は、除籍した後にその効力が発生したものとなり、居住用財産を譲渡した場合の特別控除等を適用すること

ができます。

解説

　離婚に伴う財産分与による土地や建物の移転は、財産分与義務の消滅という経済的利益を対価とする譲渡と解されていますので、財産の分与者は譲渡所得の課税対象となります。

　夫の譲渡所得関係については、これまで夫婦で居住していた土地建物を分与していますので、通常の場合、居住用財産を譲渡した場合の特別控除等が適用されます。

　本問の場合、土地建物の名義変更が戸籍の除籍手続前に行われていますので、特殊関係者である配偶者に対する譲渡として、特例の適用が受けられないように考えられますが、名義変更が婚姻中の夫婦の協力によって得た財産の額その他一切の事情を考慮してなされた離婚に伴う財産分与と認められ、その後、速やかに除籍手続が行われている場合には、当該譲渡は、除籍した後にその効力が発生したものとなり、当該特別控除等を適用することができるものと考えます。

Question.52
換価分割の場合の譲渡所得の帰属

　相続人３人は、遺産分割協議により相続する土地の一部についてはこれを売却し、その売却代金を３等分することとなりました。しかし、相続人２人は遠方に住んでいるなど売却の手続を相続人の１人に任せることとしたため、売却する土地の名義をその相続人１人の単独名義にし、売買契約を締結することにしました。この場合、この土地の譲渡に対する譲渡所得の課税はどのようになるのでしょうか。

Answer. 譲渡時までに換価代金の取得割合が確定している場合には、譲渡所得はその換価代金の取得割合に応じて申告することになります。

▍解 説

　遺産分割の方法としては、現物分割のほかに、代償分割や換価分割があります。「代償分割」とは、共同相続人の一人又は数人に現物を与え、その者に、他の相続人に対する債務を負担させる分割をいいます。代償分割の場合は、現物を相続した者がその後その財産を処分するか否かについては遺産分割とは無関係に決定されることになりますので、これを譲渡することによって得られる所得は現物を相続した者のみに帰属します。たとえ譲渡した収入で代償債務を履行した場合であっても同様になります。

　一方、「換価分割」とは、共同相続した財産を直接分割の対象とせず、これを未分割の状態で換価し、その対価として得られる金銭を共同相続人間で分割する方法をいいます。この場合には、財産を処分するのは実質的には共同相続人全員になりますので、譲渡することによって得られる所得は共同相続人全員に帰属することとなります。

　この場合、譲渡時までに換価代金の取得割合が確定している場合には、譲渡所得はその換価代金の取得割合に応じて申告することになります。

　また、譲渡時までに換価代金の取得割合が確定しておらず後日分割される場合には、譲渡時における換価資産の所有割合である法定相続分により申告することになります。そして、その申告後にその換価代金が分割されたとしても、法定相続分による譲渡に異動が生じるものではありませんから、その譲渡所得について更正の請求をすることはできません。

　本問の場合、遺産分割の方法が代償分割なのか換価分割なのかによって譲渡所得の帰属が異なることとなります。そこで、相続人3人の遺産分割がいずれの方法により行われたのか、また、相続人1人の単独名義にしたことが便宜的なものであるか否かを遺産分割協議書等により判定すること

になります。そして、遺産分割が換価分割により行われ、相続人1人がこの土地を実際に利用することが予定されておらず、単独名義にした理由が売買契約締結上の要請など便宜的な理由によるものであれば、相続人3人にそれぞれ譲渡所得が発生することとなります。

　なお、これらの譲渡所得については相続財産に係る取得費加算の特例が適用できますが、加算の対象となる相続税額は、その譲渡の日を含む年の12月31日あるいはその相続税申告書の提出の時までに確定している相続税額となります。

―関係法令通達―
　国税通則法23条2項
　租税特別措置法39条
　租税特別措置法施行令25条の16第2項
　租税特別措置法所得税関係通達39-1、39-4

③-2 取得費

Question.53
取得費に算入される借入金の利子

個人が借入金により取得した次の資産を譲渡する場合、支払った借入金の利子は取得費に算入されますか。

① 住宅として利用している土地
② 住宅用の建物
③ 駐車場として賃貸している土地
④ 別荘
⑤ 別荘用地として所有している土地

Answer. 固定資産の取得のために借り入れた資金の利子のうち、その資金の借入れの日からその固定資産の使用開始の日までの期間に対応する部分の金額は、各種所得の金額の計算上必要経費に算入されたものを除き、取得費又は取得価額に算入されます。

この場合の使用開始の日については、その資産について現実に使用を開始した時をいい、具体的には所得税基本通達で示されています。

解説

固定資産の取得のために借り入れた資金の利子のうち、その資金の借入れの日からその固定資産の使用開始の日（その固定資産の取得後、使用しないで譲渡した場合には譲渡の日）までの期間に対応する部分の金額は、業務の用に供される資産に係るもので、所得税基本通達37-27又は37-28により各種所得の金額の計算上必要経費に算入されたものを除き、取得費又は取得価額に算入されます。

この場合の使用開始の日は、その資産について現実に使用を開始した時をいいますが、具体的には次のとおりです。

イ 土地
① 土地そのものを利用する場合
現実にそのものの本来の目的のための使用を開始した日
② 建物等の敷地として利用する場合
建物等を居住の用又は業務の用等に供した日（建築着手の時ではありません）
ロ 建物
そのものの本来の目的のための使用を開始した日
ハ 別荘、書画、骨とう
取得の日

したがって、本問の場合、それぞれ次のとおりと考えられます。

本問の①、②については、借入れの日から居住の用に供した日までの期間に対応する借入金の利子が取得費に算入されます。

③については、借入れの日から駐車場として賃貸するまでの期間に対応する借入金の利子が取得費に算入されます。

④については、別荘は、常時使用されるものではなく、保養などの目的で使用されるのが一般的と考えられますから、これらを使用し得べき日、すなわち取得の日が使用開始の日と解され、借入れの日から取得の日までの期間に対応する借入金の利子が取得費に算入されます。

⑤については、別荘を建築する目的で所有しているとしても、現実に別荘を建築しその敷地として使用するまでは単なる土地と考えられますから、借入れの日から別荘を建築するまでの期間に対応する借入金の利子が取得費に算入されます。

関係法令通達
所得税基本通達37-27、37-28、38-8、38-8の2

Question.54
ゴルフ会員権に係る借入金の利子

私は、この度、保有しているゴルフ会員権を譲渡しようと考えていますが、ゴルフ会員権を取得するために借り入れた借入金の利子は、次のようなゴルフ会員権の場合ではどのように取得費に算入されますか。

① オープン前のゴルフ会員権を取得していた場合
② オープン後のゴルフ会員権を取得していた場合
③ 追加金を支払って平日会員権から正会員権に転換していた場合（借入れは追加金を支払うために行います）

Answer. 固定資産の取得のための借入金の利子は、その固定資産の使用開始の日までの期間に対応する部分の金額について、その固定資産の取得費又は取得価額に算入します。ゴルフ会員権については、特定のゴルフ場の施設を一般の利用者よりも有利な条件で継続的に利用できる会員としての権利（いわゆる事実上の権利）ですから、その利用が可能になった日（会員としての権利の行使が可能となった日）をもって「使用開始の日」となります。

解 説

固定資産の取得のために借り入れた資金の利子のうち、その資金の借入れの日からその固定資産の使用開始の日（その固定資産の取得後、その固定資産を使用しないで譲渡した場合においては、その譲渡の日）までの期間に対応する部分の金額は、その資産の取得に係る用途に供する上で必要な準備費用ということができ、その資産を取得するために付随する費用に該当し、一定の場合を除き、その固定資産の取得費又は取得価額に算入します。

この場合、固定資産の使用開始の日については、資産の性質や使用の状況によって異なりますが、ゴルフ会員権については、特定のゴルフ場の施設を一般の利用者よりも有利な条件で継続的に利用できる会員としての権

利（いわゆる事実上の権利）であることから、その性質上ゴルフ場の施設を実際に利用したかどうかにかかわらず、その利用が可能になった日（会員としての権利の行使が可能となった日）をもって「使用開始の日」と考えられます。

そうすると、①のオープン前のゴルフ会員権については、ゴルフ場がオープンすることによって、ゴルフ場の施設の利用が可能となりますので、その「使用開始の日」は、ゴルフ場がオープンした日となります。ただし、オープン前にそのゴルフ会員権を譲渡した場合には、「使用開始の日」が到来していませんので、譲渡の日までの期間に対応する借入金の利子を取得費に算入します。

②のオープン後のゴルフ会員権については、そのゴルフ会員権を取得することによって、ゴルフ場の施設の利用が可能となりますので、その「使用開始の日」は、会員権を取得した日となります。

③の正会員権に転換されたゴルフ会員権については、その追加金を支払うために借り入れた借入金の利子は、その転換に必要な準備費用に該当するものとして、正会員権としての「使用開始の日」までの期間に対応する部分が取得費に該当することになり、この場合の「使用開始の日」は正会員としての権利行使の可能となる日、すなわち正会員権を取得した日となります。

関係法令通達
所得税基本通達38-8、38-8の2

Question.55
底地を取得した後に土地を譲渡した場合の概算取得費

私は、戦前から賃借していた土地の底地を平成6年に3,000万円で取得し、建物を取り壊し駐車場として使用してきましたが、この度、この土地を5,000万円で譲渡することとしました。

この場合、譲渡所得の金額の計算上控除する取得費はどのように計算すればよいのでしょうか。

なお、平成6年当時この土地の時価(更地価格)は1億円であり、この地域の借地権割合は当時から現在まで変わっていません。

Answer. 借地権を有する者がその借地権に係る底地を取得した後にその土地を譲渡した場合には、その土地のうち取得した底地に相当する部分(「旧底地部分」といいます)及びその他の部分(「旧借地権部分」といいます)をそれぞれ譲渡したものとして取り扱われます。

この場合の譲渡所得の金額の計算上控除する取得費についても、旧底地部分と旧借地権部分をそれぞれ区分して計算することとされます。

▌解 説

借地権を有する者がその借地権に係る底地を取得した後にその土地を譲渡した場合には、その土地のうち取得した底地に相当する部分(以下「旧底地部分」といいます)及びその他の部分(以下「旧借地権部分」といいます)をそれぞれ譲渡したものとして取り扱われています。

また、この場合の譲渡所得の金額の計算上控除する取得費についても、旧底地部分と旧借地権部分をそれぞれ区分して計算することとされています。

したがって、本問の場合のように、土地の全体が長期譲渡所得に該当す

る場合であっても、旧底地部分については、底地の取得に際して支払った対価の額（実額）をその取得費とし、旧借地権部分の取得費については概算取得費（旧借地権部分の譲渡価額の5％）を適用することができるものと解されます。

本問の場合の取得費の具体的な計算方法は、次のとおりです。

① 旧底地部分
　　実際の取得費 3,000 万円となります。
② 旧借地権部分（借地権割合 70％とした場合）
　　5,000 万円 × 70％ × 5％ ＝ 175 万円
③ 長期譲渡所得の金額の計算上控除する取得費の額
　　3,000 万円 ＋ 175 万円 ＝ 3,175 万円

関係法令通達

所得税基本通達 33-11 の 3、38-4 の 3
租税特別措置法 31 条の 4
租税特別措置法所得税関係通達 31 の 4-1

第Ⅳ章

法人課税編

1. 法人の収益
2. 法人の費用
3. 法人の棚卸資産
4. 法人の固定資産等
5. 法人の交際費
6. 法人の評価損
7. 法人の国際取引
8. 法人のグループ税制等
9. 法人の外国税額控除

1 法人の収益

Question.1
売上計上基準の注意点

当社は仕入れた商品の販売を行っていますが、売上げの計上基準については、倉庫から出荷した時を売上げの帰属の時期として計上しています。このような棚卸資産の販売のケースで、税務処理上注意しなければならないことはありませんか。

Answer. 売上げ認識時点について出荷基準を採用するときは、自社の倉庫であっても配送会社の倉庫であっても、あるいは下請先、購入先から直接販売先に出荷するときでも、同様に売上げを出荷基準で計上しなければならないことに注意が必要です。

解 説

1 法人税法等の規定

法人税法では、棚卸資産の販売による収益は、その資産の引渡しがあった日の属する事業年度の益金に算入することとされています（法基通2-1-1）。

引渡しの事実を出荷基準で判断するか、検収基準でするか等について、各法人ごとにその販売に係る契約の内容に応じて、その「引渡しの日」として合理的であると認められる日を継続的に採用していれば、適正な経理処理として認められることが税務上明らかになっています（法基通2-1-2）。

2 本件へのアドバイス

多くの会社で誤りの見受けられる例は、以下のようなものです。
① 棚卸資産の販売の際、販売先への納品が仕入先からダイレクトにされる場合に、いつ出荷したか当該仕入先からの報告がないと売上げの

計上ができないことになります。

② 同じ棚卸資産でも、メーカーなどは加工の一部を下請先に発注している場合があり、下請先から直接得意先に納品するケースでは①と同様な問題が発生します。

売上げを計上する部署は多くの会社では営業部ですが、例えば担当者のミスで、採用している売上認識基準によって売上げに計上すべきものを計上していないことが多々見受けられます。

これらについては、翌期の1か月分（件数が多いときはサンプリングして）の売上げや入金内容をチェックし、当期に計上すべきものかどうかを検証する必要があります。帳簿を締めた後でも、申告時において申告書の別表4に加算をして正しい申告をすることができます。

サンプリング検証などは大した手間もかからずにできますので、ぜひ実行してみてください。

関係法令通達
法人税法22条
法人税基本通達2-1-1、2-1-2

Question.2 請負収入の売上計上時期

当社は建物建設工事の請負を主に行っている会社ですが、売上げの計上基準として完成引渡基準を採用して収益を認識していますが、売上げの計上に当たって特に注意すべきことはありますか。

Answer． 完成引渡基準で一般に採用されている管理権の移転においては、例えば代表的なものとして鍵の引渡しの場合で、工事が遅れて鍵の引渡し後においても手直し工事があったり、一部の補修工

事が発生したり、仮設物の足場の撤去が鍵の引渡し後になったりすることがあります。しかしながら法人税法上、収益の計上に関しては、これら鍵の引渡し後の工事等が収益の計上時期の確定そのものには影響を及ぼすことはないと規定されています。

■解 説
1 法人税法等の規定

　法人の所得の計算では、請負による収益の額は物の引渡しを要する請負契約にあっては、その目的物の全部を完成して相手方に引き渡した日、物の引渡しを要しない請負契約にあっては、その約した役務の全部を完成して相手方に引き渡した日の属する事業年度の益金に算入することとされています（法基通2-1-5）。

　請負契約で代表的なものは建設工事が挙げられます。

　この場合、工事完了届等の形式のいかんにかかわらず、その建設工事の種類、性質、契約の内容等に応じて実質的に判定します。この場合において、建設業者等が、作業の結了、相手方の受入場所への持ち込み、検収の完了、管理権の移転（例えば、建物の鍵の引渡し等）、相手の使用開始、その他これらに準ずる一定の具体的な事実があった日を継続的に「引渡しの日」としているときは、これを認めるものと規定されています（法基通2-1-6）。

2 本件へのアドバイス

　個別具体的な工事は、その取引形態が一つとして同じものはありません。したがって、個別の取引ごとに税務当局との見解の相違が多々生じているのが現状ではないでしょうか。

　さて、建設工事においては、引渡基準に鍵の引渡しをもって収益の計上日としている会社の場合、工事が遅れて引渡し前に一部補修が間に合わなかったり、仮設物の足場の撤去が鍵の引渡し後になることがありますが、

原則的には、これらの補修工事や仮設物の撤去は建物の鍵の引渡しによる収益の計上そのものには影響を与えません。請負の内容、特に建設工事の種類、性質、契約の内容等に応じて実質的に判定することになるからです。ただし、この鍵を引き渡しても収益を計上していないと、税務上収入計上漏れと指摘されます（旧通達昭和35年直法1-60三、四）。

　当然に、引渡し日までに完了しなかった補修工事代や仮設物撤去費用については、費用として合理的に見積り計上できます。

　ただし、引渡し日以後に発生するかもしれない手直し工事代を見積り計上することはできません。

＊　　　　　　　＊

　期末の建設工事等で収益に計上されていない工事については工事台帳から翌期に工事費用が支出されているか、されている金額が請負金額に対して相当なウェイトを占めているかどうかを見て、採用している収益計上基準にのっとり適正な処理がなされているか個別に確認し、判然としないものは契約書や進捗度合のわかるものをチェックし、施主との交渉経過を確認するなどして判定することが有効です。

関係法令通達
　法人税法22条
　法人税基本通達2-1-5、2-1-6
　旧通達昭和35年直法1-60三、四

Question.3
請負収入の代価未確定時の売上計上時期

当社は建物建設工事の請負を主に行っている会社ですが、売上げの計上に当たって、売上げの対価や当該原価が売上計上すべき時に未確定である場合にはどうしたらよいですか。

Answer. 建設業者等が建設工事を完成して引き渡した場合には、その工事収入又は工事原価の額が確定していないときにおいても、その引渡しの日の属する事業年度終了の日の現況により、その金額を適正に見積り計上することになっています。

■解 説
1 法人税法等の規定

建設業者等が建設工事を完成して引き渡した場合には、その工事収入又は工事原価の額が確定していないときにおいても、その引渡しの日に属する事業年度終了の日の現況により、その金額を適正に見積り計上することになっています（法基通2-1-7）。

追加工事などが発注されたりすると、このように工事代金が未確定の状態のままでも工事を進めて完了する場合があります。

すでに完成して引き渡しているときは、収入金額や原価を適正に見積もることになります。このような場合、原価のみを元の本体工事に計上していることが多く見受けられます。しかし、これは正しい処理ではありません。当期に計上すべき収益も適正に見積もらなければならないと法人税法等では規定されています。

2 本件へのアドバイス

期末までに請負契約書等が未作成等で対価が確定していない場合、原価を未成工事支出金等に計上したままになっていたり、追加工事分の原価を

元の本体工事に計上しながら追加工事収益を計上しないと、当期に計上すべき収益が正しい処理となっていません。すなわち、完成して引渡し済みの未契約工事の収益が法人の所得に反映されていないからです。

そこで、これらのミスを防ぐためには、期末直近に収益計上した工事件別に収支を対比して、利益率が低い工事についてはもう一度収益・原価等の中身を検討する必要があります。また、翌期事業年度開始直後に収益計上された工事の中に、工事期間が当期のものや収益が極端に良いものがあればこれも内容を検討して、当期の収益として計上すべきものかどうか検討するのも、このようなミスを防ぐ一方法です。

---関係法令通達---
法人税法 22 条
法人税基本通達 2-1-7

Question.4
プリペイドカードの収益計上時期

当社は、自社で顧客サービスの向上と顧客囲い込みを兼ねてプレミア付きのプリペイドカードを発行する予定ですが、いつ収益に計上すべきでしょうか。

Answer. 原則として、発行した事業年度の収益に計上します。ただし、あらかじめ税務署長等の確認を受けることを条件に商品の引渡しのあった事業年度の収益に計上することもできます。

■解 説
1 法人税法等の規定

カード等が発行後未使用で長期間にわたり収益に計上されないという不

合理な処理を防ぐため、法人税基本通達2-1-39にて税務の取扱いを明確に規定しています。

　自社で作成したプリペイドカードや商品券、回数券などを販売し購入者に将来、当該カード等に見合う商品や役務を提供する商取引がありますが、これらの商取引を約した証券等（以下、「カード等」といいます）を発行してその対価を受領した場合は、当該対価の額はカード等を発行した日の属する事業年度の益金に算入することが原則になっています。ただし、あらかじめ所轄税務署長等に確認等を受ければ、発行に係る対価の額について、その商品等の引渡し等に応じてその引渡しのあった日の属する事業年度の収益に計上する処理も認められています。一定の条件は必要ですが、手続としては簡単なものですので、自社でカード等を発行する予定がある会社は事前に手続をしておくことが、前払的な税金負担の軽減になります。

　なお、上記のただし書きによる場合は、発行事業年度終了の日の翌日から3年を経過した日の事業年度終了の時において商品の引渡しが未了の部分は収益に計上する必要があります。また、原則による場合は、原価を見積り計上することができます（法基通2-2-11）。

2　本件へのアドバイス

　例えば、上記のようなケースでは、カード等発行予定会社は法人税基本通達に沿った規約等をあらかじめ定めて、税務署長に確認を受ければ、費用対収益の整合性がとれた処理となり、実務上も管理しやすくなります。手続は簡単ですので、検討してみてください（法基通2-1-39、2-2-11）。

―関係法令通達――――――――――――――――――――
　法人税基本通達2-1-39、2-2-11

Question.5
受取配当の益金不算入

当社は国内の投資先や関係会社等から配当金を収受して収益に計上していますが、受取配当金の益金不算入制度があると聞きましたので同制度を適用しようと考えています。適用に当たって、どのような項目に注意すればよいでしょうか。

Answer.　この計算において誤りが多い点について述べると、
1. 配当等（みなし配当を含みます）を支払う内国法人等（以下、「配当支払会社」といいます）と配当等を受領する会社等（以下、「受領会社」といいます）との間における以下の関係（以下、「株式等持分割合」といいます）の判定誤り
   ① 配当支払会社と受領会社との間に完全支配関係がある場合：全額益金不算入（完全子法人株式等の配当といいます）
   ② 受領会社が配当支払会社の発行済株式等（自己株式を除き、名義株を含みます）の株式等持分割合が3分の1を超える株式等を有する場合：配当等の額から負債利子のうち一定の算定割合により算出した利子等を差し引いた残額が益金不算入（以下、「関連法人株式等の配当」といいます）
   ③ 受領会社が配当支払会社の発行済株式等（自己株式を除きます）の株式等持分割合が100分の5以下の場合：配当等の金額に100分の20に相当する金額が益金不算入（以下、「非支配目的株式等配当」といいます）
   ④ 受領会社が配当支払会社の株式等株式持分割合が①～③に該当しない場合：配当等の金額に100分の50に相当する金額が益金不算入（以下、「株式等持分割合が5％超3分の1以下の配当」といいます）
   ⑤ 公益法人等、人格のない社団等からの配当等を受ける場合：

全額益金不算入
　⑥　外国法人からの配当については別途取扱規定があります。
2．短期保有株式等の配当（みなし配当を除きます）については益金不算入計算から除外されているのに、同配当を含めて1.の配当等の益金不算入計算をしている誤り（以下、「短期保有株式」といいます）
　（注）　短期保有とは、株式等の配当の支払に係る基準日以前2か月に取得しかつ当該株式を基準日後2か月以内に譲渡した場合をいいます。なお、短期保有株式の数の算定には算出計算規定があります。
　　　　また、この規定には以下4.に該当する特定株式投資信託の収益についても基準日をその計算期間の末日とし、その日より1か月以内に取得しかつ当該信託を計算期間の末日の日から2か月以内に譲渡した場合も同様の取扱いになります（措法67の6①）。
　　　　なお、短期保有株式等の配当がある場合は、その保有株式数は保有していないものとして株式等持分割合を判定します。
3．自己株式の発行法人の自己株式の取得に伴い生じるみなし配当の益金不算入の適用除外について誤ること
　　発行法人による自己株式の取得に伴い生じるみなし配当については、その元本である株式等でそのみなし配当が生ずることが予定されているものを取得した場合は、みなし配当について益金不算入の適用はありません。
　　また、組織再編にからむ取得や引き継いだ株式等についても上記のみなし配当が予定されているものの取得などについても益金不算入の適用はありません。
　　ただし、法人税法61条の2第17項の規定の適用がある事由に該当する場合、つまり、完全支配関係にある発行法人による自己株式の取得の場合には上記益金算入規定は適用され

ず、受取配当の益金不算入を適用することができます。
4．投資信託及び投資法人に関する法律137条の金銭の分配の額（以下、「投資信託等の分配金」といいます）の取扱いに関する適用誤りについて

① 投資信託等の分配金については平成27年度の税制改正において公社債投資信託以外の証券投資信託等の収益の分配金に係る規定（改正前法23①三）が削除されており、証券投資信託等の収益の分配金については配当等の益金不算入の取扱いはできません。

　もともと、証券投資信託の収益は配当だけでなく、利息や譲渡益から成っているもので、その分配金は剰余金の配当、利益の配当にはならないものを含んでいたことから、平成27年度の改正より受取配当金等の益金不算入計算から除外されたものといえます。

　しかし、同じ投資信託であっても特定株式投資信託の収益の分配においては租税特別措置法67条の6において特定株式投資信託の収益の分配の額について受取配当金の益金不算入の適用できる規定があります。

（注）　特定株式投資信託については租税特別措置法施行令2条に規定されており、いわゆる株価指数連動型上場投資信託などが該当します。

　なお、この特定株式投資信託の収益の分配金は租税特別措置法67条の6第1項において非支配目的株式等と同じ取扱いをすることが明記されていることから、収益の分配金の100分の20に相当する金額が益金不算入できることになります。

② 投資法人については租税特別措置法67条の15第6項において受取配当の益金不算入の規定は適用できないことになっています。

5．資産の流動化に関する法律115条1項（中間配当）に規定する金銭の分配について益金不算入することができないことを誤ること

　租税特別措置法67条の14第6項において、法人税法23条1項の規定は適用しないとされていますので受取配当金の益金不算入はできないことになります。

6．受取配当の益金不算入額の算定区分についての注意点について
　①　完全子法人株式等について

　　　配当の計算期間の初日から当該計算期間の末日まで継続して配当支払会社と受領会社との間に完全支配関係があることが必要です。

　　　ただし、みなし配当を受ける場合は配当の支払に係る効力が生ずる日の前日において完全支配関係があることが条件となっており、完全支配関係があればみなし配当の金額も益金不算入の対象となります。

　　　計算期間の適用に当たっては、配当支払会社の設立の時期や数年間配当がなかった場合には特例が規定されています。また、計算期間の中途で完全支配関係を有することになった場合の取扱いには特例があります。さらに組織再編が行われた場合についても同様の取扱いがあります。

　②　関連会社株式について
　　(1)　関連会社株式等は発行済株式等の総数の3分の1を超える数（完全子法人株式を除きます）を配当の額の支払に係る計算期間の初日から当該計算期間の末日まで引き続き有していることが原則とされており、その期間が基準日以前6か月を超えるときはその基準日の6か月前の翌日から基準日までの間引き続き所有していることが条件となっています。

(注) 配当支払会社の設立や株式の新規発行自己株式の処分、組織再編による所有期間については、6か月間でなくても適用できる特例規定があります。

　　ここで注意したいことは、判定する株式等持分割合は受領会社が直接所有している配当支払会社の株式持分割合にて判定し、間接的に所有している持分は判定には影響させません。

(2) 関連会社株式等については受取配当の益金不算入の額の計算において、配当等額から、当期中の負債（利子に準ずるものを含みます）の合計額を当期末及び前期末の総資産の帳簿価額（法人税法施行令22条1項1号に規定する調整後の数字とする）の合計を分母とし、当期末及び前期末の期末関連法人株式等の帳簿価額の合計を分子として負債利子を按分して算出した額を配当等の額から控除することになっています。

　　この件で注意したい点は、分子計上する期末関連法人株式の判定となっている所有期間が事業年度末から6か月以前の日の翌月となっていること。<u>配当を受けていない関連会社株式の帳簿価額も含めなくてはならないことに注意する必要があります。</u>

　　すなわち、関連法人株式の判定と負債利子の判定における「関連法人株式」の定義が異なっていることに注意してください。

　　なお、平成27年4月1日に存在していた会社の場合には、控除負債利子額の計算において特別な簡便計算方式があります（なお、本計算においては連結法人である場合を考慮していません）。

7．その他の受取配当に該当しない配当あるいは分配金について
① 協同組合等の事業分量配当金

② 保険会社の契約者配当金
③ 保険業法64条1項に規定する基金利息の配当
④ 信用取引に係る「配当落調整額」
⑤ 名義書換失念株の配当金
⑥ 匿名組合からの配当金
⑦ 証券投資信託の分配金
⑧ 公社債投資信託の分配金

▌解説

1 法人税法等の規定

内国法人が国内の他の法人から剰余金の配当等を受けるときは、その配当等の額はその内国法人の各事業年度の所得金額の計算上一定額は、益金に算入しないと規定されています。

なお、平成27年度税制改正により、証券信託等の分配金が受取配当の益金不算入から除外され、持分割合によって益金不算入額が大きく変更になりました。

2 本件へのアドバイス

関連法人株式については負債利子の控除規定が残されましたので、計算が複雑になっています。したがって注意が必要です。

受取配当の益金不算入制度は国内での二重課税を一定の限度で調整しようとするものですので、配当をする側の原資が課税済みであるかどうかが、基本的なポイントとなります。

「配当」とか「利益分配金」とかまぎらわしい言葉が多数ありますが、原資となる配当をする側のことを考えれば、その解釈処理であまり誤りは生じません。

「配当」という言葉に執着すると判断を誤りやすいので、気をつけてください。

> **関係法令通達**
> 法人税法23条、24条、61条の2
> 法人税法施行令19条、20条、21条、22条の2、22条の3、22条の3の2
> 法人税法施行規則8条の4
> 租税特別措置法3条の2、67条の6、67条の14、67条の15
> 租税特別措置法施行令2条、39条の29
> 租税特別措置法施行規則2条の3
> 法人税基本通達3-1-1、3-1-2、3-1-6、3-1-7、3-2-2

Question.6 社内親睦団体の余剰金の処理

当社は従業員に対する福利厚生の一環として、社内親睦団体等へ同団体の社員負担分相当額と同額の資金供与をしていますが、同団体では計画していた親睦旅行などをしなかったりして相当額の余剰金があることが資金を管理している当社の経理責任者の報告でわかりました。当社は交付時に福利厚生費として費用計上していますが、このままでよいのでしょうか。

Answer. 法人が団体の事業経費の相当部分を負担しているなど団体が法人の事業の一部と認められる場合は、団体の法人の期末現在における余剰金のうち、法人の拠出相当額は法人の所得に加算すべきです。

解 説

1 法人税法等の規定

当社内親睦団体と称していても、役員や運営、運営に必要な施設等から判断して当該法人の一部であれば当該親睦団体の収益・費用はその全額を当該法人の収益・費用等に係るものとして計算する規定になっています（法

基通 14-1-4)。

　その際、従業員負担部分があり、適正に当社分と従業員分とが区分経理されている場合には、法人に帰属すべき収益・費用等の額を計算できることになっています（法基通 14-1-5)。

　事業経費の相当部分については、常識的に半分以上と考えられます。年度によっては半分以下でも通算して相当部分を負担していると判断した裁決事例があります。

2　法人へのアドバイス

　団体の期末の残高を持分按分して法人の所得に加算するだけでなく、団体の支出した費用の内容によって、消費税が課税か非課税、あるいは不課税の費用が混在している場合もありますので、その区分が要求されます。また、飲食を伴うような懇親会などをしていれば、交際費に加算するといった問題も出てくるので注意が必要です。

―関係法令通達―
　法人税基本通達 14-1-4、14-1-5
　昭和 62 年 8 月 6 日裁決 TAINS コード F0-2-098

2 法人の費用

Question.7
役員報酬の変更

当社は役員報酬を平成○年6月の定時株主総会で変更しようと考えていますが、各人別の金額で決議をもらうとあまりにも露骨なので、変更の決議を総額で行い、各役員別の報酬額については取締役会への委任を決議してもらう内容で、総会議事案件として提案していくことを考えていますが、税務的に問題はありますか。

Answer. 総会の決議で役員報酬の支給限度額を決めて、各役員別の報酬額の決定を取締役会に委任する決議は株主総会の決議と同様に取り扱われます。よって、税務上、特に問題ありません。

■解 説

1 法人税法等の規定

税務上、過大な役員給与の額は損金の額に算入されません（法法34②）。過大かどうかの判断基準の一つに定款又は株主総会等で定められた限度額があります（法令70）。

取締役の報酬は定款又は株主総会の決議によりますが（会社法361）、個々の報酬額は取締役会へ一任することができます（最判昭60.3.26）。税務上も株主総会で支給限度額を定めれば、個々の報酬額を取締役会に委任しても問題ありません。

平成18年度の税制改正で役員報酬について大幅な改正が行われました。その骨子は、基本的に一定のもの以外は損金にはならないという立場であり、損金に計上できるのは、事前の定め等により役員報酬の支給時期、支給額に対する恣意性が排除された場合のみとなっています。具体的には以

下のとおりです。

- 定期同額な報酬
- 支給額が事前に定められている事実を明らかにするために、所定の期日までに届出書を提出した場合のその報酬（事前確定届出給与）
- 同族会社に該当しない法人が業務執行役員に対して支給する利益連動給与で支給の透明性、適正性を確保するための一定の要件を満たした報酬

　ここで注意したいことは、報酬の増減を行う場合です。定時株主総会で報酬の増額を決議しそれに基づいてその翌月から支給する場合は、通常の改定としてなんら問題は生じません。しかし、臨時の株主総会を開いて役員報酬の増額を決議し事業年度の途中で増額した場合は、原則として増額分について別個の定期同額なものが支給されたとして損金不算入となります。

　逆に、臨時の株主総会で減額した場合も同様な取扱いで本来の定期同額給与が減額されたものであり、減額改定前の定期同額給与のうち減額改定以後の定期同額を超える部分は原則として損金不算入となります。

2　本件へのアドバイス

　以上のことから、期中の役員報酬の変動には注意が必要です。

　しかし、すべてが否定されているわけではありませんが、いずれにしても役員給与の改定には手続や改定の理由が法人税法等の規定に沿っているかどうかの検討は必要不可欠です。

　平成20年12月（平成24年4月改訂）の「役員給与に関するQ＆A」が国税庁から公表されており、「業績等の悪化、経営状況が著しく悪化した」「病気等のため職務執行ができない場合」などの減額できる例や、定時株主総会において増額改定した場合の例が示されています。実務の参考にしてください。

> **関係法令通達**
>
> 法人税法 34 条 1 項 1 号・2 号・3 号、2 項
> 法人税法施行令 69 条 1 項 1 号、70 条
> 法人税法施行規則 22 条の 3
> 法人税基本通達 9-2-13
> 会社法 361 条
> 昭和 60.3.26 最高裁判決

参考文献等　平成 20 年 12 月（平成 24 年 4 月改訂）国税庁「役員給与に関する Q&A」

Question.8
役員報酬の限度額

　当社は数年前の株主総会で役員報酬の総額を決議し、業績が低迷していることもあってそのままで推移しています。今回業績も回復し、役員数も増加しましたので役員報酬の総額を超えそうになりました。そこで、総額は今までの枠とし、使用人兼務役員の使用人分の給与等を当該支給総額に含めない旨の総会決議をする提案をするつもりですが、税務上問題ありませんか。

Answer.　役員報酬の総額の枠に使用人兼務役員の給与・手当も含まれるのが原則ですが、当該総額に使用人兼務役員への使用人分の給与・手当を含めない旨総会決議して、役員報酬総額を使用人兼務役員の使用人分給与を含めないようにすることは、税務上問題ありません。

■解 説

1 法人税法等の規定

　役員報酬は定期同額な場合や事前確定届出給与であっても、不相当に高額な部分の金額は、過大な役員給与として損金算入が認められません（法法34②）。

　定款や株主総会決議などで、支給総額の限度額が決められている場合は、その限度額を超える支給額は過大部分として損金算入できませんので（法令70一ロ）、注意が必要です。

　ここで注意しなければいけないことは、使用人部分を含めない定めは定款又は株主総会等において定めあるいは決議をしている必要があることです（法基通9-2-22）。役員報酬の限度額に使用人兼務役員の使用人分の給与の額を含めない旨を定款で定めず、あるいはまた、その旨を株主総会等の決議によって定めていない場合には、当然に過大役員報酬の額を計算するときには、使用人兼務役員の報酬は使用人分の給与も含めなければなりません（法令70一ロ）。

　このような場合は、使用人兼務役員の使用人としての給与・賞与額を含めた役員報酬総額と定款等で定められた役員報酬の限度額との比較をして、過大報酬額になっていないかどうか判定することになりますので注意が必要です。

2 本件へのアドバイス

　役員報酬の総額が定款や総会で決められた役員報酬の限度額に近接してきた場合は、現物給与等に該当する報酬が、別途勘定から支出していないかどうか確認する必要があります。また、役員報酬を決めた総会の議事録等を点検しておくことも重要です。

関係法令通達

法人税法 34 条 2 項
法人税法施行令 70 条
法人税基本通達 9-2-22

Question.9
非常勤役員報酬の限度額

　当社は同族会社ですが、社長の母親（非常勤取締役）に対し毎月 300 万円の報酬を支払っていましたが、高齢なことから有料老人ホームに入所することになりました。

　今までとは異なり、出社や役員会への出席もあまり期待できなくなりました。

　今後は特に職務ももたせないで、会社では机もなくし、たまに来たときは空いている机を使い、従業員からの悩み事を聞いてもらうなどをしてもらう程度を考えています。

　このことから、今までどおりの報酬では過大な高額役員報酬になると思われますので減額を考えていますが、何か良い指標となる事例はありますか。

Answer.　非常勤役員の過大報酬として税務調査で指摘され、国税不服審判所で判断された事例として、平成 17 年 12 月 19 日付裁決事例が公表されています。法人の規模や、非常勤役員の職務内容は異なるとは思いますが、一つの指標にはなります。ちなみに当該裁決での非常勤役員の年間報酬の平均額は 131 万円でした。

■解 説
1　法人税法等の規定

同族会社においては、特に家族や親族等を役員や従業員にして不相当な高額給与や報酬を支払っている場合は、その役員等に対して支給した報酬等の額、当該役員等の職務の内容、その内国法人の収益及びその使用人に対する給料の支給状況、その内国法人と同種の事業を営む法人で、その事業規模が類似するものの役員等に対する報酬の支給状況等に照らし、当該役員等の職務に対する対価として相当であると認められる金額を超える場合、その超える部分が過大報酬等となると規定されています（法法34②、法令70一イ）。

2　本件へのアドバイス

　税務調査において、同族会社の役員家族や親族を役員や従業員にして高額な報酬や給料を支給する法人は多々見受けられます。これらは、法人成りの特典と受け止められる一方、同族法人の税務調査における最重要な調査対象項目となっています。

　役員の登記はしていても、ただ、役員会議事録に押印するだけの役員、高齢で施設に入所している役員で、一度も出社したことがない役員、従業員でありながら、社長の息子であることから他の従業員の2倍の給与を支払うなど、また大学生の息子を役員や従業員にして支払う給与、社長の愛人を社員にして専ら家事をしている者に支払う給与など、例を挙げればきりがありません。

　これらは事実認定の問題ではありますが、同族会社特有の問題を内包しています。報酬としていくらが適正かは各法人が独自に決めているだけで、あとは税務調査で指摘を受けるかどうかだけになっています。

　平成17年12月19日の国税不服審判所の裁決により、勤務実態のあいまいな非常勤役員の報酬について適正額が示されて以降、同族会社における同族関係者の報酬や給与の指標となる基準は他の同族法人にも広がってきており、同様な業種・事業規模と同一地域における平均報酬額の基準が定着してきています。勤務実態があいまいな親族への逸脱した高額な報酬・

給与については役員だけでなく、社員であっても一定の線引きがされるようになってきていることを実態として理解しておく必要があります。

関係法令通達
法人税法34条、36条

参考文献等　平成17年12月19日付国税不服審判所裁決

Question.10 使用人兼務役員の賞与額・支給時期

当社は、使用人兼務役員に従業員分としての賞与を支給しようと考えています。算定は従業員と同じで、給与の数か月分を基本として担当部署の業務成績分を評価して一定率上乗せするということを考えています。支給日は従業員と同じ日に行います。

部長という立場ですので、他の従業員よりは高額になります。

この支給した賞与は、損金計上しても問題はないでしょうか。

Answer. 使用人兼務役員の使用人分の賞与は支給時期が同じで従業員と同じ基準で算定され、当該使用人兼務役員と同じ職務内容の比準とすべき使用人がいないときは、使用人が使用人兼務役員となる直前の受けていた額や使用人の最上位にある者への支給状況などを参酌して適正に算定されていれば損金計上は問題ありません。

▎解 説

1 法人税法等の規定

　法人税法34条6項に使用人としての職務を有する役員とは役員のうち、部長、課長その他法人の使用人としての職制上の地位を有し、かつ、常時使用人としての職務に従事するものをいうと規定されています。この規定に該当して支給するものは、法人税法34条1項の役員に支給する給与には該当しないと規定されています（法基通9-2-4、9-2-5、9-2-6）。

2 本件へのアドバイス

　使用人兼務役員の使用人としての賞与は、使用人と異なる支給時期に支給すると、使用人としての賞与に該当せず、支給額が全額役員給与の損金不算入額になります（法基通9-2-26）。

　また、支給額についても、使用人としての職制上の地位の有無、比準者との比較等による検討を行っていないと、当該役員賞与分は損金不算入となる可能性がありますので注意が必要です（法基通9-2-23）。

　使用人兼務役員の使用人分の賞与は、他の使用人に対する賞与の支給時期に支給した使用人分としての相当な額ではじめて損金算入が認められることに注意する必要があります。

　部長などの肩書きを持った使用人兼務役員に賞与を支給するときは、役員でない部長など比準者をまず念頭において支給額を決めることが重要です。適当な比準者がいない場合については、その使用人兼務役員が役員となる直前に受けていた賞与の額、その後のベースアップ等の状況、最上位の使用人に支給した賞与の額等を参酌して適正に見積もることになります（法基通9-2-23）。

┏━関係法令通達━
　法人税法34条
　法人税基本通達9-2-4、9-2-5、9-2-6、9-2-23、9-2-26

Question.11
クレーム代の費用計上時期

当社は売上先に商品を販売したところ、商品に欠陥があり売上先からクレームを受けました。示談交渉を進める中で当社の責任を認め、誠意を示すために〇万円を支払う旨文書で通知しました。期末までに同意の回答をもらえませんでしたが、当該費用を期末に未払金として計上してもよいのでしょうか。

Answer. クレーム代として相手の同意はなくても、相手方に通知をしていますので、通知額を限度に債務が確定しており、費用計上ができます。

解説
1 法人税法の規定

法人税法上で損金として計上できる費用は、当該事業年度末までに損金としての債務確定があったかどうかにより判定します（法法22③二）。

債務確定があったかどうかの判定基準は、
① 当該事業年度終了の日までに当該費用に係る債務が成立していること
② 当該事業年度終了の日までに当該債務に基づいて具体的な給付をすべき原因となる事実が発生していること
③ 当該事業年度終了の日までにその金額を合理的に算定することができるものであること

の3要件が揃う必要があります（法基通2-2-12）。

2 本件へのアドバイス

商取引において、相互の行き違いや勘違いでクレームが発生することは多々あります。これらのクレームに対する対処としてはいろいろな方法が

ありますが、金銭で解決する機会が多くあります。

双方の示談書や和解書などを作成する場合では誤りは見受けられませんが、口頭や請求書、赤伝などでやり取りする場合には注意が必要です。

その際、社内稟議などで金額を決め、相手に通知するわけですが、まだ相手に通知していないにもかかわらず、社内で決裁を受けた段階で費用に計上してしまう会社があります。相手先との同意は得ていないまでも、あくまでこちらはいくら払う用意があると通知しないと、税務的には債務の確定があったとは認められませんので注意が必要です。

当該クレーム代として〇万円を払うという意思表示を相手先に文書等でしていれば、相手がまだ同意していなくても債務は確定したものと認められます（法基通2-2-13）。

クレーム代として支払う以上、なぜこの金額を算定し、どういう理由で支払うのかの記録はきちんと残しておいてください。理由が明確でないと税務調査の際、あらぬ誤解を与える可能性があります。

関係法令通達
法人税法22条3項2号
法人税基本通達 2-2-12、2-2-13

Question.12
短期前払費用の取扱い

当社は、毎事業年度に土地の借地料、1年契約の掛捨て火災保険、定期生命保険料の1年分を支払の都度費用として計上しています。今回新たに期末に保険会社からの勧誘もあり、定期生命保険契約を期末の1週間前に増額契約し、契約日から1年分の保険料を支払いました。保険料が以前より2倍近く増加しましたが、これらも支出の時に短期前払費用として処理しても税務上問題はありませんか。

Answer. 定期保険契約で、契約日から1年分の保険料を前払いして費用計上することは問題ありません。

解 説

1 法人税法等の規定

前払費用とは、一定の契約に基づき、継続的に役務の提供を受けるために支出した費用のうち、当該事業年度終了の時においてまだ提供を受けていない役務に対応するものと定義され、この前払費用の額は、通常当該事業年度の損金の額に算入されないのですが、法人が、前払費用の額でその支払った日から1年以内に提供を受ける役務に係るものを支払った場合において、その支払った額に相当する金額を継続してその支払った日の属する事業年度の損金の額に算入しているときは、これを認めるとされています（法基通2-2-14）。

例えば、土地建物の賃借料、保険料、工業所有権の使用料、借入金の利子、信用保証料等があります。

2 本件へのアドバイス

前払いして役務提供を受けるということを奇貨として、前払いしたものは何でも短期前払費用として処理している法人が見かけられますが、上記の条件に該当しないと税務では否認されてしまいます。

例えば、損害保険契約で2年分の保険料を前払いしたり、毎年支払う地代を2年分支払ったりした場合は、短期前払費用にはなりません。

また、利益が見込まれたので利益調整のために急遽家賃や保険料などを1年分支払った場合も、税務上は短期前払費用とはならないので注意が必要です。

短期前払費用の定義の「一定の契約に基づき継続的に役務の提供を受けるために支出した費用のうち当該事業年度終了の時においてまだ提供を受

けていない役務に対応するもの」との内容を誤解して、これらに費用が該当するものは何でも費用計上が認められるとして期末に未払費用で計上する会社が多々ありますが、実際に支払がない未払状態では翌期の費用になりますので、決済の状況を確認して判定することが重要です。

関係法令通達
法人税法22条3項・4項
法人税基本通達2-2-14

Question.13
労働保険料の費用計上

当社は労働保険料について、概算保険料を分割して納付しています。納付月に費用として納付額を全額費用計上していますが、税務上何か問題はありますか。

Answer. 概算保険料については、被保険者（従業員）分が含まれていますので、従業員負担分は立替金として処理しなければなりません。

解 説

1 法人税法の規定

労働保険料は労働保険の保険料の徴収等に関する法律によって概算保険料の申告をして納付あるいは分割納付することになっており、法人が申告した日、あるいは納付した日に損金算入していれば費用として計上することができます。

しかし、概算保険料は従業員負担の雇用保険料等も含まれて納付しているため、納付した金額全額が法人の費用にはならず、従業員負担分は立替等処理をしなければなりません（法基通9-3-3）。

2 本件へのアドバイス

　労働保険料等の概算保険料として納付等して損金計上するときに、最初から従業員部分を立替金で処理するのが理想的です。分割納付が認められても年に3回とあまり頻度がない処理ですので処理誤りが出るのかもしれませんが、注意する必要があります。

― 関係法令通達 ―
　　法人税法22条3項
　　法人税基本通達9-3-3

Question.14
寄附金の損金不算入について

　当社は工場のある地域の神社に祭礼用神輿の寄附をしようと考えています。神社から寄附要請を受けており、毎年安全祈願などでお参りにいっていますので、まとまった金額でしたが、取締役会での承認を経て応諾する旨通知しました。
　応諾してから実際の現金支出までに決算期を迎えましたので、既に額が確定していましたので寄附金に計上して未払金処理しました。寄附金は未払いでは損金に計上できないと聞きましたが、どうしたらよいのでしょうか。

Answer.　法人税法施行令78条に、寄附金の支出は事業年度の所得計算においては、支払がされるまでの間なかったものとすると規定されていますので、未払に計上している寄附金は全額計上事業年度の所得金額に加算することになります。

▌解 説

1 法人税法の規定

寄附金はその支出額のうち、法定で定める限度額を超える額は損金に算入できない規定になっています。また、寄附金の法人税法上の扱いは実際支出するまではなかったものとみなされます。

2 本件へのアドバイス

寄附金は実際に支出がなされるまではなかったものとされますが、実際支出されますと、当該事業年度において寄附金の損金算入限度額の計算を行い、超える部分の金額を所得に加算することになります。本件の場合、翌期に支払われることになりますので、翌期に寄附金の損金算入限度額の計算をすることになります。

参考までに寄附金の損金不算入額の計算において誤りの多い例を列挙しますと、

- 自己株式を保有しているとき資本金から差し引いていないもの（参照法令8十八）
- 期末の資本金等の額は税務計算上の金額によるべきであるのに貸借対照表上の金額になっているもの（参照法令8）
- 資本金等の額に利益準備金の額を含めてしまっているもの（参照法法2十六）
- 資本金等の額に該当しない新株式申込証拠金を含めているもの（法法2十六）
- 所得基準額がマイナスとなった場合は零とすべきであるのに、マイナスの金額を資本基準額から差し引いているもの（参照法令73①一ロ）
- 国外関連者（海外子会社などや実質支配関係のある会社等）への寄附金を全額損金不算入としていないもの（措法66の4③、措令39の12、措通66の4(1)-1～66の4(1)-3）
- 平成22年10月1日以降に完全支配関係にある内国法人への寄附金を

全額損金不算入としていないもの（参照法法37②）
- 未払の寄附金、手形を交付した寄附金は期末までに決済されていなければなかったものとされるのに、損金としての寄附金としているもの（法基通9-4-2の4）
- 開発行為の許可条件に従って支出した費用は当該開発行為によって取得する資産の取得価額又は公共的施設の設置費用として繰延資産にすべきなのに、指定寄附金として誤って計上しているもの（法基通7-3-3、7-3-11の2、7-3の11の3、8-1-3、8-1-4）
- 自社製品等を被災者に提供した費用は寄附金に該当せず、誤って寄附金に含めているもの（法基通9-4-6の4）
- 現物（有価証券、土地等）で寄附したものを帳簿価額で寄附金として処理し、時価に換算していないもの（法基通9-4-8）

等です。これらは計算誤りの多い例ですので、注意してください。

関係法令通達

法人税法37条
租税特別措置法66条の4第3項
法人税法施行令8条、73条、73条の2、77条の2、78条
租税特別措置法施行令39条の12
法人税法施行規則22条の4
法人税基本通達7-3-3、7-3-11の2、7-3-11の3、8-1-3、8-1-4、9-4-2の4、9-4-6の4、9-4-8
租税特別措置法法人税関係通達66の4(1)-1～66の4(1)-3

Question.15
海外子会社支援

当社は中国に、現地法人で100％出資の子会社を設立し稼働させてきましたが、人件費の高騰もあって、ここ数年赤字が累積しています。何と

か立て直しをしたいということで、資本の増強とセットで日本から出向している社員、現地では総経理と董事長に就任しているのですが、この2人の人件費を全額日本で負担することにしました。税務上何か問題はあるのでしょうか。

Answer. 海外子会社への支援として出向している社員の給与を全額負担すると、負担した給与相当額は本来貴社で負担すべきものではありませんので、海外子会社への寄附金となります。租税特別措置法66条の4第3項により、負担した金額全額が損金不算入となりますので、申告の際、所得金額に加算することになります。

▌解 説

1 法人税法（租税特別措置法を含む）等の規定

国外関連者となる海外子会社（50％以上直接・間接に出資している法人等）への寄附金は法人の各事業年度の所得金額の計算上、損金の額に算入しないと規定されています（措法66の4③）。

2 本件へのアドバイス

海外に進出し、現地に子会社を設立する法人が増加の一途をたどっていますが、設立して稼働しても、うまく経営できずに、赤字にあえいでいる法人も多々見受けられます。これらの現地子会社に対して、出資や貸付けではなく、出向者の給与負担や取引単価の調整などで、支援ないし援助をする内国法人が見受けられますが、これらは税務調査があれば、寄附金と認定されて課税されます。海外現地法人が子会社であれば支援するのが常道ですが、税務的には寄附金として、他の寄附金とは別に支援額全額が損金になりませんので、注意が必要です（措法66の4③）。

現地法人の状況を把握して赤字・累損が多額な場合に、その立て直しとして支援する場合は、当然税務上損金にならないことを考慮しておく必要

があります。海外事業部などが、海外子会社を管理・マネジメントしている場合は、特にその取引内容を経理サイドから検討する必要があります。

---関係法令通達---
租税特別措置法 66 条の 4 第 3 項

Question.16
業務上で従業員に科された反則金等の費用計上

当社は社員が業務中の交通違反で反則金を受けたときは、業務の一貫として認められる場合は、会社がその反則金相当額を経費として負担しています。負担した反則金相当額は会社の費用として損金に計上処理しましたが、税務上はこれでよろしいのでしょうか。

Answer. 従業員が業務上科された反則金相当額を会社が負担していますが、業務上の反則金ですので、使用責任に基づいて負担するものであり、会社に科されたと同様であることから、損金の額に算入することはできません。

■解 説

1 法人税法の規定

社員や役員が業務に絡んで罰金若しくは科料、過料又は交通反則金を課されたとき、業務遂行に関連したものとして法人が相当額を負担する場合があります。これらの負担金は損金になりません（法法55④一、法基通9-5-8）。

2 本件へのアドバイス

法人に科せられた罰金及び科料並びに過料は損金算入ができません。

また、法人税や地方税と加算税や印紙の添付誤りで賦課される過怠税等、法人税から控除した外国法人税等も損金になりませんので注意が必要です。

> **関係法令通達**
> 法人税法38条、41条、55条
> 法人税基本通達9-5-8

Question.17
社会保険料の債務確定時期

当社の事業年度は6月25日を期末としています。毎期末に6月分の給料を支払い、同時に6月分の給料に対する会社負担の社会保険料も法定福利費として未払計上していますが、この社会保険料は法人税の申告においては時期尚早と聞きましたが、どうしてでしょうか。

Answer. 法人税法では債務確定基準があり、貴社が負担する社会保険料は健康保険法156条3項等によれば、被保険者が月末まで在職している場合に同者に係る保険料を翌月末日までに納付することとなっています。したがって、月末にならないと社会保険料の額が確定しないことから、ご質問のような費用としての計上は時期尚早という回答になります。

■解 説
1 法人税法の規定

社会保険料等の納付義務が確定する時に損金に算入することができると規定しており、健康保険法156条3項等の規定から、月末に会社負担による社会保険料が確定すると規定されています（法基通2-2-12、9-3-2）。

参考：健康保険法156条3項「前二項にかかわらず、前月から引き続き被保険者である者がその資格を喪失した場合においては、その月分の保険料は、算定しない」

したがって、従業員が6月26日に退職した場合は、その従業員分は支払義務はなく、月末にならないと支払義務が確定しません。

2　本件へのアドバイス

期中において、法人が法定福利費として社員に係る社会保険のうち会社負担分を損金に計上することには何ら問題はありませんが、決算期が月の途中、例えば25日などの場合において未払費用等で計上するときは注意が必要です。給与支給日を25日にしたとしても、これに対応する法定福利費として見積もり計上した社会保険料相当額は当期の損金としては認められません。法人税基本通達9-3-2では、法人が負担する社会保険料の額については、当該保険料の計算の対象となった月の末日の属する事業年度において損金に算入することができることとされています。それゆえ、支給した給与分に係る社会保険料の納付確定は決算期末の25日ではなく翌期になる月末になります。

よって、期末までに費用が確定していないということになりますので注意が必要です。

同様に決算賞与として決算後の翌月に支払われる賞与も、賞与として確定している分は損金になりますが、損金となる賞与に係る会社負担の社会保険料であっても当期の費用とはなりませんので注意が必要です。未払社会保険料については給与計算者からの伝票だけで判断するのではなく、中身の吟味が必要です。公認会計士の監査等を受けている法人は必ず費用計上を強制されますので、税務上は申告書で別表4への加算処理が必要なことを理解してください。

関係法令通達

法人税法22条3項2号
法人税基本通達2-2-12、9-3-2
健康保険法156条3項
厚生年金保険法81条

Question.18
確定給付企業年金等の掛金の処理

当社は将来の従業員の退職金に充てるため、確定給付企業年金制度に加入して掛金を支出し福利厚生費に計上しています。当該年金からは半期ごとに掛金の請求がきますので、請求の都度振り込んでいます。今事業年度は掛金の見直し年度ですから、期末までにまだ請求書が届かないのですが、毎年上半期と同じ数字ですので、期末に上半期の掛金と同じ金額を福利厚生費として未払費用に計上しようと考えています。税務的に問題はありませんか。

Answer. 法人税法では、確定給付企業年金の掛金等は金銭を支出した事業年度の損金の額に算入すると規定されています。未払では損金に算入できません。

■解 説
1 法人税法の規定

法人税法施行令135条は、支出した金額は当該事業年度の所得の金額の計算上、損金の額に算入すると規定しており法人税基本通達9-3-1において、確定給付企業年金の掛金等は現実に納付又は払込をした日の属する事業年度の損金の額に算入する規定になっています。

2 本件へのアドバイス

　確定給付企業年金等の掛金について、参加している基金から通知等がきて期末に未払で計上している法人が多々あります。これらの基金は社員の退職後の給付に充てるための積み立てとみることもできるものです。

　これらの掛金は支払った時に損金の額に算入するとの規定により、未払金として損金の額に算入することは認められていません（法基通9-3-1）。

　期末に確定給付企業年金基金等から掛金の払込通知などがきて未払金に計上する例が多いので、未払金勘定に確定給付企業年金基金等の計上があったときはチェックして、申告時に別表4に加算漏れがないようにする必要があります。

関係法令通達
　　法人税法65条
　　法人税法施行令135条
　　法人税基本通達9-3-1

Question.19
資本的支出の耐用年数

　当社は平成24年1月に取得した設備について、平成28年6月に生産ラインの性能向上のため、大幅な改造を行いました。資本的支出額は2,400万円で事業の用に供した日は平成28年6月です。本体の耐用年数は7年の場合、平成29年3月期末には減価償却限度額はいくらになりますか。資本的支出については、新たに資産を取得したものとして処理したいと考えています。

> **Answer.** 減価償却の限度額計算は次の算式になります。

$$2{,}400\text{万円} \times 0.286\text{（償却率）} \times \frac{10}{12} = 572\text{万円}$$

572万円が損金算入限度額となります。

■解 説

1 法人税法の規定

平成19年4月1日以後に資本的支出を行った場合には、原則的には、その対象となった減価償却資産とは別の新規の減価償却資産の取得とされ、その種類及び耐用年数はその対象となった減価償却資産と同じものとして減価償却することになります（平成19年度改正）。これにより資本的支出の対象になる本体は改正前の償却方法を採用していても当該資本的支出は新規資産として、新しい償却の方法で減価償却限度額計算がされることになります。

さらに、平成23年12月に改正が行われ定率法の償却率が変更になりましたが、原則的に資本的支出の取扱いは平成24年4月1日以降に行われた資本的支出の場合も新たに取得したものとされています。

例外として、平成19年3月31日以前に取得した既存の減価償却資産に資本的支出を行った場合は、当該資本的支出をした事業年度において支出金額を当該資産の取得価額に加算して、既存の減価償却方法で償却を行うことができます。

2 本件へのアドバイス

資本的支出を行った場合、平成24年4月1日以降は固定資産の管理が大変手間が掛かるようになります。見掛け上一体のものでも、減価償却方法が2以上に異なることになります。この手間を少しでも軽減する方法

として特例措置が講じられていますので、詳しくは平成24年2月国税庁作成の「平成23年12月改正 法人の減価償却制度の改正に関するQ&A」を参照してください。

ただし、特例措置を使用しても、減価償却限度額が必ずしも拡大するとは限りませんので、選択はケースバイケースです。

関係法令通達

法人税法65条
法人税法施行令55条、132条
耐用年数省令別表10

参考文献等　平成24年2月国税庁作成の「平成23年12月改正 法人の減価償却制度の改正に関するQ&A」

Question.20
事業年度が1年未満の税務処理

当社は決算月が6月であったのを今回3月に変更しようと考えていますが、それによって、事業年度の期間が1年から9か月に短くなります。これによって、税務上どのような点に注意したらよいでしょうか。

Answer. 決算月の変更で事業年度が1年に満たない場合は、解説に掲げる点に注意してください。

■解 説
1　法人税法等の規定
① 減価償却率が以下のように変わりますので注意が必要です。

- 旧定額法（平成19年3月31日以前取得資産）、定額法又は定率法の場合は、その耐用年数により定められた償却率に当該事業年度の月数を乗じて、12で除した償却率（小数点以下3位未満の端数は切り上げる）
- 旧定率法（平成19年3月31日以前取得資産）の場合は、その耐用年数に12を乗じこれを当該事業年度の月数で除して得た年数に1年未満の端数があるときは、その端数を切り捨てた耐用年数の償却率（法基通7-4-1）

② 交際費の限度額計算について、資本金が1億円以下の会社は交際費の損金不算入額を計算する際、定額控除額800万円がありますが、これを1年未満の事業年度の場合は月数按分することになります（措法61の4②一）。

③ 寄附金の損金算入限度額計算における資本基準額についても、1年未満の事業年度の場合は月数按分になります（法令73①一イ）。

④ 一括減価償却資産（取得価額が20万円未満の固定資産）を法人の選択で一括償却するときも、分母36に対して分子が事業年度の月数に変わります（法令133の2①）。

⑤ 中小企業者等の少額減価償却資産の取得価額の損金算入の特例計算においても、限度額300万円を事業年度の月数で按分した金額が限度額になります（措法67の5①）。

⑥ 資産に係る控除対象外消費税額等がある場合の事業年度月数による按分計算があります（法令139の4③）。

⑦ 繰延資産の償却限度額計算においても、事業年度の月数による按分計算があります（法令64①二）。

⑧ 貸倒引当金計算の実績率の計算における事業年度の月数按分計算があります（法令96⑥）。

⑨ 退職給与引当金の当期取崩額がある場合の事業年度月数按分計算があります（平成14年法律79号附則8条）。

⑩ 資本金等が1億円以下の法人等、所得金額が800万円以下の所得金額からなる部分は税率が15％に該当する法人で、事業年度が1年未満の場合は800万円を分母が12で除し、分子が事業年度の月数を乗じた金額に15％の税率を適用することで、軽減される税額が少なくなります（措法42の3の2③）。

⑪ 雇用促進税制における基準雇用者給与等支給額の計算、比較雇用者給与等支給額の計算において適用年度の月数を基準事業年度等月数で換算することになっています（措法42の12の5）。

2　本件へのアドバイス

　上掲したものの他、留保金課税についても、これは平成19年度税制改正により資本金の額又は出資の額が1億円以下である法人は留保金課税について制度が変わり、現在は対象となる法人数が少なくなっていますが、課税対象法人に該当するときは事業年度の月数の按分計算があります。試験研究費に係る税額控除の際も同様ですので注意してください（措法42の4）。

関係法令通達

法人税法32条、52条、67条
法人税法施行令64条、73条、96条、133条の2、139条の4
法人税基本通達7-4-1
平成14年法律79号附則8条
減価償却資産の耐用年数等に関する省令4条、5条
耐用年数の適用等に関する取扱通達5-1-1
租税特別措置法42条の3の2、42条の4、61条の4、67条の5
租税特別措置法施行令27条の4

3 法人の棚卸資産

Question.21
期末の預け在庫等

　当社は、各部署別に予算制度を導入して業務管理を行っていますが、最近制度が本来の趣旨とかけ離れているように見受けられてきました。予算を期末に消化しないと次年度に予算が減少するということを危惧する風潮が見られています。そこで予算制度の見直しを考えていますが、税務的視点から典型的な問題点を挙げてください。

Answer.　予算制度は業務管理、経営の観点から重要な制度の一つであることは間違いありませんが、税務上行き過ぎた弊害と思われる点を挙げます。

　期末近くなると各部署の予算消化のため、原材料や少額な備品などを多量に購入し、保管スペースの関係や購入先のサービスで購入しても必要なときまで預かってもらうことがあります。

　これらは、通常必要に応じて取り寄せるので期中では何の問題もありませんが、納品されるまでに決算期が到来する場合は、期末には棚卸資産として計上しなければなりません。この計上漏れが多々見受けられます。納品書や請求書では既に納品された形態をとっていますので、期末の実地棚卸しでも把握できないケースがほとんどでした。

▍解　説

1　法人税法等の規定

　消耗品は通常取得の時に損金算入が認められていますが、備品や工具はたとえ少額であっても、消耗品にはなりません。また製品等の一部を形成

するものは、作業用消耗品とはなりません（法令10、法基通2-2-15）。

2　本件へのアドバイス

　期末に納品がされているかどうかは、購入先からの納品書・請求書などに預かりのメモや記載がある例もありますが、日常業務では把握は困難です。いずれにしても、1個や2個単位ではあまりなく、予算の消化が目的の場合は数量がまとまった取引が多く計上漏れになっています。

　期末に原材料や少額な備品等をまとまって購入したものがある場合は、その使用状況や現物を当たってどんな状態になっているのか確認すると、計上漏れになることはありません。

　特に預けてある場合は現物がないので、担当者に報告を求めることが一番の早道です。恣意的な部署の予算消化などでの経費等の前倒しであれば納品もなく、費用計上するというコーポレートガバナンス上もよろしくない行為となりますので、注意したいものです。

関係法令通達

法人税法2条20号
法人税法施行令10条
法人税基本通達2-2-15

Question.22
販促用パンフレット等の原稿代、デザイン代

　当社は、毎期販促用のパンフレットを有名なデザイナーに頼んで作成し、翌期の販売用として活用しています。今回はデザイナーを変え、イメージチェンジをして新戦略で取り組もうとしましたが、デザイナーの原稿が期末ぎりぎりであったため印刷が間に合わず、パンフレットの納品が翌期にずれてしまいました。このような場合に、税務上注意すべきことはありますか。

Answer. 販促用のパンフレットを有名デザイナーに原稿依頼して作成していますので、デザイナーに対するデザイン料などの費用が納品の際に発生していると推定されます。

作成中のパンフレットに使用されるデザインですので、期末までにパンフレットが納品されていないのであれば、これに使用されるデザイン代の期中での損金算入は時期尚早ということになります。

▌解 説

1 法人税法等の規定

毎期おおむね一定数量を作成している販促用パンフレットですので、完成納品がされていれば作成に係る費用は販売促進費としての損金計上が認められるものと推定されますが（法基通2-2-15）、期末までにパンフレットが納品されていないので、法人税法施行令10条7号に規定する「前各号に掲げる資産に準ずるもの」として、期末には翌期に納品されたパンフレットの仕掛品的なものとして棚卸資産に計上するものとされています。

2 本件へのアドバイス

法人の決算期が近づいてくると、翌事業年度の新規広告や新規採用者用の会社案内などのパンフレットや冊子を計画して、成果物を翌期の冒頭に受領する機会が多々あると思います。

発注先に手付けや前払いをする場合もあると思いますが、編集や原稿を印刷会社ではなく、別の業者などに発注するなどして代金を期末までに支払うことがあります。これらはパンフレットや冊子の作成費用ですので、まだ本体が完成して受領していないことから、仕掛品等として資産に計上する必要があります。最終成果物が納品されていないときは、費用計上が認められるのは翌期のパンフレットの完成納品時になりますので、注意し

てください（法令10⑦）。

　翌期首作成のパンフレットや冊子がある場合は、期末に棚卸資産（仕掛品）として計上しなければならない費用がなかったか検証する必要があります。冊子やパンフレットの企画書や手配書を見て、期中に支払ったものがないか確認すれば簡単に把握できます。

関係法令通達
　法人税法2条20号
　法人税法施行令10条7号
　法人税基本通達2-2-15

Question.23
自己の製造に係る棚卸評価額

当社はメーカーで、機械部品を製造し販売しています。

　期末の製品等の棚卸しに際して、評価額算出に当たって注意すべきことを教えてください。

Answer.　税務調査において誤りとして指摘をされることが多いのは、製造の過程で一部加工を外部に委託するときや原材料・部品などを無償で支給した場合に、これらの原価について加算漏れしているケースです。

　また期末の実地棚卸しの際に、外部の加工業者へ無償支給した原材料の棚卸しをカウント漏れしてしまうケースなどがあります。

▌解 説
1 法人税法等の規定

　自己の製造等に係る棚卸資産の取得価額には、その製造等のために要した原材料費、労務費及び経費の合計額のほか、これを消費し又は販売の用に供するために直接要した費用の額が含まれます（法令32①二）。

　しかし、次に掲げる費用については、これらの費用の合計額が当該棚卸資産の製造原価のおおむね3％以内であれば、取得価額に算入しないことができます（法基通5-1-3）。

① 製造後において要した検査、検定、整理、選別、手入れ等の費用の額
② 製造場等から販売所等へ移管するために要した運賃、荷造費等の費用の額
③ 特別の時期に販売する等のため、長期にわたって保管するために要した費用の額

2 本件へのアドバイス

　原材料等の無償支給業者を把握しておくことが重要です。翌期首にこれらの業者から請求書等が来ているときは、期末に無償支給分の棚卸しがどうであったかを検証する必要があります。

　期末の実地棚卸しの際、自社所在の棚卸しだけでなく、無償支給分の預け先があるかどうかをよく把握する計画を立てることが重要になります。また、加工先に棚卸製品そのものも預けてある場合もありますので、期末にどこに自社の棚卸資産があるか、広い視野で把握しておく必要があります。

　積送品などについても、棚卸しから漏れることが多く見受けられます。注意しておきたい点です。

> **関係法令通達**
> 法人税法2条20号
> 法人税法施行令10条、32条1項2号
> 法人税基本通達5-1-3

Question.24
期末棚卸資産の評価額

　当社は毎年新規商品を開発し、メーカーに製造依頼して仕入れし販売しています。商品の仕入単価が単一ではなく、期末の棚卸しの際、評価額を算出するときにいつも苦労しています。評価額算出に当たって注意すべき点がありましたら教えてください。

Answer.　購入した棚卸資産の取得価額には、その購入代価のほかにこれを消費し、又は販売の用に供するために直接要したすべての費用の額が含まれます。
　多くの誤りが見受けられるのは、購入した物品の本体価額ではなく、付随費用の部分についてです。例えば、購入に際して仲介手数料を支払ったり、説明書などを無償で交付して、同梱して製品として納入されたときなどの費用は、すべて取得価額を構成します。

▍解　説

1　法人税法等の規定

　例えば輸入商品であれば、通関業務に係る費用や運賃、関税、保険料などや取得に際しての手数料が取得価額に含まれます（法令32①一）。
　また、国内取引であっても、付随費用（運賃等）も取得価額になります。
　しかし、次に掲げる費用については、これらの費用の合計額が当該棚卸

資産の購入の代価のおおむね3％以内であれば、取得価額に算入しないことができます（法基通5-1-1）。

① 買入事務、検収、整理、選別、手入れ等に要した費用の額
② 販売所等から販売所等へ移管するために要した運賃、荷造費等の費用の額
③ 特別の時期に販売するなどのため、長期にわたって保管するために要した費用の額

2 本件へのアドバイス

　ミスを防ぐためには新規仕入商品についての商品知識を理解しておくことが一番の早道です。営業担当者などからカタログ等で説明を受けて、代金決済の際の請求書をチェックするのが確実です。

　しかし、期末に多品種、多規格の棚卸資産が存在し、とてもすべての確認ができないのが実情だと思われますので、在庫金額が多額な商品、新規に取り扱い始めた商品など、数点について商品仕様書などをチェックし、単価に付随費用の漏れがないか確認するサンプリング法が誤りを防ぐ一番良い方法と推奨できます。

　また付随費用について、個別商品単価に算入するのが大変手間がかかるときは、

・購入代価の比により按分する方法
・購入代価の小さなものに配賦しないで、大きなものに適当な基準により配賦する方法
・期末において付随費用を一括して売上原価と期末棚卸高との比その他適当な基準により按分して、期末棚卸高に加算すべき金額を計算し、さらに当該金額を期末棚卸高の比により按分する方法

などで処理することも可能です（旧昭和25年9月25日直法1-100の180の2）。

関係法令通達
法人税法2条20号
法人税法施行令10条
法人税基本通達5-1-1
旧昭和25年9月25日直法1-100の180の2

4 法人の固定資産等

Question.25
土地建物の取得価額に算入すべきもの

当社は不動産仲介業者を介して土地建物を購入しましたが、この際の税務処理について注意しなければならないことは何ですか。

Answer. 他者から購入した土地建物については、購入代価とその付随費用、及び事業に供するための費用が取得価額を構成します（法令54①一）。

仲介業者への仲介料は土地建物の取得価額になります。

解説
1 法人税法等の規定

土地の取得価額に関する付随費用等の扱いについては、通達で以下の項目が規定してあります（法基通7-3-1の2、7-3-2、7-3-3、7-3-3の2、7-3-4、7-3-5、7-3-6）。

1. 借入金の利子（算入しないことができます）
2. 割賦購入の時の利息相当分（算入しないことができます）
3. 取得に関連して支出する地方公共団体に対する寄附金等（取得価額に算入します）
4. 取得価額に算入しないことができる費用の例示（不動産取得税等）
5. 土地についてした防壁、石垣積み等の費用（取得価額に算入しないことができます）
6. 取得に際して支払う立退料等（取得価額に算入します）
7. 土地とともに取得した建物の取り壊し費用等（取得後1年以内に取り壊す等のときは、建物取得価額及び取り壊し費用は土地の取得価額に算入し

ます)

2　本件へのアドバイス

　土地、あるいは建物、又は土地付建物等を購入したときに誤りやすいものとして、売買契約書などで取引の契約金額を決める一方で、その契約書の条項の中に、買主の負担とされる固定資産税相当額について、契約金額とは別の条項で決められた固定資産相当額を売主に支払った場合は、当該固定資産税相当額は購入した当該不動産の取得価額になるケースです。この場合、租税公課として損金に算入していると、税務調査で否認されますので注意が必要です。この固定資産税は納税義務者が売主であり、買主は単に購入するに当たって売主に固定資産税相当額の代価を上乗せして支払ったにすぎないので、取得価額を構成することになります。

（参考：消費税 **Q19**、消基通 10-1-6）

関係法令通達

　法人税基本通達 7-3-1 の2、7-3-2、7-3-3、7-3-3 の2、7-3-4、7-3-5、7-3-6

Question.26
使用許諾付きのノウハウ開示に伴う支出

　当社は、取引先から製造特許の許諾とそれに伴うノウハウの開示を受け、イニシャルペイメントとして1,000万円を取引先に支払いました。どのような税務処理をしたらよいでしょうか。
　使用許諾料とノウハウの開示料の区分はありません。

Answer. 特許の使用許諾と、その使用に伴うノウハウの開示を受けてイニシャルペイメントを支払っていますので、税務上、これらのものは特許権に準じたものを取得したものとすると規定されています。

使用許諾期間が法定耐用年数（法定耐用年数8年）より短い期間であれば、その期間を耐用年数とします。

■解 説

1 法人税法等の規定

法人が他の者の有する工業所有権（特許権等）について実施権又は使用権を取得した場合におけるその取得のために要した金額については、工業所有権に準じて取り扱うと規定されています（法基通7-1-4の3）。

単なるノウハウだけの開示については、その取得に要した金額は繰延資産になります。

2 本件へのアドバイス

特許権の使用許諾とノウハウが一体の契約では、当然に特許権の使用許諾がなければノウハウを使えませんので、特許権に準じたものになります。

ノウハウの開示の場合、その中に特許権使用許諾が含まれていることが多いので、単純に契約の名称等で判断しないで、契約の中身をよく検討することが重要です。特許権の使用許諾があれば特許権に準じて、原則8年で償却していくことになります（法基通8-1-6、8-2-3）。

関係法令通達

法人税法2条23号・24号
法人税法施行令13条、14条
法人税基本通達7-1-4の3、8-1-6、8-2-3

Question.27
自家製機械等への原価差額の調整

当社は産業用機械を製造しているメーカーですが、自家使用の機械も製造します。自家使用の機械の取得価額について注意すべきことを教えてください。

Answer. 製造した機械の原価差額は販売用、自家使用の区別は必要なく同様に算出して適正な取得価額を算出する必要があります。
　原価差額が総製造費用のおおむね1％以内であれば、原価差額の調整をしないことができます。いずれにしても算出してみないとわかりませんので算出はする必要があります。

■解 説

1　法人税法等の規定

自己の製造に係る減価償却資産の取得価額は、
① 　当該資産の製造等のために要した原材料費、労務費及び経費の額
② 　当該資産を事業の用に供するために直接要した費用の額の合計額
と定められています（法令54①二）。
　製造のために要したものは、棚卸資産と同じ規定になっていますので原価差額の調整が必要になります（法基通7-3-17）。

2　本件へのアドバイス

メーカーではコスト削減のために、生産設備の自己改造や自前の工作機械などの製造をしていますが、これらの製造にかかった労務費や原材料を取得価額に計上するだけでは足りません。間接費を含めた原価差額の調整をするように注意してください。

関係法令通達

法人税法施行令32条、54条1項2号
法人税基本通達7-3-17

Question.28
機械装置の予備品について

当社は製造ラインの部品の故障や不具合に対処するため、主要な部品を予備品として所有しています。これはラインが一部品の不具合で全部止まってしまうのを防ぐ危機管理の一貫ですが、これらの予備品も相当な額になりますが、貯蔵品として期末に計上しなければならないのでしょうか。

Answer. 交換消費されていない予備品等は期末に貯蔵品として棚卸資産に計上する必要があり、損金に算入したり減価償却したりすることはできません。

■解 説

1 法人税法等の規定

機械の補修用に貯蔵する部品である予備品は消耗品若しくはこれに準ずる資産であり消費した時に損金の額に算入されます（法基通2-2-15）。

なお、予備品と似たものに航空機エンジンのように常備し繰り返し使用される専用部品がありますが、これは本体減価償却資産と一体のものと考えて本体に取り付けられていなくても事業の用に供している本体とともに事業の用に供していると扱われ減価償却することができますが（法基通7-1-4の2）、本問予備品は交換使い捨てされる点でこれとは異なり、交換取付け前に損金の額に算入することはできません。

機械の一部である点を捉えて仮に本予備品が減価償却資産に該当するとしても、本予備品が使い捨てであることから法人税基本通達2-2-15の適

用はなく、本体取付け前のものは事業の用に供していないとされますので減価償却することはできません。

　少額減価償却資産の取扱いを定めた法人税法施行令133条では、使用可能期間が1年未満のもの又は減価償却資産の取得価額が10万円未満のものは事業の用に供した日に損金経理をすれば費用計上が認められる規定になっていますが、その前提は事業の用に供することですので、事業の用に供されていないものは費用計上ができない規定になっていますし、一括償却資産の規定でも減価償却資産の償却限度額の規定でも、事業の用に供されていない資産は減価償却することはできません。

2　本件へのアドバイス

　通常、予備品については貯蔵品として把握し資産に計上するのはなかなか困難です。「通常必要なもの」を購入しているのが原則だからです。

　税務調査ではルーチンに購入されているものはあまり指摘されることはないのですが、異常な購入（金額が高い、数量がとび抜けて多い）ときは現状で購入した物品がどのように使われているかのチェックが入ります。

　会社でも金額や数量が異常なときはチェックを入れることにより、予算消化などの悪弊を断つことに役立つと考えます。

関係法令通達

法人税法65条
法人税法施行令133条、133条の2
法人税基本通達2-2-15、7-1-4の2
旧通達　昭和25年9月25日付直法1-100の193の4

Question.29
商標登録したときの処理

当社は、会社の新規のロゴマークについて他社の模倣を許さないために商標登録することにしました。これらの登録に当たって、デザイナーに当社に相応しいロゴマークなどの図案を依頼しましたが、気に入ったものができるまでに予想外の時間がかかり、商標登録は翌事務年度になることが決まりました。期中にデザイナーに支払った費用は、どのように処理すべきでしょうか。

Answer. 商標登録のために支出した費用ですので、翌期に商標権取得するまでは、仮勘定として計上することになります。商標権取得の時に無形固定資産の取得価額に振り替えられることになります。

■解 説

1　法人税法等の規定

　商標権取得のための費用の一部ですので、商標権の取得価額を構成すると規定されています（法令54）。

2　本件へのアドバイス

　商標登録ができるまでに通常数か月のタイムラグがあることから、商標を作成する費用が先行することがありますので注意が必要です。また、登録が完了した場合は、10万円未満の少額減価償却資産に該当する場合（法令133）や10万円以上の一括償却資産（法令133の2）につき申告調整処理を選択しない限り資産計上が必要です。

　知的財産権の保護が強く叫ばれる時代でもあり、商標権、特許権、意匠権などを取得して財産を保護する傾向が強まってきています。したがって、実務においては、これらの登録ができたときにはどのような費用がかかったか、またその処理状況を担当する部署に常に確認する必要があります。

関係法令通達
法人税法施行令54条

Question.30
レジャークラブの入会金等

　当社は社員の福利厚生を増進するため、宿泊やスポーツを楽しめるレジャークラブの会員権を取得しました。入会金として300万円（税抜）、預託金として200万円を支払いましたが、この金額を税務上どう処理すればよろしいでしょうか。なお、入会金は退会しても返戻はありません。預託金は退会時に返戻されることになっています。また、会員権には有効期限はありません。

Answer.　宿泊施設、体育施設、遊戯施設その他のレジャー施設を会員に利用させることを目的とするクラブに法人会員として加入し、返還されない入会金を支出したときは、会員の有効期間があるものは繰延資産とし、期間の定めがないものは資産として計上する規定になっています。よって、貴社のケースでは預託金と合わせて500万円が会員権として資産に計上されます。

■解　説

1　法人税法等の規定

　法人会員として期間が限定されていない会員として入会する場合、入会金は資産に計上されます。預託金や名義書換料等、取得に当たっての仲介料等があれば合算して資産に計上することになります（法基通9-7-11、9-7-12、9-7-13の2）。

2　本件へのアドバイス

法人が福利厚生施設として購入されたものですが、その後の使用状況によって、例えば得意先のみに利用させていたり、社長一族のみ利用していたりした場合は、年会費や使用料などは交際費や当該社長に対する給与となることもありますので、利用実績を記録する必要があります。

┏━ 関係法令通達 ━━━━━━━━━━━━━━━━━━━━━━━┓
　　法人税基本通達9-7-11、9-7-12、9-7-13の2
┗━━━━━━━━━━━━━━━━━━━━━━━━━━━━━━┛

Question.31
生産ライン上のパソコンに係る耐用年数

　当社は食料品製造業をしていますが、鮮度管理を強化するため生産ラインにパソコン（単価50万円ソフト込み）を新たに投入しました。このパソコンの耐用年数は何年になりますか。

Answer.　生産ラインの設備で稼働するパソコンですので、当該機械装置が該当する食料品製造業用設備の耐用年数10年を使用することになります。

▌解 説

1　法人税法等の規定

　生産ラインの性能・効率アップを図るためのパソコン投入ですので、資本的支出に該当します。このパソコンは生産設備の中に組み込まれていますので、組み込まれた機械装置の一部であり、耐用年数は該当する機械装置の耐用年数になります（耐用年数の適用等に関する取扱通達1-4-2）。

　なお、平成19年10月30日の不服審判所裁決は、機械装置及び器具備品について「法人税法施行令第13条第3号に規定する『機械及び装置』とは、外力に抵抗し得る物体の結合からなり、一定の相対運動をなし、外

部から与えられたエネルギーを有用な仕事に変形するもので、かつ、複数のものが設備を形成して、設備の一部としてそれぞれのものがその機能を果たすものをいうと解するのが相当である。さらに、法人税法施行令第13条第7号に規定する『器具及び備品』とは、耐用年数省令の別表第一が個別資産ごとに耐用年数を定めていることから判断すると、それ自体で固有の機能を果たし独立して使用されるものをいうと解するのが相当である。」と定義付けています。この点からも本件パソコンのように生産ラインに組み込まれたパソコンは器具備品ではなく生産ラインを構成する機械装置の一部と考えられます。

2　本件へのアドバイス

　製造業における無人化は進み、代わってパソコンが設備を制御して稼働しているのが最近の生産ラインの実態であると認められます。

　さて、生産ラインの効率化のため日々既存の生産ラインの改造が行われている中で、パソコンが要所要所で追加投入されると思われますが、これらのパソコンについては器具及び備品の耐用年数（4・5年）ではなく、投入されている生産ラインの機械装置の耐用年数を適用することになります。例えば、食品製造業用設備であれば、当該生産ラインに投入されたパソコンは耐用年数10年になりますので注意が必要です。

　通常、パソコンを購入するときは業者からの請求書・納品書についても「パソコン○台」とのみ記載されて取引が行われますので、そのパソコンが生産ラインで使われるのか、事務用に使われるのかわかりません。生産ラインを持っている法人は用途を確認する必要があります。

　生産ライン用のパソコンは発注部署も生産関係部署から出ているケースが多いので、発注部署をチェックして事実関係を把握するのも効率的な方法です。

―関係法令通達―
耐用年数の適用等に関する取扱通達 1-4-2
平 19.10.30 裁決（裁決事例集 No.74-214 頁）

Question.32
賃借建物の可動間仕切りや空調工事代の処理

当社は支店を大阪に開設しました。その際、ビルの一室を賃貸して、可動間仕切り工事（200万円）と支店全体に係る空調設備工事（100万円）を行いました。これらの工事代金の税務上の処理はどうしたらよろしいでしょうか。

Answer. いずれも10万円を超えていますので、固定資産として計上することになります。可動間仕切り工事が簡易なものでなければ、別表1の耐用年数表の建物附属設備で「可動間仕切り」の15年が該当し、空調設備工事は同表1の建物附属設備で「冷房、暖房、通風等」の規模的に「その他のもの」に該当すると推定されますので、15年が適用になります。

■解 説

1　法人税法等の規定

他人の建物を借りて間仕切り工事や冷暖房等の空調設備などを自ら工事する場合は、これらの工事代金は各々建物附属設備等として固定資産に計上する規定になっています。特に賃借期間が更新できない場合は別ですが、通常の耐用年数で償却します（耐用年数の適用等に関する取扱通達1-1-3）。

2　本件へのアドバイス

賃借建物に自ら工事をして新たな固定資産を取得することは多いケース

ですが、外枠が他人のものであっても内側に作った資産は工事代金を支払った者の所有ですので、減価償却資産として資産に計上し減価償却していくことになります。

なお、賃借物件がスケルトンで内装はすべて賃借人が行うような場合で、ショーウィンドや床工事、部屋の間仕切りなどの建物自体に工事をした場合は全部を一つの資産として総合し、合理的に見積もった耐用年数を使って償却することになっています。

関係法令通達

耐用年数の適用等に関する取扱通達 1-1-3

Question.33
火災保険金と滅失損及び支出経費

当社は工場の敷地内にある倉庫を火事で焼失しました。火災保険をかけていたこともあり、保険会社に保険金を請求しましたが、なかなか保険金の額が決まりません。焼失した倉庫は取り壊し、跡地も整理していつでも倉庫を再建しようとしていますが、決算期が来てしまいました。焼失した倉庫の滅失損、取り壊し費用や跡地の整理代などはどうすればよいのでしょうか。保険金を収受したら、その保険金で倉庫を再建して圧縮記帳をする予定です。

Answer. 保険金で倉庫を再建し、圧縮記帳をする予定ですので、倉庫の焼失損や取り壊し費用、跡地の整理費用等、直接関連する費用は保険金の額を見積り計上する場合を除き、保険金の額が確定するまでは仮勘定として計上し、損金に算入しないことになります。

■解 説
1 法人税法等の規定

　法人税法には保険金等で取得した固定資産等の圧縮額の損金算入制度があり、固定資産の滅失等により保険金等の支払を受け、当該事業年度にその保険金をもって代替資産を取得した場合、代替資産の帳簿価額につき、その取得に充てた保険金等に係る差益金を基に計算した金額（圧縮限度額）以下の金額を損金経理により減額したときは、減額した金額に相当する金額は損金に算入すると規定しています。

　この制度の適用を受ける場合、保険金を見積り計上する場合を除き、保険金の額が確定する前に滅失損や取り壊し費用等を損金計上することはできませんので、仮勘定に計上しておく必要があります（法基通10-5-2）。なお、滅失等により支出した経費には、類焼者への賠償金、けが人への見舞金等は含まれません（法基通10-5-5）。

2 本件へのアドバイス

　圧縮記帳をするタイミングを間違えてしまうと、その効果を受けることができませんので注意が必要です。

関係法令通達
法人税法47条
法人税法施行令85条
法人税基本通達10-5-2、10-5-5

Question.34
借地権の設定とその処理

　当社は工場敷地内にある遊休地を他人に賃貸し、当初の予定より少なかったのですが、土地の相場が下落していたので借地人から権利金800

万円で合意収受しました。当該地は郊外にあり、借地権割合の時価相場は5割でした。借地権を設定した時の土地の帳簿価額は2,000万円でしたが、どう処理すればいいのでしょうか。

> **Answer.** 借地権収入800万円を収益に計上し、借地権設定の直前の土地の価額とその設定後の土地の価額の割合が5割となりますので、借地権の設定により下落した土地の割合により土地の帳簿価額2,000万円の5割、すなわち1,000万円を損金に算入します。

■解 説

1 法人税法等の規定

　借地権を設定することにより他人に土地を使用させる場合において、その借地権の設定により、その設定直前におけるその土地の価額のうちに、当該価額からその設定の直後におけるその土地の価額を控除した残額（すなわち借地権の価額）の占める割合が10分の5以上となるときは、その設定の直前におけるその土地の帳簿価額に借地権の価額の占める割合を乗じて計算した金額を、損金に算入すると規定されています（法令138）。

2 本件へのアドバイス

　法人が所有していた土地を賃貸して賃借人に貸し付け、当該地の借地権の設定に当たり賃借人から権利金その他の一時金（返還不要なもの）を収受するとともに、長期間にわたって当該土地を使用させる場合、土地の地価が低下します。この際に、50％以上下落していれば、帳簿価額に下落割合を乗じた金額を設定事業年度の損金に算入することができます（法令138）。

　また、地方によっては借地権割合が比較的低く50％以下に満たないところもありますが、その場合は評価損として低下分を設定事業年度の帳簿

価額から減額することができます。ただし評価損の場合は、底地の時価と帳簿価額とを比較し、帳簿価額に満たない金額を損金経理により評価損を計上することになります（法基通9-1-18）。

　借地権を設定すれば対価を得ているのが通常ですので、特別損益などに利益が計上されているはずです。計上があれば、その見合いで土地の帳簿価額を見直す必要があります。評価損の場合は損金経理が必要ですので、注意が必要です。

関係法令通達

法人税法65条
法人税法施行令138条
法人税基本通達9-1-18

Question.35
繰延資産

　当社は全国に支店を有しており、支店長は原則その地域での出身者を採用してきました。今般、社内の人事制度の見直しとして、支店における人事の刷新を目指して、支店長クラスの他の支店との人事交流を図り、事業の活性化を図ることにしました。

　ついては、支店長においては住居の移転を伴う転勤であることから、住宅についてはすべて会社で手当てすることにしました。

　東京支店では、借り上げ社宅を用意し、不動産仲介業者に15万円の仲介料を払い、大家には礼金30万円、敷金30万円を支払いました。敷金は退去時に返戻されますが、礼金は返戻されません。契約期間は2年です。税務的にはどう処理したらよろしいですか。

Answer. 大家に支払ったもののうち、礼金30万円は繰延資産に計上し2年で月数に応じて均等償却し、償却費として損金経理をします。敷金30万円は資産として計上します。

不動産仲介業者への仲介料15万円は損金経理して、損金に計上します。

解説

1　法人税法等の規定

法人税法2条24号で、繰延資産は「法人が支出する費用のうち支出の効果がその支出の日以後1年以上に及ぶもの」となっています。法人税法施行令14条ではさらに具体的に規定しています。

本問の礼金は、このうち「資産を賃借し又は使用するために支出する権利金、立ちのき料その他の費用」に該当します（法令14①六ロ）。

2　本件へのアドバイス

繰延資産に関して税務調査でよく指摘されるのは、法人税法施行令14条1項6号に該当する取引です。すなわち、「費用の支出の効果がその支出の日以後1年以上に及ぶもの」です。これらの取引は契約の実質によりその該当性を判断しなければならないことから、伝票や請求書だけでは判断しきれないので注意が必要です。

また、何かの明示的な規定で保護されるものでもありませんので、契約書などの実質的な内容の確認が必要不可欠なものです。

1年以上効果が及ぶものなので、あまり少額なケースはないのが現状です。20万円以上の支出について、繰延資産処理をすることになりますので（法令134）、その効果がどのくらいあるか事前に検証して、さらに不明なものはその購入の稟議書などでチェックし、繰延資産に該当しそうなものについてはさらに契約書などで確認するといった方法が効率的です。

関係法令通達
　法人税法2条24号、65条
　法人税法施行令14条、134条

5 法人の交際費

Question.36
ジョイントベンチャー（ＪＶ）工事における交際費

当社は、数社とＪＶ企業体を組んで工事を請け負ってきました。

当社はＪＶ企業体の幹事会社として、収入、費用の管理、出資金の管理を任されています。ＪＶで支出した交際費はどうすればよいのでしょうか。

Answer. ＪＶを組んでいる場合、ＪＶでの交際費の支出金は参加各社の出資割合に基づき各社が負担することになります。貴社は幹事会社としてＪＶ企業体の決算等を任されていますので、各社に決算報告とともに、交際費の負担割合の金額を示す必要があります。

■解 説

1 法人税法等の規定

ＪＶは任意組合ですので、その収益・費用は出資割合に応じて各出資者に帰属します。よって、交際費の支出があれば、その金額も出資割合に応じて按分されて、出資各社で交際費の損金不算入額の限度計算がされます（法基通14-1-1の2（注書き）、14-1-2（注書き））。

2 本件へのアドバイス

ＪＶ企業体の幹事会社は出資各社に対して、決算の報告だけでなく、交際費や寄附金などがあれば、決算とともに各出資法人に対して負担することとなる交際費や寄附金の明細を報告する必要があります。

関係法令通達
租税特別措置法 61 条の 4
法人税基本通達 14-1-1 の 2（注書き）、14-1-2（注書き）

Question.37
ゴルフ会員権の名義書換料

当社は法人名義のゴルフ会員権を所有していますが、使用できるのは登録名義人のみで、営業担当常務がその名義人になっています。今般、営業担当常務が副社長に昇格したので新たに別の取締役が営業担当常務に就任したことに伴い、ゴルフ会員権の登録名義人を変更しました。その際、名義書換登録料として 50 万円を支払いましたが、交際費になるのでしょうか。同ゴルフ場は営業の接待用として利用しています。

Answer. 取引先の接待用ゴルフ場のゴルフ会員権に係る名義書換料 50 万円は交際費になります。

■解 説
1 法人税法等の規定

所有している接待用ゴルフ場のゴルフ会員権に係る名義書換料は交際費になります（法基通 9-7-13）。

2 本件へのアドバイス

法人がゴルフ会員権をもっていて、社長や営業担当役員などが登録名義人となっている場合が大多数です。社長の退任や担当役員の交代などで、ゴルフ会員権の名義人を新しい担当役員などに変更する場合、ゴルフ場に名義書換料を支払って新たな役員に名義を変更しますが、この費用は交際費に該当します。ゴルフ場からの請求書には○○振興株式会社など、一見

ゴルフ場なのかどうか判明しないところからの請求で会員権の名義書換料だとわからない場合もありますので注意が必要です。

　名義書換料などは、通常安くても数十万円単位で請求されますので、手数料勘定や雑費勘定を見れば、目立つ数字になります。ゴルフ会員権を所有する法人では役員の交代や担当の変更があったときは名義がどうなっているか確認するのも、交際費課税の加算漏れを防ぐ有効な手段の一つです。

┌─ 関係法令通達 ─
│　租税特別措置法 61 条の 4
│　法人税基本通達 9-7-13
└

Question.38
接待供応前後の送迎タクシー代等

　当社は、得意先を接待するときには得意先の送迎にタクシーを使って行います。また接待後の当社の役員や社員も帰りが深夜になるときはタクシーでの帰宅を認めています。これらのタクシー代は交際費になるのでしょうか。

Answer.　貴社が得意先を接待するために要した費用は交際費になります。得意先の送迎、接待に伴って発生する役員や社員の深夜の帰宅タクシー代は、いずれも接待のために発生した費用になります。

■解　説
1　法人税法等の規定

　「交際費」とは、交際費、接待費その他の費用で、法人がその得意先等に対する接待、供応、慰安、贈答その他これらに類する行為のために支出するものと規定されています（措法 61 の 4）。

2 本件へのアドバイス

　交際費に該当する他勘定で一番多い勘定が旅費・交通費です。これらは接待や供応の際、足代として普段に利用するものであり、接待そのものの費用とは別に精算、あるいは決済されるものです。したがって、帳簿に記帳されるときに接待時に使用されたものかどうか一目では判別がつかないケースが多く交際費の計上漏れの原因だと推定されます。

　接待や供応するときに、接待先をハイヤーやタクシーでお迎えし、接待後同様にお送りするのは日常的に行われる行為です。

　このように接待、供応等のために支出するものは、交際費になります。

　旅費・交通費で精算される場合、通常の業務で使用されるタクシー代等はレシートや領収書を添付し、日報などで報告されて社内の決済が行われる例が多いと思いますが、接待時のタクシー代も同様に精算が行われる例が多いと思われます。ただ接待時のものは通常より金額が高額な場合が多いものです。高額なタクシー代の支出があるときは使用者に確認し、交際費になる場合もあることを理解してもらい、適正な処理にしたいものです。

関係法令通達
　租税特別措置法61条の4

参考文献等　平成18年5月「交際費等（飲食費）に関するQ＆A」（国税庁）
　　　　　国税庁ホームページ（質疑応答事例）「交際費等の範囲（接待を受けるためのタクシー代）」

Question.39
○○会社設立○周年記念パーティー費用

当社では設立20周年を記念して得意先を招待するとともに、同時に社員も入れてホテルにてパーティーを盛大に行いました。コンパニオンや芸能人を招いての宴会で評判よく終わることができました。費用等は次のとおりでしたが、税務上どのように処理すればよろしいですか。

　会場費　　　　　　　20万円
　パーティーの飲食代　80万円
　コンパニオン代　　　20万円
　芸能人出演代　　　　50万円
　参加者は得意先80人、社員80人
　受領したご祝儀　　　80万円
　得意先へのお土産代　80万円

Answer. パーティーそのものは貴社が得意先と社員を接待、供応する宴会と認められます。したがって会場費、飲食代、コンパニオン代、芸能人出演代はその宴会と一体となった接待供応と認められますので、合計170万円がすべて交際費になります。得意先へのお土産代80万円も贈答として交際費に該当します。一方、得意先から受領したご祝儀は雑収入として益金に計上します。

解説
1　法人税法等の規定

法人がその得意先、仕入先その他事業に関係ある者等に対する接待、供応、慰安、贈答その他これらに類する行為のために支出するものは交際費であると規定しています。その他事業に関係ある者等には従業員も含まれます（措通61の4(1)-15）。

2　本件へのアドバイス

　設立○周年の記念パーティーなどをホテルなどで開催し、得意先関係者を招待し、社員ともども参加してかかった費用を社員分は福利厚生費、招待した得意先分を交際費として処理していることが見受けられましたが、これらのパーティー費用は社員・得意先に関係なく、全額交際費になります。また、招待客からのご祝儀を雑収入に受け入れないで、交際費の支出から控除して控除後の金額を交際費にしている場合についても、税務調査では控除分は交際費に該当するとして指摘されます。

関係法令通達

　租税特別措置法61条の4
　租税特別措置法法人税関係通達61の4(1)-15

Question.40
接待飲食費

　当社は中小企業ですが（資本金1,000万円）、このほど、会社創立100周年を記念してホテルで盛大なパーティーを開催しました。この費用が全体で1,000万円かかりましたが、それ以外に年間接待飲食費として1,000万円、お歳暮やお中元、慶弔費としての交際費が800万円かかります。パーティー費用の1,000万円の内訳は次のとおりですが、これらはすべて飲食代として処理してよろしいでしょうか。

〔内訳〕
　①会場費　　　　　　　　　　　　60万円
　②パーティーの料理飲食代　　　　600万円（単価3万円）
　③ホテルの名物菓子のお土産代　　 80万円
　　ホテルへの支払合計　　　　　　740万円
　④パーティー会場でのイベント代　120万円（芸能プロへ支払）
　⑤当社の名入りの小銭入れ記念品　 60万円（単価3,000円）
　⑥コンパニオンの派遣代　　　　　 40万円（派遣会社へ支払）
　⑦来賓への送迎ハイヤー代　　　　 40万円（ハイヤー会社）
　　合　　計　　　　　　　　　　1,000万円

Answer. ①～③までの費用は飲食その他これに類する行為のために要する費用と認められますが、④、⑤、⑥、⑦の費用は飲食に直接関係ない支出として飲食費以外の交際費と認められます。

▌解説

1　交通費等の取扱い

　平成26年度の改正により、交際費等の損金不算入制度に接待飲食費の額の50％相当額が損金の額に算入できる制度が導入されました。一方、中小企業においては定額の800万円の限度枠も設定されています。

　支出した交際費が飲食費に該当するかどうかによって、交際費の損金不算入額が変わりますので、本件のような申告の際には飲食費かどうかの判定には注意が必要です。

2　本件へのアドバイス

　パーティーにかかった費用については、その明細書等から、パーティーでの飲食代、その会場費、テーブルチャージやサービス料、当該飲食店での飲食物のお土産代までが、飲食その他これに類する行為のために要する費用と認められており、これら以外の費用と区分する必要があります。

> **関係法令通達**
> 租税特別措置法61条の4
> 租税特別措置法施行令37条の5
> 租税特別措置法法人税関係通達61の4(1)-15(1)
> 平成18年5月「交際費等（飲食費）に関するQ&A」（国税庁）
> 平成26年4月「接待飲食費に関するQ&A」（国税庁）

Question.41
棚卸資産、固定資産等の取得価額に含まれる交際費の処理

当社は建設業を業としており、A社から新社屋建設工事を請負中ですが、翌事業年度には完成予定です。建設中に近隣住民の協力を得るために、観劇に招待しました。これらの費用は未成工事支出金として経理しています。完成引渡しするまでは費用に計上していません。

観劇招待の費用に係る交際費の計算は、いつしたらよいのでしょうか。

Answer. 交際費の損金不算入の計算は支出の時にされますので、費用に計上されていなくても、接待や供応のために支出した時に交際費の損金不算入額の計算に含めて計算する規定になっています。

■解 説

1 法人税法等の規定

各事業年度において支出する交際費の額は、一定の限度計算の上限額を超過したものは損金に算入しないとされています。

交際費に該当する支出があれば、損金であるか、資産であるかは関係ない規定となっています。

2 本件へのアドバイス

支出した時の事業年度において認識され、交際費の損金不算入額の限度

計算がされるということに注意してください。

　棚卸資産や固定資産の取得の際、交際費を支出する場合もあります。工事における未成工事支出金などにも、交際費が支出され含まれる場合も生じます。建設仮勘定などに含まれている接待供応の支出金も同様になります（措通61-4(1)-24）。

　仮払金などで、交際費を支出した時も同様です。

　また、支出した交際費等の金額のうちに棚卸資産若しくは固定資産の取得価額、又は繰延資産の金額がある場合において、交際費の限度計算の結果、損金に算入されないこととなった金額のあるときは、当該事業年度の確定申告書において、当該原価算入額のうち損金不算入額から成る部分の金額を限度として、当該事業年度終了の時における棚卸資産の取得価額等を減額できる規定もあります（措通61-4(2)-7）。

関係法令通達
　租税特別措置法61条の4
　租税特別措置法法人税関係通達61の4(1)-24、61の4(2)-7

Question.42
観光と業務視察旅行を同時にしたとき

　当社は業界の主催する視察旅行に、従業員を業務命令で派遣しました。

　当初の企画書では視察がほとんどでしたが、帰ってきた社員の報告を聞くと旅程が変更されて、半分が現地での懇親ゴルフや観光になったとのことでした。

　業界団体には50万円の参加費を支払っていますが、どのように処理したらよいでしょうか。

Answer. 旅程の半分が観光とゴルフになったのであれば、支出の2分の1の25万円が交際費になります。

▌解 説

1 法人税法等の規定

　業務の一貫で参加した同業者団体主催の視察旅行で、懇親ゴルフや観光旅行に参加することになったのであれば、これは接待、供応、慰安に該当するので交際費になります（措通61-4(1)-23）。

2 本件へのアドバイス

　同業者組合や団体の研修視察旅行と称して視察旅行や研修会が開催されることが多いのですが、この行事に参加して当該費用を会費や研修費に計上している会社があります。これらの企画書では視察や研修がされるようになっていますが、実際にその行程や時間割を検討してみると、観光やゴルフが主体で視察とは名ばかりのものや、研修と称してホテルでコンパニオンを交えての宴会であったりするケースが見受けられます。事前の企画書などは請け負った旅行代理店やイベント業者が作成することが多く、企画書等と実際の内容が異なる場合が多いのも事実であり、業務で参加した者から報告書をもらって、その行事の中身に交際費として支出したものがないか判断しないと、税務上の処理を誤りやすい経理処理の一つです。

　ところで、交際費的なものと研修や業務上の視察を兼ねての行事であるケースは普段多くあります。

　交際費課税を避けるための恣意的な場合は別として、行事の中身で両方が混在したときは合理的に費用を按分することになります。

　例えば、異動日1日、研修日1日、ゴルフ1日などの場合はかかったツアー参加費用の50％（ゴルフ1日／研修とゴルフ日合計2日）は交際費として処理することが必要です。

同業者団体の視察旅行は社長しか参加せず、もっぱらゴルフや観光であれば、社長に対する経済的利益の供与という認定もありますので、視察の内容や旅程の把握には、くれぐれも注意してください。

> **関係法令通達**
> 　租税特別措置法61条の4第3項
> 　租税特別措置法法人税関係通達61の4(1)-23

Question.43
海外支店の交際費

　当社は中国に支店を有しており、支店サイドからは四半期ごとに報告がきております。支店長が社員と中華料理店で飲食すると、これらの費用はすべて会議費で処理してきます。確かに参加人員で割り返すと、日本円に換算して5,000円以下になっていますがこれでいいのでしょうか。

Answer.　海外支店であっても、従業員に対する飲食の提供は接待供応に当たりますので、交際費に該当します。

■解　説

1　法人税法等の規定

　従業員に対する飲食代には、租税特別措置法施行令37条の5第1項に定める飲食代等の5,000円基準はありませんので、飲食等で従業員を接待、供応した飲食代は1人当たり5,000円以下であっても交際費に該当します（措法61の4④）。

2　本件へのアドバイス

　事例では飲食の金額がはっきりしませんが、1人当たり5,000円以下で

あること理由に、これら費用が交際費に該当しないとは言えません。

　5,000円基準の対象となる飲食費から役員若しくは従業員等に対する接待等のためのものは除かれています（措法61の4④）。

　また、「食事程度で常時にわたって」ということであれば、これは従業員への給与ということになります（措通61の4(1)-12）。

関係法令通達

租税特別措置法61条の4
租税特別措置法施行令37条の5第1項
租税特別措置法法人税関係通達61の4(1)-12

6 法人の評価損

Question.44
ゴルフ会員権の評価損

当社は5年前に購入したゴルフ会員権（800万円）を所有していますが、最近の会員権相場を見ると6割ぐらい値下がりしていますので、評価損を計上したいと考えていますが、可能でしょうか。ゴルフ場ではプレイは問題なくできています。

Answer
貴社が所有しているゴルフ場は問題なくプレイができますので、会員権としてのプレイには何も問題が生じていません。したがって評価損の計上は認められません。

■解 説

1 法人税法等の規定

内国法人がその有する資産の評価換えをしてその帳簿価額を減額した場合には、その減額した部分の金額は法人税法33条2項から同4項に該当しない限り、損金の額に算入しないと規定されています（法法33）。

2 本件へのアドバイス

昨今はバブル期とその後の不景気でゴルフ会員権は暴落の一途ですので、過去に購入したゴルフ会員権を手放すまでにはいかなくても、評価損を計上する会社が増えています。相場が購入された時の10分の1などといったケースは挙げればきりがありません。

しかし税務では、ゴルフ会員権は資産に計上して減価償却は認めていませんので、時価相場と比較して著しく低下したとして評価損が計上できると思われがちですが、会員としての優先的な当該ゴルフ場の施設利用がで

きるものであれば、評価損は認められないことに注意する必要があります。しかし、預託金の一部が切り捨てられたり、ゴルフ会員権発行法人が法的整理を受け、具体的に返還請求債権に変わった場合は、通常の金銭債権としての貸倒引当金への引当てや預託金の一部の評価損等が認められる場合もあります。

ゴルフ会員権は転売できるため、一見会員相場から見ると、値下がりが著しいと確認できますが、税務的には施設利用権としての価値を重視していますので、当該施設利用が会員以外と比較して有利に利用できる状態が継続している限り、評価損はできなくなっています。どうしても損を出したいのであれば、売却することが一番手っ取り早い方法です。

関係法令通達
　法人税法33条
　法人税法施行令68条

Question.45
企業支配株式の評価損

当社が60％出資している子会社があるのですが、このところ成績が思わしくなく赤字が続き、債務超過になりそうな状況です。そこで、評価損を計上したいと考えています。この子会社は5年前に、時価評価額1株当たり30円の法人について1株当たり100円で総額1億円にて購入したものです。

当該子会社は当社の仕入先で、他社に身売りされては困るので子会社化したものでした。今回は時価評価額が1株当たり10円となっています。

Answer. 貴社が所有する子会社株式は、取得の時に企業支配株式の対価として1株当たり70円上乗せして取得しています。評価損を計上しようとしている現在の時価1株当たり10円に、1株当たり70円の企業支配株式としての対価を加えた80円が現在の評価額になります。帳簿価額と比較してみると、評価損の計上できる基準である資産状態が著しく悪化したために、その価額が著しく低下したことにはなりませんので、評価損の計上は認められません。

解説

1 法人税法等の規定

企業支配株式については企業支配に係る対価を加算した金額を企業支配株式の価額とすると規定されていますので、その価額で法人税法施行令68条1項・2項に規定する「評価損のできる」状態に該当すれば評価損が計上できる規定となっています（法基通9-1-15）。

2 本件へのアドバイス

企業支配株式の評価については、取得の経緯や取得後の増資の事実を把握して、株式の企業支配の対価を把握することが必要です。

関係法令通達
法人税法33条
法人税法施行令68条
法人税法施行令119条の2第2項2号
法人税基本通達9-1-15

7 法人の国際取引

Question.46
外国子会社等からの受取配当金

外国子会社から配当を受け取りました。外国子会社配当益金不算入制度により全額益金不算入になると考えますが、外国子会社からの受取配当等の益金不算入について、注意すべき点はありますか。

Answer. 基本的には益金不算入となりますが、その金額は受取配当の95％であり、外国子会社の所在する国で支払配当が損金算入となる場合は原則として全額益金算入となります。

　適用要件として、出資割合、保有期間、配当法人の所在地国での課税関係、受領の時の外国源泉税、租税条約の適用関係に注意を払う必要があります。

■解 説

1　基本条件（法法23の2①、法令22の4①）

　外国子会社への出資等の割合が25％以上であること、かつ、配当が確定する日（みなし配当については、みなし配当の支払義務が確定する日の前日）において、保有期間が6か月以上（新設法人については設立の日から）継続していることが適用を受ける基本条件です（適格組織再編成の場合における保有期間についても同様ですが、被合併法人等の保有期間は合併法人等の保有期間とみなされます（法令22の4⑥））。

　ただし、外国子会社からの受取配当金であっても、
(1)　当該配当金等の全部又は一部の額が外国の法令等において損金の額に算入するとされているもの
(2)　自己の株式等の取得において剰余金の配当等の額とみなされるもの

がある場合、そのみなし配当が予定されているものの取得をした場合におけるその取得をした株式等に係る剰余金の配当等とされるものについては、益金不算入とすることはできません（法法23の2②）。

なお、(1)において一部の額が外国の法令等において損金の額に算入されたものがあるときは、外国子会社配当等の額のうちその損金算入部分に対応する部分を適用除外とし、残りの部分を益金不算入の受取配当として適用することができます（法法23の2③）。

2　受取配当等の益金不算入額について

剰余金の配当等の額から5％を控除した額が益金不算入額となります（法法23の2①、法令22の4②）。

3　租税条約による有利な取扱い

基本条件の原則は外国子会社への出資等の割合が25％以上の保有ですが、租税条約に二重課税排除条項が規定されている場合には25％未満であっても租税条約で定められた割合以上であれば受取配当等の益金不算入の規定を適用できます（法令22の4⑦）。

〈参考〉
① 日本とアメリカ合衆国との条約では10％以上
② 日本とオーストラリアとの条約では10％以上
③ 日本とフランスとの条約では15％以上
④ 日本とブラジルとの条約では10％以上
⑤ 日本とカザフスタンとの条約では10％以上

4　特定外国子会社等に該当する外国子会社からの受取配当等についての例外規定について（措法66の8）

租税特別措置法66条の6に規定されている特定外国子会社からの配当については出資等の割合が25％以上であれば法人税法23条の2が適用さ

れて、益金不算入計算がされますが、25％未満の出資割合のときに配当された金額は全額益金になります（租税条約に別の規定がある場合を除きます）。

ただし、いずれの出資割合においても過去10年以内に合算課税の対象となった特定課税対象金額に達するまでの配当については全額益金不算入になります。

＊　　　　　　　　＊

なお、本制度により益金不算入となる外国子会社から受ける配当等に係る外国源泉税等は、損金に算入できません（法法39の2）。

関係法令通達
法人税法23条の2、39条の2
法人税法施行令22条の4
租税特別措置法66条の8
法人税基本通達3-3-3、3-3-4

Question.47
外貨建取引

当社はアメリカの売上先に100万ドルの売掛金があり、既に支払期限が来ているのですが、決算期末になっても入金がありません。帳簿価額は1億1,000万円で計上していますが、期末のＴＴＭで1ドル85円のレートに換算して2,500万円の為替差損を計上しようと考えています。期限徒過した債権は短期外貨建債権には該当しないと聞いていますが、評価損は計上できますか。なお、当社は外貨建債権等の換算方法の届け出はしていません。

Answer. 法人税法施行令122条の3に規定する外国為替の売買相場が著しく変動したものと認められますので、2,500万円の為替換算損を損金として算入できます。

■解 説
1　法人税法等の規定

外貨建債権で既にその支払期限を経過したものは、短期外貨建債権(決済期限等が事業年度終了の日の翌日から1年を経過した日の前日までに到来するもの)に該当しないことになりますので(法基通13-2-2-12)、期末時換算法は使えませんが、外国為替の売買相場が著しく変動した場合(おおむね15％以上)は、事業年度終了の時に取引を行ったものとみなして換算を適用することができると規定しています(法基通13-2-2-10)。

2　本件へのアドバイス

事例では、円高による為替変動が大きくなって、その変動幅がおおむね15％以上を超えていますので、期末時に換算をし直すことができます。ただし、当該通貨で発生したものすべてを期末時に換算することとなります。

関係法令通達
法人税法61条の9
法人税法施行令122条の3第1項
法人税基本通達13の2-2-10、13の2-2-12

Question.48
国外関連者に対する貸付金

当社は、アメリカにある国外関連者に該当する子会社に対して資金を貸

し付ける予定です。収受すべき利率をいくらにするべきか、指針となるものがあれば教えてください。

Answer. 国税庁で作成されている「移転価格事務運営要領の制定について」(事務運営指針)(平成13年6月1日付(最終改正：平成29年6月15日))によれば、親子とも、業として金銭の貸付け又は出資を行っていないケースで、独立企業間価格としての比較対象取引がない場合(通常はほとんどありません)、
① 国外関連取引の貸手が非関連者である銀行等から通貨、貸借時期、貸借期間等が同等の状況の下で借入れしたとした場合に通常付されたであろう利率
② 国外関連取引に係る資金を、当該国外関連取引と通貨、取引時期、期間等が同様の状況の下で国債等により運用するとした場合に得られたであろう利率(①に掲げる利率を用いることができる場合を除きます)
の方法が明示されていますので、これらを念頭において貸付けを行うことが、必要になります。

■解説
1 法人税法等の規定
国外関連者(租税特別措置法66条の4に規定する法人)に対する貸付金の利息について、収受した利息が独立企業間価格との間に差額が生じた場合は、移転価格課税による課税がされると規定されています。

2 本件へのアドバイス
収受した利息が独立企業間価格との間に差額が生じた場合は移転価格課税による問題が生じます。
課税リスクをできる限り負わないようにすることが、経営の安定につな

がりますので、国外関連者への貸付けについては、上記「事務運営指針」を参照して決める必要があります。

なお、外国関係会社への貸付金利息の消費税の取扱いについては、第Ⅴ章「消費税編」693頁を参照してください。

関係法令通達
　租税特別措置法66条の4

参考文献等　「移転価格事務運営要領の制定について」（事務運営指針）（平成13年6月1日付）
平成29年6月15日改正『別冊 移転価格税制の適用に当たっての参考事例集』

Question.49
特定外国子会社に係る課税留保金額

　当社は、シンガポールに特定外国子会社に該当する現地法人を所有しています。当該シンガポール子会社はペーパーカンパニーで本店はシンガポールの会計事務所に置いてあります。業務は日本からの資金で同子会社を経て、中国の当社の関連会社に貸し付ける役目を持たしています。

　収入も費用・経費も単純なものではありますが、経費の中に当社の社員が年に2回ほど出張した際、現地の会計事務所の社員と飲食をともにした交際費を計上しています。金額は40万円ほどになりますが資本金がシンガポールドルで100ドルの法人ですので、課税対象留保金の計算をするときは40万円の90％控除後の4万円を加算すればよろしいのでしょうか。なお、課税対象留保金の計算は本邦法令を基準にした方法で行います。

Answer. 租税特別措置法施行令39条の15には交際費条項を適用する規定があります。資本金が1億円以下ですので4万円を調整加算することになります。

▍解 説
1　法人税法等の規定
　内国法人に係る特定外国子会社がその外国等において所得を留保した場合、定められた計算により算出された課税対象留保金に相当する金額をその内国法人の収益とみなし、当該内国法人に課税すると規定されています。

2　本件へのアドバイス
　法人税法上では、タックスヘイブンに子会社を設立などして、当該子会社に利益をプールして日本での税負担を不当に軽減することを許さないという規定になっていますが、企業にとっていろいろなリスクを回避するために、タックスヘイブンを利用するケースもあります。

　課税のルールは、様々に定められていますが、内国法人に係る特定外国子会社の課税対象留保金額の計算において誤りやすい点を次に挙げます。ただし、本件では日本国の法人税法等を基準として課税対象留保金額を算出しているという前提のもとでのアドバイスです。

1. 合算課税の計算では未処分所得の金額から翌期の配当（中間配当）の額を控除することはできません。
2. 交際費、寄附金の限度超過額の加算漏れ。
3. 本件では特定外国子会社であるとともに国外関連者にも該当しますので、内国法人との間に金銭消費貸借がありその貸付利率が独立企業間価格になっているかの検討も必要です。
4. シンガポール税制では未収利息は非課税になっていますので、当期の利益の中に未収利息分が反映されているかどうかの確認も必要で

す。

　なお、平成29年度において外国子会社合算課税の改正がありました（平成30年4月1日以後に開始する外国子会社の事業年度から適用）。

　従来は「特定外国子会社等」と称しその現地における租税負担割合が20％未満であるか否かのみで判定していましたが、その範囲を改正し「特定外国関係会社合算税制」とされました。

【改正内容のポイント】
- ・租税負担割合基準（トリガー税率）の廃止
- ・会社単位の租税負担割合20％以上による制度適用免除基準の導入
- ・実質支配基準の導入
- ・受動的所得（配当・利子・使用料等）を合算課税に取り込む

〈改正後〉

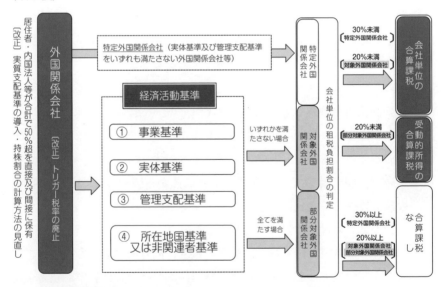

関係法令通達
租税特別措置法66条の6
租税特別措置法施行令39条の15

8 法人のグループ税制等

Question.50
完全支配関係のある法人への支援

当社は、新たに100％出資の子会社を設立し当面当社の建物内で事業を行い、将来は別の場所で営業する予定です。

新しい事業を立ち上げてから業務が安定するまでは、家賃を低く抑えて事業を支援する予定ですが、何か税務上問題はありますか。

Answer. 家賃の収受先が100％出資の子会社でありますので、取引は時価（取引相場）で行わないと時価と親子間の賃料の間に差額があれば寄附金とみなされます。時価と親子間の賃料の差額は、完全支配関係がある法人に対する寄附金額として所得金額に加算することになります。

■解 説

1 法人税法等の規定

法人税法37条2項に完全支配関係がある他の内国法人に対して支出した寄附金の額［法25条の2（受贈益の益金不算入）ほかに規定する受贈益に対応するものに限ります］は、当該内国法人の各事業年度の所得の金額の計算上、損金の額に算入しないと規定されています。

2 本件へのアドバイス

完全支配関係にある法人間の寄附金については、損金にもなりませんが、もらった方も受贈益を計上しないため、低廉な家賃などは仕訳は必要ないのですが寄附した側に所得加算の問題が生じますので注意が必要です（もちろん受贈を受けた方は所得減算が生じます）。

また、完全支配関係がある法人間では、以下の点については注意が必要です。

・譲渡損益調整資産（売買目的有価証券等や譲渡直前の帳簿価額が1,000万円に満たない資産を除きます）である

　　固定資産
　　土地（土地の上に存する権利を含みます）
　　有価証券
　　金銭債権
　　繰延資産

などの資産は、平成22年10月1日以後に行った譲渡によって生じる譲渡損益の計上が繰り延べられ、譲受法人において譲渡等の事由が生じた場合や、完全支配関係がなくなったときに、繰り延べた譲渡損益を取り戻すという制度が導入されています（法法61の13、法令122の14）。

　さらに、完全支配関係がある法人間の取引では、下記取引があった場合は記帳以外に税務処理が必要であるとの認識を持つ必要があります。

・親子間の配当があった場合の損益を認識しない（法法25の2）
・子会社株式の清算中等の場合の評価損の損金不算入（法令68の3）
・親子間の発行株式に係るみなし配当関連取引から生じる損益を認識しない（法法23）

　また、100％出資の子会社の資本金等が1億円以下であっても親会社等の資本金等が5億円以上の会社等でこれらの会社等による完全支配関係がある子会社等には、中小企業向けの以下に挙げる特例措置が適用できなくなりますので、注意してください。

・法人税の軽減税率の適用（措法42の3の2）
・特定同族会社の特別税率（留保金課税）の不課税（法法67）
・貸倒引当金の法定繰入率の利用（措法57の10）
・交際費の限度計算に係る定額控除制度の適用（措法61の4）

・欠損金の繰戻しによる還付制度の利用（措法66の13）

以上の点に、注意しておく必要があります。

```
┌─関係法令通達─────────────────────────
│  法人税法23条、25条の2、33条5項、37条2項、61条の2、
│  61条の13、66条6項、67条、80条
│  法人税法施行令22条の2、68条の3、122条の14
│  法人税法施行規則27条の13の3
│  租税特別措置法42条の3の2、57条の10、61条の4、66条の
│  13
└──────────────────────────────────
```

Question.51
適格合併法人における貸倒引当金限度額

　当社は現在資本金8,000万円の同族会社ですが、今事業年度に100％子会社である販売子会社を3社適格合併しました。合併した販売子会社は、営業成績が悪く過去に貸倒損を多額に計上しています。合併後最初の申告に当たり、貸倒引当金を子会社であった被合併法人の分も含めて通常より多額に引き当てる予定です。特に注意すべき点はありますか。

Answer.　貴社が適格合併により吸収した子会社は過去に多額な貸倒れがあった子会社でありますので、一括評価金銭債権の貸倒引当金の限度計算の際には、法定繰入率を使用するのではなく、貸倒実績率を算出して適用するのが貴社にとって有効と判断されます。

　その理由は、吸収した子会社が過去に多額な貸倒れを発生していたという事実があるからです。

■解説

1　法人税法等の規定

　法人税法52条2項及び法人税法施行令96条6項では、貸倒実績率の算出計算について、「当該内国法人の当該事業年度開始の日前3年以内に開始した当該適格合併に係る被合併法人の各事業年度を含」めて計算することと規定されています。また、その計算過程には被合併法人の貸倒金額を含めると規定されています。

2　本件へのアドバイス

　適格合併が行われた場合における合併法人の一括評価債権に係る貸倒引当金繰入限度額を計算する際、貸倒実績率を採用して算出している法人でも、算出に当たって当該法人の単独合併前のデータをそのまま引き継いで計算してしまう例が多く見受けられますが、これは間違いです。法人税法上は、被合併法人の貸倒損失等を合併法人の貸倒損失等に加算して算出することと規定されています。

　また、被合併法人の実績により貸倒実績率が大きく変動する場合もありますので、注意する必要があります。

関係法令通達

　　法人税法52条2項
　　法人税法施行令96条6項

9 法人の外国税額控除

■**Question.52**
外国税額控除における国外所得

　当社は、タイの現地法人（資本関係はありません）から特許の使用料を受領しています。その使用料受領の際、源泉税15％が控除されて振り込まれます。金額的には使用料10万米ドル（円貨換算後1,135万円）ほどで、外国源泉税が1.5万米ドルです。

　国外所得は、同じく韓国（資本関係はありません）からの特許使用料が100万ウォン（円貨換算後10万円）で、源泉税は10万ウォンが差し引かれて振り込まれていますが、ほかにはありません。

　これらの源泉外国税について外国税額控除をしたいと考えていますが、その際国外所得をどのように算出するのか教えてください。なお、当期の当社の売上総利益は8億円を見込んでおります。タイの使用料については租税条約の適用を受けたものはありません。

Answer. 貴社が計上すべき国外所得は下記のとおりとなります。

記

会計上の国外所得（税額控除後の金額）	9,737,500円
納付（会計費用と）した控除対象外国法人税額	1,712,500円
共通費用の配賦	0円
国外所得金額	11,450,000円

■**解 説**

1 法人税法等の規定

　当該事業年度の国外所得とは、「国外源泉所得に係る所得のみについて各事業年度の所得に対する法人税を課するものとした場合に課税標準とな

るべき当該事業年度の所得金額」と規定されています。国外源泉所得で外国法人税が課されない所得金額があれば控除する規定です。

2 本件へのアドバイス

　平成21年度の改正により、間接外国税額控除制度が原則廃止となりました。ただし、直接納付した外国税額の控除は申告時の選択により外国税額控除として法人税額から控除できますが、その際一定の限度額までとされています。その限度額の計算のうち、国外所得の計算は計算誤りの多い項目でもあります。

　以下に計算過程で確認するべき事項を挙げます（法基通16-3-9）。

　1．当期の国外所得の金額が税引き後の所得金額であるかどうか

　2．共通費用、直接利子、共通利子、税法上の引当金、準備金の繰入額等の配賦計算がされているか、寄附金、交際費の損金不算入額の配賦計算が調整されているか

　　本件の場合、国外所得が使用料だけであり、「当該事業年度の所得の金額のうちに国外所得金額の占める割合が低いなどのため課税上弊害がないと認められる場合には、当該事業年度の販売費、一般管理費その他の費用のうち国外業務に関連することが明らかな費用のみが共通費用であるものとして国外業務に係る損金の額として配分すべき金額を計算できる」ことから、使用料を受領するだけで、明らかな費用はないものとしています（法基通16-3-12）。

　3．国外源泉所得に係る直接原価が減算されているか

　以上の点を確認する必要があります。

関係法令通達

　法人税法69条
　法人税法施行令142条3項
　法人基本通達16-3-9、16-3-12

Question.53
租税条約と外国源泉税

当社は、英国から工業所有権（特許権）の使用料の支払を受けてロイヤルティ収入に計上しています。英国の会社からのレポートによりますと、20％の源泉税が課税されていました。そこで、ほかにも源泉された外国税額がありましたので、一緒に外国税額控除の手続をしようとしたところ、税理士からこの英国からの使用料は租税条約で免税になるものであり、英国の会社が免税の手続を失念していると考えられるため、外国税額控除はできない旨指導がありました。租税条約の適用税率を超えて源泉された源泉税はどうのように処理すればよろしいですか。

Answer. 平成26年度税制改正により、法人税法施行令142条の2第8項5号で租税条約において相手国等において課することができる額を超える部分については外国税額控除の対象とならない金額とされましたので、平成28年4月1日以後開始する事業年度から損金に算入することができます。

限度税率超過額の取扱いが法令化されたことに伴い、損金不算入、仮払金等とすることを定めた旧基本通達16-3-8は平成26年7月9日付課法2-9により削除されました。

解説
1 法人税法等の規定

法人税法41条では控除対象外国法人税は損金に算入できないとされていますが、法人税法69条1項で「外国法人税の額」から除かれる外国法人税の額（かっこ書き）の例として同施行令142条の2第8項5号に定める租税条約において課すことができる額を超える部分若しくは免除することとされる額については外国税額控除の対象から除外されましたので、損金に算入することができます。

法人の外国税額控除 **629**

なお、損金に算入した超過額がその後還付された場合には、当然益金に算入する必要があります。

　また、平成28年3月期まで仮払金等として資産計上してきた超過額の累積額については、どの時点で損金算入すればよいか悩ましいところですが、超過額が損金算入されることとなったことを踏まえ、さらに任意の時期に損金算入することは妥当でないと考えられることから当局の見解は確認していないものの、平成28年4月1日以後最初に到来する事業年度で損金算入すべきと考えられます。ただし、既に還付の手続が済んでおり近々還付が見込まれるような場合には還付されるまで仮払金等として資産計上しておくことも可能でしょう。しかし、還付手続していない場合や還付手続はしたものの相当期間経過しており還付見込が不明の場合、相当期間経過してはいないものの還付見込が不明の場合は、任意の時期に損金算入することは妥当でないと考えられることから、平成28年4月1日以後最初に到来する事業年度で損金算入すべきと考えられます。

2　本件へのアドバイス

　租税条約でイギリス、フランス、オランダ、アメリカ、スイスなどの国との租税条約では使用料の源泉税は免除となっています。他の国においても租税条約が締結されている場合は一般的に限度税率が定められていますので、外国税額控除をする際は租税条約のチェックが必要不可欠です。

関係法令通達
　法人税法41条
　法人税法施行令142条の2第8項5号
　法人税基本通達16-3-1
　所得及び譲渡収益に対する租税に関する二重課税の回避及び脱税の防止のための日本国とグレートブリテン及び北アイルランド連合王国との間の条約12条

Question.54
源泉課税されたものでも外国税額控除できないもの

当社は、中国から著作権の使用料の支払を受けて雑収入に計上しています。使用料の支払内訳を見ましたら営業税5%と使用料の10%合計15%の源泉税が課税されていました。当社はほかにも外国税額を納めていますので、これらと合わせて中国の源泉税15%を外国税額控除対象額として申告しようと考えていますが、よろしいでしょうか。

Answer. 貴社が外国税額控除の対象にしている中国の著作権の使用料に対する源泉税のうち、営業税として源泉された5%相当額は法人税法施行令141条1項に規定する「法人の所得を課税標準として課される税」に該当しませんので、外国税額控除の対象にはなりません。なお、租税条約を適用する旨申告書に表示してタックス・スペアリング・クレジットとして日中租税条約12条2項及び23条3項(C)を適用して実際に源泉された税額10%に加えて、さらに10%の税額を納付したものとみなして控除の対象にすることもできます。

■解 説

1 法人税法等の規定

外国の法令により課される法人税に相当する税で政令で定めるものは、「外国の法令に基づき外国又はその地方公共団体により法人の所得を課税標準として課される税」と規定されています（法令141）。

2 本件へのアドバイス

外国税額控除を受ける場合、同じ所得区分で同じ国からの所得であれば同一の税率になります。同じ国で異なる税率の課税がされているときは、内容を確認して、どうして税率が異なるかを詳細に検討する必要がありま

す。検討すべきポイントは以下に挙げるものです。

① 租税条約の適用をしているかいないかまず確認
② 所得区分は適正か
③ 営業税等所得に係る法人税以外がかかっていないか

外国税額控除の対象になる外国法人税は、原則法人の所得を課税標準として課せられる税に限定されています。日本の消費税などと同じものは対象外です。外国税額控除の適用を受ける場合は申告書に別表を添付しますが、別表を作成する際に、税率、所得区分などを記入します。そこで、税率が異なるなど整合性が無い場合には、必ず上記の①②③を確認してください。必ず誤りを見つけることができます。

関係法令通達
法人税法 69 条
法人税法施行令 141 条
日中租税条約 12 条 2 項及び 23 条 3 項(C)

Question.55
租税条約

当社は海外法人との取引が増加傾向にありまして、外国税額を納める機会が多くなりつつあります。それに対応して外国税額控除もしております。外国税額控除の計算を誤らないために日本と各国との租税条約の内容、特に条約の適用税率が知りたいのですが、何か良い方法はありますか。

Answer. 条約の税率をコンパクトに整理したものとして、国税庁が毎年作成している「源泉徴収のあらまし」に記載されている一覧表が参考になります。ただし、概略ですので、正確に確認するには各国との租税条約を見直す必要があります。

▌解 説
1 法人税法等の規定
　租税条約により外国で課税される税額が軽減される例は租税条約の締結国の拡大に伴い増加傾向にあります。租税条約がある場合は条約で定める限度税率の範囲内において課税される外国法人税の額が法人税法69条の外国税額控除の対象になりますので、条約に規定されている税率と実際に課税された税率とのチェックが重要です。

2 本件へのアドバイス
　租税条約が締結されている国との間では、その締結された条約に定めてある税率の範囲内で課された税額が外国税額控除の適用対象税額になります。

　条約によっては、租税条約の適用を受けるためには証明書や申請書の提出が求められる国があります。この手続を怠っていると多くの場合、租税条約の適用税率より高い率で課税されます。外国税額控除の対象になる税額は、租税条約で定められた部分まででそれを超える部分の税額控除は税務調査で否認されますので、注意が必要です。

　国外所得があって、外国税額控除の適用を受けようとする場合は、租税条約のチェックが必要不可欠であることを念頭においておく必要があります。

関係法令通達
　法人税法69条
　法人税法施行令142条の2第8項5号

Question.56
タックス・スペアリング・クレジット

当社は、租税条約のみなし納付外国法人税の適用があれば積極的に利用しようとしていますが、現在どのくらいの国との間に該当する租税条約があるのですか。

Answer. 実際に、実質的なタックス・スペアリング・クレジット（みなし納付外国法人税）の該当条項がある租税条約国は、約10か国です。インドネシア、ザンビア、スペイン、スリランカ、タイ、フィリピン、中国、バングラデシュ、ブラジル、ベトナム（配当については2010年12月31日までの開始事業年度に限る）、が該当します。

■解 説

1 法人税法等の規定

みなし納付外国法人税額の定義は、法人税法施行令142条の2第3項に「租税条約を締結している条約相手国等の法律又は当該租税条約の規定により軽減され、又は免除された当該条約相手国等の租税の額で当該租税条約の規定により内国法人が納付したものとみなされるものの額」と規定されています。

2 本件へのアドバイス

租税条約でみなし外国税額控除（タックス・スペアリング・クレジット）ができる国は、以下に挙げる10か国です。

1．インドネシア　　インドネシアとの租税条約23条
2．ザンビア　　　　ザンビアとの租税条約22条
3．スペイン　　　　スペインとの租税条約23条
4．スリランカ　　　セイロン（旧国名）との租税条約15条

5. タイ　　　　　　タイとの租税条約 21 条
6. フィリピン　　　フィリピンとの租税条約 23 条
7. 中国　　　　　　中華人民共和国との租税条約 23 条
8. バングラデシュ　バングラデシュとの租税条約 23 条
9. ブラジル　　　　ブラジルとの租税条約 22 条
10. ベトナム　　　　ベトナムとの租税条約 22 条

　上記の国との取引と外国税額の賦課がある場合には、該当国との租税条約を参照して、みなし外国税額控除を選択することが可能です（なお、アイルランドは間接税額控除に関するものですので記載を省略しています）。

┌─**関係法令通達**──────────────────┐
　法人税法施行令 142 条の 2 第 3 項
└────────────────────────────┘

第 V 章

消費税

編

1. 納税義務
2. 課税範囲
3. 仕入税額控除
4. 輸入取引他

1 納税義務

Question.1
基準期間において免税事業者であった者の課税売上高

基準期間において免税事業者であったため、免税事業者であった課税期間においては税込経理方式で経理していました。この場合、基準期間における課税期間の課税売上高については、改めて税抜き計算をして課税売上高とするのでしょうか。

Answer. 税込経理方式で経理した売上高がそのまま免税事業者であった課税期間の課税売上高となり、改めて税抜き計算をして課税売上高とすることはできません。

解 説

基準期間における課税売上高は、基準期間中に国内において行った課税資産の譲渡等の対価の額（税抜き）の合計額から、売上に係る対価の額の返還等の金額（税抜き）の合計額を控除した残額とされていますから（消法9②一、消法28①）、課税事業者の場合は税抜きの課税売上高で判断します。

このように、税抜きとされるのは「課税資産の譲渡等の対価の額」が「対価として収受し、又は収受すべき一切の金銭又は金銭以外の物若しくは権利その他経済的な利益の額とし、<u>課税資産の譲渡等につき課されるべき消費税額及び当該消費税額を課税標準として課されるべき地方消費税額に相当する額を含まないものとする。</u>」（消法28①）とされていることによるものです。

つまり、「課されるべき消費税額等」を含まない「対価として収受し、又は収受すべき一切の金銭等」が「課税資産の譲渡等の対価の額」となる

わけです。課税事業者の場合は「対価として収受し、又は収受すべき一切の金銭等」には「課されるべき消費税額等」が含まれていますから、「課されるべき消費税額等」を除くために「対価として収受し、又は収受すべき一切の金銭等」に108分の100を乗じて「課税資産の譲渡等の対価の額」を計算します。

 (注) 消費税率5%が適用される取引については、105分の100を乗じて計算します。

しかし、免税事業者は消費税等を免除され課税されていませんから、免税事業者の「対価として収受し、又は収受すべき一切の金銭等」には「課されるべき消費税額等」がなく、免税事業者の「課税資産の譲渡等の対価の額」は「対価として収受し、又は収受すべき一切の金銭等」そのものとなります。

したがって、その事業者の基準期間における課税売上高の算定に当たっては、免税事業者であった基準期間である課税期間中に当該事業者が国内において行った課税資産の譲渡等に伴って収受し、又は収受すべき金銭等の全額が当該事業者のその基準期間における課税売上高となります（消基通1-4-5）。つまり、税込経理方式で経理した税込みの売上高がそのまま課税売上高となりますから、改めて税抜き計算をして課税売上高とすることはできません。

 (注) 免税事業者の場合は課税所得金額の計算に当たり、その行う取引に係る消費税等の処理は税込経理方式によります（直所3-8通達5（免税事業者等の消費税等の処理）、直法2-1通達5（免税事業者等の消費税等の処理））。

「税込経理方式」とは、消費税等の額と当該消費税等に係る取引の対価の額とを区分しないで経理する方式をいいます（直所3-8通達1（用語の意義）(6)、直法2-1通達1（用語の意義）(8)）から、売上げ等に係る消費税等の額は売上金額等として経理します。したがって、収受した消費税等の額は売上金額等そのものを構成することになります。

---関係法令通達
消費税法9条2項1号、28条1項
消費税法基本通達1-4-5
直法3-8通達1、直所3-8通達5、直法2-1通達1、直法2-1通達5

Question.2
個人事業者が法人成りした場合の納税義務

個人事業者でしたが、会社を設立して事業を継続しています。個人事業から同じ事業を引き継ぎ継続しましたので、個人で事業を行っていた期間が会社（法人）の基準期間となると考えてよいでしょうか。

Answer. 納税義務の有無の判定の一つの基準として基準期間の課税売上高がありますが、基準期間は事業者単位で定められており、同じ事業を引き継ぎ継続したとしても個人と法人とは事業者として別個ですので、個人で事業を行っていた期間は法人の基準期間とはなりません。法人の場合、基準期間は前々事業年度ですから、新設法人については、設立後2年間は基準期間がない法人となります。

解 説

「基準期間」とは「個人事業者についてはその年の前々年をいい、法人についてはその事業年度の前々事業年度（当該前々事業年度が1年未満である法人については、その事業年度開始の日の2年前の日の前日から同日以後1年を経過する日までの間に開始した各事業年度を合わせた期間）をいう。」と定められています（消法2①十四）。したがって、法人の基準期間はあくまで前々「事業年度」であり、個人で事業を行っていた期間は法人の「事業年度」ではありませんから新設法人の基準期間とはなりません。

このことは消費税法基本通達1-4-6（注）において「個人事業者のいわゆる法人成りにより新たに設立された法人であっても、当該個人事業者の基準期間における課税売上高又は特定期間における課税売上高は、当該法人の基準期間における課税売上高又は特定期間における課税売上高とはならないのであるから留意する。」として確認的に明らかにされています。

　旧通達では「個人事業者のいわゆる法人成りにより新たに設立された法人であっても、当該個人事業者の基準期間における課税売上高は、当該法人の基準期間における課税売上高とはならないのであるから留意する。」とされていました（平23課消1-35による改正前通達）。

　「特定期間」とは、個人事業者の場合は前年の1月1日から6月30日の期間、法人の場合は、原則として前事業年度の開始の日以後6か月の期間をいい（消法9の2④）、特定期間の特例は平成25年1月1日以後開始する年又は事業年度から適用となります（平成23年度税制改正・改正消費税法（平成23年6月30日法律82号）附則22①）。この特例では、その課税期間の基準期間における課税売上高が1,000万円以下であっても特定期間における課税売上高が1,000万円を超えた場合、その課税期間は課税事業者となりますから、設立2期目は特定期間があるため納税義務の判定に当たって注意が必要です。なお、特定期間における1,000万円の判定は、課税売上高に代えて、給与等支払額の合計額により判定することもできます。

　なお、設立1期目、2期目で基準期間がない法人（社会福祉法22条に規定する社会福祉法人を除きます）であっても、その事業年度開始の日における資本金の額又は出資の金額が1,000万円以上である新設法人の納税義務は免除されませんので（消法12の2①）注意を要します。

　また、平成26年4月1日以後に新規設立した法人が特定新規設立法人に該当する場合は、基準期間がない事業年度であっても課税資産の譲渡等について納税義務を免除されません（消法12の3）。

　特定新規設立法人（その事業年度の基準期間がない法人で、その事業年度開始の日における資本金の額又は出資の金額が1,000万円未満の法人）とは次

のいずれにも該当する法人です。
① その基準期間がない事業年度開始の日において、他の者により当該新規設立法人の株式等の50％超を直接又は間接に保有される場合など、他の者により当該新規設立法人が支配される一定の場合（特定要件）に該当すること。

この一定の場合（特定要件）とは、他の者により新規設立法人の発行済株式又は出資の総数又は総額の100分の50を超える数又は金額の株式又は出資が直接又は間接に保有される場合その他の他の者により新規設立法人が支配される場合として消費税法施行令25条の2第1項1号から4号のいずれかに該当する場合であることをいいます。
② 上記①の特定要件に該当するかどうかの判定の基礎となった他の者及び当該他の者と一定の特殊な関係にある法人のうちいずれかの者（判定対象者）の当該新規設立法人の当該事業年度の基準期間に相当する期間（基準期間相当期間）における課税売上高が5億円を超えていること。

この「特定新規設立法人の事業者免税点制度不適用の特例」は、比較的規模の大きな会社などによる資本金1,000万円未満の子会社を利用した脱税事案など、それまでの事業者免税点制度の不適切な利用による租税回避的な事例が見られたため、「5億円超の課税売上高を有する事業者が直接又は間接に支配する法人（親族、関連会社等を含めた資本の持分比率が50％超の会社）」を対象に事業者免税点制度を不適用とすることとされたものです（財務省「平成25年度税制改正の解説」976頁以下）。

> **関係法令通達**
> 消費税法2条1項14号、9条の2第1項・4項、12条の2第1項、12条の3（平成24年8月22日法律68号附則4条）
> 平成23年度改正・改正消費税法（平成23年6月30日法律82号）附則22条1項
> 消費税法基本通達1-4-6（注）
> 平成23年課消1-35による改正前通達

Question.3 外国法人が日本で事業を開始した場合

外国法人が日本で事業を開始した場合、その事業を開始した事業年度が設立1期目となるので、基準期間がない法人として納税義務の有無を判定することになると思いますが、いかがでしょうか。

Answer. あくまで法人としての設立を基準に判断します。したがって、日本において事業を開始した日の属する事業年度が法人としての設立1期目であれば、基準期間のない法人として納税義務の有無を判定することになりますが、日本において事業を開始した日の属する事業年度が必ずしも法人としての設立1期目に当たるとは限りません。

解 説

消費税法は事業者を個人事業者と法人とに区分していますが、法人については内国法人と外国法人とを区分して扱っておらず、いずれの法人も法人として同じ扱いとなります。そこで、外国法人であっても、法人としての設立の日はあくまで外国法人がその本国において設立された日となります。一方、法人の基準期間はその事業年度の前々事業年度とされていますから（消法2①十四）、日本において事業を開始した日の属する事業年度が

法人としても設立1期目であれば、基準期間のない法人となります（基準期間のない法人の納税義務については**Q2**を参照してください）。

なお、外国法人の場合は外国法人特有のみなし事業年度がありますので、国内における事業の開始とみなし事業年度の関係に留意する必要があります。

例えば、国内に恒久的施設を有していなかった外国法人が恒久的施設を有することとなった場合や人的役務提供事業を開始した場合、不動産の貸付けを開始した場合は、事業年度開始の日から事業年度終了の日までの期間が、恒久的施設を有することとなった日あるいは人的役務提供事業等を開始した日を境にそれぞれ二つの事業年度とみなされますので（法法14①二十三、二十五）、このような場合は法人としては設立2期目であっても、恒久的施設を有することとなった日あるいは人的役務提供事業等を開始した日を含む事業年度の前々事業年度は設立1期目となり、基準期間を有することになります。

しかし例えば、設立3期目以降の外国法人が日本において事業を開始し基準期間があるとしても、「基準期間における課税売上高」とは、基準期間中に国内において行った課税資産の譲渡等の対価の額の合計額から売上に係る対価の返還等の金額の合計額を控除した残額、とされていますから（消法9②）、日本において事業を開始する前の、基準期間とされる事業年度や前事業年度には、多くの場合は、国内において行った課税資産の譲渡等はなく「基準期間における課税売上高」や「特定期間における課税売上高」がないと考えられますので、納税義務は免除されることになるでしょう（消法9①、消法9の2①）。

ただし、日本において事業を開始するのは、日本に恒久的施設を設けて事業を開始する場合に限られませんので注意を要します。例えば日本に恒久的施設を有せず、貸しビルを取得して対価を得るような場合も、日本において事業を開始することになります。そうすると、日本国内に恒久的施設を有せず10年前から貸しビル事業を行っていた外国法人が日本支店を

開設したような場合には、支店を開設した事業年度の基準期間である前々事業年度や特定期間には国内において行った課税資産の譲渡等があることも考えられます。

> ─ 関係法令通達 ─
> 消費税法2条1項14号、9条1項・2項、9条の2第1項・2項
> 法人税法14条1項23号・25号

Question.4
匿名組合契約事業の納税義務者

法人税の匿名組合契約に係る損益の扱いにおいては、匿名組合員がその分配を受け又は負担をすべき部分の金額は組合員の益金の額又は損金の額に算入するとされています（法基通14-1-3）。

消費税においても、その持分に応じて、資産の譲渡等又は課税仕入れ等を行ったことになると考えますが、いかがでしょうか。

Answer. 匿名組合に属する財産及び匿名組合の行為は営業者に帰属することになりますので、営業者が単独で納税義務者となります。したがって、匿名組合員がその持分に応じて資産の譲渡等又は課税仕入れ等を行ったことにはなりません。

■解 説

匿名組合契約は「当事者の一方が相手方の営業のために出資をし、その営業から生ずる利益を分配することを約することによって、その効力を生ずる」契約で（商法535）、「匿名組合員の出資は、営業者の財産に属する。」とされており（同法536①）、また、「匿名組合員は、営業者の行為について、第三者に対して権利及び義務を有しない。」とされていますので（同

条④)、匿名組合契約事業は営業者の単独事業となります（基準期間のない法人の納税義務については **Q2** を参照してください）。

なお、消費税法基本通達1-3-2（匿名組合に係る消費税の納税義務）において「匿名組合の事業に属する資産の譲渡等又は課税仕入れ等については、商法第535条《匿名組合契約》に規定する営業者が単独で行ったことになるのであるから留意する。」として、営業者の単独事業であることが確認的に明らかにされています。

法人税基本通達14-1-3の取扱いは、匿名組合事業の財産や損益が匿名組合員に直接帰属することを定めたものではなく、分配を受け又は負担をすべき部分の金額を益金又は損金の額に算入することを定めたにすぎませんから、この扱いにより個々の資産の譲渡等又は課税仕入れ等が組合員のそれになることはありません。所得税においても営業者から受ける利益の分配は原則雑所得とするとされていますが（所基通36・37共-21）、個々の取引が組合員に直接帰属する扱いとはなっていません。

```
┌─ 関係法令通達 ──────────────
│  商法535条、536条1項・4項
│  消費税法基本通達1-3-2
│  法人税基本通達14-1-3
│  所得税基本通達36・37共-21
└─────────────────────────
```

Question.5
5億円基準と課税期間における課税売上高

平成23年度改正において、当課税期間における課税売上高が5億円を超える場合は、課税仕入れ等に係る消費税の全額を控除することができず、個別対応方式又は一括比例配分方式のいずれかの方法により仕入税額控除税額の計算を行うこととされましたが、5億円を超えるかどうかの判

定に当たって、免税である輸出に係る譲渡対価の額は課税売上高に含める必要がないと思いますが、いかがでしょうか。

Answer. 課税売上高に含めて判定することになります。

■解 説

　従前、課税期間における課税売上割合が100分の95に満たないときは、控除する課税仕入れ等の税額は、個別対応方式又は一括比例配分方式により計算した金額とされていましたが、平成23年度改正において、当該課税期間における課税売上高が5億円を超えるときも同様とされました（消法30②）。

　そこで、本改正が適用される平成24年4月1日以後に開始する事業年度からは、当該課税期間の課税売上高が5億円を超えるかどうかを判断する必要があります。この場合に、どのような取引が当該課税期間の課税売上高に含まれるのかが問題となります。

　この課税期間における課税売上高とは、当該事業者が当該課税期間中に「国内において行った課税資産の譲渡等の対価の額」（税抜き）の合計額から当該課税期間における売上げに係る税抜対価の返還等の金額を控除した残額をいう、とされています（消法30⑥）。

　そして、「国内において行った課税資産の譲渡等の対価の額」に免税とされる輸出に係る課税資産の譲渡等が含まれることは、輸出免税等の規定（消法7①）において「事業者（第9条第1項本文の規定により消費税を納める義務が免除される事業者を除く。）が国内において行う課税資産の譲渡等のうち、次に掲げるものに該当するものについては、消費税を免除する。」とし、「本邦からの輸出として行われる資産の譲渡又は貸付け」について消費税を免除すると規定していることから判断できます。つまり、「本邦からの輸出として行われる資産の譲渡」（輸出売上、輸出取引）は、「国内において行う課税資産の譲渡等」であるが、消費税は免除されているわけ

です。

　ところで、この「課税期間における課税売上高」の定義における「国内において行った課税資産の譲渡等の対価の額」とは、小規模事業者に係る納税義務の免除制度（消法9）における「国内において行った課税資産の譲渡等の対価の額」の定義と同じで「消法第28条第1項に規定する対価の額」とされていますが、小規模事業者に係る納税義務の免除制度における「国内において行った課税資産の譲渡等の対価の額」の取扱いでは、「国内において行った課税資産の譲渡等の対価の額」に消費税法7条《輸出免税等》の規定により、消費税が免除される場合の課税資産の譲渡等に係る対価の額を含むことが確認的に明らかにされています（消基通1-4-2）。

　したがって、当課税期間における課税売上高が5億円を超えるかどうかの判定に当たっても、消費税法基本通達1-4-2の例により輸出免税に係る売上が「当課税期間における課税売上高」に含まれることが確認的に明らかにされているといえます。

　なお、「課税資産の譲渡等」とは、資産の譲渡等のうち非課税とされるもの（国内において行われる資産の譲渡等のうち、別表第一に掲げるもの（消法6①））以外のものとされていますから（消法2①九）、この規定からも非課税とされない本邦からの輸出として行われる資産の譲渡は、「国内において行われる資産の譲渡等のうち別表第一に掲げるもの」に当たらないもの、つまり、「課税資産の譲渡等」に含まれると判断されます。

関係法令通達

消費税法2条1項9号、6条1項、7条、9条、28条1項、30条2項・6項
消費税法基本通達1-4-2

Question.6
課税期間の特例を選択している場合の基準期間

弊社は3月ごとの課税期間特例を選択していますが、この場合、基準期間は前々課税期間となると考えますが、いかがでしょうか。

Answer. 課税期間特例を選択している場合であっても、基準期間は法人の場合は前々「事業年度」、個人事業者の場合は前々「年」となります。

解説

　基準期間は、個人事業者についてはその年の前々年をいい、法人についてはその事業年度の前々事業年度（当該前々事業年度が1年未満である法人については、その事業年度開始の日の2年前の日の前日から同日以後1年を経過する日までの間に開始した各事業年度を合わせた期間）をいう、と規定されています（消法2①十四）。

　法人の場合、事業年度と課税期間との関係は、原則として事業年度が課税期間となりますが、例えば3月ごとの課税期間特例を選択した場合は、X事業年度の課税期間はX事業年度の開始の日以後3月ごとに区分した各期間である x1、x2、x3、x4 の各期間が課税期間となり（消法19）、x1 から x4 の各課税期間はいずれも X 事業年度の課税期間であることには変わりありません。そこで、基準期間は前々「事業年度」とされていますから、X事業年度の課税期間である x1 から x4 の各課税期間の納税義務は、X事業年度の前々事業年度の課税売上高あるいは特定期間の課税売上高により判定することになります（消法9、消法9の2）。

関係法令通達

消費税法2条1項14号、9条、9条の2、19条

Question.7
資本金 1,000 万円で設立した法人の 3 期目の納税義務

弊社の資本金は 1,000 万円ですから、設立 3 期目に当たる当期も課税事業者となると考えてよいでしょうか。

Answer. 基準期間及び特定期間の課税売上高により課税事業者となるかどうかを判定します。したがって、基準期間及び特定期間の課税売上高が 1,000 万円以下のときは免税事業者となります。ただし、特定期間の課税売上高については特定課税期間中に支払った給与等の金額に相当する金額の合計額とすることができます。

なお、特定期間の課税売上高による判定は、個人事業者の場合は平成 25 年 1 月 1 日以後に開始する年、法人の場合は平成 25 年 1 月 1 日以後に開始する事業年度から適用されます。

解 説

基準期間がない法人のうち資本金等の金額が 1,000 万円以上の場合には納税義務が免除されないとされていますが（消法 12 の 2 ①）、基準期間は前々事業年度とされていますので（消法 2 ①十四）、設立 3 期目の法人については設立 1 期目が前々事業年度、すなわち、基準期間となり、設立 3 期目で基準期間のある法人には消費税法 12 条の 2 第 1 項は適用されません。

（注） 基準期間のない法人の納税義務については **Q2** を参照してください。

したがって、設立 3 期目の課税期間の納税義務はその基準期間である 1 期目の課税売上高で判定されて、1,000 万円以下であれば免税事業者となり 1,000 万円を超えていれば課税事業者となりますが（消法 9 ①）、基準期間の課税売上高が 1,000 万円以下であっても、特定期間の課税売上高が 1,000 万円を超える場合は課税事業者となります（消法 9 の 2 ①）。この特定期間の課税売上高による判定は平成 25 年 1 月 1 日以後に開始する年又は事業年度から適用されます（改正消費税法（平成 23 年 6 月 30 日法律 82 号）

附則22①)。また、特定期間の課税売上高は特定期間中の給与等の金額に相当するものの合計額とすることができます（消法9の2③)。

　特定期間とは、個人事業者の場合は、その年の前年1月1日から6月30日までの期間（消法9の2④一)、法人の場合は、その事業年度の前事業年度（7か月以下であるものなどの短期事業年度を除きます）がある法人については、当該前事業年度開始の日以後6か月の期間（消法9の2④二)、前事業年度が短期事業年度である法人については、その事業年度の前々事業年度（その事業年度の基準期間に含まれるものその他の政令で定めるものを除きます）開始の日以後6か月の期間（当該前事業年度が6か月以下の場合には、当該前々事業年度開始の日からその終了の日までの期間）とされています（消法9の2④三)。

関係法令通達

消費税法2条1項14号、9条1項、9条の2第1項・3項・4項2号・3号、12条の2第1項
改正消費税法（平成23年6月30日法律82号）附則22条1項

Question.8
免税事業者が合併により課税事業者となった事業年度の申告

　弊社は基準期間の課税売上が1,000万円以下で免税事業者でしたが、吸収合併により課税事業者となりました。この場合、合併があった日を含む事業年度に行った課税資産の譲渡等について、すべて申告する必要があると思いますが、いかがでしょうか。

Answer.　吸収合併の場合、合併があった日から合併があった日の属する事業年度終了の日までの間に行った課税資産の譲渡等のみが申告対象となります。

■解 説

　合併のあった日を含む事業年度の合併法人の納税義務については、合併（新設合併を除きます）があった場合において、被合併法人の合併法人の当該合併があった日の属する事業年度の基準期間に対応する期間における課税売上高として政令で定めるところにより計算した金額が1,000万円を超えるときは、当該合併法人の免税事業者であった事業年度の<u>当該合併があった日から当該合併があった日の属する事業年度終了の日までの間における課税資産の譲渡等については消費税の納税義務は免除されません</u>ので（消法11①）、この納税義務が免除されない期間、すなわち、合併のあった日から合併のあった日の属する事業年度終了の日までの課税資産の譲渡等について申告することになります。

　本問は、合併により課税事業者となったとの前提で説明していますが、納税義務の判断の基準となる「政令で定める期間における課税売上」とは、合併法人の合併があった日の属する事業年度開始の日の2年前の日の前日から同日以後1年を経過する日までの間に終了した被合併法人の各事業年度における課税売上高の合計額を当該各事業年度の月数の合計数で除し、これに12を乗じて計算した金額とされています（消令22①）。この金額が1,000万円を超える場合に、合併の日以後の課税資産の譲渡等について納税義務が免除されないとされています。

関係法令通達
消費税法11条1項
消費税法施行令22条1項
消費税法基本通達1-5-6

2 課税範囲

Question.9
建物賃貸借に係る保証金から差し引く原状回復工事費用

　当社はマンションの賃貸を行っており、貸付けに当たって保証金を徴しておき、賃借人が退去する際は、当社において原状回復工事を行い、これに要した費用相当額をその保証金から差し引いて残額を返還することとしています。

　この保証金から差し引くこととなる原状回復工事に要した費用相当額は課税の対象となりますか。

Answer.　保証金から差し引く原状回復工事に要した費用相当額は、課税の対象となります。

▌解 説

　賃借人に代わって賃貸人が原状回復工事を行うことは、賃貸人の賃借人に対する役務の提供に該当します（消法2①八、消基通5-5-1）。

　一般的に賃借人には原状回復義務があり、賃借人自ら工事を手配し費用を負担して原状回復した場合には、当然ながら賃貸人の消費税計算に関係してきません。しかし、賃借人が自ら工事を手配せずに賃貸人に原状回復工事を依頼するケースも多く見られます。こうした場合、賃貸人は原状回復工事費用を立て替えたようにも見えますが、賃貸人が工事を依頼されたわけですから、その工事は賃貸人の賃借人に対する役務の提供に当たることになります。

> **関係法令通達**
> 消費税法2条1項8号
> 消費税法基本通達5-5-1

Question.10
事業者の事業用固定資産の売却

製品の売上は消費税の対象になりますが、事業に使用している建物や機械、車両等を売却した場合も課税されるのでしょうか。

Answer. 事業に使用している建物や機械、車両等の事業用資産の譲渡も消費税の課税対象となります。

解説

消費税は、国内において事業者が行った資産の譲渡等について課されますが（消法4①）、この場合の資産の譲渡等とは、事業として対価を得て行われる資産の譲渡及び貸付け並びに役務の提供をいい（消法2①八）、その性質上事業に付随して対価を得て行われる資産の譲渡及び貸付け並びに役務の提供を含むとされています（消令2③）。

ここで、「事業として」とは、対価を得て行われる資産の譲渡及び貸付け並びに役務の提供が反復、継続、独立して行われることと解されていますので（消基通5-1-1）、たまたま譲渡する建物等の譲渡が「事業として」行われたものか疑義のあるところですが、一方で、事業の用に供している建物、機械等の売却はその性質上事業に付随して行われた資産の譲渡等に当たるとされていますので（消基通5-1-7）、本問のようなケースは消費税の課税対象となります。

なお、個人事業者が生活の用に供している資産を譲渡する場合の、その譲渡は、「事業として」には該当しないとされ資産の譲渡等に当たりませ

んが、法人が行う資産の譲渡及び貸付け並びに役務の提供は、そのすべてが、「事業として」に該当するとされています（消基通5-1-1(注)1、2）。

関係法令通達
消費税法2条1項8号、4条1項
消費税法施行令2条3項
消費税法基本通達5-1-1、5-1-7

Question.11
住宅用借家の用途変更

住宅として借りた建物を賃貸人の承諾を得ずに事業用に使用していますが、事業用ですからその家賃は課税仕入れに当たると思いますが、いかがでしょうか。

Answer. 賃貸借に係る契約において住宅として借り受けていた建物を、賃借人が賃貸人との契約変更を行わずに事業用に使用したとしても、当該建物の賃借料は課税仕入れには該当しません。

解 説

貸付けに係る契約において住宅として貸し付けられた建物について、契約当事者間で住宅以外の用途に変更することについて契約変更した場合には、契約変更後のその建物の貸付けは、課税資産の譲渡等に該当するとされていますが、貸付けに係る契約において住宅として借り受けている建物を賃借人が賃貸人との契約変更を行わずに、賃借人において事業の用に供したとしても、その建物の借受けは賃借人の課税仕入れに該当しないとされていますので（消基通6-13-8）、本問のように、賃貸人の承諾を得ず契約変更を行わないで事業用に使用している場合は仕入控除の対象とするこ

とはできません。

　なお、貸付けに係る契約において当初住宅として貸し付けた建物について、その後契約当事者間で事業用に使用することについて契約変更した場合には、その用途変更の契約をした後においては、課税資産の譲渡等に該当し、賃借人において仕入税額控除の対象となります。

---関係法令通達---
　消費税法基本通達6-13-8

Question.12
貸しビルの敷地賃貸料の課否

　オフィスビルを賃貸していますが、賃貸借契約書においてその敷地部分の賃貸料を区分していますので、敷地部分は土地の賃貸料として非課税と考えてよいでしょうか。

Answer. 賃貸借契約書において敷地部分の賃貸料を区分して記載していたとしても、その部分を含めた賃貸料全額が建物の賃貸料として課税の対象となります。

▎解 説

　非課税となる土地の貸付けから、土地の貸付けに係る期間が1月に満たない場合及び駐車場その他の施設の利用に伴って土地が使用される場合は除かれており（消法別表1一（本章末参照）、消令8）、これらに当たる場合は土地の貸付けではなく課税の対象となります。

　建物等の貸付けに伴う土地の使用は、ここにいう施設の利用に伴って土地が使用される場合に当たり、その使用は土地の貸付けに該当しないことになります。したがって、賃貸借契約書において敷地部分の賃貸料を区分

して記載していたとしても、その部分を含めた賃貸料全額が建物の賃貸料として課税の対象となります。

このことは、消費税法基本通達6-1-5(注)2において、建物その他の施設の貸付けに伴って土地を使用させた場合において、建物の貸付け等に係る対価と土地の貸付けに係る対価とに区分しているときであっても、その対価の額の合計額が当該建物の貸付け等に係る対価の額となると、確認的に明らかにされています。

関係法令通達
消費税法6条1項、消費税法別表1一
消費税法施行令8条
消費税法基本通達6-1-5(注)2

Question.13
WEB広告料

弊社は内国法人で国内において事業を行っていますが、販路を世界に広げる足掛かりとして業者に依頼してインターネットで広告を出そうと考えています。その広告料は消費税の課税対象となりますか。

Answer. 原則として、平成27年10月1日以後に行われるWEB広告については消費税の課税対象となります。

■解説

平成27年度税制改正により、電子書籍・音楽・広告の配信などの電気通信回線を介して行われる役務の提供については、消費税の課税対象となる国内取引に該当するかどうかの判定基準が、役務の提供を行う者の役務の提供に係る事務所等の所在地から<u>役務の提供を受ける者の住所等</u>に改正

されました。役務の提供を受ける者の住所等とは、個人の場合には住所又は居所、法人の場合には本店又は主たる事務所の所在地をいいます。

したがって、ご質問のケースは、平成27年10月1日前の役務提供であれば広告配信役務を提供する業者の事務所等の所在地が外国であれば国外取引と判定され、消費税の課税対象とはなりませんでしたが、同日以後は貴社の本店又は主たる事務所の所在地で判定しますので消費税の課税対象となります。

この関係を法令の規定等に沿ってより詳しくみると、以下のようになります。

消費税の課税対象は、国内において事業者が行った資産の譲渡等（特定資産の譲渡等に該当するものを除きます）及び特定仕入れ（事業として他の者から受けた特定資産の譲渡等をいいます）、保税地域から引き取られる外国貨物とされました（消法4①②）。

「特定資産の譲渡等」とは、事業者向け電気通信利用役務の提供及び特定役務の提供をいい（消法2八の二）、「特定役務の提供」とは、資産の譲渡等のうち、国外事業者が行う演劇その他の政令で定める役務の提供（電気通信利用役務の提供に該当するものを除きます）をいいます（なお、本問の性質上、以下の説明では特定役務の提供については割愛し、「特定資産の譲渡等」の用語は「事業者向け電気通信利用役務の提供」を指すこととします）。

以上の規定により、「特定資産の譲渡等」、すなわち、事業者向け電気通信利用役務の提供はいったん「資産の譲渡等」から除かれていますが、別途、事業として他の者から受けた特定資産の譲渡等、すなわち、他の者から受けた事業者向け電気通信利用役務の提供（特定仕入れ）として再登場し、これが国内で行われた場合には消費税の課税対象とされていることが読み取れます。

国内事業者である貴社がWEB広告事業者に依頼してWEB広告（注）を出すことは他の者から事業者向け電気通信利用役務の提供を受けることに当たり、「特定仕入れ」となりますので、これが国内で行われた場合に

は消費税の課税対象となるわけです。

(注) WEB広告、つまり、インターネットを利用した広告が「電気通信利用役務の提供」に該当することについては、国税庁ホームページの「国境を越えた役務の提供に係る消費税の課税の見直し等について（国内事業者の皆様へ）」（平成27年5月・平成28年12月改訂）に「電気通信利用役務の提供」に該当する取引具体例として「インターネット等を通じた広告の配信・掲載」が掲載されており、確認することができます。

特定仕入れが国内で行われたかどうかの判定については、消費税法4条4項に「当該特定仕入れを行つた事業者が、当該特定仕入れとして他の者から受けた役務の提供につき、前項第2号又は第3号に定める場所が国内にあるかどうかにより行うものとする。」と規定され、電気通信利用役務の提供である場合の判定は同条3項3号により「電気通信利用役務の提供を受ける者の住所若しくは居所（現在まで引き続いて1年以上居住する場所をいう。）又は本店若しくは主たる事務所の所在地」とされていますから、本店が国内にある貴社が受けるWEB広告役務の提供は消費税課税の対象となります。

本改正前においては、消費税の課税対象について「国内において事業者が行った資産の譲渡等及び保税地域から引き取られる外国貨物」と規定されており（本改正前消法4①②）、役務提供が国内で行われたかどうかについては「国内及び国内以外の地域にわたって行われる役務の提供その他役務の提供が行われた場所が明らかでないもの」は「役務の提供を行う者の役務の提供に係る事務所等の所在地」により判断することとされていましたので（本改正前消令6②七）、本問のような場合は広告サイトを運営する会社の事務所等の所在地が国内か国外かで消費税の課否を判断していました。

そして、課税仕入れのうち特定仕入れに該当するもの（特定課税仕入れ）に係る消費税は事業者が納税義務者となりますから（消法5①）、本WEB広告料は課税仕入れであるものの、同時にその消費税については貴社が納

税義務を負うことになります。このように、国外事業者が行う「事業者向け電気通信利用役務の提供」については、役務の提供を受けた国内事業者に申告納税義務を課す方式、いわゆるリバースチャージ方式が採られています。

リバースチャージ方式が適用される場合には、「特定課税仕入れがある場合の課税標準額等の内訳書」を作成し、その課税標準の内訳として「特定課税仕入れに係る支払対価の額③」欄に金額を記載して申告書に添付し、申告することになります。

なお、「リバースチャージ方式は、経過措置により当分の間は、当該課税期間について一般課税により申告する場合で、課税売上割合が95％未満である場合にのみ適用されます。当該課税期間について、課税売上割合が95％以上の事業者や簡易課税制度が適用される事業者は、「事業者向け電気通信利用役務の提供」を受けた場合でも、経過措置により当分の間は、その仕入れがなかったものとみなされますので、当該仕入れについては、消費税の申告の際に考慮する必要はありません。」(「消費税法改正のお知らせ」平成27年4月（平成28年12月改訂）税務署リーフレット)。

（参考）平成27年3月31日法律第9号附則
　　　（特定課税仕入れに関する経過措置）
　　　第42条　国内において特定課税仕入れを行う事業者の新消費税法適用日を含む課税期間以後の各課税期間（新消費税法第37条第1項の規定の適用を受ける課税期間を除く。）において、当該課税期間における課税売上割合（新消費税法第30条第2項に規定する課税売上割合をいう。）が100分の95以上である場合には、当分の間、当該課税期間中に国内において行った特定課税仕入れはなかったものとして、新消費税法の規定を適用する。

上記のように特定課税仕入れに係る消費税については、その役務の提供を受ける国内事業者が納税義務を負い、当分の間、課税売上割合が95％

未満の場合にのみ申告納付しますが、特定課税仕入れは同時に課税仕入れでもありますので、申告書付表において「特定課税仕入れに係る支払対価の額」及び「特定課税仕入れに係る消費税額」欄にその金額を記載することにより「課税仕入れ等の税額の合計額」に含めて控除対象仕入税額の計算を行います。

なお、紙面の都合上、国境を越えた役務の提供に対する消費税課税制度の全容は掲載できませんので、関係法令や財務省の税制改正の解説等を参照してください。

> **関係法令通達**
> 消費税法2条（定義）1項8の2号（特定資産の譲渡等）、8の3号（電気通信利用役務の提供）、8の4号（事業者向け電気通信利用役務の提供）、8の5号（特定役務の提供）
> 消費税法4条（課税の対象）1項、2項、3項2・3号、4項、5条（納税義務者）1項
> 平成27年3月31日法律9号附則42条（特定課税仕入れに関する経過措置）

Question.14
商品券を発行した場合の課税関係

商品券の発行は物品切手等の譲渡に当たり、非課税であると考えますがいかがでしょうか。

Answer. 商品券はいわゆる物品切手等に当たりますが、その発行は、物品の給付請求権等を表彰する証書の発行行為であって、資産の譲渡等に該当しません。したがって、商品券の発行は不課税となります。

▌解 説

　商品券を含む物品切手等の発行については、「事業者が、法別表第一第4号ハ《物品切手等の譲渡》に規定する物品切手等を発行し、交付した場合において、その交付に係る相手先から収受する金品は、資産の譲渡等の対価に該当しない。」（消基通6-4-5）とされています。

　資産の譲渡とは、資産につき同一性を保持しつつ、他人に移転させることをいい、例えば、売買、代物弁済、交換、現物出資などにより、資産の所有権を他人に移転することをいいますが（タックスアンサーNo.6145）、物品の給付請求権等を表彰する証書の発行行為は、例えばビール券ならビールの給付を請求する権利の付与であって、ビールの所有権を移転させる行為ではありませんので、資産の譲渡には該当しません。資産の譲渡に当たらなければそもそも消費税の対象となりませんから、不課税取引となります。また、交付に係る相手先から収受する金品は資産の譲渡等の対価に該当しないわけですから、対価を得て行われる取引ではなく、この点からも資産の譲渡等には当たらず不課税取引となります。

　なお、発行された後、流通段階にある物品切手等の販売は資産の譲渡に当たりますが、非課税とされています（消法別表第1第4号ハ）。

　また、物品切手等とは、商品券その他名称のいかんを問わず、物品の給付請求権を表彰する証書をいい、役務の提供又は物品の貸付けに係る請求権を表彰する証書及び資金決済に関する法律（平成21年法律59号）3条1項（定義）に規定する前払式支払手段に該当する同項各号に規定する番号、記号その他の符号とされており、郵便切手類は除かれています（消法別表第1第4号ハ、消令11）。

　郵便切手類は物品切手等とされていませんが、郵便事業株式会社や承認販売所における郵便切手類の譲渡は非課税とされています（消法別表第1第4号イ）。

　不課税と非課税との違いは、例えば課税売上割合を計算する際の分母の金額の扱いに表れ、不課税取引によって収受する金品の額は資産の譲渡等

の対価に含まれませんが、非課税取引は資産の譲渡等に当たるためその対価は分母の金額に算入されます。

$$課税売上割合 = \frac{当該課税期間中に国内において行った課税資産の譲渡等の対価の額の合計額}{当該課税期間中に国内において行った資産の譲渡等の対価の額の合計額}$$

関係法令通達
消費税法別表第1第4号イ・ハ
消費税法施行令11条
消費税法基本通達6-4-5

Question.15
ゴルフ会員権を譲渡した場合の課税関係

　株式制ゴルフ会員権の譲渡は株式の譲渡、預託金制ゴルフ会員権の譲渡は金銭債権の譲渡にそれぞれ該当し、いずれも非課税と考えますがいかがでしょうか。

Answer. 　会員権所有者によるゴルフ会員権の譲渡は、ゴルフ場を優先的に利用できる権利の譲渡ですから課税対象となります。

解説
　一般的な株式及び金銭債権は、消費税を課さない資産の譲渡等を示した消費税法別表第1二の有価証券その他これに類するものに当たり非課税とされていますが、ゴルフ場の利用に関する権利に係るものはこの有価証券等から除かれています（消法別表1二）。
　この「ゴルフ場の利用に関する権利に係るもの」とは、ゴルフ場の所有

若しくは経営に係る法人の株式若しくは出資を所有すること又は当該法人に対し金銭の預託をすることが当該ゴルフ場を一般の利用者に比して有利な条件で継続的に利用する権利を有する者となるための要件とされている場合における当該株式若しくは出資に係る有価証券又は当該預託に係る金銭債権をいいます（消令9②）。

したがって、会員権所有者によるゴルフ会員権の譲渡は株式制ゴルフ会員権であれ、預託金制ゴルフ会員権であれ、非課税とされる有価証券等の譲渡に当たらず課税対象となります。

ただし、個人事業者がゴルフ会員権を譲渡した場合は注意を要します。

個人事業者が所有するゴルフ会員権は、その個人事業者が会員権販売業者である場合には保有している会員権は棚卸資産に当たり、その譲渡は課税の対象となりますが、その他の個人事業者が保有している場合には生活用資産に当たり、その譲渡は課税の対象となりません（消基通5-1-1(注)1）。

関係法令通達

消費税法6条1項、消費税法別表1二
消費税法施行令9条2項
消費税法基本通達5-1-1(注)1
国税庁ホームページ（タックスアンサー No.6249）

Question.16
駐車場の貸付けの対価の課否

駐車場の貸付けは土地の貸付けですから、非課税であると考えてよいでしょうか。

Answer. 土地をそのまま貸し付ける場合（いわゆる青空駐車場等）は非課税ですが、施設の貸付けの場合（アスファルト敷等）は課税となります。

解 説

　非課税となる土地の貸付けから、土地の貸付けに係る期間が1月に満たない場合及び駐車場その他の施設の利用に伴って土地が使用される場合は除かれていますので（消法別表1一、消令8）、これらに当たる場合は課税の対象となります。

　駐車場あるいは駐輪場としての貸付けに関しては、事業者が駐車場又は駐輪場として土地を利用させた場合において、その土地につき駐車場又は駐輪場としての用途に応じる地面の整備又はフェンス、区画、建物の設置等をしていないとき（駐車又は駐輪に係る車両又は自転車の管理をしている場合を除きます）は、その土地の使用は、土地の貸付けに含まれるとされています（消基通6-1-5(注)1）。

　したがって、更地のまま貸付け駐車場として利用させている、いわゆる青空駐車場の場合は土地の貸付けとして非課税となりますが、駐車場としてアスファルト敷きとするなど地面の整備をした上で貸し付ける場合は施設の貸付けとなり課税の対象となります。また、地面の整備等をしない場合でも、管理人を置きあるいは駐車・駐輪した車両、自転車を管理して駐車場として利用させる場合は、施設の貸付けに当たり課税の対象となります。

関係法令通達

消費税法6条1項、消費税法別表1一
消費税法施行令8条
消費税法基本通達6-1-5（注)1

Question.17
居住用として貸し付け、不動産所得を生じていた建物を譲渡した場合の課税関係

住宅用として貸し付け、不動産所得を得ていたアパートを譲渡しました。居住用なので非課税と考えてよいでしょうか。

Answer. 居住用アパートの賃貸料は非課税売上となりますが、その建物の譲渡は事業用資産の譲渡となり課税売上となります。

■解 説

消費税法上、「資産の譲渡等」とは、事業として対価を得て行われる資産の譲渡及び貸付け並びに役務の提供とされており（消法2①八）、資産の譲渡及び貸付け並びに役務の提供が反復、継続、独立して行われている場合は「事業として」行われているとされていますので（消基通5-1-1）、住宅用アパートの貸付け、いわゆるアパート経営は「事業として」行われていることになり、「資産の譲渡等」に当たります。

(注) なお、法人が行う資産の譲渡及び貸付け並びに役務の提供は、そのすべてが、「事業として」に該当するとされていますから（消基通5-1-1(注)2)、事業として行われたかどうかについて誤解の余地はありませんが、この点、個人の場合は所得税の扱いで、規模によってはアパートの貸付けが事業として行われていないと判断するケースがありますので（所基通26-9（建物の貸付けが事業として行われているかどうかの判定））、消費税の扱いと混同しないよう注意する必要があります。この所得税の扱いは所得区分の観点から、事業所得に当たるか不動産所得に当たるかを判断する基準であるのに対し、消費税の扱いは消費税課税の観点から「事業として」行われているかどうかを判断する基準であって、資産の譲渡及び貸付け並びに役務の提供が反復、継続、独立して行われている場合は「事業として」行われていると判断され（消基通5-1-1)、所得税基準のような「規模」は考慮されません。アパート経営における貸付けは反復・継続・独立して行われるものですから、したがって、規模の大小にかかわらず「事業として」行われているとされます。

さらに、資産の譲渡等には、その性質上事業に付随して対価を得て行われる資産の譲渡及び貸付け並びに役務の提供を含むものとするとされていますから（消令2③）、事業の用に供していた事業用資産の譲渡は「資産の譲渡等」に含まれます。

　これをご質問のアパートの譲渡についてみると、アパート経営事業の用に供していたアパートの譲渡は、アパート経営事業に付随して行われた資産の譲渡として「資産の譲渡等」に含まれることになります。このことは「付随行為」を例示した消費税法基本通達5-1-7の(3)に「事業の用に供している建物、機械等の売却」は付随行為に当たるとして明示されています。

　そして、資産の譲渡等のうち、消費税法6条1項（非課税）の規定により消費税を課さないこととされるものは課税の対象となりませんが、それ以外のものは課税資産の譲渡等とされており（消法2①九）、このうち国内において事業者が行った資産の譲渡等が課税の対象となります（消法4①）。

　居住用アパートに関しては、消費税法6条1項の規定によって非課税とされているのは住宅の「貸付け」であって（消法6①、消法別表1十三）、居住用であってもアパートそのものの譲渡は非課税とされていません。したがって、アパートの譲渡は事業用資産の譲渡であって資産の譲渡に当たり非課税とされていませんから、課税資産の譲渡等として課税売上の対象となります。

　なお、アパート建物を土地とともに一括譲渡した場合に、その対価の額が建物の対価と土地の対価とに合理的に区分されていないときは、譲渡した時の通常の取引価格の割合により按分することになりますが（消令45③）、所得税又は法人税の土地の譲渡等に係る課税の特例の計算における取扱いにより区分することもできます（消基通10-1-5）。

関係法令通達
消費税法2条1項8号・9号、6条1項、4条1項
消費税法別表1十三
消費税法基本通達5-1-1、5-1-7、10-1-5
法人税法施行令2条3項、45条3項
所得税基本通達26-9

Question.18
クレジット手数料

次のクレジット手数料は、課税の対象となるのでしょうか。
① 加盟店が信販会社へ支払うもの（債権譲渡の対価が安くなる部分）
② 消費者が信販会社へ支払うもの

Answer. ① 信販会社が加盟店から譲り受ける債権の額と加盟店への支払額との差額は、消費税法施行令10条3項8号に該当し、非課税となります。
② 消費者が信販会社へ支払う手数料は、割賦購入あっせんに係る手数料又は賦払金のうち利子に相当する額であり、非課税となります。

解説

①ご質問の債権譲渡の対価が安くなる部分、つまり、信販会社が加盟店から譲り受ける債権の額と加盟店への支払額との差額は、非課税とされる別表第1三の利子を対価とする貸付金に類するものとして、消費税法施行令10条3項8号に定める金銭債権の譲受けの対価ですから非課税となります。

この場合、加盟店の消費者に対する債権額から手数料を差し引いた金額

課税範囲 **669**

で債権が譲渡されることになりますが、この債権譲渡は非課税とされる有価証券に類するものとして、消費税法施行令9条1項4号に定める「貸付金、預金、売掛金その他の金銭債権」の譲渡に当たりますので非課税となります。なお、同号に定める金銭債権のうち、資産の譲渡等を行った者が、当該資産の譲渡等の対価として取得した金銭債権の譲渡は、消費税法施行令48条1項1号に規定する資産の譲渡等（いわゆる分母）には含まないとされていますので、加盟店は課税売上割合の計算上、この債権譲渡の対価を分母に含めません（消令48②二）。

②消費者が信販会社へ支払う手数料は、非課税とされる別表第1三の利子を対価とする貸付金に類するものとして、消費税法施行令10条3項9号又は10号にいう役務の提供の対価に当たりますから契約において明示されているものは非課税となります。

関係法令通達

消費税法施行令9条1項4号、10条3項8号・9号・10号、48条1項1号、2項2号
消費税法6条1項
消費税法別表1三

Question.19
未経過固定資産税等

不動産売買契約における公租公課の分担金（未経過固定資産税等）は、消費税法上どのように取り扱われるのでしょうか。

Answer. 不動産の譲渡対価の一部を構成するものとして譲渡した資産の譲渡対価に含まれます。

■解 説

　不動産売買の際に、売買当事者の合意に基づき固定資産税・都市計画税の未経過分を買主が分担する場合のこの分担金は、地方公共団体に対して納付すべき固定資産税そのものではなく、私人間で行う利益調整のための金銭の授受です。消費税の課税標準は、課税資産の譲渡等の対価の額、つまり、対価として収受し、又は収受すべき一切の金銭又は金銭以外の物若しくは権利その他経済的な利益の額とされていますから（消法28①）、この分担金は、不動産の譲渡対価の一部を構成するものとして譲渡した資産の譲渡対価に含まれます。

　したがって、土地に対応するものは土地の譲渡対価の一部となり、建物に対応するものは建物の譲渡対価の一部となります。

　なお、同様の問題は、事業の用に供している車両を譲渡する際、車両本体価額と未経過分の自動車税相当額を区分して売買するケースにも見られます。自動車税は4月1日現在の所有者に対して課される都道府県税ですから、その後の売買の際、譲渡者に支払われる未経過分の自動車税相当額は、都道府県に支払う自動車税そのものではなく、資産の譲渡等の対価の額に含まれます。

　これらの取扱いについては、消費税法基本通達10-1-6において「固定資産税、自動車税等（以下、同10-1-6において「固定資産税等」という。）の課税の対象となる資産の譲渡に伴い、当該資産に対して課された固定資産税等について譲渡の時において未経過分がある場合で、その未経過分に相当する金額を当該資産の譲渡について収受する金額とは別に収受している場合であっても、当該未経過分に相当する金額は当該資産の譲渡の金額に含まれるのであるから留意する。」と確認的に明らかにされています。

　ただし、同通達において、資産の譲渡を受けた者に対して課されるべき固定資産税等が、その資産の名義変更をしなかったこと等によりその資産の譲渡をした事業者に対して課された場合で、その事業者がその譲渡を受けた者から固定資産税等に相当する金額を収受するときには、その金額は

資産の譲渡等の対価に該当しないとしています。この場合は、固定資産税等そのものの授受ですから、課税資産の譲渡等の対価の額には当たらないわけです。

┏━ 関係法令通達 ━
　消費税法2条1項8号、28条1項
　消費税法基本通達10-1-6

3 仕入税額控除

Question.20
賃借人における所有権移転外ファイナンス・リース取引のリース料

　所有権移転外ファイナンス・リース取引（所得税法施行令120条の2第2項5号又は法人税法施行令48条の2第5項5号に規定する「リース取引」）においてはリース物件の所有権の移転を伴わないわけですが、この場合賃借人においては、リース取引に係る賃借料を資産の貸付けの対価として仕入控除税額の計算を行うこととなるのでしょうか。

Answer.　所有権移転外ファイナンス・リース取引に該当する場合には、リース資産の引渡しを受けた日に資産の譲受けがあったものとして、仕入控除税額の計算を行うのが原則です。

■解 説

　ご質問の場合、消費税法上の取扱いは、リース資産の引渡しを受けた日に資産の譲受けがあったものとして、当該引渡しを受けた日の属する課税期間において、消費税を一括して仕入控除税額の計算を行うのが原則です。

> 消費税法基本通達11-3-2《割賦購入の方法等による課税仕入れを行った日》
> 　割賦購入の方法又はリース取引による課税資産の譲り受けが課税仕入れに該当する場合には、その課税仕入れを行った日は、当該資産の引渡し等を受けた日となるのであるから、当該課税仕入れについては、当該資産の引渡し等を受けた日の属する課税期間において法第30条第1項《仕入れに係る消費税額の控除》の規定を適用するのであるから留意する。（平20課消1-8により改正）

> (注) リース取引において、賃借人が支払うべきリース料の額をその支払うべき日の属する課税期間の賃借料等として経理している場合であっても同様である。

　ここで、リース取引が実態としてどのような取引として扱われるかについては消費税法基本通達5-1-9においてその取扱指針が示されています。

> 消費税法基本通達5-1-9《リース取引の実質判定》
> 　事業者が行うリース取引が、当該リース取引の目的となる資産の譲渡若しくは貸付け又は金銭の貸付けのいずれに該当するかは、所得税又は法人税の課税所得の計算における取扱いの例により判定するものとし、この場合には、次のことに留意する。(平20課消1-8により改正)
> (1) 所法第67条の2第1項《売買とされるリース取引》又は法法第64条の2第1項《売買とされるリース取引》の規定により売買があったものとされるリース取引については、当該リース取引の目的となる資産の引渡しの時に資産の譲渡があったこととなる。
> 　(注) この場合の資産の譲渡の対価の額は、当該リース取引に係る契約において定められたリース資産の賃貸借期間(以下9-3-6の3及び9-3-6の4において「リース期間」という。)中に収受すべきリース料の額の合計額となる。
> (2) 所法第67条の2第2項《金銭の貸借とされるリース取引》又は法法第64条の2第2項《金銭の貸借とされるリース取引》の規定により金銭の貸借があったものとされるリース取引については、当該リース取引の目的となる資産に係る譲渡代金の支払の時に金銭の貸付けがあったこととなる。

　なお、所有権移転外ファイナンス・リース取引について、賃借人が賃貸借処理をしている場合は、その会計処理に応じた取扱いが認められています(次問 **Q21** 参照)。

---関係法令通達---
消費税法30条1項
消費税法基本通達5-1-9、11-3-2
所得税法67条の2第1項・2項
所得税法施行令120条の2第2項5号
法人税法64条の2第1項・2項
法人税法施行令48条の2第5項5号

Question.21
所有権移転外ファイナンス・リース取引について賃借人が賃貸借処理した場合

　所有権移転外ファイナンス・リース取引（所得税法施行令120条の2第2項5号又は法人税法施行令48条の2第5項5号に規定する「リース取引」、以下「移転外リース取引」）について、賃借人が賃貸借処理（通常の賃貸借取引に係る方法に準じた会計処理）をしている場合には、そのリース料について支払うべき日の属する課税期間における課税仕入れとする処理（分割処理）は認められますか。

Answer.　移転外リース取引について、事業者（賃借人）が賃貸借処理をしている場合で、そのリース料について支払うべき日の属する課税期間における課税仕入れ等として消費税の申告をしているときは、分割処理も認められます。

■解 説

　移転外リース取引については、リース資産の譲渡として取り扱われ、消費税の課税仕入れの時期は、課税仕入れを行った日の属する課税期間において控除（一括控除）するのが原則ですから（消基通11-3-2）、一般的には、移転外リース取引によりリース資産を賃借した賃借人においては、当該

リース資産の引渡しを受けた日の属する課税期間において一括控除することになります。

しかし、消費税の仕入税額控除の時期については、事業者の経理実務を考慮してこれまでも各種の特例が認められており、ご質問のようなケースもこれと同様の趣旨から、会計基準に基づいた経理処理を踏まえ経理実務の簡便性という観点から、賃借人が賃貸借処理をしている場合には、分割控除を行っても差し支えないとされています。

関係法令通達

消費税法30条1項
消費税法基本通達5-1-9、11-3-2
所得税法67条の2
所得税法施行令120条の2第2項5号
法人税法64条の2
法人税法施行令48条の2第5項5号

Question.22
国外で行う土地の譲渡のために国内で要した費用

弊社が米国に所有する土地を売却するに当たり、国内の弁護士に相談し、相談料を支払いました。

弊社は、仕入控除税額の計算に当たっては、個別対応方式を適用していますが、国内における土地の譲渡は非課税売上げとなることなどを考慮すると、国外における土地の譲渡に伴い弁護士に対して支払った相談料は、その他の資産の譲渡等にのみ要するものに区分することとなるのでしょうか。

Answer. 課税資産の譲渡等にのみ要するものに区分することになります。

■解 説

　確かに、国内における土地の譲渡は非課税売上になることから（消法別表第1一）、国外における土地の譲渡に伴う課税仕入れについてもその他の資産の譲渡等にのみ要するものとすべきではないかと迷いが生じるところです。

　しかし、課税期間における課税売上割合が100分の95に満たない場合の仕入れに係る消費税額の控除を定めた消費税法30条2項は、個別対応方式によることができる場合として「課税資産の譲渡等にのみ要するもの、課税資産の譲渡等以外の資産の譲渡等（以下この号において「その他の資産の譲渡等」という。）にのみ要するもの及び課税資産の譲渡等とその他の資産の譲渡等に共通して要するものにその区分が明らかにされている場合」と規定し、課税資産の譲渡等にのみ要する課税仕入れの税額は、課税標準額に対する消費税額から控除できるとしていますので、国外における土地の譲渡が「課税資産の譲渡等」に該当すれば、そのために要した国内における弁護士費用は課税資産の譲渡等にのみ要する課税仕入れとすることができます。

　そこで、国外における土地の譲渡が「課税資産の譲渡等」に該当するかどうか検討します。

　まず、「課税資産の譲渡等」とは、資産の譲渡等のうち、非課税のもの以外のもの、とされています（消法2①九）。

　ここで「資産の譲渡等」とは「事業として対価を得て行われる資産の譲渡及び貸付け並びに役務の提供（代物弁済による資産の譲渡その他対価を得て行われる資産の譲渡若しくは貸付け又は役務の提供に類する行為として政令で定めるものを含む。）をいう」とされ（消法2①八）、消費税法の定める資産の譲渡等は、その譲渡等が行われる場所は限定されていません。すなわち国内外を問わず「事業として対価を得て行われる資産の譲渡及び貸付け並びに役務の提供」はすべて「資産の譲渡等」に当たり、法人が行う国外における土地の譲渡は「事業として対価を得て行われる資産の譲渡」です

から当然「資産の譲渡等」に当たります。

(注) 法人が行う資産の譲渡及び貸付け並びに役務の提供は、そのすべてが、「事業として」に該当するとされていますから（消基通5-1-1）、土地の譲渡がたまたまであっても、法人が行う土地の譲渡は事業として対価を得て行われる資産の譲渡となります。

さらに、非課税とされるのは「国内において行われる資産の譲渡等のうち、別表第1に掲げるもの」ですから（消法6①）、国外における土地の譲渡は非課税資産の譲渡ではありません。「課税資産の譲渡等」とは、資産の譲渡等のうち非課税のもの以外のものとされていることは先に説明したとおりであり（消法2①九）、資産の譲渡等であって非課税ではない国外における土地の譲渡は、したがって「課税資産の譲渡等」に該当します。

このように、国外における土地の譲渡は「課税資産の譲渡等」に該当しますので、ご質問のケースのように、そのために要した国内における弁護士費用は課税資産の譲渡等にのみ要する課税仕入れとすることができます。

以上をまとめると、「資産の譲渡等」とは国内外場所を問わずすべての資産の譲渡等をいい、「課税資産の譲渡等」とは国内外で行われる「資産の譲渡等」のうち非課税のもの以外のものであり、非課税のものは、国内で行われる資産の譲渡等のうち別表第1に掲げるものですから、国外で行われる資産の譲渡等（及び、国内で行われる資産の譲渡等のうち別表第一に掲げるもの以外のもの）は課税資産の譲渡となります。

したがって、国外における土地の譲渡のように国内において行えば非課税となる資産の譲渡等であっても、国外における資産の譲渡等は課税資産の譲渡等に当たり、個別対応方式を適用する場合には、これに要した国内における課税仕入れは課税資産の譲渡等にのみ要するものに区分することになります。

消費税法基本通達11-2-13《国外取引に係る仕入税額控除》はこのことを確認的に規定しています。

国外において行う資産の譲渡等のための課税仕入れ等がある場合は、当該課税仕入れ等について法第30条《仕入れに係る消費税額の控除》の規定が適用されるのであるから留意する。
　　この場合において、事業者が個別対応方式を適用するときは、当該課税仕入れ等は課税資産の譲渡等にのみ要するものに該当する。

　なお、国外における土地の譲渡が課税資産の譲渡等に当たるといっても、消費税の課税の対象は、国内において事業者が行った資産の譲渡等ですから（消法4①）、国外の土地の譲渡は消費税の課税の対象外（不課税）となります。不課税ではありますが、課税資産の譲渡等には該当するということです。

関係法令通達
消費税法2条1項8号・9号、4条1項、6条1項、30条2項
消費税法別表1
消費税法基本通達5-1-1、11-2-13

Question.23
車の購入に際し下取りがある場合の仕入控除

　車を購入した際にそれまで事業で使用していた車を下取りに出しました。ディーラーに支払う金額は下取価額を差し引いた金額ですから、課税仕入れとなる金額は下取価額を控除した金額になると考えてよいでしょうか。

Answer.　下取価額を控除する前の車の価額が課税仕入れとなり、下取価額は課税売上となります。

■解 説

　ご質問の車両の購入と下取りとの関係は、下取りはディーラーに引き渡した車両の譲渡であり、購入代金の決済上その譲渡代金を相殺して支払っているものと考えられます。つまり、車両の購入と譲渡の二つの取引があるわけで、そうすると車両の購入は購入として切り離して考えることになりますので、課税仕入れとなる金額は下取価格を控除する前の価格となります。

　　(注)　この点、裏腹の関係で、課税資産を譲渡する際に資産の下取りをした場合の扱いについて、課税資産の譲渡等の金額について、その下取りに係る資産の価額を控除した後の金額とすることはできないとされています（消基通10-1-17）。

　一方、車両購入の際の下取りについては別個の取引である車両の譲渡として考えますから、課税売上になるかどうかの問題があります。

　資産の譲渡等には、事業用資産の売却など、その性質上事業に付随して対価を得て行われる資産の譲渡等も含まれるとされていますので（消令2③、消基通5-1-7(3)）、したがって、事業の用に供していた車両の譲渡は資産の譲渡等に当たり、課税売上となります（消法4①）。

消費税法基本通達5-1-7《付随行為》
　消費税法施行令第2条第3項《付随行為》に規定する「その性質上事業に付随して対価を得て行われる資産の譲渡及び貸付け並びに役務の提供」には、例えば、事業活動の一環として、又はこれに関連して行われる次に掲げるようなものが該当することに留意する。
(1)　職業運動家、作家、映画・演劇等の出演者等で事業者に該当するものが対価を得て行う他の事業者の広告宣伝のための役務の提供
(2)　職業運動家、作家等で事業者に該当するものが対価を得て行う催物への参加又はラジオ放送若しくはテレビ放送等に係る出演その他これらに類するもののための役務の提供
(3)　<u>事業の用に供している建物、機械等の売却</u>

(4)　利子を対価とする事業資金の預入れ
　(5)　事業の遂行のための取引先又は使用人に対する利子を対価とする金銭等の貸付け
　(6)　新聞販売店における折込広告
　(7)　浴場業、飲食業等における広告の掲示

関係法令通達
消費税法２条１項８号、４条１項
消費税法施行令２条３項
消費税法基本通達5-1-7 (3)、10-1-17

Question.24
火災保険金で新築した建物の課税仕入れ

　建物の新築に当たり代金の一部に火災保険金を充てました。この場合、負担した金額は受取保険金を差し引いた金額ですので、課税仕入れの金額は建物取得費用から受取保険金を差し引いた金額となるのでしょうか。

Answer.　受取保険金を控除する前の建物の取得費用が課税仕入れの対象となります。一方、受取保険金は資産の引渡しやサービスの提供の対価として受け取るものではありませんので不課税となります。

■解 説

　課税仕入れとは、「事業者が、事業として他の者から資産を譲り受け、若しくは借り受け、又は役務の提供を受けること（当該他の者が事業として当該資産を譲り渡し、若しくは貸し付け、又は当該役務の提供をしたとした場合に課税資産の譲渡等に該当することとなるもので、第７条第１項各号に掲

げる資産の譲渡等に該当するもの及び第8条第1項その他の法律又は条約の規定により消費税が免除されるもの以外のものに限る。）をいう」とされています（消法2①十二）。

ここで、資産の譲受け等が課税仕入れに当たるかどうかは支出した資金の源泉は問わないと考えられ、「保険金、補助金、損害賠償金等を資産の譲受け等に充てた場合であっても、その資産の譲受け等が課税仕入れに該当するときは、その課税仕入れにつき法第30条《仕入れに係る消費税額の控除》の規定が適用される」（消基通11-2-10）と留意的に解釈指針が示されています。

したがって、火災保険金で建物を取得したとしても保険金の額を控除する前の建物の取得費用が課税仕入れの金額となります。

なお、受け取った火災保険金の扱いについては、保険金又は共済金は保険事故の発生に伴って支払を受けるものですから、資産の譲渡等の対価に該当しないとされ（消基通5-2-4）、不課税となります。

関係法令通達

消費税法2条1項12号
消費税法基本通達5-2-4、11-2-10

Question.25
免税事業者からの仕入れ

免税事業者には消費税等が課されていないと思います。したがって、仕入先が免税事業者の場合は、消費税の仕入税額控除ができないのでしょうか。

Answer. 仕入先が免税事業者であっても、事業者でない消費者であっても、課税仕入れに当たる取引であれば、仕入税額控除の対象とす

ることができます。つまり、取引相手が免税事業者であるかどうかにかかわらず、その取引が課税仕入れに該当するかどうかで判断します。

▍解説

　仕入税額控除について消費税法は、課税事業者が国内において行う課税仕入れ又は保税地域から引き取る課税貨物については、その課税期間における課税標準額に対する消費税額から課税仕入れに係る消費税額及び保税地域からの引取りに係る課税貨物につき課された又は課されるべき消費税額の合計額を控除する（消法30①）としています。つまり、課税事業者が仕入税額控除できるかどうかの判断基準は、その取引が課税仕入れに当たるかどうかであって、取引先（仕入先）が課税事業者であるか免税事業者であるかではありません。

　ここで「課税仕入れ」とは「事業者が、事業として他の者から資産を譲り受け、若しくは借り受け、又は役務の提供を受けること」をいいますが、「当該他の者が事業として当該資産を譲り渡し、若しくは貸し付け、又は当該役務の提供をしたとした場合に課税資産の譲渡等に該当することとなるもので、第7条第1項各号に掲げる資産の譲渡等に該当するもの及び第8条第1項その他の法律又は条約の規定により消費税が免除されるもの以外のものに限る」とされています（消法2①十二）。つまり、事業者が、事業として他の者から資産等の譲受け等をした場合で、「他の者」（譲渡者）が事業として資産等の譲渡等をしたとした場合に課税資産の譲渡等に該当することとなるものが「課税仕入れ」となるわけですが、「事業者として……したとした場合」と仮定していますから、この「他の者」は事業者でないことがあることも想定されています。

　したがって、事業者でない消費者からの資産等の譲受け等であっても、その消費者が事業者として資産等の譲渡等をしたと仮定した場合に課税資産の譲渡等に該当することとなるものは、事業者が事業として譲受け等を

していれば「課税仕入れ」となり、この課税仕入れに係る消費税額は仕入税額控除の対象となります。

　免税事業者からの仕入れについても同様の取扱いとなりますが、免税事業者の場合は免税といっても「事業者」ですから、事業者としての資産等の譲渡等となり、そして、その資産等の譲渡等が課税資産の譲渡等に該当することとなるものは、事業者が事業として譲受け等をしていれば当然に「課税仕入れ」となります。

　なお、消費税法基本通達11-1-3《課税仕入れの相手方の範囲》において、消費税法2条1項12号《課税仕入れの意義》に規定する「他の者」には、免税事業者や消費者も含まれることが確認的に明らかにされています。

> 法第2条第1項第12号《課税仕入れの意義》に規定する「他の者」には、課税事業者及び免税事業者のほか消費者が含まれる。

```
┌─ 関係法令通達 ─
│　消費税法2条1項12号、30条1項
│　消費税法基本通達11-1-3
```

4 輸入取引他

Question.26
輸入取引の課税標準

保税地域から課税貨物を引き取る場合の消費税の課税標準は、引き取る際の関税課税価格（CIF価格）と考えてよいでしょうか。

Answer. 保税地域から課税貨物を引き取る場合の課税標準は、「関税課税価格＋消費税及び地方消費税以外の個別消費税＋関税」です。

■解 説

　関税も税金ですから、保税地域から課税貨物を引き取る場合の消費税の課税標準はこれを含まない関税課税価格（CIF価格）と考えやすいわけですが、保税地域から引き取られる課税貨物に係る消費税の課税標準は、当該課税貨物につき関税定率法4条から4条の8まで《課税価格の計算方法》の規定に準じて算出した価格に、当該課税貨物の保税地域からの引取りに係る消費税以外の個別消費税等の額及び関税の額に相当する金額を加算した金額とされています（消法28④）。

　なお、課税資産の譲渡等に係る消費税の課税標準を計算する際の課税資産の譲渡等の対価の額の算出に当たって個別消費税の取扱いについては、酒税、たばこ税、揮発油税、石油石炭税、石油ガス税等は含まれますが、軽油引取税、ゴルフ場利用税及び入湯税は、利用者等が納税義務者となっていますので対価の額に含まれません（ただし、その税額に相当する金額について明確に区分されていない場合は、対価の額に含みます）（消基通10-1-11）。

関係法令通達

消費税法 28 条 4 項
消費税法基本通達 10-1-11

Question.27
無償で貨物を輸入する場合の課否

無償で貨物を輸入しますが、対価の授受なしに行われる取引なので不課税と考えてよいでしょうか。

Answer. 輸入取引は対価性の有無を問わず、保税地域から引き取られる外国貨物が課税対象となるので、無償であっても原則として消費税は課税されます。

解 説

輸入貨物については、「保税地域から引き取られる外国貨物には、この法律により、消費税を課する」(消法4②)と規定されています。

この点、国内取引に関しては「国内において事業者が行った資産の譲渡等には、この法律により、消費税を課する」とされ(消法4①)、「資産の譲渡等」とは、事業として対価を得て行われる資産の譲渡及び貸付け並びに役務の提供をいうとされていますので、課税の対象としては事業として行われることと、対価性を有することが条件となります。

一方、輸入貨物については上記消費税法4条2項のとおり単に「保税地域から引き取られる外国貨物」に対して消費税を課すると規定されていますので、事業として行われることや対価性を有することは条件とされていません。したがって、無償で外国貨物を引き取る場合であっても消費税の課税の対象となります。

このことは、消費税法基本通達 5-6-2 に、保税地域から引き取られる外

国貨物については、国内において事業者が行った資産の譲渡等の場合のように、「事業として対価を得て行われる」ものには限られないのであるから、保税地域から引き取られる外国貨物に係る対価が無償の場合、又は保税地域からの外国貨物の引取りが事業として行われるものではない場合のいずれについても、消費税法4条2項《外国貨物に対する消費税の課税》の規定が適用されるのであるから留意するとして、留意的に解釈指針が示されています。

　このように、無償であっても保税地域から引き取られる課税貨物には消費税が課されます。そして、その課税標準は、当該課税貨物につき関税定率法4条から4条の8までの《課税価格の計算方法》の規定に準じて算出した価格に、当該課税貨物の保税地域からの引取りに係る消費税以外の個別消費税等の額及び関税の額に相当する金額を加算した金額となります（消法28④）。言い換えれば、「関税課税価格（CIF価格）＋消費税及び地方消費税以外の個別消費税＋関税」が課税標準となるわけですが、無償貨物を輸入する場合の関税課税価格については、カスタムアンサー（税関手続FAQ）1404などが参考となります。

　なお、輸入品に対する内国消費税の徴収等に関する法律（昭和30年6月30日法律37号）13条《免税等》により、国際連合又はその専門機関から寄贈された教育用又は宣伝用の物品や再輸出免税の対象となる貨物などを引き取る場合には、消費税を免除されます。

> **関係法令通達**
> 消費税法4条1項・2項、28条4項
> 消費税法基本通達5-6-2
> 輸入品に対する内国消費税の徴収等に関する法律13条

Question.28
簡易課税適用者の基準期間における課税売上高が5,000万円超となった後再び5,000万円以下となった場合

簡易課税制度を選択して申告していますが、基準期間の課税売上高が5,000万円超となった場合には簡易課税を選択した効力は消滅するので、その後再び5,000万円以下となった場合は本則課税で申告することになると考えてよいでしょうか。

Answer. 簡易課税制度を選択して申告している場合、基準期間の課税売上高が5,000万円超となって一度簡易課税を適用できなくなっても、その後簡易課税の適用を取り止めない限り、再び基準期間の課税売上高が5,000万円以下となったときは簡易課税制度を適用しなければなりません。消費税簡易課税制度選択不適用届出書を提出しない限りその効力は存続します。

解説

簡易課税制度選択届出書の効力については、消費税簡易課税制度選択不適用届出書の提出があったときは、その提出があった日の属する課税期間の末日の翌日以後は簡易課税制度選択届出はその効力を失うとされていますから（消法37⑦）、この消費税簡易課税制度選択不適用届出書を提出するまでは選択届出書の効力が存続します。

したがって、一度基準期間における課税売上高が5,000万円を超えて簡易課税制度が適用できなくなっても選択届出書の効力は失われませんから、その後再び基準期間における課税売上高が5,000万円以下となった場合は再び簡易課税制度が適用されます。

この点、消費税法基本通達13-1-3において、簡易課税制度選択届出書は課税事業者の基準期間における課税売上高が5,000万円以下の課税期間について簡易課税制度を選択するものであるから、当該届出書を提出した

事業者のその課税期間の基準期間における課税売上高が5,000万円を超えることにより、その課税期間について同制度を適用することができなくなった場合又はその課税期間の基準期間における課税売上高が1,000万円以下となり免税事業者となった場合であっても、その後の課税期間において基準期間における課税売上高が1,000万円を超え5,000万円以下となったときには、当該課税期間の初日の前日までに消費税法37条4項《簡易課税制度の選択不適用》(筆者注：現法令上《簡易課税制度の選択不適用》は消費税法37条5項に、その効力については7項に規定されています) に規定する届出書を提出している場合を除き、当該課税期間について再び簡易課税制度が適用されるとして、留意的に解釈指針が示されています。

なお、簡易課税制度選択届出書を提出した事業者は、事業を廃止した場合を除き、2年間経過した後でなければ（簡易課税制度の適用を受けた課税期間の初日から2年を経過する日の属する課税期間の初日以後でなければ）、簡易課税制度選択不適用届出書を提出して簡易課税制度の適用をやめることはできませんので（消法37⑥）注意が必要です。

関係法令通達
消費税法37条1項・6項・7項
消費税法基本通達13-1-3

Question.29
法人税の申告期限延長特例を受けている場合の消費税の確定申告期限

法人税の申告期限延長特例を受けている場合、消費税についても申告期限の延長が認められると考えてよいでしょうか。

Answer. 消費税法には、法人税法のように申告期限の延長を認める規定

はありませんので、延長は認められません。消費税法の規定どおり課税期間の末日の翌日から2か月以内に確定申告を行う必要があります。

▌解説

　法人税の申告期限延長特例は、法人税法75条（確定申告書の提出期限の延長）及び75条の2（確定申告書の提出期限の延長の特例）により認められていますが、いずれも法人税法31条（減価償却資産の償却費の計算及びその償却の方法）の「その償却費として損金経理をした金額」のように損金経理を要件とした規定があり、「法人がその確定した決算において費用又は損失として経理すること」を要件とする（法法2二十五）、いわゆる確定決算主義を採用しているために、決算が確定し難い事情がある場合に申告期限の延長を認めているといわれています。

　因みに平成29年度改正により、法人税の申告期限について、一定の場合には事業年度終了の日から最長で6か月まで延長可能とされています。

　これは、持続的成長に向けた企業と投資家との対話促進の観点から株主総会までの期間を十分に確保することとされたことに対応する税制措置です。

　これに対して消費税法は、確定決算を前提としていませんので申告期限の延長を認める規定がないといわれています。いずれにしても消費税法には申告期限の延長を認める規定がありませんので、法人税法による申告期限の延長が認められている場合であっても、消費税については提出期限を延長することはできません。

　なお、国税通則法11条（災害等による期限の延長）の規定は、国税に関する法律に基づく申告、申請、請求、届出その他書類の提出、納付又は徴収に関する期限について適用がありますので、この通則法の規定による場合は消費税についても申告期限の延長が認められます。

関係法令通達
国税通則法 11 条
法人税法 2 条 25 号、31 条、75 条、75 条の 2

Question.30
消費税課税事業者選択届出書等の提出すべき期間の末日が土日等休日に当たる場合

　消費税課税事業者選択届や簡易課税制度選択届のような届出の提出すべき期間の末日が土曜日、日曜日、休日等に当たる場合は、国税通則法 10 条 2 項の規定により、届出書の提出すべき期間が延長されると考えてよいでしょうか。

Answer.　提出期限等が課税期間の初日の前日までとされている届出書については、該当日が日曜日等の国民の休日に当たる場合であっても、その日までに提出がなければそれらの規定の適用を受けることができません。

■解 説

　一般的に、申告、申請等の期限が日曜日、祝日等に当たるときは、その翌日が期限となります（通則法 10 ②）。

　しかしながら、消費税課税事業者選択届や簡易課税制度選択届などによる同制度の適用については、届出書を「提出（を）した日の属する課税期間の翌課税期間」から適用すると規定されていますが（消法 9 ④、37 ①他）、この取扱いは選択しようとする課税期間の初日の前日までに提出すれば、提出した日の属する課税期間の翌課税期間から適用するとされているにすぎませんので、「選択しようとする課税期間の初日の前日」は国税通則法 10 条 2 項が適用される期限には当たりません（タックスアンサー№ 6629：

消費税の各種届出書（注）6）。

　したがって、「選択しようとする課税期間の初日の前日」が日曜日、国民の休日に当たる場合であっても、あくまで届出書を提出した日の属する課税期間の翌課税期間から届出書の制度が適用されることになりますから注意が必要です。例えば、課税期間が4月1日から翌年3月31日の場合、自n年4月1日至n＋1年3月31日課税期間について簡易課税制度を選択するつもりでいたものの「選択しようとする課税期間の初日の前日」、つまり、n年3月31日が日曜日であったため、n年4月1日に簡易課税制度選択届出書を提出したとすると、自n年4月1日至n＋1年3月31日課税期間については簡易課税制度を適用することができず、提出した日n年4月1日の属する課税期間の翌課税期間である自n＋1年4月1日至n＋2年3月31日課税期間から簡易課税制度を適用することになります。

　国税通則法10条2項が適用される期限に当たらない提出時期については次のような例があります。

消費税課税事業者選択届出（消法9④）
消費税課税事業者選択不適用届出（消法9⑧）
消費税簡易課税制度選択届出（消法37①）
消費税簡易課税制度選択不適用届出（消法37⑦）
消費税課税期間特例選択・変更届出（消法19②）
消費税課税期間特例選択不適用届出（消法19④）

　なお、やむを得ない事情があるため課税期間の初日の前日までに提出できなかった場合には提出時期の特例があるケースもあり（消法9⑨、消令20の2①、消法37⑧、消令57の2①）、税務署長の承認を受けたときは、適用を受けようとする課税期間の初日の前日に当該税務署長に提出したものとみなされます。

　また、これらの届出書が郵便又は信書便により提出された場合には、その郵便物又は信書便物の通信日付印により表示された日に提出されたものとみなされます（通則法22、平成18年3月31日国税庁告示第7号（通則法

22条に規定する国税庁長官が定める書類を定める件))。ただし、ゆうパック、ゆうメール、ポスパケットなど信書を送付することができないサービスもありますので注意が必要です。

> **関係法令通達**
> 国税通則法10条2項、22条
> 消費税法9条4項・8項・9項、19条2項・4項、37条1項・7項・8項
> 消費税法施行令20条の2第1項、57条の2第1項

Question.31
外国法人に対する貸付金の利子

弊社は外国子会社に資金提供し(貸付金)、利子を受け取っています。利子は非課税ですから、課税売上割合の計算上、分子には含めないと考えてよいでしょうか。

Answer. 外国法人に対する貸付金の利子は輸出免税となりますので、課税売上割合の計算上、分子の金額に含めて計算します。

解説

課税仕入れ等に係る消費税額について仕入控除税額を計算するに当たって、個別対応方式でも一括比例配分方式でも課税売上割合を用いて計算します。

この課税売上割合とは、課税期間中に国内において行った資産の譲渡等の対価の額の合計額(分母)のうちに、課税期間中に国内において行った課税資産の譲渡等の対価の額の合計額(分子)の占める割合をいいます(消

法30⑥、消令48①)。

　分母の「資産の譲渡等」については、「事業として対価を得て行われる資産の譲渡及び貸付け並びに役務の提供（代物弁済による資産の譲渡その他対価を得て行われる資産の譲渡若しくは貸付け又は役務の提供に類する行為として政令で定めるものを含む。）をいう。」と規定されており（消法2①八）、分子の「課税資産の譲渡等」については、「資産の譲渡等のうち、第6条第1項の規定により消費税を課さないこととされるもの以外のものをいう。」と規定されています（消法2①九）。

　ところで、利子を対価とする金銭の貸付けには消費税は課されませんから（消法6別表1三、消令10①）、通常はご質問のように課税売上割合の計算上、分子には含まれません。

　しかし、金銭の貸付けは非課税資産の譲渡等ですが、このうち、債務者が非居住者である場合の金銭の貸付けは免税となる非課税資産の輸出取引等に当たり（消法7①五、消令17③）、契約書等一定の書類を保存する場合は（消規5①四）、課税資産の譲渡等に係る輸出取引等に該当するものとみなして消費税法30条（仕入れに係る消費税額の控除）が適用されます（消法31）。そして、消費税法30条2項に規定する課税売上割合の計算においては、消費税法31条1項に規定する輸出取引等に該当するものの対価の額は課税資産の譲渡等の対価の額の合計額に含まれるものとされていますから（消令51②）、輸出取引等とみなされる本問の外国法人に対する貸付金の利子は課税売上割合の計算上、分子にも含めて計算することになります。

　なお、外国法人は消費税法上「非居住者」に当たります。非居住者とは「外国為替及び外国貿易法第6条第1項第6号に規定する非居住者」をいい（消令1②二）、「居住者以外の自然人及び法人」とされています（外為法6①六）。そして、居住者とは「本邦内に住所又は居所を有する自然人及び本邦内に主たる事務所を有する法人をいう。非居住者の本邦内の支店、出張所その他の事務所は、法律上代理権があると否とにかかわらず、その主たる事務

所が外国にある場合においても居住者とみなす。」とされていますから（外為法6①五）、国外に主たる事務所を有する本問の子会社は消費税法上、非居住者となります。

> **関係法令通達**
> 消費税法2条、6条、7条、30条、31条
> 消費税法施行令1条2項2号、10条1項、17条3項、48条1項、51条2項
> 消費税法施行規則5条1項4号
> 外国為替及び外国貿易法6条1項5号・6号

【資料　別表第一（第六条関係）】

別表第一　（第六条関係）
一　土地（土地の上に存する権利を含む。）の譲渡及び貸付け（一時的に使用させる場合その他の政令で定める場合を除く。）
二　金融商品取引法（昭和二十三年法律第二十五号）第二条第一項（定義）に規定する有価証券その他これに類するものとして政令で定めるもの（ゴルフ場その他の施設の利用に関する権利に係るものとして政令で定めるものを除く。）及び外国為替及び外国貿易法第六条第一項第七号（定義）に規定する支払手段（収集品その他の政令で定めるものを除く。）その他これに類するものとして政令で定めるもの（別表第二において「有価証券等」という。）の譲渡
三　利子を対価とする貸付金その他の政令で定める資産の貸付け、信用の保証としての役務の提供、所得税法第二条第一項第十一号（定義）に規定する合同運用信託、同項第十五号に規定する公社債投資信託又は同項第十五号の二に規定する公社債等運用投資信託に係る信託報酬を対価とする役務の提供及び保険料を対価とする役務の提供（当該保険料が当該役務の提供に係る事務に要する費用の額とその他の部分とに区分して支払われることとされている契約で政令で定めるものに係る保険料（当該費用の額に相当する部分の金額に限る。）を対価とする役務の提供を除く。）その他これらに類するものとして政令で定めるもの
四　次に掲げる資産の譲渡
　イ　日本郵便株式会社が行う郵便切手類販売所等に関する法律（昭和二十四年法律第九十一号）第一条（定義）に規定する郵便切手その他郵便に関する料金を表す証票（以下この号及び別表第二において「郵便切手類」という。）の譲渡及び簡易郵便局法（昭和二十四年法律第二百十三号）第七条第一項（簡易郵便局の設置及び受託者の呼称）に規定する委託業務を行う施設若しくは郵便切手類販売所等に関する法律第三条（郵便切手類販売所等の設置）に規定する郵便切手類販売所（同法第四条第三項（郵便切手類の販売等）の規定による承認に係る場所（以下この号において「承認販売所」という。）を含む。）における郵便切手類又は印紙をもつてする歳入金納付に関する法律（昭和二十三年法律第百四十二号）第三条第一項各号（印紙の売渡し場所）に定める所（承認販売所を含む。）若しくは同法第四条第一項（自動車検査登録印紙の売渡し場所）に規定する所における同法第三条第一項各各号に掲げる印紙若しくは同法第四条第一項に規定する自動車検査登録印紙（別表第二において「印紙」と総称する。）の譲渡
　ロ　地方公共団体又は売りさばき人（地方自治法（昭和二十二年法律第六十七号）第二百三十一条の二第一項（証紙による収入の方法等）（同

法第二百九十二条（都道府県及び市町村に関する規定の準用）において準用する場合を含む。以下この号において同じ。）並びに地方税法（昭和二十五年法律第二百二十六号）第百二十四条第四項（自動車取得税の納付の方法）、第百五十一条第六項（自動車税の徴収の方法）、同法第二百九十条第三項（道府県法定外普通税の証紙徴収の手続）、第四百四十六条第六項（軽自動車税の徴収の方法）、第六百九十八条第三項（市町村法定外普通税の証紙徴収の手続）、第七百条の六十九第三項（狩猟税の証紙徴収の手続）及び第七百三十三条の二十七第三項（法定外目的税の証紙徴収の手続）（これらの規定を同法第一条第二項（用語）において準用する場合を含む。）に規定する条例に基づき指定された者をいう。）が行う証紙（地方自治法第二百三十一条の二第一項に規定する使用料又は手数料の徴収に係る証紙並びに地方税法第一条第一項第十三号に規定する証紙徴収に係る証紙及び同法第百二十四条第一項（同法第一条第二項において準用する場合を含む。）に規定する証紙をいう。別表第二において同じ。）の譲渡

ハ　物品切手（商品券その他名称のいかんを問わず、物品の給付請求権を表彰する証書をいい、郵便切手類に該当するものを除く。）その他これに類するものとして政令で定めるもの（別表第二において「物品切手等」という。）の譲渡

五　次に掲げる役務の提供

イ　国、地方公共団体、別表第三に掲げる法人その他法令に基づき国若しくは地方公共団体の委託若しくは指定を受けた者が、法令に基づき行う次に掲げる事務に係る役務の提供で、その手数料、特許料、申立料その他の料金の徴収が法令に基づくもの（政令で定めるものを除く。）

(1)　登記、登録、特許、免許、許可、認可、承認、認定、確認及び指定

(2)　検査、検定、試験、審査、証明及び講習

(3)　公文書の交付（再交付及び書換交付を含む。）、更新、訂正、閲覧及び謄写

(4)　裁判その他の紛争の処理

ロ　イに掲げる役務の提供に類するものとして政令で定めるもの

ハ　裁判所法（昭和二十二年法律第五十九号）第六十二条第四項（執行官）又は公証人法（明治四十一年法律第五十三号）第七条第一項（手数料等）の手数料を対価とする役務の提供

ニ　外国為替及び外国貿易法第五十五条の七（外国為替業務に関する事項の報告）に規定する外国為替業務（銀行法（昭和五十六年法律第五十九号）第十条第二項第五号（業務の範囲）に規定する譲渡性預金証書の非居住者からの取得に係る媒介、取次ぎ又は代理に係る業務その他の政令で定める業務を除く。）に係る役務の提供

六　次に掲げる療養若しくは医療又はこれらに類するものとしての資産の譲渡

等（これらのうち特別の病室の提供その他の財務大臣の定めるものにあつては、財務大臣の定める金額に相当する部分に限る。）
- イ　健康保険法（大正十一年法律第七十号）、国民健康保険法（昭和三十三年法律第百九十二号）、船員保険法（昭和十四年法律　第七十三号）、国家公務員共済組合法（昭和三十三年法律第百二十八号）（防衛省の職員の給与等に関する法律（昭和二十七年法律第二百六十六号）第二十二条第一項（療養等）においてその例によるものとされる場合を含む。）、地方公務員等共済組合法（昭和三十七年法律第百五十二号）又は私立学校教職員共済法（昭和二十八年法律第二百四十五号）の規定に基づく療養の給付及び入院時食事療養費、入院時生活療養費、保険外併用療養費、療養費、家族療養費又は特別療養費の支給に係る療養並びに訪問看護療養費又は家族訪問看護療養費の支給に係る指定訪問看護
- ロ　高齢者の医療の確保に関する法律（昭和五十七年法律第八十号）の規定に基づく療養の給付及び入院時食事療養費、入院時生活療養費、保険外併用療養費、療養費又は特別療養費の支給に係る療養並びに訪問看護療養費の支給に係る指定訪問看護
- ハ　精神保健及び精神障害者福祉に関する法律（昭和二十五年法律第百二十三号）の規定に基づく医療、生活保護法（昭和二十五年法律第百四十四号）の規定に基づく医療扶助のための医療の給付及び医療扶助のための金銭給付に係る医療、原子爆弾被爆者に対する援護に関する法律（平成六年法律第百十七号）の規定に基づく医療の給付及び医療費又は一般疾病医療費の支給に係る医療並びに障害者自立支援法（平成十七年法律第百二十三号）の規定に基づく自立支援医療費、療養介護医療費又は基準該当療養介護医療費の支給に係る医療
- ニ　公害健康被害の補償等に関する法律（昭和四十八年法律第百十一号）の規定に基づく療養の給付及び療養費の支給に係る療養
- ホ　労働者災害補償保険法（昭和二十二年法律第五十号）の規定に基づく療養の給付及び療養の費用の支給に係る療養並びに同法の規定による社会復帰促進等事業として行われる医療の措置及び医療に要する費用の支給に係る医療
- ヘ　自動車損害賠償保障法（昭和三十年法律第九十七号）の規定による損害賠償額の支払（同法第七十二条第一項（定義）の規定による損害をてん補するための支払を含む。）を受けるべき被害者に対する当該支払に係る療養
- ト　イからヘまでに掲げる療養又は医療に類するものとして政令で定めるもの

七　次に掲げる資産の譲渡等（前号の規定に該当するものを除く。）
- イ　介護保険法（平成九年法律第百二十三号）の規定に基づく居宅介護サー

ビス費の支給に係る居宅サービス（訪問介護、訪問入浴介護その他の政令で定めるものに限る。）、施設介護サービス費の支給に係る施設サービス（政令で定めるものを除く。）その他これらに類するものとして政令で定めるもの

　ロ　社会福祉法第二条（定義）に規定する社会福祉事業及び更生保護事業法（平成七年法律第八十六号）第二条第一項（定義）に規定する更生保護事業として行われる資産の譲渡等（社会福祉法第二条第二項第四号若しくは第七号に規定する障害者支援施設若しくは授産施設若しくは同条第三項第四号の二に規定する地域活動支援センターを経営する事業又は同号に規定する障害福祉サービス事業（障害者自立支援法第五条第七項、第十四項又は第十五項（定義）に規定する生活介護、就労移行支援又は就労継続支援を行う事業に限る。）において生産活動としての作業に基づき行われるもの及び政令で定めるものを除く。）

　ハ　ロに掲げる資産の譲渡等に類するものとして政令で定めるもの

八　医師、助産師その他医療に関する施設の開設者による助産に係る資産の譲渡等（第六号並びに前号イ及びロの規定に該当するものを除く。）

九　墓地、埋葬等に関する法律（昭和二十三年法律第四十八号）第二条第一項（定義）に規定する埋葬に係る埋葬料又は同条第二項に規定する火葬に係る火葬料を対価とする役務の提供

十　身体障害者の使用に供するための特殊な性状、構造又は機能を有する物品として政令で定めるもの（別表第二において「身体障害者用物品」という。）の譲渡、貸付けその他の政令で定める資産の譲渡等

十一　次に掲げる教育に関する役務の提供（授業料、入学金、施設設備費その他の政令で定める料金を対価として行われる部分に限る。）

　イ　学校教育法（昭和二十二年法律第二十六号）第一条（学校の範囲）に規定する学校を設置する者が当該学校における教育として行う役務の提供

　ロ　学校教育法第百二十四条（専修学校）に規定する専修学校を設置する者が当該専修学校の同法第百二十五条第一項（課程）に規定する高等課程、専門課程又は一般課程における教育として行う役務の提供

　ハ　学校教育法第百三十四条第一項（各種学校）に規定する各種学校を設置する者が当該各種学校における教育（修業期間が一年以上であることその他政令で定める要件に該当するものに限る。）として行う役務の提供

　ニ　イからハまでに掲げる教育に関する役務の提供に類するものとして政令で定めるもの

十二　学校教育法第三十四条第一項（小学校の教科用図書）（同法第四十九条（中学校）、第六十二条（高等学校）及び第七十条第一項（中等教育学校）において準用する場合並びに同法第八十二条（特別支援学校）においてこれらの規定を準用する場合を含む。）に規定する教科用図書（別表第二において「教

科用図書」という。）の譲渡
十三　住宅（人の居住の用に供する家屋又は家屋のうち人の居住の用に供する部分をいう。）の貸付け（当該貸付けに係る契約において人の居住の用に供することが明らかにされているものに限るものとし、一時的に使用させる場合その他の政令で定める場合を除く。）

第Ⅵ章

その他諸税編

1 印紙税
2 酒税

1 印紙税

Question.1
メール添付文書

　当社は受注や発注の注文書や請書についてはメールでやり取りし、メールの添付文書で行っています。相手の押印や署名はありませんが、事実確認を双方できるので非常に役立っています。内容は契約書と同じなのですが、アウトプットして印刷した文書には、印紙は貼付しなくてよろしいですか。

Answer.　メール添付文書を単に印刷したものには、収入印紙の貼付は不要です。

■解説

1　印紙税法等の規定
　印紙税法の課税物件表に記載がなく課税文書に該当しません。

2　本件へのアドバイス
　最近はメールで取引条件や金額などを記載したものを添付文書として送信し、条件があえばメールで応答する取引が多くなっています。
　これらのメール間でのやり取りを文書に印刷して保管する契約当事者も少なからず、増えています。
　メールで送信されたものは当事者の署名、押印もなく印紙税法上の課税要件を備えたものになっていませんので、たとえ文書でアウトプットして保管してもその文書は課税文書にはなりません。契約に基づく取引で現場サイドでの詳細な確認事項について文書でのやり取りをすれば、印紙税法の課税文書になることがありますが、メールで確認しあえば、印紙税の問

題は生じませんので電子化は利用度が高いといえます。これらの文書は署名、押印もなく、単なるメモといえるもので、印紙税法の課税文書にはなりません。

```
┌ 関係法令通達 ─────────────────
│  印紙税法3条
│  印紙税法別表1　課税物件表
└─────────────────────────
```

Question.2
課税文書における消費税

　課税文書における記載金額には、消費税及び地方消費税の金額（以下、消費税額等と略す）は含めるのですか。

Answer.　消費税額等が区分記載されている場合の契約書、領収書などはその消費税額等を含めない額が記載金額となります。

■解　説

1　印紙税法等の規定

　消費税額等が区分記載されていれば、消費税額等は記載金額に含めないで「課税標準及び税率」を適用することと規定されています。

2　本件へのアドバイス

　印紙税法では課税文書によって、記載金額の額により印紙税額が区分されています。

　これらの消費税額等が当該文書で区分記載されていれば、その消費税額等の金額は記載金額に含めないで印紙税額の判定ができます。例えば50,000円の領収書を発行する場合、うち消費税額3,704円と記載しておけ

ば、この領収書は50,000円未満のものになり、非課税文書になりますので印紙税は不要になります。

--- 関係法令通達 ---
印紙税法別表1　課税物件表「課税物件表の適用に関する通則」4号
同別表1

参考文献等
平成29年5月「印紙税の手引」（国税庁）
平成24年4月「契約書や領収書と印紙税」（国税庁）

Question.3
表題と課税文書の関係

当社は社員が契約書を作成するときは、必ず経理にて印紙税に関するチェックを受けるように規則を定めています。社長印を押印するときもその文書をチェックするようにしていますが、他にどのような点に注意すればよろしいですか。

Answer.　契約書の表題がある文書で収入印紙の貼付漏れは少なく、圧倒的に多い例は表題が契約書となっていない覚書、確認書、仮契約書、請書、借用書、契約書の副本、謄本、協定書、約定書、念書、変更契約書、予約契約書、更改契約書、申込書、依頼書、注文書などの表題の文書です。少なくとも、相手先と取引を取り決めた文書は印紙税の課税文書になる可能性があることを社員に認識してもらうのが一番といえます。判断できないときは然るべき担当部署に伺うようにすべきと判断されます。

■解 説
1 印紙税法等の規定
　印紙税法の課税物件表に記載のある課税文書に該当すれば、表題は関係ありません。すなわち、印紙税法2条には別表1の課税物件の欄に掲げる文書のうち、5条《同表の非課税文書等》の規定により印紙税を課さないものとされる文書以外の文書と規定されています。

2 本件へのアドバイス
　契約書を作成するときに収入印紙を貼付しなければならないものがあることは、営業に携わっている人にはほとんど理解されています。しかし、表題が「契約書」とは書かれておらず、覚書、確認書、仮契約書、請書、借用書、契約書の副本、謄本、協定書、約定書、念書、変更契約書、予約契約書、更改契約書、申込書、依頼書、注文書などの表題であっても、これらの文書に当事者間の了解や商習慣に基づいて契約の成立等を証明する目的で作成されるものは、その内容が印紙税法の規定する課税要件に該当すれば課税文書になります。

　なお、契約書等をコピー機で複写しただけの文書で、当事者の署名、押印のないものは印紙税法上の契約書にはならず、印紙の貼付も要りません。

　表題の名称は印紙税法上の課税文書の判定には関係なく、文書に記載された内容で判定されます。

　誤りやすいのは、正式な契約書ではなく、日常の取引に絡む契約の補充や変更など現場サイドの必要性により作成された文書の判断のケースが多いのが特徴といえます。

　取引の条件や約束を文書にして記録しておきたいという場合の文書は、基本的には印紙税法上の契約書等になるとまず、考えてください。当事者での取り決めの内容をしっかり記録するのが契約書の作成目的ですので、まず、文書の内容を確認した上で当該文書が印紙税法の課税文書になるかどうかを判定するのが基本です。

関係法令通達
印紙税法別表1　課税物件表「課税物件表の適用に関する通則」5号

Question.4
領収書等

当社は物品販売業を行っていますが、販売の際、5万円以上の領収書には収入印紙を貼付するよう指導していますが、他に注意すべき点があれば教えてください。

Answer.　注意すべき点として

① 小売店・飲食店でのポスレジから打ち出されるレジペーパーで、販売代金等を受領した時に顧客に交付されるものは、金銭の受取書になります。

② 現金問屋などで発行される仕切書、納品書等で販売代金等を受領した時「代済」、「了」などと記入して交付されるものも、金銭の受取書になります。

③ 名刺などの裏に仮領収書などの名称で金銭の受取事実を証明するために作成されたものも、後に正式な領収書の交付有無に関係なく金銭又は有価証券の受取書になります。

④ 銀行振込などで、債務者などから金銭の振込があった場合に、債権者から債務者に預金口座への入金があった旨を通知する「振込済みのお知らせ」などと称する文書は金銭の受取書になります。

以上の例などは誤りやすいものです。

■解説

1 印紙税法等の規定

別表１の課税物件表では、

① 売上代金に係る金銭又は有価証券の受取書

② 金銭又は有価証券の受取書で①に掲げる受取書以外のもの

が課税文書であると規定されています。

2 本件へのアドバイス

クレジットカードで支払を受けた際の領収書は、クレジットカードによる支払であることが明らかにされていれば、金銭の受取書にはなりません。また医療法人や医師、歯科医師、弁護士、公認会計士、税理士、司法書士、社会保険労務士などは非課税規定があり金銭の受取書であっても収入印紙の貼付は必要ありません。

関係法令通達

印紙税法別表1　課税物件表17号

Question.5
7号文書

当社では7号文書「継続的取引の基本となる契約書」について、営業部に誤りのないように注意してきました。ところが、今般、締結した7号文書以外に、その契約を受けて単価訂正した覚書を交わそうとしたところ、取引先からこの覚書も7号文書になるとの指摘を受け、印紙を貼付するように言われました。印紙を貼付する必要がありますか。

Answer. 当初の契約書が7号文書に該当し、当該文書を受けて単価を訂正する覚書もまた7号文書になりますので、印紙の貼付は必要です。

■解 説

1 印紙税法等の規定

印紙税法施行令26条1項1号には「当該2以上の取引に共通して適用される取引条件のうち目的物の種類、取扱数量、単価、対価の支払方法、債務不履行の場合の賠償の方法又は再販売価格を定めるもの」と規定されています。

2 本件へのアドバイス

7号文書に該当するものは、以下の契約書です。
① 特約店契約書のように営業者間で、売買、運送、請負等に関する複数の取引を継続して行うため、その取引の共通する基本的な取引条件のうち、目的物の種類、取扱数量、単価、対価の支払方法、債務不履行の場合の損害賠償の方法、又は再販売価格のうちの1以上の事項を定める契約書
② 代理店契約書のように、両当事者間において、売買に関する業務、金融機関の業務、保険募集の業務又は株式の発行もしくは名義書換えの事務を継続して委託するため、その委託業務又は事務の範囲又は対価の支払方法を定める契約書
③ 銀行取引約定書等
④ 信用取引口座設定約諾書等
⑤ 保険契約書等

一番誤りの多い事例は①で、特に当初の基本契約書は適正に収入印紙が貼られているのですが、覚書などで単価の変更、取扱商品の追加等を別に

作成し契約している場合です。

　覚書などで原契約書を引用し、わずか数行で単価を変更し、当事者が署名押印しているなどが典型的な誤りの例です。基本的な取引条件で①に記載の事項を変更あるいは追加しただけであっても7号文書になりますので注意が必要です。

- 関係法令通達
　　印紙税法別表1　課税物件表「課税物件表の適用に関する通則」5号、
　　同別表1
　　印紙税法施行令26条

参考文献等　平成29年5月「印紙税の手引」（国税庁）

Question.6
請負契約と建設業法2条1項に規定する建設工事請負契約について

　当社は建設業者ですが建築工事請負契約において、工事代（1億円）と設計代（1,000万円）を別々に記載して一の文書で契約していますが、印紙は合計契約金額で貼付する必要があると聞いています。この契約書にはいくら印紙を貼付しなければなりませんか。

Answer.　貴社の建築工事及び設計請負契約書は工事も設計も請負契約書になりますので、契約書の記載金額は合計1億1,000万円になり、軽減税率を適用して貼付する印紙は6万円になります。

■解 説

1 租税特別措置法による軽減

　一の文書で二以上の記載金額がある場合は、これらの金額が請負という同一の号（2号文書）に該当する場合についてこれらの合計額を該当文書の記載金額とすることとされています（印紙税法附則別表第一　課税物件表　課税物件表の適用に関する通則4イ）。一方、請負契約書において建設工事の請負に係る契約に基づき作成された契約書は租税特別措置法91条にて印紙税が軽減されることになっています。

　本件のように建設工事部分が1億円、建築設計部分が1,000万円と並記され、一の文書に記載されている場合は合計した金額1億1,000万円で軽減税率を適用することになります。

2 本件へのアドバイス

　上記と同じ契約内容であっても建設工事部分と建築設計部分とを各部分の契約書にして2通り作成したとすると、建設工事部分の契約書（契約金額1億円）は軽減税率が適用されて印紙は3万円、一方、建築設計部分の契約書については軽減税率は適用されませんので印紙は5,000円となります。区分して別の契約書を各々作成すると貼付しなければならない印紙は軽減適用とそうでないものに分かれることになりますので、契約書の作成に当たってはよく内容を吟味する必要があります。なお、軽減税率の適用対象となる建設工事は建設業法2条に規定されている工事に限定されており、設計業務は単独では軽減の対象にはなりませんので注意してください。

> **関係法令通達**
> 印紙税法別表1　課税物件表の適用に用いる通則
> 租税特別措置法91条
> 平成11年6月25日付　租税特別措置法(間接諸税関係)の取扱いについて(通達)

Question.7
不動産に関する契約書

不動産の譲渡に関する契約書は印紙税が軽減されると聞いていますが、不動産の譲渡代金（5,000万円）と借地権の設定代金（1,000万円）の両方を一の契約書に記載した場合、印紙はいくらになるのでしょうか。取引予定日は平成30年1月15日です。

Answer.　不動産の譲渡代金5,000万円と借地権の設定代金1,000万円が各々別個の契約ではありますが、お尋ねの場合は一の契約書に記載されていますので、記載された金額の内容がいずれも1号文書に該当します。したがって、合計金額6,000万円で貼付すべき印紙税の課税金額を判定します。本件の場合は不動産の譲渡に関する契約書と土地の賃借権の設定に関する契約書に各々該当しますが、不動産の譲渡に関する契約書として軽減税率を適用して3万円となります。

■解説
1　印紙税法の規定

不動産の譲渡と借地権の設定は印紙税法別表1課税物件表の同一の号に該当する契約になります。印紙税法別表第1「課税物件表の適用に関する通則」4号のイに「当該文書に2以上の記載金額があり、かつ、これらの金額が同一の号に該当する文書により証されるべき事項に係るものである

場合には、これらの金額の合計額を当該文書の記載金額とする。」とされていますので、記載された契約金額各々5,000万円と1,000万円の合計金額6,000万円を記載金額として判定することになります。

また、租税特別措置法91条には平成26年4月1日から平成30年3月31日までの間に作成される不動産譲渡契約書については印紙税が軽減される規定があります。

本件のように、不動産譲渡契約と借地権の設定契約が同一の号の文書である場合は、その合計額を不動産譲渡契約書として租税特別措置法により軽減された印紙税が適用されることが平成11年6月25日付「租税特別措置法(間接諸税関係)の取扱い通達」第5章第2節に規定されています。

2 本件へのアドバイス

同じ契約内容であっても一の文書にすることによって、不動産の譲渡の契約内容に不動産の譲渡の契約条項があれば軽減税率を適用できることになります。

ただし本件の場合でも、一の文書にしないでそれぞれ不動産の譲渡に関する契約書と借地権の設定に関する契約書の2通りを作成した場合は、

- ・不動産の譲渡に関する契約書は1万円(記載合計5,000万円)　軽減適用有り
- ・借地権の設定に関する契約書は1万円(記載合計1,000万円)　軽減適用無し

となり、必ずしも一の文書にすることが結果として印紙税の軽減にはならないこともありますので、契約書の作成に当たってはよく内容を吟味する必要があります。

関係法令通達

印紙税法別表1　課税物件表
印紙税法別表1　課税物件表の適用に関する通則
租税特別措置法91条
平成11年6月25日付租税特別措置法(間接諸税関係)の取扱いについて(通達)

Question.8 飛越リベートの契約について

当社は製造メーカーですが、製品を卸売業者に販売しています。小売店とは取引はありません。

この度、小売店に対して直接リベート(卸業者を介さないで直接リベートを小売店に交付するもの)の契約を締結しようとしていますが、印紙税法上、注意する点はありますか。

Answer. 小売店との間には売買に関しての契約がない小売店との間でリベートの契約を締結した場合、印紙税法の課税物件表に掲げられた課税文書に該当しませんので、文書には印紙の貼付は必要ありません。

ただし、当該契約書に課税文書になるような記載、例えば、債務の保証や金銭の寄託、金銭の受取書などが記載されていると、課税文書になることもあるので注意してください。

■解説

1　7号文書

動産の売買契約で印紙税の課税文書に該当するものは、7号文書の「継続的取引の基本となる契約書」に該当する必要があります。

7号文書は印紙税法施行令26条にて、

(1) 特約店契約書その他名称のいかんを問わず、営業者の間において、売買、売買の委託、運送、運送の取扱い又は請負に関する2以上の取引を継続して行うため作成される契約書で、当該2以上の取引に共通して適用される取引条件のうち目的物の種類、取扱数量、単価、対価の支払方法、債務不履行の場合の損害賠償の方法又は再販売価格を定めるもの
(2) 代理店契約書、業務委託契約書その他名称のいかんを問わず、売買に関する業務、金融機関の業務、保険募集の業務又は株式の発行若しくは名義書換えの事務を継続して委託するため作成される契約書で、委託される業務又は事務の範囲又は対価の支払方法を定めるもの
(3) （以下省略）
と規定されていますが、小売店とメーカーとの間には売買に関する契約がないことから、上記に定義された要件に該当するものがありませんので、課税文書には該当しません。

2 本件へのアドバイス

なお、契約書についてはリベートに絞って契約することが重要です。契約内容が多岐にわたると、他の課税文書に該当することもありますので、注意してください。

関係法令通達
　　印紙税法別表1　課税物件表
　　印紙税法施行令26条

2 酒税

Question.9
酒類の販売

酒類を販売するにはどうしたらよいのでしょうか。

Answer. 酒類を継続して販売するには原則として、その販売場の所在地を所轄する税務署長の販売免許を受ける必要があります。

販売業免許は、酒類の販売先によって大きく２つに区分されます。

１．消費者や料飲店や菓子等製造業者等に酒類を販売する酒類小売業免許

２．酒類販売業者や酒類製造業者に酒類を販売する酒類卸売業免許

の免許が必要です。無免許で酒類の販売業を行うと酒税法違反になりますので注意が必要です。

■解 説

1 酒税法等の規定

酒類の販売業等をしようとする者は、政令の定める手続により、販売場ごとにその販売場の所在地の所轄税務署長の免許を受けなければならないと規定されています。

2 本件へのアドバイス

酒類を継続的に販売する以上免許が必要です。販売が営利目的であるかどうかは関係がありません。販売相手が特定もしくは不特定かも関係ありません。インターネットオークションのような形態であっても、継続して

酒類を出品して売る行為は酒類の販売業になりますので注意が必要です。

```
┌─関係法令通達──────────────
│  酒税法 9 条
│  酒税法 56 条
│  酒税法施行令 14 条
│  法令解釈通達第 2 編 9 条 1 項関係 8
└─────────────────────
```

Question.10
酒類の小売免許の取得

酒類の小売業免許を取得するにはどうしたらよいのでしょうか。

Answer. 酒類を継続して販売するには原則として、その販売場の所在地を所轄する税務署長の販売免許を受けることが規定されています。

■解 説

1 酒税法等の規定

酒税法 9 条では酒類の販売業をしようとするものは酒税法施行令 14 条に定める事項（申請者の住所及び氏名又は名称、販売場の所在地及び名称、販売しようとする酒類の品目、範囲及びその販売方法等）とさらに酒税法施行規則 7 条の 3 第 1 項（販売場の敷地の状況及び建物の構造を示す図面、事業の概要、収支の見込み、所要資金の額及び調達方法等）と同 2 項（申請者の履歴書及び住民票の写し、販売場の土地又は建物が自己の所有に属しないときは、賃貸借契約書の写し、地方税の納税証明書等）が規定されています。

2 本件へのアドバイス

一般酒類小売業の免許を取得するためには申請書とその付属書類を作成

して販売場を所轄する税務署に提出する必要があります。

提出された後、税務署サイドで審査をします。

審査では、必要に応じて呼び出しや現地確認などをする場合もありますが、申請して即日ということはありません。免許を受けて開店や販売するまでの期間には相当日数がかかりますので注意が必要です。提出する際、どのくらいかかるかの目途を聞いておくことも必要です。はっきりと確定したものは無理ですがおおよその感触を確認しておいた方が事業展開の参考になります。

税務署の提出窓口では受け付けるだけですので、当該販売場所在地を担当する酒類指導官に相談する必要があります。担当する酒類指導官がどの税務署にいるかは受付窓口でも調べてくれます。

審査の結果、一般酒類小売業免許が付与される場合は書面で通知が来ます。付与されない場合も書面でその旨通知がありますので注意が必要です。

一般酒類小売業免許申請では、審査に標準処理期間として2か月がかかりますので、申請してから免許交付までの時間的な余裕が必要となります。申請書類の様式や記載例などは「一般酒類小売業免許申請の手引き」を国税庁のホームページから入手できます。

関係法令通達

酒税法9条
酒税法施行令14条
酒税法施行規則7条の3第1項

参考文献等 | 国税庁ホームページ「一般酒類小売業免許申請の手引き」

Question.11
輸出酒類販売

酒類製造者のための酒税の免税となる輸出酒類販売場が制度化されると聞きましたが、どのようなものなのでしょうか。

Answer. 平成29年10月1日から酒類製造業者が、自己の酒類の製造場において、訪日外国人旅行者等に対し販売した酒類について、酒税を免除する制度となります。

そのためには当該販売場に関して、その種類の製造場の所在地を所轄する税務署長の許可を受ける必要があります。

許可を受けるため、「輸出酒類販売場許可申請書」を税務署長に提出することになります。

▌解 説

1 輸出酒類販売場許可の条件

輸出酒類販売場許可を受ける条件として、以下の3条件をクリアしなければなりません。

(1) 許可を受けようとする酒類製造業者が、過去3年以内に輸出酒類販売場の許可を取り消されたことがないことと輸出酒類販売場を経営することについて特に不適当と認められる事情がないこと。

(2) 許可を受けようとする酒類製造業者が、酒税法10条3号から5号、7号から8号までの規定に該当していないこと。

(3) 許可を受けようとする場所が、消費税法に規定する輸出物品販売場の許可を受けた酒類の製造場であること。

以上の条件を備えることがまず第一です。

2 本件へのアドバイス

仮に許可を受けても、免税販売の対象者や酒税免除の対象となる酒類の

範囲、販売する酒類の包装方法などの制約がありますので注意してください。

　免税販売の対象者は、外国為替及び外国貿易法6条1項6号に規定する非居住者に限られています。外国籍を有する者であっても、日本国内にある事務所に勤務している者や日本に入国後6か月以上経過した者は該当しません。

〈酒税の免除の対象となる酒類の範囲について〉
　①　輸出酒類販売場を経営する酒類製造業者が受けている製造免許と同一の品目であること。
　②　輸出酒類販売場を経営する酒類製造業者が製造した酒類であること。
　③　消費税法8条1項の規定により消費税の免税の適用を受ける酒類であること。
　④　輸出するために購入する酒類で通常生活の用に供する酒類であること。

以上の酒類でなければ、酒税の免除の対象とはなりません。

　③の消費税法8条1項に定めるものは、飲料類等の消耗品にあっては、その非居住者に対して、同一の輸出物品販売場において同一の日における取引で、酒類及び消耗品の対価の額の合計額が5,000円以上50万円以下であることが規定されています。

〈酒類の包装方法について〉
　販売した酒類は国税庁の告示で定められた方法で包装する必要があります。

> **関係法令通達**
> 酒税法 10 条
> 租税特別措置法 87 条の 6
> 消費税法 8 条 1 項
> 消費税法施行令 18 条 1 項、7 項
> 外国為替及び外国貿易法 6 条 1 項

参考文献等 | 国税庁ホームページ「酒類製造者のための輸出酒類販売場の手引」(平成 29 年 4 月)

■索 引

【あ】

青色申告者の純損失の繰越控除　125
青色申告者の純損失の繰戻しによる還付
　　127
青色申告者の専従者給与　73
青色申告特別控除の適用　41
青色申告の承認申請書の提出期限　85
青色申告の承認の申請　84
明渡移転料の事業所得該当性　21
圧縮記帳　594

【い】

医師の社会保険診療報酬の特例と青色申告特
　　別控除　47
慰謝料　12
意匠権　589
遺贈　455,473
遺贈により取得　469
移送費　145
一時金　596
一時所得　98
一時所得及び雑所得　106
一の勤務先の退職により2以上の退職手当等
　　の支払を受ける場合　95
一括減価償却資産　573
一括償却資産の計算方法　65
一括償却資産の範囲　64
一括償却資産の必要経費算入制度　64
移転価格課税　619
移転費用の補償金　19
イニシャルペイメント　584
依頼書　705
医療費控除　138
医療費の補てんを目的として支払を受ける損
　　害賠償金　145
医療費を補てんする保険金等に当たるもの
　　145
医療費を補てんする保険金等に当たらないも
　　の　146

印鑑証明書　451
印紙税　703
インターネット　660

【う】

WEB広告　658
請負契約　710
請負等　709
請書　705
打切支給される退職手当等　301
売掛金　670
運送　709

【え】

映画　309
映画化権料　329
営業権の譲渡　505
営業税　631,632
役務の提供を受ける住所等　658
演劇　309

【お】

覚書　705
親子間配当を区分　346

【か】

会員権　590
買換資産に係る住宅借入金等の金額　121
買換資産の取得の範囲　121
買換資産の範囲　120
外貨建債権等の換算方法の届け出　617
外貨建取引　512,617
絵画等の賃借料　381
外国為替の売買相場　618
外国居住者等相互免除法に関する届出書
　　421
外国組合員　330

外国人派遣社員　275
外国税額控除　210
外国税額控除と更正の請求　210
外国税額控除の手続　210
外国弁護士　313
外国法事務弁護士　313
外国法人税　567
外国法人　644
概算保険料　561
回数券　541
家屋を相続により引き継いだ場合の取扱い　221
確定申告等　235
確定申告を要しない配当所得等　25
確認書　705
掛捨て保険　463
加算税　567
家事関連費の取扱い　51
家事使用人　304
貸倒実績率　626
貸付事業　488
貸付事業用宅地等　487
課税貨物に係る消費税の課税標準　685
課税期間における課税売上高　647
課税期間の初日の前日　691
課税仕入れ　683
課税資産の譲渡等の対価の額　639
課税資産の譲渡等　677
課税総所得金額が1,000万円以下である場合　208
課税標準及び税率　704
課税文書　703
家族移送費　145
家族出産育児一時金　145
家族療養費　145
過怠税　567
過大報酬　554
合併　653
合併法人の納税義務　653
寡婦（寡夫）控除　184
株式の時価　515
株式を取得するために要した負債の利子　36

空売り　459
借上社宅制度　343
借入金利子　80
借入金を土地分と建物分とに区分することができない場合の土地等に係る負債の利子の額の計算　113
仮勘定　594
仮契約書　705
科料　566
過料　566
仮領収書　707
簡易課税　688
換価代金の取得割合　525
完成引渡基準　536
完全支配関係　542,563
還付申告書の提出をすることができる日　238
還付申告書を提出できる期間　237
還付請求権の時効　237
関連会社株式等　545

【き】

器具及び備品　592
技術上の役務に対する料金　350,353,362
基準期間　641,644,650,651
基準期間における課税売上高　639
帰属させる行為　499
帰属主義　413
既存住宅の耐震改修をした場合の所得税額の特別控除　227
寄附金控除　166
基本財産　492
期末時換算法　618
旧借地権部分　531
旧定額法　573
旧底地部分　531
旧定率法　573
給付金　15
給与債権の貸倒れ　283
給与所得　268,280
給与所得該当性　260

給与所得の収入すべき時期　271
給与等　255
給与等の支払地　255
給与等の未払がある場合　236
供応　603,604,610
共済契約者　465
共通費用　628
共通利子　628
協定書　705
業務開始前の借入金利子　80
業務上の死亡　476
業務の遂行上必要な部分　52
業務用資産に係る登録免許税等　54
居住者　3,247
居住制限納税義務者　442
居所地　5
居住の用　481,483
居住無制限納税義務者　441,498
居住用財産の買換え等の場合の譲渡損失の損益通算及び繰越控除　115
居住用宅地等　485
居住用不動産　503
金銭債権　670
金銭の貸付け　694
勤務関係等　289
勤務先以外から付与された新株予約権の行使に係る経済的利益　106
勤務先が源泉所得税を未納付の場合の確定申告　235

【く】

空間的な拘束　252
組合契約事業　329
組合契約事業から生ずる利益　330
繰延資産　77,564,573,590
繰延資産の償却費の計算　78
繰延資産の範囲とその償却期間等　77
クロスライセンス契約　390
訓練・生活支援給付金等　14

【け】

経済的価値　462
経済的利益相当額　504
経済的利益の価額　279
経済的利益の供与　610
経済的利益の供与に係る給与　278
計算期間の日数　325
形式基準による修繕費の判定　70
契約者配当金　547
契約上の地位　507
契約書の副本　705
契約の効力発生　521
契約又は慣習　460
決算賞与　568
原価差額　586
原価差額の調整　586
現金支給の給与　278
健康保険法　567
検収基準　535
原状回復工事費用　654
建設工事等　538
建設作業現場　378
源泉徴収に係る所得税のみなし納付の取扱い　235
源泉徴収免除証明書　342
源泉徴収免除制度　342
源泉徴収を要しないものとされる報酬・料金等　321
兼務役員　286
権利金　596

【こ】

更改契約書　705
高額介護合算療養費　145
高額役員報酬　554
高額療養費　145
恒久的施設　645
工業所有権　560,585
工業所有権等の使用料　387
工業的使用料　381
工具　575

工事代金が未確定　539
公社債投資信託　547
控除対象外消費税額　573
構成員課税　245, 306
更正の請求期間の延長　211
更正の請求の改正　211
更正の請求の範囲の拡大　211
交通事故傷害保険に基づく保険金　146
交通事故による損害賠償金等　12
交通反則金　566
交通費　603
個別消費税の取扱い　685
コーポレートガバナンス　576
国外関連者　563
国外源泉所得　627
国外在留期間の計算　249
国外在留期間の計算方法　249
国外所得　628
国外取引に係る仕入税額控除　678
国内（海外）旅行傷害保険に基づく保険金　146
個人の事業上の資産及び負債の新設法人への譲渡　88
国庫補助金等　101
国庫補助金等の範囲　103
固定資産税　671
固定資産税相当額　584
個別消費税の取扱い　685
個別対応方式　677
固有の権利　457
雇用保険法に規定する失業等給付の求職者給付又は雇用対策法及び同法施行規則に規定する職業転換給付金の就職促進手当及び訓練手当　15
雇用保険料　561
ゴルフ会員権の譲渡　664
ゴルフ場施設優先利用権　507
コンサルタント　350

【さ】

災害等による期限の延長　690
災害の復旧費用の取扱い　70

災害割増特約に基づく保険金　147
債権譲渡　669
財産管理人　447
財産の所在　498
財産分与義務の消滅　520, 524
再配分　500
再販売価格　709
債務確定　558
債務確定基準　567
債務者主義　328, 350, 353, 370, 373
債務不履行の場合の損害賠償　709
詐欺による損失　130
作業用消耗品　576
雑収入　605
雑所得　106
雑損控除　130
雑損控除の対象となる損失　130
産業医　268
産業上、商業上若しくは学術上の設備　381
残存価額の廃止　59
サンプリング　536
山林所得　96
山林所得の計算方法　97
山林所得の税額の計算方法　97
山林の林地の譲渡による所得　96

【し】

仕入税額控除　683
仕掛品　578
仕掛品等　577
時間的な拘束　252
敷地の先行取得に係る住宅借入金等の範囲　222
支給を受けた者　473
事業　39
事業者向け電気通信利用役務の提供　659, 661
事業場所在地への納税地の変更　5
事業譲渡　505
事業場等　5
事業所得　42, 268

事業所得の総収入金額の収入すべき時期　42
事業所得、不動産所得共通事項　48
事業所得を生ずべき事業　20
事業の用　492,587
事業分量分配金　546
事業用　656
事業用資産に係る長期損害保険料　56
事業用資産の譲渡　667
自己株式の取得　242,244
自己株式の取得取得　543
資産損失の必要経費算入　82
資産の名義者　9
資産の譲渡　66
資産の譲渡等　655,667,677
資産の譲渡　661
資産の譲渡に関連する資産損失　83
資産の消滅の対価補償　19
資産の引渡し　521
地震保険料控除　159
事前確定届出給与　551,553
下取り　680
執行役員　301
実施権　585
実質所得者課税の具体的な判定基準　9
実績率　573
失念株　547
自動車税　671
支払債務の免除　282
死亡共済金　470
死亡した者の納税地　445
資本的支出　66
資本的支出と修繕費の区分　66
資本的支出と修繕費の区分の特例　71
資本的支出の例示　69
社会保険料控除　148
借地権　518
借地権相当額　519
借家人が立退料を受領したとき　19
借用書　705
社内親睦団体　548
車両や備品等の使用料　374
収益補償的　20

従業員共済会　266
従業員団体　263
従業員持株会　245
自由職業者　367
自由職業者免税　363,369
住所　4
住所地　5
住宅借入金等特別控除　213
住宅借入金等特別控除制度　214
住宅借入金等特別控除の対象となる住宅借入金等の範囲　222
住宅借入金等特別控除の適用を受けていた者が国内勤務又は海外転勤となった場合　213
住宅借入金等特別控除の適用を受けている者が海外勤務となった場合　217
住宅耐震改修特別控除　227
収入金額　49
酒税　716
受贈者　498
主たる部分等の判定等　52
出荷基準　535
出向　259,392,401
出産育児一時金　145
出産手当金　147
出資割合　600
主要取引金融機関　514
純損失の繰越控除　125
純損失の繰戻し　127
純損失の繰戻しによる還付請求　127
使用開始の日　527,529
障害者控除　176
傷害特約に基づく保険金　147
少額減価償却資産　573
少額又は周期の短い費用の取扱い　70
償還債務　475
償却可能限度額の廃止　59
償却率の改定　59
使用権　585
証券投資信託　547
上場株式等に係る配当所得の申告分離課税　26
肖像権　384

使用地主義　374,377
譲渡資産の範囲　119
譲渡所得の総収入金額の収入すべき時期
　　339
譲渡制限付株式　297
譲渡制限付新株予約権　296
譲渡損益対象資産　624
譲渡代金の決済　521
使用人兼務役員　403
消費者からの資産等の譲受け　683
消費税等の経理処理　49
商標権　589
商標登録　589
傷病手当金　147
商品券　541,662
消滅　475
消滅した債務の額　516
使用料　385
職業訓練給付金　16
所在地国課税　335
除籍手続　502,523
所得区分　19
所得源泉地　377
所得源泉地の置換規定　353
所得控除　130
所得税法143条に規定する「不動産所得を生ずべき業務」　85
所得の帰属　9
所得保障保険に基づく保険金　146
署名及び拇印証明書　452
歯列矯正料の収入すべき時期　42
白色申告者の事業専従者控除　74
人格のない社団　246
人格のない社団等　264,266
新株式申込証拠金　563
新株予約権　279,293,315
新株予約権に係る経済的利益の価額　295
申告期限延長特例　689
人材派遣　260
真実の権利者　9
心身に加えられた損害について支払を受ける慰謝料　12
心身又は資産に加えられた損害につき支払を

受ける相当の見舞金　13
人的役務の対価　356
人的役務の提供　412
人的役務の提供事業　355,361,366,411
人的役務の提供事業の対価　356,362
信用保証協会に対して支払う保証料　77
診療報酬債権の収入すべき時期　44

【す】

スタイリスト　312
ストック・オプション　280
ストック・オプションの権利行使益　89

【せ】

税額計算の特例　202
税額控除　206
生活の拠点　483
税込経理　639
税込経理方式　49
製作委員会　330
税制適格ストック・オプション　296
税制適格ストック・オプション制度　316
製造ライン　587
税抜き　639
税抜経理方式　49
生命保険契約に係る満期保険金等を受け取ったとき　98
生命保険契約に基づく保険金　147
生命保険料控除　152
積送品　579
接待　603,604,610
設備の使用料　375
専業モデル　367
専従者給与と専従者控除の概要　72

【そ】

総合課税　505
総合主義　413
送信可能化権　309
相続　473

相続開始を知った日の翌日から起算して10
　か月　448
相続により家屋及び債務を引き継いだ場合
　220
相続により取得した建物の減価償却費の計算
　方法　62
相続により取得した不動産の登録免許税
　53
相続人の責め　493
相続又は遺贈により取得　468
相当な理由　468
相当の対価　487
贈与税が課税される場合　100
贈与等により取得した資産の取得費等　62
贈与等の際に支出した費用の取扱い　53
租税条約に関する届出書　421
租税平衡制度　274
ソフトウェアの開発費用　352
損益通算　110
損害賠償金　385,388,466
損害賠償金等　12
損害保険契約に基づく保険金　146
損害保険契約又は生命保険契約に基づき医療
　費の補てんを目的として支払を受ける傷害
　費用保険金、医療保険金又は入院給付金
　145
損失が生じた資産の取得費等　83

【た】

対価の支払方法　709
対顧客直物電信買相場　514
代償財産　453
代償債務　454
対象となる増改築　219
代償分割　474
退職給与規程の改訂による差額に相当する退
　職手当等　94
退職給与引当金　87,573
退職所得　289,299
退職所得についての選択課税　427
退職所得の収入金額の収入すべき時期　93
退職手当等とみなされる一時金　94

退職により一時に受ける給与　289,299
退職年金　423
代済　707
代理店契約書　709
タックス・スペアリング・クレジット
　631
タックスヘイブン　621
建物の貸付けが事業的規模かどうかの判定
　38
建物の貸付けが事業として行われているかど
　うかの判定　39
建物附属設備　593
棚卸資産の販売　535
単価　709
短期外貨建債権　617
短期滞在者免税　363,369

【ち】

賃遅延利息　271,385
父の所有する住宅について息子が増改築する
　場合　218
知的財産権　589
チャットレディ　307
仲介手数料　580
駐在員事務所　375
駐車場　657,665
注文書　705
長期の損害保険料　55
直接利子　628
著作権等の使用料　328
著作権の使用料　380
著作隣接権　309
治療費　12
賃料等差額補てん金の事業所得該当性　21

【つ】

積立金部分と掛け捨て部分の取扱い　56

【て】

定額控除額　573

定額法　573
定期同額な報酬　551
定率法　573
デザイン　311
電気通信利用役務の提供　659,660
電信売相場　512
電信買相場　512
電信売買相場の仲値　512
店舗併用住宅に係る支払家賃　51
店舗併用住宅に係る長期損害保険料の取扱い　57

【と】

同一人に対し1回に支払われる金額　319
同居親族以外の親族　485
投資信託等　544
謄本　705
特定遺贈　455
特定外国関係会社合算税制　622
特定課税仕入れ　660,661,662
特定期間　642,650,651
特定居住用宅地等　485
特定口座制度　31
特定仕入れ　659,660
特定事業用宅地等　487
特定資産の譲渡等　659
特定譲渡の範囲　120
特定新規設立法人　642
特定増改築住宅借入金等特別控除　224
特定同族会社事業用宅地等　487
特定納税義務者　443
特定役員退職所得控除額　302
特定役員退職手当等　302
匿名組合　547
匿名組合員　430
匿名組合契約　306,429,646
匿名組合事業の利益の分配　430
独立企業間価格　619,621
土地等　333
土地等の取得に要した負債の利子の金額　111
土地等の譲渡　335

土地と建物を一括して借入金で取得した場合　112
土地と建物を一括取得した場合の土地に係る負債の額　113
土地の貸付け　657,665
土地の先行取得に係る住宅借入金等特別控除　221
特許権　585,589
飛越リベート　714
取扱数量　709
取り壊し費用　594
取締役　284

【な】

内国法人の使用人として常時勤務を行う役員　403,406
内部取引　413

【に】

二重課税排除事項　616
2段階税率の適用　319
日曜日、祝日等　691
日中租税条約　631
任意組合　245

【ね】

ネイルアーチスト　310
年会費納入等の義務　507
年金　290
年金に代えて支払われる一時金で退職手当等とされる場合　95
念書　705
年の中途で事業に従事した親族に係る青色事業専従者給与　72
年末調整　272

【の】

納税管理人　6,342
納税義務者　3,498

納税地　5

【は】

パートナー弁護士　314
配偶者控除　188
配偶者特別控除　188
配当期待権　460
配当控除　206
配当控除額の計算　206, 208
配当控除の対象とならない配当所得　207
配当控除の対象となる配当所得　206
配当所得　23
配当所得課税制度の概要　30
配当所得の金額の計算上控除すべき負債の利子の計算式　37
配当所得の金額の計算上控除する負債の利子　37
配当の基準日　347
売買　709
配分をする者　329
罰金　566
パブリシティ権　384
バリアフリー改修工事を行った年の年末までに同居する高齢者等が死亡した場合　227
バリアフリー改修工事を行った年の翌年以降に適用対象者の要件を満たさなくなった場合　226
販売場　718
販売免許　716

【ひ】

非永住者　3
非永住者の判定　3
比較対象取引　619
非課税規定　489
非課税所得　12
非課税の旅費　357
非課税文書　705
引き続き勤務する者に支払われるもので退職手当等とされるもの　94

非居住者　247, 257, 335, 393, 395, 399, 692
非居住制限納税義務者　443
非居住無制限納税義務者　442, 498
引渡基準　537
比準者　557
被相続人以外の者　463
被相続人等　480
被相続人の死亡後3年以内に確定　449
必要経費　49
備品　380, 575
備品の使用料　380
評価損　596

【ふ】

福利厚生費　605
付随費用　580
再び居住の用に供した場合の住宅借入金等特別控除の再適用等　214
普通給与の3年分相当額　476
普通給与の半年分相当額　476
普通障害保険に基づく保険金　146
復興特別所得税　433
物品切手　663
不動産貸付けの事業該当性の判断　40
不動産所得　38
不動産所得に係る損益通算の特例制度　110
不動産所得の赤字と損益通算　110
不動産の取得原因に相続が含まれるか否か　62
不動産の譲渡に関する契約書　712
不法行為その他突発的な事故により資産に加えられた損害について受ける損害賠償金など　13
扶養控除　188
振込済みのお知らせ　707
プリペイドカード　541
プログラム等の著作権　352
分割支給の退職金　290
文化的使用料　381
分離課税　505

730

【へ】

ヘアメイク　312
平均課税の適用要件　202
平成19年3月31日以前に取得した減価償却資産の均等償却の適用時期　58
返還請求債権　613
変更契約書　705
変動所得の金額及び臨時所得の金額の総所得金額に対する割合等の条件　202

【ほ】

報酬債権をもって相殺するストックオプション　293
法人成り　642
法人成りに当たっての退職給与引当金の取扱い　88
法人成りに際し、新設法人に引き継ぐ退職給与引当金　87
放送謝金　308
法定相続分　444
法令の規定に基づかない任意の互助組織から医療費の補てんを目的として支払を受ける給付金　145
募集株式引受権　501
ホステス等　324
ホステス等の洋服代　326
ホステス報酬　325
ホスト　324
本来の相続財産　463,464,466

【ま】

満期保険金の課税　99
満期保険金を一時金で受領した場合　99
満期保険金を年金で受領した場合　100
マンション建築のために取り壊した居住用建物の損失　82

【み】

未成工事支出金　539,607,608
みなし国内払　418
みなし相続財産　463,466
みなし配当　543
みなし配当課税　242
みなし役員　404
民法上の組合契約等　306

【む】

無償支給　578
無償によるクロスライセンス契約　391

【め】

名義書換料　590
メイクアップアーチスト　312
明示なき所得　376,430
免税事業者　683

【も】

申込書　705
目的物の種類　709

【や】

役員に支給される退職手当等　94
役員報酬等の債務免除　283
約定書　705

【ゆ】

有限責任事業組合　306
有償契約　516
有利な発行価額　501
輸出免税　648

【よ】

用途変更　657

預託金　590
預託金返還請求権　507
予約契約書　705

【ら】

ライブチャット　309

【り】

リース取引　673,675
利益準備金　563
利益連動給与　551
リバースチャージ方式　661
留保金課税　574
了　707
利用が可能になった日　530
両親だけを残して、妻子を伴って転勤した場
　　合　217
療養費　145
旅費　603

【れ】

レジペーパー　707

【ろ】

ロゴマーク　589

【わ】

割引料　80
ワンマンカンパニー　414

【監修】

吉川 保弘

1973年中央大学商学部卒。東京国税局調査第一部特官付調査官・主査、国際情報専門官（移転価格調査担当）、研究部教授、調査情報部門統括官（移転価格調査担当）、課税第一部主任訟務官（国際課税班担当）、研究部主任教授、四谷税務署長を経て、現在、税理士、駿河台大学法学部（租税法担当）兼任講師、東京税理士会税務会計学会国際部会委員等。著書に、『国際課税質疑応答集』（法令出版2010年）、主な論文等「外国税額控除制度とタックスヘイブン税制を巡る諸問題」「トランスファープライシングと我が国の規制税制」「同族会社の国際的租税回避を巡る諸問題」「過少資本税制の理念と課題」「事前確認制度の現状と課題」「我が国の移転価格税制を巡る諸問題」「海外子会社への出向社員が引き起こす所得移転の問題」等

2015年4月～　聖学院大学・大学院　特任教授

【執筆】

野田 扇三郎

1989年～1996年　東京国税局調査部（主査・国際専門官・調査総括課課長補佐）
2002年　税務大学校研究部教授
2004年　東京国税局調査第一部・特別国税調査官
2005年　東京国税局調査第二部・統括国税調査官
2006年　東京国税局調査第二部調査総括課長
2007年　葛飾税務署長
2009年7月退職　同年8月税理士登録
2016年4月～　聖学院大学・大学院　特任教授

山形 富夫

1996年～1997年　東京国税局課税第一部所得税課（課長補佐）
2002年　税務大学校教育二部教授
2008年　東京国税不服審判所横浜支所長
2009年　千葉東税務署長
2010年　芝税務署長
2011年7月退職　同年8月税理士登録

藤森 幸男

1996年～2000年　東京国税局調査部（主査）
2003年　麹町税務署国際税務専門官（源泉所得）
2009年　新宿税務署審理専門官（源泉所得）
2010年　新宿税務署特別国税調査官（源泉所得）
2011年7月退職　同年9月税理士登録

坂本 和彦
　1996年～1998年　東京国税局課税第一部資産税課（課長補佐）
　2002年～2003年　東京国税不服審判所副審判官
　2009年～2011年　東京国税不服審判所国税審判官
　2012年3月退職　同年6月税理士登録

山内 利文
　1989年～2005年　東京国税局調査部（主査・総括主査）芝・麹町税務署
　2006年～2009年　芝・船橋・足立特別国税調査官（法人調査担当）
　2009年7月退職　同年8月税理士登録

安藤 孝夫
　1993年～2005年　東京国税局調査部（主査・総括主査）
　2006年～2011年　西新井・芝・豊島特別国税調査官（法人調査担当）
　2012年7月退職　同年8月税理士登録

新版 税理士必携 誤りやすい申告税務詳解Q&A

2017年12月28日　発行

監修者	吉川 保弘
著者	野田 扇三郎・山形 富夫・藤森 幸男 坂本 和彦・山内 利文・安藤 孝夫
発行者	小泉 定裕
発行所	株式会社 清文社 東京都千代田区内神田1-6-6（MIFビル） 〒101-0047　電話 03(6273)7946　FAX 03(3518)0299 大阪市北区天神橋2丁目北2-6（大和南森町ビル） 〒530-0041　電話 06(6135)4050　FAX 06(6135)4059 URL http://www.skattsei.co.jp/

印刷：大日本印刷㈱

■著作権法により無断複写複製は禁止されています。落丁本・乱丁本はお取り替えします。
■本書の内容に関するお問い合わせは編集部までFAX（03-3518-8864）でお願いします。
■本書の追録情報等は、当社ホームページ（http://www.skattsei.co.jp/）をご覧ください。

ISBN978-4-433-63067-6